封面題字：賴恬昌
策　劃：李昭醇
主　編：馬楚堅
編　輯：倪俊明　尹耀全

羅香林論學書札

賴恬昌署

廣東省立中山圖書館
香港大學馮平山圖書館 編

廣東省出版集團
廣東人民出版社
·廣州·

圖書在版編目（CIP）數據

羅香林論學書札／廣東省立中山圖書館、香港大學馮平山圖書館編.
—廣州：廣東人民出版社，2009.1
ISBN 978-7-218-05857-3

Ⅰ.羅… Ⅱ.①廣…②香… Ⅲ.羅香林—論學書扎
Ⅳ.K825.81

中國版本圖書館CIP數據核字(2008)第087410號

封面題字	賴昌恬
責任編輯	柏　峰
裝幀設計	張力平
責任技編	黎碧霞
出版發行	廣東人民出版社
印　　刷	佛山市汾江印刷廠有限公司
開　　本	889毫米×1194毫米　1/16
印　　張	43.375
插　　頁	2
字　　數	214千
版　　次	2009年1月第1版　2009年1月第1次印刷
書　　號	ISBN 978-7-218-05857-3
定　　價	198.00元

如發現印裝質量問題，影響閱讀，請與出版社(020—83795749)聯系調換。
【出版社網址：http://www.gdpph.com　電子郵箱：sales@gdpph.com
圖書營銷中心：020—37579604　37579695】

羅香林先生像

一九三六年十二月羅香林先生與廣州市立中山圖書館全體館員合影

目録

卷首　羅香林先生歷年聘書選

第一卷　羅香林先生與中外學者書

第二卷　内地時期中外學者與羅香林先生書

第三卷　香港時期中外學者與羅香林先生書

附録

緣起

李昭醇

羅香林先生爲中國現代著名史學家、廣東傑出鄉賢，他也是廣東省立中山圖書館可敬的一位前輩館長。二〇〇六年適逢羅香林先生誕辰一百週年，在香港大學馬楚堅先生的牽頭和幫助下，廣東省立中山圖書館決定將羅香林先生留在港大的書信選輯出版，以紀念這位對學術文化、對圖書館事業做出重要貢獻的學者。

羅香林先生於二十世紀三十年代曾任廣州市立中山圖書館（廣東省立中山圖書館前身之一）館長，任職期間，他積極革新完善館務，在藏書建設、專業培訓、社會服務以及搶救保護文獻等方面做出巨大努力。二十世紀四十年代後期，羅香林作爲廣東省文獻委員會的重要成員，爲廣東全省圖書文獻的收復保存及整理做出重要貢獻。羅香林先生對於社會文化事業那種精湛的專業素養和高度責任心，永遠值得圖書館人學習。

羅香林先生爲一代史學大家，他著作等身，交遊甚廣，去世後，他的家人將其著作及信札全部贈與香港大學馮平山圖書館永久收藏。羅香林先生往來信札多達二千八百餘通，信札作者中不乏著名學者、社會名流，其手墨真迹無疑具有極重要的史料價值。廣東省立中山圖書館作爲廣東規模最大、歷史最久的公共圖書館，長期以來一直積極致力於廣東文獻的徵集、整理和研究，羅香林爲廣東現代名人，選編他的書信資料乃是廣東省立中山圖書館義不容辭的責任，誠願專業人士和普通讀者都能從這本書札集中獲益。

感謝香港大學圖書館總館館長彭仁賢博士、香港大學馮平山圖書館館長尹耀全博士慷慨玉成此書計劃；香港大學中文系馬楚堅博士係羅香林先生高足，既慕先師高德，亦本傳揚文化之責，欣然接受邀請主理本書選輯工作。本書從策劃聯絡到編輯出版，前後歷時一年多。本書編輯工作啓動之時，正值馮平山圖書館建館七十五週年，而本書完成之際，又逢廣東省立中山圖書館建館九十五週年，兩家圖書館合作編成此書，既是對羅香林先生百年誕辰的良好紀念，也是兩家圖書館館慶的很好慶賀，可謂一舉而三功。

二〇〇七年十二月二日

序

馬楚堅

士之所以能自見於時者，曰文章、曰學問、曰品格，而要以三者兼顧爲難，尤難於時艱之際。吾粵乙堂羅香林元一先生（一九〇六至一九七八）①，早歲以《粵東之風》諸作膺譽於清華、燕京；既以客家學之研究而名益盛，隨之其唐史、中外交通、族譜學等之成就，古今獨步，創見至多，爲中外學術界推爲大學者、一代宗師，學界山斗也。

乙堂先生早年曾任中山大學校長室秘書長及史學系講師、副教授、教授至一九四九年移席香港止，爲校而南中國之史學重鎮。中間因人事、世艱而嘗先後短期移席中央大學兼暨南大學；不二年，旋返長廣州中山圖書館②，蓋重視圖書發展，以播植睿智，昌明學術，以奠國基，尤於風雲夕變之前也。故抵任即於館之設備革新，圖書管理更新培訓，圖書分類之更新及編碼改用漢字形位排檢法，圖書館閱覽之拓展及開放時間之延長，圖籍之徵捐量購，使館藏日新，大裨於一般讀者及專門研究，復組讀書會，編半月刊、學報，闢場地供外借展覽文藝、集會講演文化學術。於是精神感召，文獻推廣流通、中外交流、收藏之開拓，及讀研之風氣日盛。迨日侵時，廣州淪陷前夕，對珍籍之搶救；復員後之倡重組全省圖書發展、流動車及學校借書之落實，廣東文獻委員會及其館之創立，前後創編、促成及輯佚多種學術刊物、叢書之問世，其貢獻之賢勞可謂突破前人，遠出儕輩。

迨其移旆香港，歷任香港大學中文系中國歷史講席、講座教授、東方文化研究院院長、香港大學馮平山圖書館及博物館、孔安道圖書館委員、珠海文史研究所所長。畢生以發揚中國學術，溝通中西文化爲職志，雖課業、政務、交流繁劇，研著亦復未輟，而精神所致日富，專著竟達四十多種、論文則二百有餘，傳道毓秀之澤日廣，桃李滿天下，尤以推動拓展中國學術與西方漢學界之交流爲使命，遂促使香港於五、六十年代以香港大學爲中心而成爲中外文化交流之重鎮，而於中國學術之於世界文

① 朱倓率羅文諸子孫立，《羅公香林之墓》（香港九龍新界粉嶺崇謙堂墳場），墓碑左側刻曰：生於一九〇六年十月十九日終於一九七八年四月二十日
按：訪於羅文、羅康先生，知此乃據香港政府官方紀録（身份證/死亡證）而定。

② 廣州市長曾養甫，一九三六年八月十五日中山圖書館館長《委任狀》（《乙堂資料》，第三冊，第三十五項原件影印本。香港大學馮平山圖書館藏）。

化上之地位，及於文獻交流，圖書庋藏皆與有力焉。而先生通函復札之郵，或中外師友向先生通訊請益之書牘，雖片楮多寡不一，卻以此益見學人之謙以自牧，爲學術生命而影響生命於無私處，此先生之以三不朽自見於時之明徵一也，以知乙堂先生爲學術所景仰，蓋有如泰山北斗。適值先生百年誕辰①，廣東省立中山圖書館九十五週年、馮平山圖書館七十五週歲之慶，兩館爲誌紀念與文獻庋藏及傳承以裨益於學術發展之至意，特此合作，將香港大學馮平山圖書館珍藏羅先生之書札選編刊印以廣流通焉。

一九七八年四月二十日，乙堂先生爲學術盡瘁而安息，其後嗣將其所遺傳世之作數十種及所藏無數之書札交由馮圖特闢『乙堂文庫』珍藏，歸類特藏，蓋多爲先生及師友手稿、真蹟，且中有不少爲已逝學者或當代名家，故藏品尤彌珍貴而以善本視之，不得借出與影印，今則爲誌慶而選刊，知者聞之無不忻怡稱便而相告於途也。

先生書札，部分於生前自理或由夫人整理張貼，大部分由圖書館請人整編，曰《乙堂文存》、曰《史郵》、曰《羅香林教授所藏函牘》、曰《乙堂函牘》，惟《乙堂手稿》尚欠編理。就《乙堂函牘》言，凡一〇五冊，中皆爲近代、當代中外著名學人、文教名流，或故舊門人約二二〇〇人之手札真蹟，共二八〇〇通强，合共九六〇〇紙；益以《文存》、《史郵》、《手稿》、《所藏函牘》、《省廬翰海》，札則逾萬紙，人則幾二五〇〇已，是知其交遊之廣，書札之富，於同儕言，可謂卓犖特出之一人矣。書札內容之年代，約起於一九三〇年，迄於一九七八年，而以抗戰前後至一九七〇年間爲最富，此中適爲中國近代史上風雲日亟，時世劇變之際；中西文化溝通，學術交流漸薈萃向善境以肇睿思之期，由此批來往書札中，舉凡國族事、家事、天下事、相與論問切磋事、誠邀薦舉事、委託寄賞之評文論詩事、暢指時弊事、生活瑣事，學人研究動態事，文教際遇諸凡，無不於字里行間自然流露，在在可爲大時代之見證，而於學人志業，學術史發展之轍，無不於其字裏行間皆可窺見之焉。世有欲爲觀此之時代脉搏，焉可不取乎此也。惟內容之豐，數量之富，整編非易，益以部分時序錯置，前後通續頁顛倒，年月排次欠序或有月日無年份，簽署或以名以字以號以齋而缺姓氏，文字或中或英，有一人逾百通，有一人數札者，篩選在在非易爲也。職是廣東省立中山圖書館以倪俊明先生爲首，馮平山圖書館以尹耀全博士爲先導共組編選委員，並特聘香港大學中文系馬楚堅博士爲主委，加以董理焉。

余以因緣際會，師承羅門，略識先生之遺風，稍窺其明鏡持心，泰嶽立身、青天應事、霽月待人之行誼，與故舊新知之一

① 據羅幼珊主編：《興寧東門羅氏族譜》（興寧書店印務公司承印，民國十六年秋月，鉛印本），卷一之八，《宗支譜·左八房冕公系·十七世至廿一世》，頁7，載先生『生清光緒三十年甲辰九月十一巳時』。但今一依墓碑所刻爲的，以資統一及所以敬也。

二，既承特邀，即以擔簦孔廟旁，責無旁貸，當仁不讓而忘其拙，强允爲董理考案，挑燈尋寶於書山，再三篩選，排比取論學剖疑難，問學求解惑者爲先，次則文教爲原則，且鑒於篇幅所限，例定先生所發，同一人不逾二通，致先生者則選與發同爲限，皆序次編年，並盡其所知而將每札筆者或受信人出處略注，以供讀者互參。編次先選先生與人論學、談文教爲主之書柬存稿、謄文、已發復得者一〇一通爲第一卷；次選先生居國内時期中外之前輩儕友所致函牘九十五通爲第二卷；再次選先生移席香港時期中外學人、故舊門人所致函札七十五通爲第三卷。雖所選非多，然其所具多方：一以寓三種紀念之意義；一以藉揆先生及致函者治學研究之心路歷程與學術貢獻；一以供治學好道者之參考，爲近代學術文教史實予以時代真相之線索；一以反映先達後進相與論問切磋，傳導火薪之風範，爲綿延中華文化所追求可久之道之所在者；一以存其真，按原手蹟、草稿、謄稿、譯稿複製書影，既可窺筆者墨蹟書藝於翰墨緣，且可欣賞其行款格式之所蘊，更可免手民之誤漏致變原文之意境於外也。有此數者，世欲爲觀其一二，吾知知者必覓此以覽之。是則，此當有其學術作用在，焉可不爲也。

古哲有光大中華文化，勉人德具其心，爲繼絶學開將來美志之訓，則本集之選刊，意亦在乎此，所選或不乏有可挈其量於時代，天地之真意，或可勵來者作爲明燈以肇志啓睿而生使命自見於時而流於萬古，或可供共賞共享以感受達者之文章、學問與品格皎然，文化承肩之胸襟於寓目之際。尤深信關注民族命脉根本固在於自有文化傳統特色，致能世代屹然樹立自見於時，自見於天地者，莫不有同感於其中薪火相傳，志者承傳創新於歷代，積小滴匯源於萬古江河，使之一浪接一浪之延續活力賢勞所在焉。此種志業之行，吾以爲可稱之曰『追求永久可大之道也』。是則，本集所選雖寡，而欲爲觀近現代追求永久可大之道者，吾知必有取乎此也。至若乙堂先生之平生麗澤，可參見趙令揚先生所撰《香港史學家羅香林教授傳》暨附録《羅香林伉儷對廣州中山圖書館發展及南中國文化之貢獻》、《羅香林先生對漢學橋樑之築道及其麗澤》也。又是書之編纂出版蒙廣東省立中山圖書館林鋭先生、蔣志華研究員、郭超强先生、廣東人民出版社柏峰副編審多方幫助，謹致謝忱。編輯中獲顧問趙令揚教授之指導、及香港大學馮平山圖書館陳桂英、陳國蘭、張慕貞小姐及特藏部同寅、與中文系梁紹傑、楊文信博士之助、始蕆其功、特此鳴謝！爰爲述其編印之經過與意義如此，並爲紀念以志忻賀之忱也。

是爲序。

二〇〇七年三月十九日於香港大學馮平山圖書館特藏閲覽室

香港史學家羅香林教授傳

趙令揚

羅香林教授（一九〇六至一九七八）乃香港自一九五〇年以來最偉大史學家之一。先生字元一，號乙堂，廣東興寧縣新鎮人。父諱師楊，字幼山，善詩、古文辭及史學，著有《希山叢著》。母鄧氏，隆禮端淑，多識而能相夫教子。先生兄弟五人，身雖居幼，然於家學庭訓中已脱穎而出。及長，負笈上海，一九二六年入讀清華大學史學系，先後從名家陸懋德、孔繁霱、朱希祖、錢玄同、顧頡剛、陳寅恪、張星烺、梁啓超諸先生習中西歷史、民族史。一九三〇年升讀該校國學研究院，治唐史、百越源流史等專題。後更兼讀北平燕京大學國學研究所受業於洪煨蓮教授。自後，畢生從事教育，並致力於學術研究。其治學嚴謹，勤於著述，專著已刊者六十餘種，發表論文近三百篇，部分未刊者本校馮平山圖書館特闢專架庋藏。先生一生學術可分爲兩個時期：一爲國内時期，一爲香港時期。先生本著『遍地皆學問，無處不文章』之精神，足跡所及，無時不造訪遺老學人，搜求資料，因是先生所得史料甚多，且層出不窮。憑其史學觸覺，連貫所考訂史料而綜合之，著述日富，新義迭出。

先生師出名門，稟承薪傳自多。僅以梁門史學爲例，先生爲學『求真』之志趣，實爲任公《中國歷史研究法》之升華。史學目的，任公主張『求真』、『求新』、『資鑒』。先生以之履行終身，致對任何問題，都能研究深邃，有所發明，求新於該時代，欲以其創見爲資鑒，乃先生一生治學之精神。

治學之道，固重師承，方能有所循而出成果，故先生治學研史之門徑，稟承梁啓超、陳寅恪、朱希祖、洪業、顧頡剛諸老之教爲主。然爲學之道，亦貴於融會庭訓師教而後，别闢蹊徑，以求有所創獲於求真之基礎上。先生終生孜孜於斯道，故於香港大學執教十八年中，榮休後領終身名譽教授職，以至掌教珠海文史研究所期間，每出新著，除資料搜集無遺外，必有足補正史之缺憾，允成不朽之作。

甲：國内時期

先生出世於辛亥革命前夕，成長於軍閥割據、内憂外患頻仍之時代，故學成即有民族史處女作《廣東民族概論》刊於一九二九年；繼有《中國民族史》、《歷史之認識》等之出版。一九三二年獲燕京學社獎金考察華南民族，而有蛋民體質之測驗及親赴東、北江考察客家文化之行，撰成《民族與民族研究》、《古代越族考》發表於一九三三年。自是其民族意識每貫於著述，欲有所籲，可謂道器相融矣。

又以研究民族史、客家文化而旁及方誌研究，一九三二年十月受知於鄒魯，禮聘爲中山大學校長室機要秘書，兼廣東通誌館纂修，實即負責今《民國廣東通誌稿》之總幹事，全稿體例一出其手（該手稿現藏馮平山圖書館，誌稿藏廣東省立中山圖書館）；諸名家若朱希祖、溫丹銘、饒宗頤等先生參與斯誌之編修，延介之聘，先生與有力焉。一九三三年先生由秘書改爲教席，仍兼誌館職，開講『方誌研究』課程，爲中國大學始置此種涵蓋今古源流、全國發展史及歷代編誌特色，與運用地方誌資料來研究學術課程者，並發表《廣東通誌民族略族系篇》，可見其已將方誌、民族史研究融化爲一，嗣後所發表之研究文章凡三十多篇。

先生自任職中山大學，數赴翠亨村考察孫中山先生故居，已具國父研究之腹稿。又訪海南少數民族，與海南學人陳月波等籌組『瓊崖黎苗文化協進會』，首以科學方法輔導嶺南學者研究民族問題。更於一九三三年底完成《客家研究導論》，該書探討華夏民族中客家之淵源、系統、五次大遷徙之原因及經過、客家人之分佈、語言特徵、文化特點等，是一本豐富之史料論述，遂爲客家學之奠基作。此書雖爲先生早年之作，於今視之，觀點、方法固有緣於時代之局限者，然一代宗師之氣象，已隱現其中。至其創闢衢道之功，更當爲後世踵其先軌而別闢蹊徑者所銘記。

一九三四年九月，先生改就南京中央大學，專授中國民族史、隋唐五代史。次年與朱倓女士結婚。旋兼上海暨南大學教授，講授南洋史地及華僑史。又應正中書局之邀，編《高中本國史》三冊，後增益爲《中國通史》二冊；又輯校《劉永福歷史草》。期間先生亦就地發掘不少隋唐、南洋史地及華僑史資料，爲其後《唐代文化》等研究累存第一手資料。

一九三六年，廣東政歸中央，先生乃返廣州，出任市立中山圖書館館長，兼中山大學教授。隨創《書林半月刊》、《廣州學報》、《更生評論》，專刊學術文化、時評及政論文章，以促進嶺南研究學風及愛國風氣。並爲中山圖書館搜集大量族譜及整理館藏善本、文獻。整理館藏期間，獲坤甸《蘭芳公司年冊》、林鳳超《坤甸歷史》抄本，知向無刻本，乃據其所累存南洋史地、華僑史料之一札一紙，歸納各相關典籍，經長期之比較、批判史料及求真推論，綜合成書，考出梅縣石扇人羅芳伯於乾隆三十七年（一七七二）泛海抵西婆羅洲之坤甸，由採金而發展爲蘭芳公司之成員，後助蘇丹平亂，爲僑居者擁護，創立蘭芳大總制，羅氏更被推爲首任民選總長，樹立民主之先聲。此民主共和政體，凡傳總長十人，歷一〇八年，至光緒十年（一八八四）始爲荷蘭人所取代。先生爲此特撰《西婆羅洲羅芳伯所建共和國考》，將華僑之開拓精神及先進思想表彰於世界，以補史闕。時英國劍橋大學中文教授崔維澤（D. Twitchett）爲撰書評，推爲華僑史典範之作。

一九三八年先生因抗日戰爭，乃建議以館藏善本及重要文獻運桂，甫抵蒼梧，廣州即告失陷，文獻不墜，賴其卓見。其後先生即挈眷間關黔蜀，赴雲南，向遷地澄江之中山大學報到，沿途既訪尋古蹟金石、譜牒史料，復考察民族及風土人情，每有所得，即筆之於本。一九四〇年，中山大學由滇遷往粵北，先生隨之，足跡所及，仍孜孜不倦作訪查、考察，遂於桂林西山觀音峰發現唐高宗調露元年（六七九）阿閦佛造像及有關石刻，並合其他相關資料研索，考訂出唐代中印南海交通路線，及證明由印度循此海道傳入兩粵另一佛教宗教，其佛教藝術與自西域陸路所傳入之風格不同，爲世界學者所未知者，乃著《唐代桂林之摩崖佛像》，出版於一九五八年。其中所論，皆爲昔年常盈大定撰作《支那佛教史跡》時所經考察而未能知者。今世上論述中國南方佛教及藝術者，無不推重先生之著作爲必備之經典。

先生避地桂林期間，時與學者討論史事，得知福建德化存《蒲氏家譜》，乃託賈援等抄寄，於是合其前所搜得《南海甘蕉蒲氏家譜》、崖縣《三亞港通村蒲氏簡譜》及有關資料加以研究，先成《蒲壽庚考》，後擴充爲《蒲壽庚研究》，出版於一九五九年，考訂出蒲氏爲回教徒，自西域入華，並其上世之遷移源流，與其家族之傳演系統，以補日人桑原騭藏《蒲壽庚事跡考》之缺，並對蒲壽庚曾任宋代泉州提舉市舶使兼福建治海都制使，及其家族之活動凡與宋、元、明歷史發展有關係者，無不詳爲論證。日本學者石田幹之助於《東方學》第 21 期特撰書評，予以肯定。

一九四〇年末，先生於粵北乳源中山大學講學中，獲知紫金縣忠壩鄉孫桂香藏有《孫氏族譜》，託人覓得鈔本，經歸納各項史料，發現國父上世原居廣東紫金，以抗清事敗，遷居增城，尋遷香山，歷代以耕讀勵志，拒不仕清，因之乃撰《國父家世源流考》，揭出孫氏上世之歷代史跡，及其家世源流。

一九四二年，先生應邀國民政府出任學術專門委員，赴重慶公開講學，弘揚中華文化，凝衆志以禦日侮，乃以專題講論方式，進行學術研討。此研討分爲五次進行：一、民族成長；二、社會發展；三、治亂因果；四、文化演進；五、人才消長。此數講遂爲日後《中國民族史》著述藍圖（一九五四年出版）。隨之與李濟、傅斯年、顧頡剛等人發起組織『中國史學會』，下置各屬會，作爲全國學術研究之推動及指導組織。並於所屬『唐代文化研討會』作『唐代文化之認識』演講，於唐代貞觀之治、天可汗制度、佛教、文學、社會風氣均有所闡發，隨之刊爲《唐代文化之研究》；後徇衆要求增補撰成《唐代文化史》（一九五五年出版）一書，每篇皆擲地有聲。

一九四五年，日本投降，先生返廣州，出任省立文理學院（今華南師範大學前身）院長，暫借光孝寺爲校址復課，創《文理學報》。先生於推動戰後學術文化建設工作之餘，時作實地考察，合各種史料，撰《唐代廣州光孝寺與中印交通之關係》（一九六〇年出版），將印度循海道傳入之經典、宗派、植物，一一加以説明。並將義淨諸僧侶經此赴印等史實，攝論宗之成立、發展經過，及其與禪宗南派及廣州所譯《涅槃經論》之關係，皆有深入之論證，發現良多。其中對《首楞嚴經》翻譯底蘊與訶子樹移植關係等問題之研究，尤爲深遠。

乙：香港時期

一九四九年六月，先生辭卻一切職務，挈家移居香港，先後任教於文化專科學校（廣州文化大學分校）、廣大書院（廣州大學改設）、新亞書院等院校。一九五一年執教香港大學，一九六四年繼林仰山教授（professor F. S. Drake）任中文系主任，兼東方文化研究院院長。翌年除任中文系講座教授，仍兼系主任、院長；十一月研究院改組，改名爲亞洲研究中心（Center of Asian Studies），乃兼亞洲研究中心管理委員會副主席，一九六七年獲臺北中華學術院頒授哲士榮銜。一九六八年任滿榮休。獲香港大學聘任爲終身職之榮譽教授，仍兼指導研究生工作。先生於榮休後爲珠海書院創辦中國文史研究所，出任所長兼文學院院長，並曾三度當選國際筆會香港中國筆會會長，又曾任基督教崇真會副會長及會長、清華同學會會長、香港徐福會顧問等，此外，先生屢獲推任其他社團首長諸職稱，多不勝數，不一一詳列。

自一九四九年後，香港大學之中國研究及有關中國文史之課程，因政治變遷，國人漸處領導地位，先生尤爲其中之表表者。先生首先開拓香港史課程，繼許地山先生之後，致力推動香港歷史及學術文化之研究，漸爲世人所注意。一九五〇年五月始發表《香港人士與中國新文化運動的貢獻與影響》等論文，一九五九年六月與中文系門人莫秀馨等五人合著《一八四二年以前之香港及其對外交通》，該書爲香港史學術論著之奠基作，亦爲先生於港大講授香港史及引導諸生進行考察調查、搜集文物之成果。一九六一年二月自著《香港與中西文化之交流》，以紀念港大成立五十週年。上列兩部香港史論著，前者對香港海灣之作用、隸屬，歷代海上交通、香品、遷海、復界、文教、採珠、盜賊、民生等一八四二年前之問題逐一予以鈎沈考核，使香港前代史研究大放異彩。後者則專注於香港開埠後之歷史，對理雅各等翻譯中國經典之由來及教會關係，王韜在港活動與中國文化發展之關係，容閎及其所倡導之洋務，維新思想，何啓等創立西醫書院及其於醫術、科學上之貢獻，香港大學之發展及其影響等問題，均有論述，以證明香港在中西文化之匯合及其對海內外所産生之放射作用。此外，先生預主持發掘李鄭屋古墓，爲香港考古揭開序幕，亦對李鄭屋村發現之漢墓與文物、舶寮州史前遺蹟、荃灣三百錢等作出鑒定與評價；又對香港新發現之南明永曆四年所造大炮作詳盡之考訂，對香港之打石史跡、藤業、宗教、宗親會、同鄉會、文學、漢學等之發展及其文化意義與影響，皆有論著；同時，亦對香港史上之重要人物作出研究，發爲專題論文或傳狀，使香港歷史與學術文化更爲世界學林所重視。先生以中山先生在港之活動爲中心，集合相關史料，撰成《國父與歐美之友好》（一九五一年出版）、《國父的高明光大》（一九六五年出版）、《國父在香港之歷史遺蹟》（一九六五年出版）。又就所得史料，研究香港大學出身之政要人物，成《傅秉常與近代中國》（一九七三年出版）及《梁誠的出使美國》（一九七七年出版）等書，均研究精湛，發人所未發，爲研究近代史者不可不備之書。

一九五一年，先生於港大講授中外交通之餘，就西域南海二孔道之有關史料，略予爬梳，發現景教東傳事蹟，乃致力於有關景教文籍之搜羅、翻譯、排比及綜合研究，撰爲《唐元二代之景教》（一九六六年出版），使唐、元兩代景教之源流、傳入及影響，大白於世。該書爲日人石田幹之助教授等所推重，其中《系出波斯之李珣及其海藥本草》一章，尤爲英儒李約瑟（Joseph Needham）所稱道。同時先生配合在港大之講課，整理前於廣州及今之於香港之考察調查及託友人訪諸星馬之真空教資料，撰《流行於贛閩粵及馬來亞之真空教》（一九六二年出版），對真空教之淵源流變，探析甚周，尤於該教與呂祖之關係，論述更爲精邃。

一九六六年十月五日，先生於香港大學化學大樓，發表就任講座教授演講，題目爲《中國族譜研究》。此爲其學術研究之重大成果。先生自稱治中國史學，雖受近世史學潮流影響，然亦喜爲中國民族之遷移及混合歷史之研究，深覺中國正史與方誌，其載述往往僅及於朝政之實施，至於各民族之混合同化，則付闕如，故非以各姓族譜求之不可。此種研究之開拓，乃其自一九三〇年起即致力之重點，復於港大多年作集中研求，乃發展爲歷史科學中之一專科，首次將其心得開講於香港大學，後乃於珠海文史研究所在任期間，謀其大成，出版《中國族譜研究》，於一九七一年四月經亞洲研究中心推薦，得哈佛燕京學社補助，中國學社出版。該書於一九七二年榮獲中山學術文化獎，中央研究院院士陳槃先生特撰書評，推崇備至。已故史學家李璜先生亦於序先生《乙堂文存續編》爲之大書特書云：

> 元一教授近年所從事之族譜學研究，是足爲史學創一新興搜求與探討部門，當禆益史識匪淺。元一教授就任港大中文系講座時，即曾用此學作專題講演，其言有曰：『族譜爲中國史籍之一類，與中國民族及文化之維繫，關係甚巨。顧近五十年來，中國歷史學界，則多已忽略及此。此則親於國內各大學，其史學課程，皆無涉及各族譜之研究者，各學者所發表之史學專著，亦甚少以各姓族譜研究爲命題者……余治中國史學……則仍不能不於各姓之譜乘求之。』元一教授對於族譜之研究，既具此新眼光，立其志，樹其幟，而又歷得大姓名族譜牒，加以探求，發現新見不少；更於國際史學會議席中，宣示斯學之研究方法，及其目標之於史學禆益所在。於是國際史學界爲之矚目。元一之專家學養，其名此遠矣。

於此，可見先生『遍地皆學問，無處不文章』，即在本『求真』精神，處處留心史料、文物，無地不予詢訪，無時不予談論求證於師友、學生，經多年積堆、研求，融會創新，遂自成家派。其平日治學，充分利用族譜，進行專業研究，由是而著成《客家研究導論》、《國父家世源流考》、《太平天國洪天王家世考》、《傅秉常家世及其與香港大學之關係》、《蒲壽庚傳》等專書、論文，並將歷年搜集之客家各姓族譜數十種，編爲《客家史料彙編》。本校所藏族譜，亦由其主持中文系系務時搜得，意欲爲學術界闢一新土。先生之論著、論文及輯印文獻尚多，限於篇幅，略而不言。

現代治史，特別重視史料，從事於搜集、比較，而後歸納、批判、整理，才算『求真』。先生一生，步履所至，交遊談論之間，無時不隨機訪求資料、文物，考察、調查風土人情，每將所見所聞所得，筆之於札，以備將來之用。因是先生著作，世譽其善擇課題，良由其能充分利用所發掘之第一手資料。亦有論者以爲先生淹通博贍，歷年論著遍及今古，似有失於近世治史者所標榜之重專精，實不知先生有所博而約，其於中國民族史、隋唐史，可謂卓然大家。至其兼及古今者，實由家學厚殖，轉益多師，天資貫於其間，兼具才、學、識三長，故能博約隨心。尤爲難得者，每抵一地，即發掘史料，究心於求真；所累積之史料既豐富，又以博學兼具敏慧法眼，故每能連貫考訂所得，揭出爲人所忽略而又極爲重要之史跡，以補史事之闕。亦因其每至一地，每考一事一物，均有所得，以至其地其事其物亦因先生之求真研究而爲世所重，若廣東光孝寺、真空教、客家、廣西，桂林、香港等，不勝枚舉。

史學雖重求真，求新，然而治史者貴有己見。先生師梁任公《中國歷史研究法》中總論第一章《史的目的》，教人治史在『求真』、『求新』、『資鑒』。時人稱先生『遍地皆學問，無處不文章』者，即源出於此。因是他一生處處留心，時時搜究，循『求真』、益以己見而『求新』，故先生每成一篇一書，皆有所發現，有所創見。綜覬先生之專書、論文，約可分爲以下各類：民族史、上古史、唐宋史、明史、南明史、近代史、宗教、交通、香港史、族譜、文化史、民俗史。然先生之處女作即爲民族史，其後亦以民族史爲重點，及以民族主義輻射於所著各書各文中，稍爲留心先生著述者，自可見諸其字裏行間。由是知先生乃一民族主義之史學家，其治史目的，即欲爲中華民族之前途作資鑒，此亦其所以每抵一地，必以其平素所得資料，與該地之人與事結合，發爲論著，意蓋在資鑒也。先生之道德、文章亦如其爲學，實經師、人師合一，終生無私，培英毓秀如治史求真，不遺餘力，此人所共知。其執教影響最大，國內則中山大學、文理學院，從遊弟子學有所專而成名家者有朱傑勤、戴裔煊、關履權、王重民、黃福鑾、林天蔚等；香港則香港大學，所毓植人材最眾，若陳炳良、陳學霖、陳璋、陳福霖、梁文金、馬幼垣及本人等。晚年更創辦珠海文史研究所，將其於港大所推動課程及治學精神，再作進一步發展，侍遊者亦眾，學有所成者有郭永亮、梁天錫、李志剛、朱鴻林、蕭國健、馬楚堅等。先生一生，本基督精神愛國愛家，對學術從不苟且，對朋輩始終如一，對學生則時加照顧。先生逝去已二十八年，然其學格、學風仍爲學人所景仰不已。

（作者係原香港大學文學院院長、中文系主任、前中文系中國歷史講座教授，今香港大學資深榮譽教授。）

編例

一、本書選編羅香林論學書札共二七一通。

二、本書根據內容分成：卷首、羅香林先生歷年聘書選；第一卷、羅香林先生與中外學者書；第二卷、內地時期中外學者與羅香林先生書；第三卷、香港時期中外學者與羅香林先生書。各卷再按發函時間順序編排。

三、書末附《書札相關人物小傳》（以姓氏筆畫爲序），以便讀者參考。

卷首

羅香林先生歷年聘書選

中山大學聘書（一九三四年九月一日）

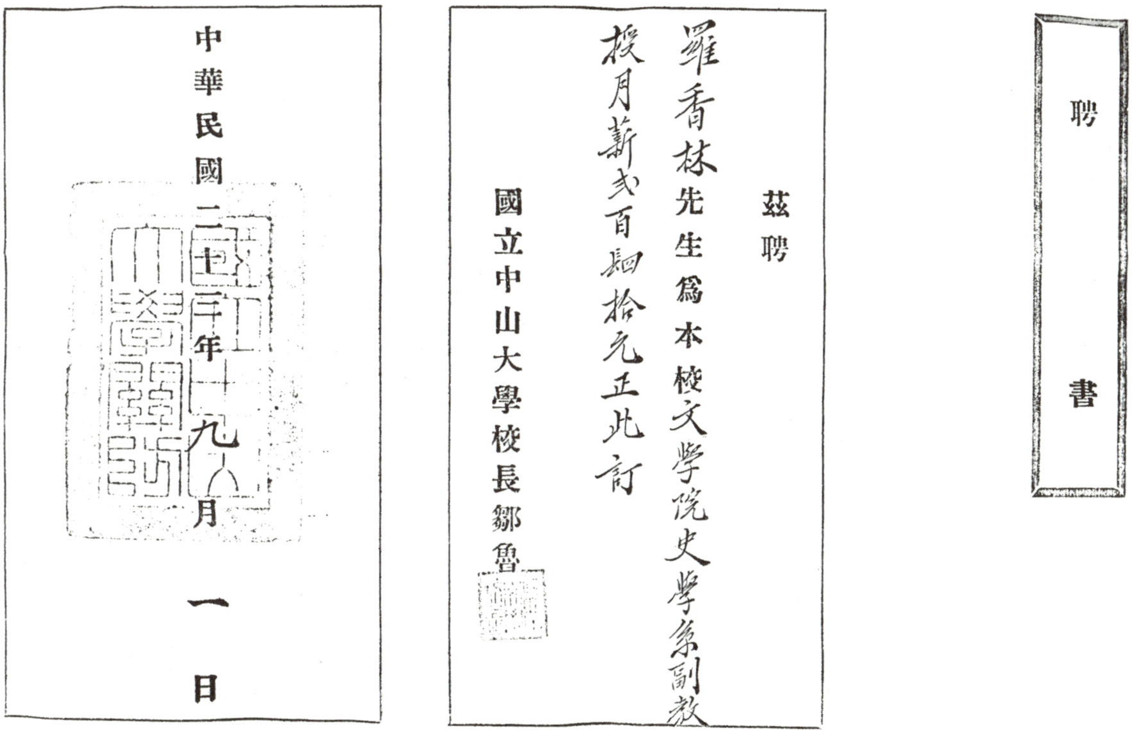

聘書

茲聘

羅香林先生爲本校文學院史學系副教授月薪貳百捌拾元正此訂

國立中山大學校長鄒魯

中華民國二十三年九月一日

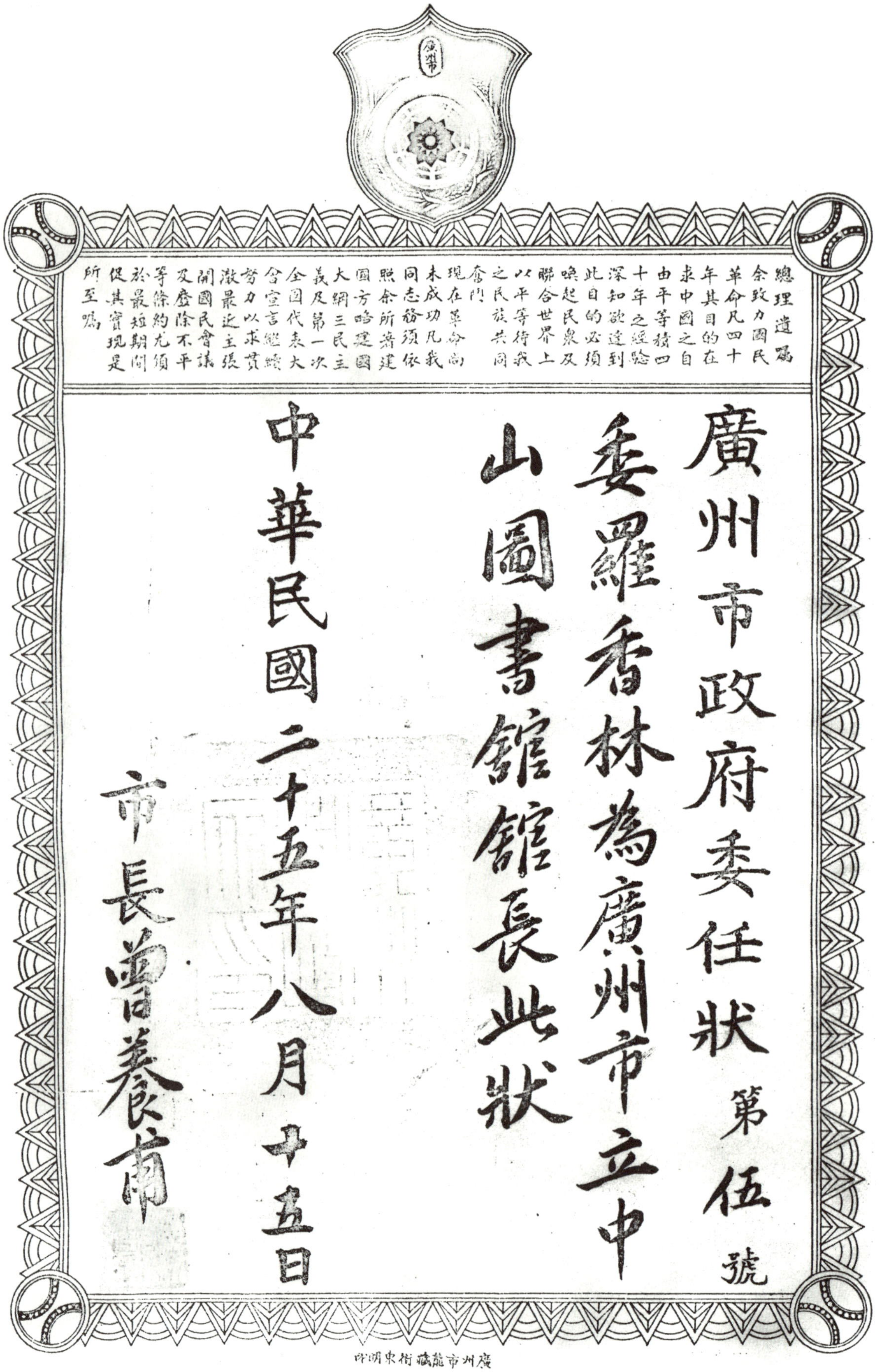

總理遺囑

余致力國民革命凡四十年其目的在求中國之自由平等積四十年之經驗深知欲達到此目的必須喚起民衆及聯合世界上以平等待我之民族共同奮鬥

現在革命尚未成功凡我同志務須依照余所著建國方略建國大綱三民主義及第一次全國代表大會宣言繼續努力以求貫澈最近主張開國民會議及廢除不平等條約尤須於最短期間促其實現是所至囑

廣州市政府委任狀 第伍號

委羅香林為廣州市立中山圖書館館長此狀

中華民國二十五年八月十五日

市長曾養甫

廣州市龍藏街東明印

廣州市政府委任狀（一九三六年八月十五日）

中山大學聘書（一九三九年四月十四日）

聘書

茲聘

羅香林先生爲本校文學院史學系二十七年度教授每週担任中國通史三小時隋唐五代史三小時中國史學新發現二小時并兼任四年级生畢業論文指導月薪國幣弍佰肆拾元附聘約一紙請查照此訂

國立中山大學校長鄒魯

中華民國二十八年四月十四日

UNIVERSITY OF HONG KONG

SAPIENTIA ET VIRTUS

Tel. No. 28056

September 28, 1951.

Mr. Loh Hsiang-lin,
University of Hong Kong.

Dear Sir,

The Council of the University has pleasure in inviting you to take up the post of part-time Lecturer in Chinese History for the academic year 1951-52.

I shall be pleased to hear in due course if you are willing to accept this appointment.

Yours faithfully,

Registrar.

香港大學聘書（一九五一年九月二十八日）

UNIVERSITY OF HONG KONG

DEPARTMENT OF CHINESE

Tel. No. 28054

Mr Lo Hsiang-lin,
10 Luen Wo Road,
Luen Wo Market,
Fanling,
New Territoriy,
Hongkong.

August 6th, 1952

Dear Mr Lo,

I am writing unofficially to say that the Department of Chinese of this University has presented your name to the Senate for appointment as Lecturer in Chinese History, commencing from September 1st of this year.

Owing to the fact that the Department is now being reorganised, new appointments are only being made for one year, but we hope that next year we shall be able to make a more permanent arrangement.

As soon as this recommendation has been approved by the University Council, an official letter will be sent to you by the Registrar, and I hope that you will feel able to accept the appointment.

I am,

Yours sincerely,

F. S. Drake.

F. S. Drake,

Head of Department.

香港大學聘書（一九五二年八月六日）

UNIVERSITY OF HONG KONG

SAPIENTIA ET VIRTUS

THE REGISTRY

TELEPHONE 432321

September 16, 1965.

CONFIDENTIAL
Ref: C.Circ.23/8/65

Mr. Lo Hsiang Lin,
Department of Chinese.

Dear Mr. Lo,

On behalf of the Council of the University, I have pleasure in offering you appointment as Professor of Chinese from January 1, 1965 until the end of the term in which you reach the normal age of retirement, at a fixed annual salary of £4,100. The Terms of Service (B) signed by you on July 6, 1961 will remain in force and unchanged.

If you are willing to accept the appointment on these terms, would you kindly signed and return the duplicate copy of this letter as soon as possible.

This supersedes my previous letter of appointment to you dated August 27, 1965.

Yours sincerely,

R. N. Jackson

Acting Registrar

RNJ/wcl

cc: Vice-Chancellor;
Dean, Faculty of Arts;
Bursar.

Acting Registrar,

I agree to accept the above appointment.

Date: 20/9/1965 Appointee Lo Hsiang-lin

香港大學聘書（一九六五年九月十六日）

ROBERT BLACK COLLEGE

UNIVERSITY OF HONG KONG

TELEPHONE
431886

19th September, 1968.

Professor H.L. Lo,
22 Macdonnell Road,
1st floor,
HONG KONG.

Dear Professor Lo,

The Vice-Chancellor, supported by myself, recently recommended that you should be made an Honorary Fellow of Robert Black College. The Fellows of the College unanimously agreed to the proposal, and accordingly, I have much pleasure in inviting you to accept the Honorary Fellowship.

In this way I hope your association with the College may long continue, and you will, of course, be free to use the dining and other facilities of the College in the same way as the Fellows and non-resident members.

With all good wishes,

Yours sincerely,

Roger Williams

R.A. Williams
Master

香港大學聘書（一九六八年九月十九日）

第一卷

羅香林先生與中外學者書

與丘輯甫縣長論修興寧縣志書

民國十九年五月興寧一中校刊第十期

羅香林

頃友人自粵來平，具言先生屈駕出長敝邑，聞悉之下，不勝佩慰。敝邑近數年來，天災人禍，相繼熬迫，四民交困，盜賊滿山，今幸得先生為之治理，必能拯飢救溺，與民更始。行見治化蒸蒸，繁榮日益，群沾利樂，敢不預賀。茲有懇者，敝邑縣志，年久失修，十餘年前，家鑄其先生，曾議重纂。其時原已募款置局，奈不久以戎亂頻仍，款源斷絕，局務遂輟。每與邑人談論及此，未嘗不嘆息之也。夫縣志為一邑人文地文之總匯，歷代文物，藉由表現，庶民種種活動，藉由取資；不有縣乘，則一邑文物，無可表達，而民生狀況，地方形質，

惠愛東路新以泰印 電話：一二七九〇

亦無由詳記，前人之功業與經歷，不克為今人之所出，今人之智識與活動，不克為後人鏡戒；故自晉代太康之世，詔飭九域十道，各進圖牒及記錄以來，歷經唐宋元明清，通人達士，莫不以修志為當務之急。朱晦翁號宋代大儒，歷遊江浙閩粵，所至輒以修志相倡，良以方志之重要，不下於國家正史也。敝邑雖僻處一隅，而戶口殷繁，民饒魄力，宋元以來，代有聞人，聲名文物，不無可述。近百年來，蓋以財貨所趨，士子之出而効力於民族國家者，為數尤夥，人事已與日而滋繁，文獻亦屢增而靡已，若不及時採摭，纂修縣乘，則歲月曠廢，史蹟湮佚，老成凋謝，諮問無由，雖古惡之，又難徵信。香林不敏，用敢冒昧陳詞，務望秉此地方斷續之秋，倡導修志。會集敝邑碩學名儒，如秀月、則桓、雅達、藹其、駐仙諸先生，多為商酌，厘訂志例，開局採訪，作速纂修，俾得早日完成志業，承前啟後，潤色文明。側聞先生，曩居長隆縣龍川，嘗督修彼邦縣乘，其見先生追踪前贤，闡幽文獻，今亦敢请，谅亦先生之所樂許者乎？、

↑抑猶有請者，方志為史之一種，其取材及編法之宜，詳加審究，正亦與國史相若，近日各省之纂修方志者，類皆不出古人成法，不知時代已殊，歷史之重心乃易，環境變改，權宜之道尤需，必欲一一墨守陳規，勢必至削足適履，取捨失宜，又何能部勒今世繁賾之史料，而促成史學之進步也耶？、香林愚昧，竊以為居今而言纂修興寧縣志，首宜注意地理環境，人不能離土地而生存，日常活動，在在受地理之影響，吾人不能適應環境，以圖生存，自無可置議，不然，則於其所處地方之一切形質，皆當詳考採

案，同異等，紀錄之，以昭告於同群。往昔作家，亦嘗言及輿地，然所述限於郡邑沿革、山川名勝，於地理疇範中之地形、地質、氣候、產物等等，皆因時代關係，未能詳記。今日地學日昌，正宜利用其法，將地方形質，及其關連事物，測量調查，製為圖表，載諸志內。其次則當注意民生狀況，往昔方志，雖有食貨一目，然其所述極其簡，亦僅及糧食貨幣錢穀中諸事而已，於各級人民之職業，及其衣食住行、娛樂、善育諸方式，與夫市廛農村，生產消費分配諸大端，要皆無暇兼顧，故於生民之經、猶營之況，未能詳焉。今後修志，自當擴大食貨之目，窮蒐生民實況。又次則當注意社會狀況。方志之作，體仿正史，吾國紀傳之史，載言紀事，頗重社會全體，太史公書，雖以人物編為列傳，然於社會體相，未嘗忽略；觀於平準一書，蓋可知矣，其後諸史，亦無因社會情形之殊，而酌增書志各傳之目。無如方志之作，獨無此識，四庫全書提要，謂方志之書，「列傳侔乎家牒，藝文溢於總集，假借夸飾，以侈風土」，洵不誣也。近世紀來，學子受西方社會史觀之影響，漸知方志對象，當以整個之社會為主，顧僅得其主義，未見述作，今後修志，自當切實做去，舉凡社會組織，四民風俗，宗教信仰，以及歷代社會制度之沿革，民族盛衰之因果等等，皆當詳為探討，務使後之覽者咸知今日社會之真象，而研究社會進化之迹者，亦得以考鏡焉。

至於纂述之道，第一當用科學方法以部勒史料，務使條理清楚，真偽有分，記錄翔實，堪稱信史。第二則當立定系統，損益科目，前志有其目，而今世失其義者，刪之可，併之亦可，今世有其事，而前志無其目

者，則亦為創立新例，則亦史裁，義不宜拘泥舊例，略及事迹。第三則為
利用統計方法，一方綜合，一方比較，務於普通事例，求得其損益進退之蘊
義。昔陳介石作獨史，首採統計比較之例，學者嘆為卓識，今後修志，自
當切實運用，藉亦提倡史家新例之意。第四則為增廣圖表，義李
野云：史之有表，所以通紀傳之窮，故表立而紀傳之文可約，表闕而記述
之文必增。而圖之功用，則在於露物形象，古之學者，左圖右書，索象於
圖，求理於書，故人易為學，學易為功，舉而措之，如執左契。舊圖方志之
作，頗出圖象之要，舉境城池公署等等，常有畫圖，顧繪法拙劣，圖形
多乖，且所圖不廣，僅備其義，未收其功。近世圖術日精，已成專門之
學，而攝影製版，尤臻巧妙，修志之士，誠能多方運用統計表譜，并將

事物真象各繫以圖或影片，必能成為傑作，文可簡約，事無少晦，形態畢露，言有所歸，厥功之偉，誠有不可言喻者矣。

上述七事，為香林一時愚見，甚望先生屈尊教之！倘以為間有可採，則請將愚意特達於敝邑諸侍碩，冀於將來開局修志，能作一種參攷。香林寄迹幽燕，所學未成，本不宜有此放言，貽笑方家，惟是邑志為一邑文化所關，凡屬邑人，皆有關係，故特冒昧言之。伏維鑒察！（民國廿九年四月廿一日）。

惠愛東路新以泰印 電話：一二七九〇

復羅倬漢書（一九三〇年五月五日）

與宗人乾青論客家界說問題書

乾青吾兄有道：四月二十三日手教，今午收到，承轉示貴門人曾君璧中所錄關於收集南洋客家資料通訊辦法，感甚。客家與其他華南諸族系，除語言風俗稍殊外，本非有天然鴻溝。今茲劃以客家一系為專著討題，僅為學術研究便利而設，非謂先於胸中懸有客家為中華民族精華之意念，而始為揚揄而論次之也。來書謂當確立客家界說，以為研究範圍，卓見甚是。弟意客家先民自北南徙，雖肇自東晉，然其形成獨立之系統，則在五代之際。宋人著述，頗言汀虔南韶，語近漢音，而與華南其他族系及土人相殊，可知是時華南諸漢族，各自演化，而客家方言已形成獨立系統矣。自元人入主中國，華北漢語變化尤鉅，四聲之入，以及合口之韻，即以是時消失，而閩北閩東贛北贛西嶺南嶺東諸地漢族亦以與土著發生混化之故，語言漸改，雖其韻部聲紐與唐音尚無大異，而其語句氣息已不能與唐聲同日語矣。客家一系，因僻處山地，外緣較少，雖其間亦嘗受土著影響，然其語言變化尚不若華北漢族之劇烈，故今日言隋唐古音研究者，多於潮語廣語閩語及浙東語外，尤注意於客家語言之考驗。弟意欲定客家民系之界說，自時間言之，當以五代為起點，第不識卓見以為何如耳。客家居地雖至今尚無確實之調查，然自大體言之，其操同一語言而與其他鄰居諸族系不能相混者，則以閩之汀州八屬，贛之寧南、龍南、虔南、興國、尋鄔、上猶，粵之南韶嘉應及惠屬潮屬一部分，四川榮昌隆昌及成都一部分，皆客地也。此就空間言之也。弟意凡此地域自趙宋以來之文人物事蹟，除極少數且不能並計外，大半出於客家人文物事蹟之正統吾人研究客家問題，固當上溯淵源，下窮流變，然其主要對象，要之不外此地域此時間一般純操客語之人群及其所活動之迹象而已。此則弟對於客家問題所持之界說也。弟亦知種族系屬分合問題，原無絕對之界說可言，今茲斷限或尚多掛漏，然不為先立範圍，則誠如來示所云，雖有資料，究之無由下手。吾兄才識高遠，務希為弟裁之，來教愈詳盡，則感益深永也。所得止此，請各努力，並候箸安。弟香林拜啟。民國十九年五月五日

與家則先生論先民法名郎稱書

則桓先生道席，奉讀四月十四日手教，於客家問題多所訓示，拜納之餘，感佩無似。補月太夫子祖宗稱郎考辨，引證詳博，語意深長，自是不朽之作。月前讀丹徒柳詒徵、沈萬三考一文，於宋明人哥畸郎官秀五等之制，亦有論述，第所引限於江浙譜乘或碑記，且無結論，不能與補月太夫子考辨相比倫也。惟香林於此尚有一二疑問，前此所覩客家各族譜乘，每於祖宗名字之上冠以度名或法名等詞，如四川新都陳譜稱二世祖宗道公度名法明，四世祖穩公度名千一郎，五世祖伯求公度名念五郎，六世祖榮安公度名千八郎，榮盛公度名千五郎，新都陳氏康乾間自興寧曾坑遷出，語言習俗至今未改。興寧何氏族譜載四世祖仲軒公法名五十五郎，思玫公法名念二郎，昇公法名萬二郎，而大埔劉國翔修嘉應劉氏族譜，亦謂舊譜自宋季至元代名字多稱法稱郎，是知先民名字稱郎之制，於元明二代戶籍按等分稱一史實為背景外，或尚有其他原因亦未可知，蓋按等定稱之制，必由吏胥執行，而吏胥冊列名，歸必不能認為法名度名也。香林愚意法名度名之所由起，必與其人信仰有關，其初固未必盡由司戶籍吏胥之按等冊列也。此其可疑者一。哥畸郎官秀五等定稱之制，說者謂元明二代曾經實施，然粵東各族家譜據香林所知，第有幾十幾百幾等之郎稱，而未聞有稱某為幾哥幾秀幾官者，藉曰中等人家率列郎等，然粵中當日固未嘗無若干門第稍高之世族，豈前此修譜人士竟不知表揚先人尊貴之官稱秀稱耶。此其可疑者二。先生熟於客家掌故，甚望有以解其疑也。謹此奉覆，並叩道安。十九年五月十九日

致鄒魯書（一九三二年六月三十日）

國立中山大學校長鄒海濱

與海濱先生論修省志書

海濱先生道席：月前拜謁崇嚴，賜晉接，感幸殊甚。愚意省志為一省文化所關，修撰之舉，誠不宜緩。然其首要，貴有一二負有倡導文化之責者，先為嚴立義例，釐定取材標準，庶邦人士知所信賴，悉心以助。若不先立義例，釐定之標準，無論進行之際，將若措置無方，褒貶鮮當，即邦人士亦必漠不關心，莫肯以史料送館。往者國家修史，或各省撫臣主修方志，莫不先延一二最負時譽之鴻儒碩學，先立義例，釐定標準，而後乃命諸文士依類蒐訪，考校句提綴編纂，裁成鉅製。其不能依此進行者，結果非失於蕪亂紛雜，即失於真偽混淆，曾未幾時，遭人覆詆。誠以志書功用，在於闡明過去真象，傳達人類實經驗及智識，故負纂修之責者，必於文史、學識、德諸長，

才學識為史家三長，劉子

之倡之，其後章實齋言史德，謂著書者之心術，而不…，非學無以[illegible]史實，[illegible]材，非識無以
先生又倡史家操位之說，蓋無位不足以行史權也。
闡發史微，[illegible]，非德無以明示大公，[illegible]非位無以維護史[illegible]論，
而普通文士則鮮能兼具此，即或才學與識兼合修撰史志，而德信未孚，名位未立，
位卑言微，動生[illegible]，雖志切修撰，[illegible]而社會莫或贊助，此古來不朽志乘所
以不獲多見，而鴻才碩學德位兼尊之儒，所以獨重於世而不能輕[illegible]其職責也。
陳[illegible]志，自前清嘉[illegible][illegible]院[illegible]主修以來，歲月播遷，倏逾百載，[illegible]事紛
繁，[illegible]雜錯，若不急謀續修，勢必資料湮滅，真象日晦。惟欲從事修撰，必須先得學
術界[illegible]嚴之義例，然後綱舉目張，指臂有措。香林不敏，默察今日[illegible]
其負有倡導文化之責，德位兼尊，而堪[illegible]者，惟先生[illegible]此次[illegible]
[illegible]重修省志，自宜由先生慨然[illegible]任總[illegible]之[illegible]，先為釐定義例與取材標準

而後乃與各聘定專任編輯，及文科各教授組合編輯委員會，分配工作，依類蒐輯撰例
載筆。組織務期嚴密，進行務期迅速。蓋非組織嚴密，則精力無由集中；非進行迅敏，
速，則全書難望觀成。方今國家多故，變亂之來，有非吾人可逆料者。今茲機會，
誠非易得，若不速謀完成，時機一逝，再謀更難。擬要請會須設祕書一人，則可代總
裁保管文牘，一則可為者甚速綴篇什。此香林對於修志一得之愚，敢為先生
奉告者也。抑香林尚有不能已於言者，晚近士俗澆薄，學絕道喪，文敗風弊，非得賢
者及時極救，則滔滔天下，胥沉溺矣。先生學問道德，為海內所欽式，而又負有倡導
文化之責，竊以為須出其餘力，以創學術月刊，冀以名言至理，浸飫群士。諺
曰：登高而呼，聲非加宏也，而聞者自遠。君子之德風也，如運諸掌。幸先生俯察
為之。他日俗善風諳，斯文重振，非特群士永沐德惠，而社會國家亦將長

賴斯道之行，而苟日新又日新，匆匆不盡欲言，即叩道安，後學羅香林載拜，民國二十一年六月三十日。

與鄒海濱先生論設立中華學會書

海濱先生道席，承諭今日急務，非育才化士，謀心理革新，不足挽已倒狂瀾，卓識宏謨，曷勝景佩，惟此尚屬抽象原則，至於實施方案，仍可人異其趨，古今謀治化者，雖所立原則，各自不同，要以方案懸殊，步驟各異，為得失成敗所繫，育才化士，目的在謀國人精神之團結，思想之日深，技能之日進，德業之日增，生計之日裕，其實施方案，不僅貴能為功令之約束，而尤貴能為人格之感化，不僅貴能折衝狂流，而尤貴能因勢利導，不僅貴能解決風潮，而尤貴能消弭隱患，近世言教育行政者，每但集中權力，不知分配職責，無論身勞神竭，勝任弗易，即能勝任，而奸人藉口，議為獨裁，每未幾時，而反響起矣，此則方策失宜之咎也，香林愚意，以為今日欲謀育才化士，當於運用學校教育權責外，另為設立中華學會，招集國內學者，或其他努力文化建立之通人，相與研究學術，講求道義，勾通聲氣，商榷問題，發刊學報，以資歸宿。形式雖不受學校專責者之統屬，而實際遂為策進相互輔導，遇學校興革有所阻力，則以學會客觀態度，發揮輿論，引起社會同情。遇學會欲為某種工作，或解除學界糾紛，則可另推會員若干，聯合有關係人士，相與進行，形式與學會無關，實際受學會領導。如此則卷舒俱宜，緩急有措，秉總機者無煩與儇薄者流直議長短，而浮淺嘩囂之士，亦末由與學會相競。得時與勢，則學以之修，道以之明，礙於機緣，於世道人心，仍不無補益。想高明或亦謂然也。臨穎不盡欲言，即叩道安。民國二十一年七月三十日

廣州市市立中山圖書館
THE MUNICIPAL CHUNG SHAN LIBRARY
Wen Teh Road, Canton, China

Royal Asiatic Society,
74, Grosvenor St.,
London, W.1., England

23rd., Oct., 1936

Dear Sirs:

I beg to inform you of the recent progress of our library and also of our new project to serve the public.

The Canton Municipal Chung Shan Library has been established and maintained in commemoration of Dr. Sun Yat-sen. It was first set up in 1933 by consolidating the formerly famous Kwongtung Provincial Library and Kwongtung Government Library. A great amount of valuable books, documents, and periodicals of the late institutions have been transferred to our keeping for the public use.

Since last July, Mayor Tseng Yang-fu of Canton appointed me director of this library, new steps have been taken to make it more serviceable to the community at large. Its mission is at least two-fold: to promote popular education and to stimulate intellectual aggrandizement in accordance with Dr Sun's bequeathed teachings.

In order to realize the latter which will probably be more interesting to you, our library has recently opened two more study rooms, one for general reference and the other for research on special subjects; and a periodical named Kwang-chow Hsueh Pao will be published in Chinese with English and French synopses, in the hope that it will not only arouse the interest of the Chinese public but also invite your attention and that of your fellow countrymen abroad. With your attention and help thus coveted, a new phase of development will be made possible to our library, so that its further mission as to transmit cultural achievements between the East and the West will also be

廣州市市立中山圖書館
THE MUNICIPAL CHUNG SHAN LIBRARY
Wen Teh Road Canton, China

rendered effectual and convenient. Your visits, your criticisms, and your helps are all cordially welcome. Please kindly make this news also known to your public.

Respectfully yours
Hsiang Lin Lo
Lo Hsiang-lin

錄饒平隆都大巷陳氏族譜寄岑仲勉先生

仲勉先生道席，頃由姚君轉示尊信，及附列屬查陳元光上世源流一紙，具悉先生有元和姓纂校勘之作，佩甚！關於唐嶺南行軍總管陳元光上世源流問題，經即轉詢饒平陳譜撰輯者陳梅湖（沅）先生，承彼節鈔該譜卷一淵源考略，於元光上世源流敘錄甚明。其先世出於隋司徒陳果仁，蓋為周初胡公滿子孫，非後魏侯莫陳所出。茲將該考略節錄如次，幸賜察焉。又聞先生有張曲江年譜之作，下風遥聽，尤深景仰。曲江集攷證二冊，經由姚君代借轉寄，惟望大著成時，惠寄敝館學報發表，或寄中大史學專刊發表，藉得拜讀為禱。又溫丹銘（廷敬）老先生前亦有元和姓纂校補

之作，頃已付敝館學報第二期發表，出版時當為檢寄也。羅香林
敬啟　廿六年四月一日　陳譜淵源考略云：
陳氏出自有嬀，為虞舜後，夏禹封舜子商均于虞城，歷夏商世為
侯國，至四十六世遂公遏（一作閼）父仕周為陶正（掌治陶之事），生
滿。武王克商，妻滿以元女太姬，封于陳，都宛丘，以奉舜祀，備三恪
焉。卒謚胡，是為胡公。……秦王政遣王賁伐魏，滅之，因失爵土，爰
生憲，憲生武，助漢高祖定天下，以功封棘津侯。武生仲成，仲成子
二：讓、魚。魚字終化，仕至臨江王太傅。魚生公望，治春秋，精于左氏，
武帝時上書自薦，得為春秋博士。公望生司隸校尉領京兆扶風
馮翊弘農河東河西河內七郡太守道源。道源生陳留副尉若海。

若海生冠軍大將軍領益州刺史頓昌。頓昌生蜀國都尉日南太守乾岳。乾岳生尚書庫部員外郎綬。綬生大中大夫皇子司經見深。見深子二：曾來、高密。高密相、太子詹事。高密生太守祈山。祈山生大司空立賢。立賢生威武軍參謀祭酒希古。希古生固始侯相孟璉，因家固始、卒葬浮光山。（山在固始縣境）。孟璉生宗堯。宗堯生康晉。俱豫章太守。康晉生世珍。世珍生天爵。繼為河南督郵。天爵生冀州刺史沖翹。沖翹生信都別駕引奇。德化大行於河南北。引奇子三。太丘長謚文範、追封潁川郡侯寔，字仲弓，不言而化、無為而治，在鄉曲間，平心率物。德望大著，曾率子侄造荀淑討論。時德星聚。太史奏曰：五百里內有賢人聚（見續晉陽秋）。配夫人荀崩。崩生沛祖珪，字漢瑜。珪生廣陵太守伏波將軍登，字元龍。遂寔子六。尚書令紀，字元方，夒（一作夔）字時方。夒生司徒佑，字景叔。洽字仲方。洽生唐。唐生飛。諶（一作湛），字季方，謚文獻。信字太方。信生談。談生魏高源太守閨，字文靖。光字實方。光生締，紀生魏司空潁陰靖侯羣，字長文。羣子二，尚書僕射穆侯泰，字玄伯；餘杭尹湛。泰子二，嗣侯恂、溫。恂無子，溫繼侯。元帝咸熙中改封慎子。無子，以諶孫青州刺史佐子晉太尉太府卿廣陵郡公準入嗣泰。準子二，訢、匡。訢子二，天門太守顒，字延思（晉書有傳），西中郎將贈衛將軍逵，字林道。顒子二，伯之，合浦太守；慶之，字伯紹，出嗣汝南別駕景文。伯之之子二，武牙覇權。匡出嗣朔潭，生泗水令欽約，字承儉。欽約子三，瑯琊太守懷高，東海功曹建丙、徐州刺史肅壬。肅壬子三，臨淮太守本貽，劉宋公車司馬時傑、汝南別駕景文。景文無子，以司徒準孫太守顒子太守慶之入嗣。慶之為合浦太守，有德惠于民，追封王爵，今廉州陳主祠，即祀慶之也。子一，梁尚書魏國公霸漢字興，家居固始浮光山。子一，隋司徒果仁字育德。子四，唐中郎將謚忠節犢字克耕。（仲叔季三人失考）子三，中郎將懷遠大將軍敏，字一時。子一，元甚右郎將雲麾將軍數，字一貫。子一，元默，左郎將嶺南行軍總管鎮守泉潮謚忠肅武烈政，字一民。子一，進士及第鷹揚衛將軍持節嶺南行軍總管漳州刺史謚忠毅文惠元光，字廷炬，號龍湖。子一，進士及第翰林承旨直學士領漳州刺史謚文英珦，字朝鳳，號廷齋。子一、寧遠令守漳州刺史謚忠憲鄧，字文甲，號强齋。子三、光州司馬兼團練使謚孝莊詠，字以言，號龍岩；尚書漳州刺史謚武肅謨，字以忠，號毅夫；舉明經國子博士訏，字以詞，號雲溪。……

羅獻修八旬晉一榮壽大慶徵詩文啓（一九三七年三月一日）

興寧羅獻修孝博先生八旬晉一榮壽大慶徵詩文啟

興寧羅香林

昔濟南伏生博綜羣經尤長尚書教授齊魯間值秦焚燔藏書複壁兵起流亡口相傳授及漢定天下孝文時求能治尚書者惟伏生一人而年逾九十乃詔太常掌故鼂錯往受業云伏生弟子張生為博士漢代學術治化伏生年高學博守先待後與有力焉自來恢廓魁奇之士生際國家喪亂抱道自貞堅持學術教化百變不移以待後賢之起者天鑑厥衷往往引其年延其學留為撥亂反正之資此同人所以讀伏生傳而益景仰名儒羅孝博先生八旬晉一為可欣可慶可預祝吾民族國家必將復興而不能不為海內告者也先生名獻修字黼月後字孝博世居廣東省興寧縣考諱佩芬字紉秋有幹濟才生七子先生其長也少穎慧尤敏學年十四紉秋公卒以從耆儒蕭星曹貢士初學作文輒目為大有可造之器及門弗如也年十九隽於庠先達黃公鳳五號文章宗匠先生往嘉應從之游進以經史實學稱為一日千里旋館於廩復從何公濟初游有處為名士出為名臣之評光緒乙酉受知學史葉公惝予試五屬經古第一歲選拔名籍甚清季末學支離人才日乏南皮張文襄公督兩粵特建廣雅書院遴兩省才雋肄業其中先生與焉特與選者二百人介居東西齋擇品學素優者為之長山長節盦梁公雅重先生簡為齋長先生初治毛詩梁公以先生精心果力屬治三禮并易其字為孝博蓋期之者遠且大矣

而南皮尤加器重院規以經史性理詞章課士無試經說南皮得
先生卷輒手加丹黃許爲滙通漢宋全院之冠無臨廣雅傳知名
諸生訓誨引置首坐視爲入室弟子及量移湖北新院長鼎甫朱
公以先生論說注重人心志意深遠格外優視將湖北四東郵題
課士南皮以先生學業精進獎勵有加見辛卯鄉榜見遺猶電傳
慰勉由是名公鄉交相推重廉州太守劉公齊潯聘爲味經書院
山長先生至廉陛湖學分齋課士之法無批答劄記於學術淵源
文章流派殫見恰聞不厭詳覈士之惰者勤窳者奮學風丕變旋
以親老辭歸士紳展轉苦留至今春念不忘先生鄉居侍養以脩
脯供甘旨講席所被門牆爲滿值邑會匪倡亂鄉試伊邇先生欲
留家佐紳秋公理局務不應試紳秋公強之後任用祇省即往蝺
應元書院監院梁公詩五言縣匪發動在中秋前派兵恐不及事
宜請當道速調長樂安流諸劉營官移興寧城協守庶幾可保果
如所言匪撲城敗竄散處閩贛圖再舉先生條陳當道非閩贛粵
三省會剿不克收廓清之功速贛撫命王道芝祥統兵到贛州時
門人陳君仲寅以縣丞需次虔南謁見王統領知爲興寧人垂詢
興寧羅先生爾識否吾此行爲其稟請三省會剿而來陳君仲寅
對以是職受業師王統領聞之大喜倫文啓興寧縣遣送并飭陳
君仲寅加函勸駕至贛勸辦會剿事宜先生羈於館職難遽遠離
乃遣五弟自修赴贛偕陳君仲寅爲之助實行會剿匪首就擒三

省以請越歲廣西亂熾西省山勢險阻幽邃深嚴宿多盜藪兵燹
匪困迫與匪合滋擾無寧日粵督岑公春煊親自統率銳進洪遭
挫敗折回清廷命贛撫柯公逢時移節廣西柯公奏調王道赴桂
王道飭陳君仲賓請先生科場後來桂至則條陳柯中丞大意謂
有可靠之官然後有可靠之紳有可靠之兵然後有可靠之官現
在洋操隊不合桂省地利宜募廣東土兵用散星陣戰術庶能禦
寇言人所不敢言時柯中丞涖任十餘日不知所措意擬引退閱
陳條語王道曰吾今知所爲矣當日文員無兵大小官吏無敢出
城萬事廢弛柯中丞乃通飭道府州縣各自養兵護衛其數一百
至二百經費不足概由撫院洋貼然後官始敢出城辦事尋貧遣
先生旋里募鄉勇一營二百人為模範隊率以往歷月餘行至桂
乃委任先生充營務處管帶所募常備軍前營屬王公統領附先
奏稱羅某學優品正兼嫻韜略司道謁見輒稱羅君痛洞達民隱
開口見心心無他思口無他言知無不言言無不盡此人即任府
道綽有餘裕且丁寧先生曰吾與若俱南皮門下士視猶朋友勿
拘官禮放胆做去縱有掛誤不爾怪也其相推重有如是者時王
公署右江兵備道命先生率所部往行抵永福縣告急請兵柯中
丞電飭留縣駐守先生相度形勢與白令壽策言附城萬山俯瞰
全城城無可守宜守高山乃駐守其上賊見無隙可乘宵遁爰開
赴柳州駐紮北門外獨當衝要紀律嚴明民恃無恐柯中丞飭守

東州知州先生以王道左右無人不忍貪位貽相知以風辭不就先生論用兵當郵民常延紳民談話韋相愛戴進劉古德白牛峒等匪所統兵內搏進攻轉戰無前賊驚爲從所未見柯中丞開吉語嘉其能擬奏保而叙秋公噩耗至解甲請代柯中丞援墨絰之意義懇留不得繼限百日後回營紳民聞之咸太息吾儕厄運未有夜止蓋各鄉紳民約定先生出師則各率鄉勇助戰掃盪積匪先生還歸莫有能踐前言者也先生保薦陳君仲賓接營務所向奏捷卒以肅清西省當是特清廷受潮流激盪廢科舉倡新學先生請禮家居倡辦龍田及大坪通時兩等小學旋奉鄭邑侯業崇照會出任縣立師範學校校務翌年改辦中學仍以先生爲監督宣統己酉粵省諮議局成立先生被舉爲議員痛陳官役下鄉擾民之弊咨請大吏飭屬革除旋以舉貢考職選取入都座主陳公伯潛閱先生卷決爲名下士揭曉廉知爲張文襄高足弟子逢人說項名滿輦轂之下京師大學監督劉公廷琛亦陳公門下士也特訪求經學教授於陳公乃以先生經學首屈一指薦派禮聘充三禮教授初相見詢三禮教法先生以禮文古今或變禮意古今從同對輒舉手稱贊謂一語道破要竅非實深自得者曷及此先生詮次講錄貫串古今賅洽靡遺劉公深爲得師慶因屬改定大學教授章規辛亥秋武昌事起各省響應先生買棹南歸特國體驟更伏莽四起人心洶洶朝不保夕先生鄉望素榮倡辦族團維

及鄉團並舉戴為長聯合保護搉柳莊苻秩序漸復歲暮各處匪
勢猖獗殆哉岌岌先生飛函在省同學黃君錫銓亟派兵到嘉應
五屬剿撫兵至人皆歎從天降梁知先生所為乃歎巢居冀守猶
揮如意共登袵席使先生留京未歸吾屬無噍類矣眾推為縣長
先生堅辭失言縣中有利害關係斷不引身自便會縣立中學以
時值改革勢將停辦臨時縣議會公舉先生復為校長先生悉力
整頓校務蒸蒸上在校時兵變匪擾迭次戒嚴城門晝閉先生居式
城而不去夾持縣軍殲渠散黨苞而獲安而先生功成不居遠辭
校職講學於龍田見龍書屋旋應坪塘德國神科大學漢學講座
先生發明先聖奧秘悉心引進範圍曲成一時有吾道其西之樂
德國總牧師範堂稱為大教育家民國二十年今廣東教育廳長
許公志澄長國立中山大學欲以闡揚實學為海內倡敦聘先生
為文學教授先生講授周易尚書三禮药不翌年鄒公海濱繼長
校事氣宇恢廓益尊宿學於先生尤禮敬不衰會興寧縣議修縣
志推先生撰裁志稿爰辭職東歸撰述之餘復於所居聚徒講學
至於今其門益廣盡自先生立壇講學以來化雨春風歷五十年
所矣而先生不厭不倦懇懇勤勤一若不能不堅守以相待者蓋
深憫乎國步多艱邦基未定而內憂外患交迫而來非培植通經
致用明體達變之才不足以濟時艱極危亂而自頃淺薄之士又
復趨時取容輕蔑六經仿立詖辭惑世誣民甚或造言全盤西化

我國本而媚外人斯文罪同秦火尤不能不於深憫之餘而益堅
先生衛道閑聖之思也先生誦法孔孟少以學統自任究心宋五
子之學迨肄業廣雅益探討毛鄭許賈諸大儒經説而於三禮治
尤精勤嘗謂禮者人情之節文致治之要道國家而無禮則不足
以立綱陳紀振衰而起靡社會而無禮則不足以生聚友睦相助
而不悖人群而無禮則不足以儆惰矯輕永終而知敝故治世必
以禮而救世尤必以禮傳言惟禮可以已亂記言有禮則安無禮
則危可深長思也所為三禮劄記精深博要可以傳世其為文初
學左國班馬下逮韓柳歐蘇自抒胸臆與古為新不襲膚廓間為
詩歌蒼勁拔俗又工示雲箋札驅使故實妙造自然學者得其一
紙書莫不視同拱璧矣清癯美髯長身玉立目閃閃如巖下電
望之儼然即之也溫聲洪亮善談説每升堂講授議論風發隱辭
奥義一經指擘瑩究如撥雲見天故士之出其門者淺深大小各成
其器能以經術治道為天下倡而先生傳道授業精神老而彌篤
今年端五蒲節為先生八旬晉一榮慶之期同人等擬稱觴拜祝
竊維在詩有曰維嶽降神生甫及申又曰令德不爽壽考不忘今
先生巋然靈光作人敦化豈非如漢初伏生天故縱之錫以典籍
之壽俾傳其學以為吾民族撥亂反正之資者耶學之興也有日
矣雖先生自牧謙謙不欲受賀而同人等渴望民族國家前途光
明感茲儒林嘉瑞安可無辭以侑爵乎所賴四方學人海内志士

貺錫鴻文，永揚休烈，則不特同人之幸，抑亦民族之光也。是爲啟。

中華民國二十六年三月一日

致英國皇家亞洲協會主席書（一九三七年六月十一日）

廣州市市立中山圖書館

THE MUNICIPAL CHUNG SHAN LIBRARY

WEN TEH ROAD, CANTON, CHINA

June, 11, 1937.

Gentlemen:

In accordance with our publication scheme we have by our own autborship put on circulation two periodicals, one fortnightly and one quarterly, together with a series of historical and political works. We have mailed you the first issue of Kwang Chow Hsueh Pao, our quarterly review with English synopses, now present you its second issue, and would from now on put yourname on our mailing list in case you care to have it or favor us with exchange of your publications as several gentlemen do.

We have entered into exchange relationship with the Library of Congress, Washington, D. C. Books and source-materials, when specified and ordered, are exchanged through the Bureau ofInternational Exchange at the National Central Library, Nanking, China. We hope you or your institute will be interested in such a convenient way for cultural infusion and international friendship between two nations. Any time you like to read books in Chinese or to know something about China, we are at your service. Please don't hesitate to inform us of your opinions or order of books.

With best compliment,

Very truly yours,

Hsiang Lin Lo

Hsiang-lin Lo
(Director)

復黃蔭普書（一九三八年五月二十五日）

答黃蔭普先生問於張菊生先生詢廣東方言書籍

蔭普學長賜鑒：手教拜悉。張菊生世丈擬賜詢於廣東方言之書籍，欲有所詢問。第目學無多，何足以辱明問，惟既承雅意，自不敢掩其寡陋，謹就所知（皆個人已搜得者），略舉於下：

一、廣東方言複雜，其最重要者有廣府白話、潮汕福老話，及東北江客話三種。關於廣府白話聲紐韻部研究之最早者，為陳蘭甫（澧）《廣東音說》，見所著《東塾集》。近人博白王了一（力）先生，清華同學，推廣其意，作《兩粵音說》，於廣府白話之聲紐韻部及四聲等，探發尤多，見《清華學報》一卷五期。中山大學教授岑麒祥先生，研究〔就廣府白話言〕甚為精，曾指導研究生李叢雲君，撰作《廣州方言研究》一論文（李君即以此文得碩士學位），但未見發表耳。此外有筆名酒中馮婦之孔仲南先生，著《分韻、廣州八聲譜、及廣東俗語考、分韻廣州同音字彙、粵語正字等書，（由南方扶輪社出版）[illegible]於廣府白話之研究，不無相當貢獻。至招子庸粵謳（有刊本行世，見潮州刻本）及其他粵語唱本，則但以廣府白話為文學作品，非[illegible]（於）白話本身研究（有所）也。要之，欲治廣府白話，雖各書未必皆能盡備，但陳氏東塾集，王氏兩粵音說，孔氏廣東俗語考，招氏粵謳，則不可不備也。

二、潮汕福老話，與福建漳廈語系統略相似，海陽鄭昌時韓江聞見錄，有鄉音同異可通韻學說，似為論潮語聲韻之早（最）論著，惜[illegible]（其）書坊間[illegible]（罕見），[illegible]售。此外有潮安蕭雲（屏）潮語十五音，饒平張世珍潮[illegible]（聲十五音）……皆為必備之書。數年前有潮人某君[illegible]，著潮州（方言）音韻研究，見潮[illegible]……屬留平學會平潮學報，為潮語研究之最新出者，（而有獨見）而羅（常培）（莘田）先生

厦門音系，（中央研究院歷史語言研究所出版）尤精審可喜，

治漳厦潮汕方音者，不可不備。

三、東北江客話，在廣東各方言中，分佈最廣，特地處僻區，

普通學者多未知耳。論客語源流者，以黃香鐵（釗）石

窟一徵所載方言爲最早，次之，則溫慕柳（仲和）修嘉應州志，特闢方

言二卷，楊穆吾（恭桓）更作客話本字二十卷，餘杭章太炎（炳麟）先

生、新方言所附嶺外三洲語，則自溫楊二家刪蕪存菁，而更爲精審者也。

專家謂其（翽雲）先生客方言十二卷（中山大學出版），萃諸家之長，所作誠爲不朽之作。

至客語聲紐韻部，主研究則以王氏兩粵音說所述客語爲最早。

拙作客家研究導論，中有客家語言一篇，除敘述前此關於客語

著作外，於客家音系，亦有討論，此則關於客話籍論著之大凡也。

此外則獞、崖、黎人、苗人、北江猺人、水上蜑家，大率有其固有語言，特除方志所記一二外，漢籍中未有論述，此類語言之專書，惟廣西猺語，則有趙元任先生猺歌記音一書（中央研究院歷史語研究所出版）甚精確，詒訓水上蜑家，據趙氏調查，云有特殊語言，但迄未見其調查報告耳。

此蓋就中文方面而言，至於西洋學者關於廣東方言研究，其成績亦殊不菲，彼輩雖種種關係，採訪資料不若國人之便，然以方法較密，故多精審論著，除方言聲韻類檢討外，且有方言字典之纂輯，斯皆國人所不及者也。西人論著，此間無可購置，容後詢諸另信陳述。

專覆，即候

鑒安

弟羅香林敬覆 廿七年五月廿五日

張錦麟小姐草莫元伯論譯譯者，敝館均未購得藏入，不知何處有此本也。

與好友寒剖論情理變遷

承示心緒不佳，此為時代激刺所致，非吾兄為然也。惟弟欲有所奉告者，自來讀書人之最不幸而最難能者，為情理之雙遷，次之為理勝於情，或情勝於理，而其最不懷情，又最易沾染者，為情理之交戰，人格之雙重，消極與煩悶之構成，大率由此，補救之法，莫言人人殊，然大要不外使理有所寄，而情有所歸，專治一學，自為系統，沉潛乎著述，擯絕乎酬應，凡所立言，一以貫之，豁然自喜，了然無礙，置形神於理窟，斯其樂之無窮，所謂魚相忘於江湖，人相忘於道術也，非求而遇，妙造因緣，坦白無瑕，光明易見，勿稱時義詩詠宜（情既寄於永懷，學亦無乎而自適）家，人固莫不知此，要視有為無為，與為義不為義，為濟與不濟之別耳。民國二十八年六月十日弟香林敬上。

為故蕭漢夫教授因教學殉職，身後蕭條，擬募集紀念基金，為其子女教育經費啓事

蕭先生諱識，字漢夫，廣東興寧人。自少以民族國家學術教育為己任，慨清末君臣昏暗，罔知興學，而帝國主義者復挾其排山倒海之力，以軍事經濟文化諸方式相與謀我，致吾國農村搖落，生產日弱，四民屢轉於貧窮與愚昧之境，而日即傾危，乃毅然貸貲親友，赴東瀛留學，專習山林川澤墾殖樹藝富國裕民之學，造詣甚深，而尤以林學為中外學者所推重。歸國後歷任江蘇省立農業學校、北平國立農科大學、廣東國立中山大學等校教授，所至以辨別土宜，造林興利相提倡，於全國各區水源林之整理經營，計劃尤精。年來倭寇侵陵，沿海淪陷，先生以西南各省為抗戰建國根本要地，亟思藉農林建設為培植資力張本，而廣西省當局頗致力農林事業，乃西走柳州，任廣西大學農學院教授，蓋欲為當局推進農林建設也。故於教學之暇，

亟已深林大野，告竄田農矣。乃遇敵機空襲，警報頻頻（頻頻），不少止。本年七月十五日因公至柳，於羅池公園不幸為敵機所炸，以傷勢過重，竟於七月十八日於柳州陸軍醫院逝世。一代宿學，遽為倭寇摧毀，遠近交訝，莫不痛悼。而先生自壯為國家憂勞，未嘗自營產業，身後蕭條，上有高齡老母，無以奉養，下有稚年子女，無以為教。同人等竊念先生一生勤奮，為教育殉職，為學術捐軀，實為民族國家精神所繫，爰擬募集紀念基金，一方為先生刊行遺著，永資欽式；一方為其子女教育經費，永慰忠魂。所願邦人君子，共體學術建國之義，慨然贊助，勷成美舉，則不特為先生文許而感謝，抑亦民族國家之光也。是為啟。

發起人△△△ △△△

民國二十六年八月一日 羅香林敬擬。

致陸丹林書（一九四〇年四月五日）

與陸丹林先生論廣東文獻叢書

丹林先生道席：久未通訊，念甚！新年惟名候萬福。廣東文獻叢書，得先生與葉簡諸先生主持選印，必可依計完成，曷勝景仰。第一集所選，皆甚精審，想近日已出版矣。余襄公武溪集，中山圖書館所庋為嘉靖刊本，澹生堂舊藏，書品甚佳，雲為友人冼玉清教授所贊賞。然以視先生等所選定之成化刊本，想又遜色多矣。弟家守先閣，藏永安鍾丁先義士集，港澳方面，似仍罕見。鍾於順治初構衆抗清，文章亦虎虎有生氣，將來或可編入第二集或第三集，但須待弟返鄉檢取耳。又曲江廖燕柴舟二十七松堂集，其文章與魏叔子侯朝宗齋名，民族思想，尤勃鬱行間。倭儒學家塩谷世弘，謂其爲明末古文大殿。北平圖書館藏康熙刊本，甚難得。視倭人覆刊本，及近年曲江排印本，精審百倍。它日謂亦當迻入叢書第二集也。前接中國文化協進會二月十四日函，藉悉廣東文物專集，業經出版。茲填奉收據一紙，乞轉屬賜寄一部。陳公哲君廣東考古圖錄，不知已出版否？此間迄未見到。國難未平，交通隔絕，書不盡意，即候道安。民國二十九年四月五日。

致羅梓材書（一九四一年三月三十日）

與家梓材副司令論鄉村中學須注重鄉土史地等補充教材

梓材宗兄[redacted]司令賜鑒：久未奉書請益，非思念不與日俱深，以展轉道途，不遑寧處，郵寄維艱也。邇惟興居萬福。近者得家兄香林寄書，藉悉吾兄於鄉中創辦甯中中學，卓識宏規，曷勝景佩！教育為樹人大計，誠為當務之急。吾鄉自昔以人文獨盛著稱，然十數年來，寖不能為平衡之發展，若不速謀挽救，則更三數十年必有衰落不振之虞。吾兄此舉，當可收繼往開來之效。且風聲所播，各鄉人士，亦必以興學為務。人才為國家之寶，生聚教訓，即所以抗戰建國也。惟鄉中教育，其作風當與都市一般中學有殊。多舉本鄉歷史地理與生物藝事等，為補充教材，使學子皆知所處環境，與夫先人遺業，及本鄉前代人士之學術事功，與夫才異能等，皆當常為講述，其有著作與圖像，或書籍碑刻之什，皆當闢室陳列，使學子於耳濡目染中，得感發興趣，其為效當有非始計所可及者。此其教學取材有異於都市一般中學者一也。多注重本鄉實際需要，於普通教育中，兼施以本鄉村生計有關之職業教育，使學子不以鄉土舊有職業為鄙事，而能為改善與發展之方。其有家資較豐，欲求出外深造者，亦得依計升學，而不相妨碍。此其教學目的有異於都市一般中學者二也。將學科實驗與學生日常生活，溶合為一，如授自然科學，則兼以各種計算器材，令之量度日常所接觸之物體或器具，而各為圖表，并逐日詳記雨量風向及溫度濕度，使以數學及統計歸納諸方法，能生絕大興趣與熟練；授社會科學，則兼令調查所居鄉村之人口與土地物產，編製物價指數，漸及於附近墟市商貨貿易及經濟組合之調查，使於社會經濟之實際景況，有準確認識。又如授應用科學，則兼令學習竹木陶工，或參與農作實習，兼造橋修路及造林種山等業，使畢業後即不升學，亦得所以就業。此其教學方法有異於都市一般中學者三也。特不知兄意以為何如耳。前見報章，悉吾兄新拜粵軍管區大命，曷勝欣賀，惟未審將以何日履新。國家多故，專賴賢豪出而支柱，鄉村中學既由兄立定大計，此後但遙為監督，自可逐步發展也。書不盡意，即請勛安。民國三十年三月三十日。

20X25=500

與羅慈威長官論緬甸與中國民族源流

慈威司令長官鈞鑒：奉讀本月十五日鈞諭，敬悉鈞座總領師干，遠征破敵。捷報傳來，舉國歡慶，曷勝欣賀。承命彙錄中國與緬甸及暹羅諸國關係之資料。香林曩在粵時，頗有蒐集，特倉卒未及還出耳。茲先就此間所弋獲者，先為奉告。（書目附後）。其中如蕭璒君緬甸之一斑，一文，尚簡要可用。惟欲使緬人與遠征軍協同抗戰，似當明告以中華民族與緬甸民族為同出一源之難兄難弟。蓋嘗考之，中華民族實由古昔炎帝神農氏所領率之姜族，與由黃帝軒轅氏所領率之夏族，混合而成。而稍後由帝舜所領率之東族，及居於邊塞之狄族，與居於荊湘之苗蠻族，亦撫和其間。由

原稿紙　第　頁

NO. 1

混合而調協，由調協而發展。唯其包容偉大，故種人最優，而分佈最廣。夏族初發祥於岷江流域，其一支移居中原，而為中華民族之骨幹。其一支遺裔，後稱越族，分佈於西南邊區，粵東南沿海各地。姜族發祥於青海西藏一帶，其一支入居中原，而混合於夏禹族，其一支留居西藏，而復假道西南移殖。緬甸民族，大別為藏緬族與撣僰族二大類。凡其國所稱緬甸人(Burman)傑人(Karen)傑親人(Kachin)阿拉干人(Arakanese)親人(Chin)諸名目，即所謂藏緬族系統；而其國內撣人(Shan)，即所謂撣僰族系統。藏緬族為炎帝神農氏一集團一部分之子孫。撣僰族為古代百越族一支之遺裔，亦即黃帝軒轅氏一集團一部分之子孫。與中國人之同

20X25=500

稱為炎黃華冑者，可謂同出一源。藏緬族與撣棘族之向外移植與在緬甸建國，為炎黃華冑之一種事業，故歷代皆奉貢於中華宗邦。由後漢撣國以至唐時驃國，莫不皆然。元明以後，尤與中華內地無異。此固由於緬人之善念水源木本，有以致之。而中華宗邦之眷愛同一源流之弟兄，迫於大義，而不能不為之協助，亦事之至明者也。中國與緬甸無論種族上與歷史上皆有其不可分離之事實，而英美二國又為同盟之邦，且各有其為人類謀永久生存之偉大理想。故中緬英美之須同心協力，以應付時勢急需，實乃為歷史所賦予之偉大任務。而倭軍與德意等國蹂躪世界之政策，亦無處而不思染指。緬甸為同盟國之重要樞紐，故尤為倭軍所垂涎。陰

原稿紙 第 頁

NO.2

此邊疆墜境，形勢倉皇，中緬人士相依爲命，與有殺敵破倭之責。此而不發揮忠藎，協同抗戰，亦難乎其爲炎黃華胄矣。鈞長勤勞著於寰区，誠信貽於國際，如將中緬爲炎黃華胄之事實，宣告中緬軍民人等，竊謂必可喚醒其同類意識，與同一情操，而發揮其協同抗戰之能力，而獲致更大之戰果也。是否有當，幸垂察焉。專此奉復，並叩鈞安。民國三十一年四月廿四日。

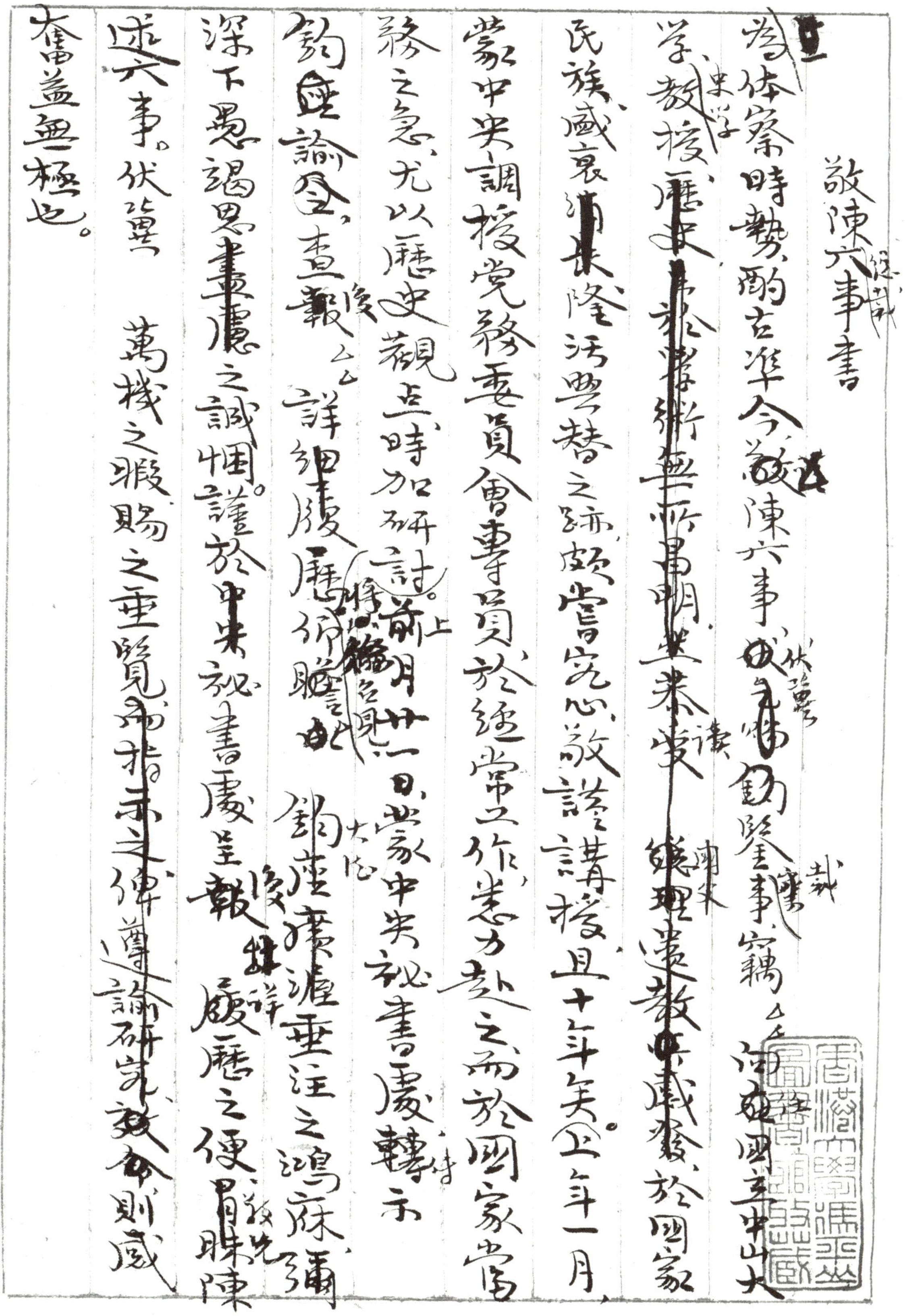

敬陳六事書

為體察時勢，酌古準今，敬陳六事，伏乞鈞鑒事。竊維國立中山大學教授歷史，於學術無所發明，然忝讀總理遺教，感於國家民族盛衰消長隆汙興替之跡，頗嘗究心，敬謹講授，且十年矣。上年一月，蒙中央調授黨務委員會專員，於經常工作，悉力赴之，而於國家當務之急，尤以歷史觀點，時加研討。前月廿一日，蒙中央祕書處轉示鈞座諭令查報詳細履歷，備供垂覽，鈞座廣施垂注之鴻麻，彌深下愚竭思盡慮之識悃。謹於中央祕書處呈報履歷之便，冒昧陳述六事。伏冀萬機之暇，賜之垂覽，而指示之，俾遵諭研究，效命則感奮益無極也。

致蔣介石書（一九四三年一月五日）

其言：訓政時期，地方行政首長似應迴避本貫，杜絕變象割據，以樹立地方自治基礎也。中國自宋明以來，地方行政首長，如刺史、太守、縣令、知州、知府、知縣、巡撫等，並迴避本貫，如本省人不得為本省巡撫，本縣人不得為本縣知縣，巡撫知縣所屬員司，始聽由本貫人士充任，是其例證。蓋巡撫知縣並以承受中樞政令，而施之有衆，貴其忠於職守，而不貴據地自為。際此訓政時期，各級地方行政首長，如省府主席及縣長等，與有秉承為政，培植真實自治基礎之責，尤須迴避本貫，庶免若干省縣陽假籌備自治之名，陰圖據地自為之實。待訓政完成，庶民自治基礎已立，地方不致為反民治思想者所劫持，則實施憲政，地方人士自可遴選其賢能，出任該地行政首長。故在訓政時期，地方行政首長迴避本貫，在國家為永免變象割據之美政，在地方為培植自治之基礎，期成完善改良規。有利無弊，要在鼓舞全國輿論一致贊助，則實於殊易易耳。

其害。現今考試制度，似可學歷代以「字、政、才、年」四格保舉賢才之制，相輔而於，以登進真實人才，避免偏重書面（文字）智識，而忽視操行修養之積弊也。中國官人登進之法，春秋以前，出於世官。漢魏六朝，出於選舉。隋唐至清，出於科舉。世官與封建有關，今不具論。選舉則兩漢由郡國保（察）舉，魏晉南北朝依九品（中正）選拔，皆特重操行、能與聲望，故有孝弟力田、智謀賢良（方正）諸目。迄隋唐以科舉取士，始以學問表現於文字者為主，而不問操行、聲望與處事能力。迄明清，弊端以起。今之考試制度與學校出身之法，並與科舉有殊，然同以學問才能表現於文字者為限，操行、名望與處事能力，初無與焉也。學校不與學術閒習，考試詮

毋未達及此。故畢業學生與考試及格之士，服務成效不能如國家預期，而所能並
懋之士，或格以制度，無由進身。又各級政府與事業機關並用人皆聽各方介
紹，而選用初無法定標準，人事制度終難建立。今為選拔真才，效力國家，使事盡
其功，人盡其才，計似當於擴充考試門類外，更宜分令各級地方之如於政首長，就當
地人士，依歷代以「守、政、才、年」四格薦舉之法，逐級保舉，由中樞親為策問，覈實登庸。
所謂依四格合選者，即謂就富有操守、修養、與處事能力，及學識經驗與年
資聲望之士，保舉於國，以備登用。意在選拔有守有為有學之真實全才，而非
偏於區區技術與文史學也。如此則真實人才，不致遺佚，於建國大業，必有裨益。而
人心向慕，尤為長治久安之本，豈不懿哉！
其四曰：制定內地與邊疆文化交流、崇官互調、婚姻互通之政策略，以團結

中華國族，以繫永遠統一也。中國自昔以安內善鄰，綏邊懷遠立國，以精神建設與物質建設為籌邊雙軌。物質建設隨科學發明，愈演愈變，擬別為陳述。精神建設則運用之妙，存乎其人，舉其大綱，則以文化交流使民族意識合為一体，以宰官互調使政治組織合為一体，以婚媾互通使種人習性合為一体，如是而已。蓋邊民心理，諱言同化，故必以文化交流之法，與手相當。使內地自禮樂制度與語言習俗，移殖其地，而取其宗教與藝術，寖移內地，或就其宗教組織，注以國家教育精意，從而為之改革。而邊地行政首長，繩以疆吏迴避本貫之制，亦得因例互調，其聰明才智之士，則依考試與保舉之法，可使入內地服官。而邊民與內地出邊人士之婚媾互通，亦為歷來言籌邊者所特獎勵。誠以邊地安危，與國家治亂消息相關，邊務不修，則外侮每乘虛而至也。際此抗戰垂勝，建國垂成之會，邊地設施，尤當與內地合体，不宜以特殊關係，牽動國本，致為敵國外患所乘。而改善與感召之法，則於積極從事物質建設外，莫如並用精神建設之策。信能發以地方行政首長，遴任本貫之法，不分內地與邊區，先為實行，則邊民無所藉口，從而後施文化交流與婚媾互通之策，十數年後，內地與邊區必可合為一体，而中華國族，由之團結而成永遠統一。要在實行之際，能不激不隨，以赴事功耳。

其四曰：制定中華民國通禮，以為政府與人民日常節文，以建立常常儀則，以維繫國家社會秩序也。

中國自西周以禮樂代替宗教，舉國家政典，與國民生活，皆合與禮樂合体，而禮儀尤以濟法律之不足，故歷代秉國鈞者，皆重視禮制。誠以禮者，人情之節文，執範而致治之要道也。故國家而無禮，則不足以立綱陳紀，振衰起靡；社會而無禮，則不足以生聚友睦，相助而不悖；人群而無禮，則不足以徵情矯輕，永終而知弊。禮經所謂有禮則安，無禮則危，可深長思也。昔漢高祖繼嬴秦為政，干戈甫定，即令叔孫通等擬定朝儀，而歷代所修吉嘉軍賓凶五禮等，亦各有損益。蓋禮為國家大事，禮意古今從同，禮文古今或異也。今共和建國三十餘年，而民國通禮尚未頒定。內政部並有禮俗司，而僅以奉行文書，非能通達新舊，擬定宜之禮制。百官相處既無高適國儀，庶民慶弔亦無高適儀禮，社會所見惟不倫不類，雜亂無章諸惡劇耳。夫惟新禮不立，故新倫理無從表達，上下生活，遂鮮紀律可觀矣。今國家既以堅卓抗戰躋於世界四強之列，為造成新興氣象，建立高尚秩序，似當即為垂命博通中外禮儀之士，斟酌損益，擬訂中華民國通禮，妥予釐定，頒布施行，庶以振作社會新規，宣揚國家風度，而並以示慰國人喁喁望治之思也。

其二曰：於教育部設立禮樂教育司，掌理全國禮儀制、樂制，與宗教行政及禮樂傳習等，將內政部禮俗司改隸，以普及禮樂教育，以提高國民品德也。中國自孔子以六藝設教，而禮樂每為首要。蓋禮所以建立秩序，而樂所以協進和睦，故習禮與樂，亦以之可安定社會，以獲致國民向上而具條理之生活，大之則可寄託人生以促進學術文化之開擴。故中國古代學者，自昔重視禮樂教育。而國家亦通禮樂通禮所配樂歌，且與全民生活相應，為無禮樂教育，則禮官無由培育，庶民無由習禮。若有禮樂制度，終難為廣大實施也。翳考我國官制，周禮有春官宗伯，掌理國家禮儀、祭祀，隋唐仿用周制，建六部尚書，而禮部為禮官總署，既掌國家禮儀，復典全國舉貢，而舉貢以教育為始基，故教育以舉貢肄禮部，明示禮官與教育相關。今教育部職掌，與昔日禮部有殊，然要為禮部所演進，而內政部禮俗司，與教育本無聯繫，不必傳習禮樂。故制禮司禮之官，與禮樂教育行政，自以隸屬教育部，而設置禮樂教育司為宜。而內地與邊區所流行宗教，雖與教育有關，昔時並歸國家統制。今若並由禮樂教育司妥為調度，則寓禮樂教育於宗教之中，而即以推行國家全部教育，則小之可使邊民智識，逐漸提高，大之可使邊地政教，逐漸改善，而致邊區於磐石之安。則禮樂教育司之設置，又不徒於內地有其功能已也。

其六曰：闡明新生活之鵠的，為獲致全國人民「強智富貴善」之五福，因勢利導，以康之現代化國之美滿生活也。中華民族，自昔以善求多福著稱，日常生活，亦以受福為準，故尚書洪範，有嚮用五福之說，一曰壽，二曰富，三曰康寧，四曰攸好德，五曰考終命。後世尊經之士，多稱道之。此說不無偏弊，然使生活鵠的與人生幸福合併，則實無可議也。

十餘年來，全國上下，由

鈞座倡導啟發，從事於新生活運動，使全体國民，撥除不合時代不適環境之習性，而趨於適合時代與環境之生活，而以中國固有禮義廉恥諸德性為基準。鴻謨至訓，萬流感發，以礪以磨，以有今日抗戰垂勝，建國垂成之鴻果。斯即新生活獲致無窮鴻福之明證。竊嘗驗之今日時勢，人生幸福實以「強、智、富、貴、善」等五端為首要。強者，身体之健康，心力之充盈，壽命之長久；智者，見解之靈敏，才學之精博，經驗之豐厚；富者，事業之開擴，生產之豐裕，取與之有度；貴者，責任之鉅重，名譽之昭彰，貢獻之宏偉；善者，品德之高超，行為之適可，理性之感召。此為新五福之大義，亦為國民高尚祈求。而新生活運動，以軍事化、生產化、合理化為法則，其樞紐尤與「強、智、富、貴、善」五福相適應。故謂「強、智、富、貴、善」等五福，為新生活運動之鵠的，亦無不可。昔管子治齊，俗之所欲，因而予之，俗之所否，困而出之，故能因禍為福，轉敗為功。今當善因中華民族自求多福之習性，而闡明新生活運動之鵠的為「新的福」之獲致，則因勢利導，寓轉變於偉大運動之完成，必更速也。

其「七曰」：宣示 國父遺教之純理体系為「致知力行，正德唯生」四者互為條件，互為創發之偉大哲學，以指導學術思潮，以建立世界學統。 中國學術思想明清以前，原居世界學術主流地位，故有「萬國衣冠拜冕旒」之譽。而 國父之承先啟後之偉志，為救國救世界之偉業。其所創立之三民主義學，其他遺教，尤以綜合古今中外學術治化精華而自為創發。今謹按其純理体系，則以「致知力行，正德唯生」為主旨。蓋唯人類為能維繫生存演進，故能極於致知力行正德；亦唯人類為能正德明善，勤求修養，故能極於致知力行唯生；亦唯人類為能力於無倦，自強不息，故能極於致知正德唯生；亦唯人類為能致知格物，崇聖尚智，故能極於力於正德唯生。而所謂唯生，乃以致知力於正德為條件之唯生，正德，乃以致知力於唯生為條件之正德，力於，乃以致知正德唯生為條件之力於，致知，乃以力於正德唯生為條件之致知。四者互為條件，斯其唯生為存己存人之生，正德為壽己壽人之德，力於為立己立人之於，致知為成己成人之知。故始於中國之實施，而終於則躋世界於大同。今世界學術思想，已以反侵略戰爭之邁進，證明必以 國父學說思想為指導原則，蓋以西歐近世第重視科學研討與技術訓練，而忽於精神修養與人世大同，生存共進諸理想之認取。故其弊或以窮兵黷武，挾科學技術，戕賊民生，或以富而不仁，智而鮮德，終亦難為人類生存共進之引導。而 國父學術思想，則參天倚地，有百利而無一弊。故其說如行，非特可使中國與世界民族民權民生諸問題根本解決，與民族民權民生諸共業，無窮建樹，而寖趨於世界大同之境，且可期之為人世之一永不致戕賊民生之最優學術，其應為今日世界學術思潮之指導原則，無待論也。信能以

國父「致知，力行，正德，唯生」四者互為條件，互為創進之學術思想，宣示中外，以引導群倫，而更為之一研究學術與服務國家四者互為條件，互為創進之制度，如其人之克正德力行唯生者，則更為厚予致知機會，其不能力行正德唯生者，則不令獲取有效之致知機會，是其一例。夫然，則尊其所聞則高明，行其所知則光大，非唯中國學術思想可使更為創進，更為發揚，而世界新學統之建立，亦必沿之而至，其為義實與抗戰建國同其偉大也。

其八曰：強化中等學校之三民主義訓練，並普及以中等學生為讀者之本黨

刊物，以堅定青年思想。中國學子，自昔以受有中等教育程度者，最為國家注意。蓋此類學子，志趣方盛，易受時代潮流激盪，而發為有力行動，其進而接受高等教育，固易以先入言論，引為治學治事準則，而不易更其舊習，其出而就事，或任鄉里教員，亦每以先入言論，盡以傳之蒙童，其影響於鄉村社會與學術治化，實甚鉅也。本黨以救國救世界為職志，而始基則以喚起民衆。民衆雖有各種組織，可為分類訓練，而智識不齊，不易為系統實施，而其兄弟子姪，多肄業中等學校，信能於中等學校施以強實之三民主義訓練，則近之可為宣傳其父母兄弟與鄉村兒童，進之且易接受高等學專門學校之本黨教育，其為效有可計日而待者。今全國中等學校，雖亦有與黨義有相關之公民科目，然教者視同具文，非能於三民主義為條貫講授，而其課外讀物，本黨更未特為編備。奸偽乘之，乃以邪說要義，出以文藝形式，編為適於中學課外閱讀之雜誌專書，揚其毒燄，而中等學生，遂多為吸引。今日社會思想之複雜，與大學秩序之紊亂，未始與奸偽乘虛爭取中等學生之策略無關也。今為廓清邪說，以堅定青年學子對本黨之信心計，似宜強化中等學校之三民主義訓練，而以文藝方式編印本黨專供中學課外閱讀之雜誌專書，尤為教育急務。蓋不如此，則青年忠於本黨之思想，終難為堅強莫定也。

以上所陳六事，皆重且各殊，而皆與建國治化有關，且並平實易行，非有驚世駭俗之論。伏冀 鈞座垂察，而裁擇之。曾愚昧無似，而振國之誠，不敢自閟，故不覺言之多且瀆於此也。伏乞 鈞座恕其冒昧（愚），未罪，進而教之，則謹

遵

鈞諭將（由）繼此更有（奉函）陳焉。

（謹呈）幾△△謹呈（民國廿三年）十月五日。

△△蔣

陳述中華民國通禮意見書

ㄙㄙ先生鈞鑒：前月三日，趨府謁教，辱蒙訓誨，感荷靡極。ㄙㄙ文質無底，然以留治史學，每見國家日所由長治久安，必有其適應時勢之學術與禮俗。學術所以培養人才，禮俗所以維繫社會。人才充實，社會安定，斯秉國鈞者得國以悉力建設，以弘揚治化。不揣愚昧，輒欲呈請政府，乘此時會，設立專管機關，以制作禮樂。庶以振作人心，翊贊國政。會蒙　總裁召見，因條陳六事，並稟述禮樂之時代意義。謂：居今而言制作禮樂，須以中和、嚴正、振奮三者互為條件，互為創發，互為基礎，為根本精神。中和為仁為法，與民生主義理蘊相通，嚴正為智為理，與民權主義理蘊相通，振奮為勇為情，與民族主義理蘊相通。三者交融互透，施之制作，斯可成為三民主義國家之禮樂。方今抗戰垂勝，全國奮發，似宜先為頒布中華民國通禮，內分四類，一曰禮制，二曰樂制，三曰國儀，四曰民儀，庶以造成興隆之治。承 總裁嘉許，諭以努力研究，並蒙介紹向教育部陳述。頃閱報章，敬悉 先生兼總禮樂館事。風聲所播，萬流景慕。後在〇〇，曾蒙訓示，能不距躍鼓舞，預為慶祝國家禮樂之大成乎。茲試擬中華民國通禮綱目，乞賜教正。倘蒙採擇，則感拜明德，益無極也。臨書不勝惶悚之至。春寒伏維政機餘裕，增履萬福。肅叩鈞安。卅三年三月三日後學羅香林謹上。

致亨廷頓書（一九四三年三月十五日）

The Secretary General's Office,
The Central Executive ~~Council~~ Committee of
the Kuomintang,
Chungking, China.
March 15, 1943.

Prof. Ellsworth Huntington,
Yale University,
New Haven, Conn., U.S.A.

Dear Professor Huntington:

I have the pleasure to recall that it was several years ago, sometime in 1934, that I sent you the first publication of my work "The Introduction to the Study of the Hakkas", and you were so kind to despatch me a letter in reply. Since then I have embarked on the case study of some of the eminent contemporary Hakkas and the course of migration of their ancestors with a view of substantiating the views set forth in the above book. I have chosen as the first subject of my study "Dr. Sun Yatsen and the Course of Migration of His Ancestors", which has been duly completed and published (in Chinese).

Under separate cover I am sending you one copy of the above study, and trust it will reach you in due time. As your well-known work "The Character of Races" has again given me much light in the course of my study, I wish to take this opportunity to express my courtesy and gratitude. I also hope that some time in the near future I may render some of my writings in English for publication in America.

With best wishes and oblige.

Very sincerely yours,

Hsianglin Lo

①

[redacted]事久未[redacted]謁[redacted]教，至[redacted]羅。頃承轉示鄧[redacted]君[redacted]所撰「國父家世源流攷正誤」一文，謹加研[redacted]覽（蒙指[redacted]示辨正。）（討，）其論據與[redacted]解及態度[redacted]皆與現代以科學方法治史者[redacted]絕異，相違，而徒以盛氣相加，恐其[redacted]出於誤會[redacted]、非以考史求真也。謹就鄙見，條列如次：

一、美人林伯克「孫逸仙傳記」引國父口述，謂國父家廟在東江 Kung Kun、[illegible]，移居翠亨，祇數代耳。（原文：「Chong Hung ... there is the hamlet of my birth, and the birth place of my immediate forebears. I say immediate forebears, for we have lived only a few generations in Chong Hung. The village of our ancestral temples is at Kung Kun, on the East River.」）開智書局譯者，不知 Kung Kun 原名，譯為龍岡村。譯名雖誤，而原文 Kung Kun 之 Kung，聲母從 K，至東莞之東，Tung（拼音如）則聲母從 T。K 與 T，絕不相混。如別無資料，得以證明林氏以 K 為 T，或以 T 誤 K，則 Kung Kun 一名，絕

非東莞英文拼譯，况東莞為縣，而林氏原文稱 Village，[redacted]顯有分別。其非系自東莞，[redacted]蓋昭然[redacted]若揭也。且普通之所謂國父上世源系東莞者，皆以曾在涌口居住之孫禱宗為根據，而不知禱宗之世次既與國父上代可考之世次不相銜接，而禱宗公本身據東莞縣長鄧慶史調查上沙孫氏源流之呈文，則又明謂「莫氏禱宗及生二子之二字，字跡與原筆蹟不符，似屬後來加入」。國父上世與東莞孫氏之系，係稍明史文辯偽者早已知之，系待今日喋喋也。此其一。

二、鄧[redacted]君[redacted]所謂[redacted]國父[redacted]家譜，其資料已發表於西南[redacted]月刊[redacted]石海[redacted]曾為比勘，覺其矛盾牴牾，所推溯之始祖常德公實非國父直接原說，恐當日彙錄成篇，未及深考，而即以鄰村孫氏所藏資料，相互排比。而鄧君此文，亦謂因總理家譜所列七八世祖共有數人，未有叙明何人由何人所出，一時未能查考」。夫自七八世祖至國父之父，僅十世耳。信如鄧君所言國父五世祖禮贊公即由東莞上沙遷香山涌口，至十一世再遷迳仔蓢，建有祖祠，後遷翠亨，則涌口與迳仔蓢及翠亨，皆在香山縣内，距離至近，歷代相傳，必有坟墓與祔薄可資詢查，何至家譜之内，竟未有叙明何人由何人所出？近代人所叙世系，固有僅叙五代或三代者，然此指變乱頻盈，無舊譜可考者言之，非所謂栖在一縣，唐至十代以上，亦不能叙明何人由何人所出也；既不能叙明何人由何人所出，則其不足據以立論，亦可知矣。況國父對林百克所言家世，既明謂家廟在東江 Kung Kun village，而此所云之逕仔蓢孫氏，則已建有祖祠（於此高地），其（非）國父系統所自出，更可知矣。此其二。

三、[redacted]國父故里所藏列祖生殁紀念簿，[redacted]（不倭）於[redacted]（一九三三）年九月[redacted]往謁（翌年十二月巡禮），承故里管理委員陸華禧先生（引）導，[redacted]謁（見）卌西老姑太，承老姑太出以相示，經（不倭）全部鈔錄，其首頁第一人即十二世祖連昌公，並無瑞英名字。倘瑞英為直接系統，則如鄧（君）之說，以其為自涌口遷逕仔蓢第一代祖，且與連昌公有父子關係，自必於紀念簿內載入，今竟亦絕不提載，則其不能貿然牽涉，亦可知矣。且鄧先（君）生所謂之總理家譜，已明載瑞英公於乾隆甲午年遷居逕仔蓢，如無別書關於瑞英公之記載，（且）可證明乾隆[redacted]（二字）有誤，則終不能直謂（乾隆）為順治之誤。歷史上人名地名年代之因傳鈔或傳述而互有訛偽者，必有其原因，如或以字形相近因而訛書，或以字音相近因而訛傳，或以父子事蹟顛倒而訛，或以故意牽合而誤。乾隆與順治，字形不近，字音亦殊，謂乾隆為順治之訛，實曲解耳，不足以此遂引瑞英為連昌公之父也。且鄧[redacted]君[redacted]所謂之總理家譜，於序文另一段（下注[redacted]）「據云總理之文筆記」明謂「茲於前先祖在涌口所葬之山，於光緒六年七月一概已將傳先祖之坟墓、一切搬遷回來，在翠亨村犁頭尖土名竹篙龍真武殿安葬」。此類祖墳，[redacted]不便[redacted]昔歲曾為巡禮，並與十二世祖連昌公以下各代坟墓，與瑞英公坟墓也。信如鄧[redacted]君[redacted]所云以十一世瑞英公為國父系統所本，則其坟墓依通例，非特有勢力者，當在所住附近。何以仍須俟光緒六年始自涌口遷回翠亨也？國父直接世系非自逕仔蓢瑞英公所出，厥理至明。想國父於家庭間亦必有口碑可據，故曰家廟在東江，而絕不提瑞英公也。此其三。

四、鄧[redacted]君[redacted]謂[redacted]石侯所考紫金忠垻孫氏十二世之一支名璉昌公者與翠亨十二世祖連昌公，為偶然之名字巧合。不知名字雖可偶然巧合，而世次未必亦連帶巧合。其同為康熙時人，更未必亦連帶巧合。而東江 Kung Kun Village 一名，更未必與公館背村對音，能完全密合。其民族遷移之時代與背境亦未必能如此相合。倘以此類由調查考察與歸納比證之史學方法所得結論，仍謂為偶然巧合，而不置信，則其所據資料，年代不符，系號不接，地名各別，墳墓無徵，且與當日時執兒誨者，而反謂爲可信，則其爲成見所蔽，而非真有意於考史求真，亦可知矣。鄧[redacted]君既以不佞所考連昌公爲偶然巧合，而又舉興中會時廣州奸細郭堯階與同盟會時漢口奸細郭堯階姓名之偶然巧合爲例。不知[redacted]不佞所證，實不止姓名相合，鄧先生抑不以倫於國父十二世祖犯不恭之咎矣，抑其明知故犯耶？抑竟不知立言應有守之態度耶？非不佞所敢思議矣。此其四。

五．鄧[redacted]君謂[redacted]不佞以洪氏自嘉應客籍，徙居花縣，而創立太平天國，又有國父亦自東江移住中山，成立中華民國，上世同是客籍之。此不知果何所見而云然也。拙書具在，文中絕未提及客籍與本地[redacted]籍之名詞，可覆按也。國父爲全國全民族之國父，其人格超乎「客籍」與「本地籍」之界限，且亦不便有所界限，故[redacted]不能[redacted]私意以為研究以類史實，不宜再提並客籍與本地籍之問題。至方言則隨時代與環境而變遷，婚俗亦隨職業與生活而暫改，執今日流行之語言與婚俗，而不配合以其他實證，以論辯近古以前之歷史，已為今日史學家所不敢道。若就昔年之情勢徵之，山居客籍多以耕讀為業，其婦女自昔習以為天足，鮮出嫁都市人士，而客籍人士與都市女子結婚者，則自昔有之。都市人士自昔鮮學客籍方言，而客籍人士出門者十九兼操本地方言。故知即就方言與婚俗而論，鄧先生所論，亦有未盡然者。況拙書所考，皆屬超出於客籍與本地[redacted]等[redacted]觀念之[redacted]史蹟，又安得以拙書所未提及者以引以相[redacted]詈乎？鄧[redacted]君[redacted]殆借此[redacted]自鳴耳。斯考史也。鄧[redacted]君[redacted]又引清季康踪等曾撰文謂滿洲出自華夏以獻媚滿人，卒之滿人亦置之不理，而舉之以擬書相擬。擬書經不為鄧[redacted]君所樂聞，而以國父系統比擬滿洲皇室，且不免有分化漢民族各部分之意念，恐國父在天之靈，亦不願[redacted]國人有此惡言也。此其五也。[redacted]不佞與鄧[redacted]君素未謀面，然頗敬其[redacted]~~對革命工作~~[illegible]~~以羅香林閱於鄧先生「正誤」一文~~[illegible]~~鉤~~[illegible]~~婦~~[illegible][redacted]善於蒐羅革命史料，特以其不注意史學方法，對於史料整理，每以成見出之，故~~[illegible]~~論~~[illegible]不能不辯正耳。八月十一日。~~撰「三民主義歷史與~~[illegible]~~」~~[illegible]~~總理第十次修改~~[illegible]~~由現行之三民主義~~[illegible]

須為校改。不知總理當日曾將演講記錄一再修改，以最後發表

付之印刷，而版權文親為校定。其第一次發表，固須慎為守護，然不敢

輕言校改，以影響社會人士對本黨總理主義之信念。若以現行

三民主義為錯本，而必欲自為校改，則不知置國父於何地也？此則關識

本先生之故焉。今觀其對拙書「正誤」一文，一則舉名字巧合之郭堯階

與連昌公相擬，再則舉康熙撰文以獻媚滿清皇室與拙書論

國父家世源流相擬，怪連昌公及國父均近褻瀆。其立言失據，想

為鈞長所洞察也。鄒先生此文，不知由何地發表者，如尚未發表，

擬請鈞長致函勸其緩發表，如已發表，則請續發表聲明為佳。

有當，先賜裁奪。倘蒙鈞長垂詢，亦研究此類問題，或其他問題，謹當

奉呈「國父之大學時代」書

謹呈者：竊香林前奉命研究 國父早歲在香港西醫書院時代所遺之文籍，經年餘之分析研究，並參攷其他有關資料，比證歸納，深以西醫書院為五十八年前何啟博士等所創設，其程度視英美各大學醫科為較高，其意義在使中國入於現代醫術與科學之境地。 國父在此研究科學與醫術，成績特優，尤於化學生理學及進化論，造詣特深。而同時又攻習國學與輿地農業諸學，並綜納革命志士，宣傳革命主張。由科學與國學之涵通研究，首發現孔真知灼見之獲得，必先經艱深之研究，而發明以後則應用甚廣，推行甚易，遂日後不斷之印證，與由領導革命之參驗，至民國七年，遂著為「知難行易之學說，而易助人以致知力行。由進化論與革命理論之溝通研究，首發現革命建國為人類進化所必達至，而各家關於進化論之學說每偏而不全，亦經日後不斷之研究，乃先後於知難行易學說內，及所講三民主義內，創為新進化論之條系，而證明合乎進化原理之革命，終必成功。此即國父對於現代科學迎頭趕上，而於推進世界學術思潮之惠澤無窮之實證，亦其科學論據積之者久，故其發之者宏也。是　國父在西醫書院，不特與　國父之學術思想之養成有關，且與中西文化之交流有關。抑　國父於革命大業之進行，亦於此時期建立偉大基礎，甚至如甲午年致書李鴻章，與丙申年在英蒙難之所由獲釋，皆與此書院因緣有關。而　國父在書院時代之振奮恢廓，與學不厭，行不惑之精神，尤足以感發中外學人，而奉為師表，更足以救治今日各大學學生信仰不堅，研究不力之積弊。國不揣淺陋，謹就探討所得，恭撰 國父之大學時代」一書，凡分十章：一、引論，二、香港西醫書院之創設及其時代意義，三、西醫書院之組織與課程及教師，四、國父在西醫書院研讀之景況及日常生活，五、國父在西醫書院之同學與書院學員分析，六、國父在西醫書院之成績與畢業盛況，七、國父在西醫書院時代之革命思想與言論，八、國父致書李鴻章及李氏擬在粵獨立之前緣，九、西醫書院師友之協助 國父致力革命建國，十、餘論。雖文字蕪濫，不克奉揚庥光於萬一，然關於此時期之資料，已稍為闡述矣。茲謹繕正奉呈，伏乞 核閱，倘以為間有可採，而賜之訓誨，或指示以繼續研究與服務之方，則感

感彌深也。顧臨不勝惶悚之至！謹呈

總裁蔣

附呈《國父之大學時代》書稿二冊

黨員 羅香林謹呈 卅年五月四日

編輯廣東文徵補篇徵文啟

昔蕭梁昭明太子，擷采諸家集精華，為文選三十卷，學者稱便。後人效之，總集漸繁，有以時分，有以地別。雖其旨趣各殊，而集中諸家体象已可概見。廣東文總集，典贍者莫若屈氏廣東文選，溫氏粵東文海。民國初，吳玉臣先生道鎔，以二書流傳日尠，懼其久而湮沒，且代易時移，尤須亟為蒐補。因據屈溫舊本，取諸家文集及方志，据摭嘉慶至宣統間遺著，輯為廣東文徵，前代為舊本所佚者，亦采之，勤劬二十餘載，規模略具，編為二百四十卷，另纂作者考十二卷。甄采甫畢，尚待整比。詎意天不憖遺，吳先生遽歸道山。張漢三先生學華，以作者考缺八十三家，徵諸志乘，悉為補輯，復采宋至清同治間，百五家全集，更為補選，而全書告成。凡文三千餘篇，都七百一十三家，誠巨觀矣。惜其書於太平天國諸人，暨清季革命先烈，概未徵錄。而南明節義之士，亦甄選未盡。至於荒陬奇士，僻壤魁英，每以遭逢不偶，老死鄉閭，其經綸濟世之才，雖未見用，而其道藝文章，亦每可傳。徒以不聞於通都大邑，是以或為吳張二先生采錄所未逮。本會有鑑於此，爰擬編纂廣東文徵補篇。所冀邦人君子，於原編七百餘家外，代為蒐羅，或訪專集，或鈔散篇，或拓碑銘，或摘他書，並將作者姓氏年籍事蹟，詳為紀述，寄交本會，以備甄錄。總期文獻有徵，不尚齊東野語。發潛闡幽，想亦大雅君子所樂許也。中華民國三十五年十二月一日廣東建設研究委員會敬啟」。

附錄原編作者姓氏、俾免重複。漢趙佗、趙胡、陳元、楊孚、郭蒼、姚文式。唐寧原悌、陳集原、張九齡、張恕、張隨、張仲方、張琛、姜公輔、趙德、劉軻、韋昌明、鄭愚、劉瞻。五代黃損、鍾元章、石文德。宋古成之、馮元、許申、余靖、王陶、李渤、譚粹、丁璉、侯晉升、李南仲、霍暐、歐陽獻可、李修、石汝礪、鄭總、張勱、王大寶、廖顒、張宋卿、陳申、陳宗諤、王中行、李大性、蒙天民、崔與之、許騫、梁該、吳純臣、李昴英、朱篆、吳文震、區竦、劉宗、區仕衡、區子美、李志道、陳大震、翟龕、李春叟、趙必瑑、吳桂發、陳庚、陳紀、梁起、張鎮孫、王元甲、張登辰、曾宋珍、刑夢璜、黎獻、侯圭。元阮泳、趙梅南、謝應子、徐心遠、趙孟傑、陳顗、陳光大、簡祖英、黎貞。明孫蕡、何子海、梁敏、黎光、黃子平、陳璉、鄧林、梁致育、唐豫、廖謹、羅亨信、李齡、袁衷、盧祥、鄭敬、陳獻章、王佐、邢宥、羅顯韶、邱濬、邱敦、陳政、黄瑜、黄纖、謝廷舉、祁順、張善昭、林光、黎暹、蕭龍、梁儲、鄭稽、張詡、胡濂、蘇葵、陶魯、張褧、倫文敘、劉存業、陳文輔、湛若水、鍾曉、王縝、黄衷、趙善鳴、嚴逢、唐胄、陳志敬、方獻夫、方蕖、劉竑、陳錫、鍾芳、黄重、劉文瑞、張潔、霍韜、梁焯、王天與、鍾千、張潮、陳岳、倫以訓、王漸逵、薛侃、陳大器、劉士奇、蕭與成、楊天祥、黎貫、鄧文憲、倫以諒、黄佐、梁世驃、黄宸、潘大賓、鍾卿、戴詵、潘光統、姚文粹、林大典、李義壯、薛僑、翁萬達、袁鄆、謝邦信、岑萬、陳建、潘梅、李德貞、羅虞臣、馮彬、王希文、許炯、薛雍、林大欽、黎民表、龐嵩、毛紹齡、何維柏、何彦、洸、桂奇、饒相、盧夢陽、陳紹儒、譚大初、鄭廷鵠、倫以詵、黄城、何其厚、李時行、吴守貞、蕭端蒙、章熙、嚴文輔、陳一松、李价、海瑞、羅兆鵬、陳良珍、黃夢說、梁有譽、林大春、胡庭蘭、韋憲文、陳一敬、葉春及、王天性、孔煦、龐尚鵬、龐尚鴻、黃在袞、潘大行、周子造、李邦義、陳萬言、鄭旻、張大猷、李茂魁、陳克侯、梁枏、岑用賓、霍與瑕、蒙詔、郭棐、歐大任、鄭用淵、龐一夔、葉夢熊、陳吾德、王宏誨、李一廸、姚光泮、譚清海、薛虞畿、薛虞賓、葉懋、陳一教、李以麟、馮思皐、劉鴻漸、趙應斗、朱士瓚、鄭學醇、李學一、陳堂、李壽、陳大猷、夏宏、周光鎬、袁昌祚、黎邦炎、陳履、尹瑾、林培、區大樞、蔡存仁、袁應文、唐伯元、周宗禮、祁衍曾、高爲表、龐一德、楊起元、王學曾、曾象乾、金節、姚岳祥、吳國光、陳光穎、黃淳、謝與思、張萱、李元暢、黃維貴、馬夢吉、黃仕鳳、羅良信、尹守衡、林朝鑰、鄧宗齡、林熙春、佘祖頤、林承芳、徐兆魁、謝正蒙、劉景長、鄧光祚、區大相、區大倫、湯敬升、何熊祥、韓上桂、黎許、趙應元、袁崇友、鄧雲霄、馮昌歷、馮奕垣、尹遂祈、潘濬、曾鳴雷、區縉、黃儒炳、李待問、郭尚賓、黃公輔、區慶雲、黃士俊、韓日纘、陳熙韶、陳子履、葉廷祚、崔奇觀、李孫宸、林枝僑、黃聖年、袁崇煥、陳子壯、陳子升、何吾騶、劉克平、林挺、朱完、張鳴韶、霍尚守、朱國泰、鄭敦復、劉相、洪錫祚、伍瑞隆、朱實蓮、梁元柱、黎遂球、區懷瑞、區懷年、凌雲、歐主遇、郭之奇、李士淳、王應華、韋朝薦、胡平運、易奇際、陳是集、龍大維、陳詩、羅萬傑、李梗、黃鶴仙、李際明、鍾丁先、梁朝鍾、謝元忭、張家玉、蘇觀生、歐必元、溫玉振、陳邦彥、陳恭尹、王邦畿、王鳴雷、王隼、方國驊、廖衷赤、庾樓、彭釬、林皋、林際亨、黎景義、鄺露、黃一淵、謝長文、賴其肖、張穆、屈大均、何絳、薛始亨、薛起蛟、李稔清、程可則、尹源進、梁佩蘭、黃易、李作楫、

佘象斗、陳鑑、屈騶、洪泮珠、陳衍虞、方殿元、湯命夔、黄士龍、李師錫、龔
章、陳金闓、鄭際泰、吴紹宗、陳遇夫、周陳鰲、李象元、李琛、陳璸、張德桂、
梁學源、汪後來、許登庸、車騰芳、黄栻、梁無技、易宏、廖燕、唐化鵬、羅袞、
顏希聖、黎偉光、李琯朗、衛廷璞、衛廷珙、梁聯德、楊仲興、何夢瑤、韓海、
李東絡、胡方、勞孝輿、楊世達、嚴大昌、何霙、楊節、李殿苞、鄭大進、羅天
尺、陳份、鄭之僑、曾受一、蘇珥、莊恭、馮成修、何毅夫、林明倫、凌魚、黄如
栻、蘇夢篆、馮慈、黄紹統、陳子承、龔駿文、胡定、顏鳴漢、勞潼、黄柱覺、馮
成、馮經、王時宇、陳昌齊、鄭安道、簡榮、胡亦常、饒慶捷、顏檢、馮敏昌、何
文明、莫元伯、趙希璜、李世芳、陸樹芝、李符清、楊揆叙、温汝适、龍廷槐、
温汝能、張錦芳、黎簡、韓慤林、邵詠、葉鈞、鄭士超、黄丹書、吴應逵、呂堅、

潘炳綱，談樵，方天根，仇巨川，羅元煥，陳仲鴻，温承恭，温瑞栢，莫紹德，宋湘，吴榮光，吴徽叙，劉彬華，林伯桐，招元傳，崔弼，謝蘭生，金菁莪，金菁華，陳在謙，黄培芳，李黻平，李清華，梁烱，張杓，吴蘭修，孫大焜，趙均，朱程萬，張岳崧，吴懋清，鄭灝若，彭泰來，譚敬昭，陸殿邦，温飀，黄釗，勞光泰，陳曇，馮龍官，羅學鵬，凌揚藻，黄芝，陳旦，羅瑗，梁傑，宋淳，黄大幹，趙古農，尹光五，吴岳，張璐，鄧淳，羅文俊，曾望顔，林名棠，張維屏，黎攀鏐，温訓，曾釗，林聯桂，陳其錕，梁梅，黄子高，馮福安，桂文燿，楊懋建，吴文起，駱秉章，陳澧，儀克中，林廷式，李徵蔚，孟鴻光，張其翻，楊廷桂，梁廷枏，蘇廷魁，梁同新，羅惇衍，侯康，侯度，金錫齡，龍元僖，徐榮，李能定，陳良玉，朱士琦，楊炳南，廖亮祖，徐台英，何若瑶，梁國珍，梁紹獻，馮譽驥，黃經，譚瑩，袁梓貴，何曰愈，何璟，朱次琦，劉錫鴻，何仁山，丁杰，黃以宏，桂文燦，許其光，許應騤，丁日昌，樊封，胡調德，潘繼李，陳夢照，顏薰，許玉彬，沈世良，易其霈，梁汝璠，居鍠，丁照，劉天惠，李中培，桂文熾，黃子健，陳禮庸，陳希獻，鄧華熙，陳璞，李光廷，陳銘珪，楊榮緒，馮焌光，葉衍蘭，李文田，梁僧寶，林彭年，鄧承修，潘存，陳喬森，林達泉，歐樾華，張品楨，徐灝，汪瑔，鄒伯奇，鄒仲庸，孔繼藩，伊德齡，陳士龍，黎維樅，虞必芳，趙齊嬰，黎永椿，高學燿，劉昌齡，唐光瀛，曹秉濬，曹秉哲，廖鶴年，楊頤，梁全籥，何如璋，陳瀚，區德霖，王國瑞，石德芬，謝國珍，譚宗浚，李穉，孔廣陶，茹棻，何躍龍，潘珍堂，潘乃位，何如銓，戴鴻慈，廖廷相，廖廷福，陶福祥，黃遵憲，梁鼎芬，陳伯陶，邱晉昕，陳慶桂，沈桐，丁仁長，黃紹昌，梁起、汪兆銓、周易、楊裕芬、鄭權、陳宗潁、林國賡、林國贊、溫仲和、梁于渭、羅傳瑞、張祖詒、曾習經、趙天錫、黎佩蘭、凌步芳、范公詒、饒軫、江逢辰、張德瀛、陶邵學、康有為、朱啟連、簡朝亮、陳樹鏞、謝雲龍、莫啟智、吳宣崇、林鶴年、羅惇融、丁惠康、黃鏐。釋、應璣、道獨、函昰、函可、光鷲、今無。道、白玉蟾、鄒師正、袁了塵、賴洪禧、江本源。

Kwangtung Reconstruction Research Committee
Man Tak Road
Canton, China
September 1 , 1947 .

The Secretary
Royal Asiatic Society
74, Grosvenor Street
London, W. 1.

Dear Sir,

As Chief Librarian of the Municipal Chung Shan Library of Canton, prior to the Sino-Japanese war, it was my privilege to come into contact with your Society.

The war upset my plan which was then, at Colonel Hoysted's suggestion, to provide your Society, regularly, with local literary periodicals and reviews.

To-day, however, it is with great pleasure that as Head of the Kwangtung Reconstruction Research Committee I send you these few words with the object of renewing our acquaintance.

The aim of our Committee is to draw up plans for the reconstruction of Kwangtung which suffered so great damages during the war. As our scope includes educational and literary reconstruction, I earnestly hope to receive your close cooperation and help.

I shall appreciate your sending us copies of your publications and would be glad in return to furnish you with any informations you may require on local problems.

I am sending you under separate cover a copy of "Post War Kwangtung", a pamphlet published by our Committee and shall be glad to have your frank criticism and suggestions about it.

Yours faithfully,

Lo Hsiang-lin
Director.

Kwangtung Provincial Government
Canton, China
September 1 , 1947

Professor Ellsworth Huntington
Yale University
Department of the Social Sciences
New Haven , Connecticut

My dear Professor Huntington,

Ever since our last exchange of letters, prior to the Sino-Japanese war, concerning my paper on the Hakkas, it has been impossible for me, to my profound regret, to keep contact with you.

Now with conditions somewhat settled I take the pleasure of writing these few words again to you in the hope that I may continue to have your close cooperation and collaboration.

Indeed, despite the war, I have continued my research on the Hakkas and on other historical problems of China -- as you must have too, I am sure. After so many years of independent work I feel sure that we could exchange valuable informations with each other. It is therefore with earnestness that I am longing for a reply from you.

I am at present a member of the Executive Committee of the Kwangtung Provincial Government and hold concurrently the chairmanship of the Kwangtung Reconstruction Research Committee. I have, however, not given up my professorship at the Sun Yat-sen University.

I am sending you under separate cover a copy of "Post War Kwangtung", a pamphlet published by our Reconstruction Committee and shall be glad to have your frank criticism and suggestions about it.

Yours faithfully,

Hsiang Lin Lo

復陳承寬書（一九四八年十月一日）

廣東省政府用箋

第 頁

賜教之處 廣州德宣東路太平坊四十五號之一 電話一三〇二八

承寬理事長吾兄賜鑒：久仰高風，未及
教為悵。前月奉讀 大札，敬悉 主持崇正
總會，且擬編纂總會成立二十八年紀念專書，
曷勝景仰。承委以編撰顧問兼作論文一篇，以
報告客家源流與文化，既承 雅命，敢不勉力
為之。弟自去冬辭去省府委員及省立文理學院
院長後，專任中山大學教授歷史（並為中央委員，
然無須在京也）。茲先奉上舊作客家研究導論、
丹乙堂文存一冊、廣東學術源流與文化一冊、國父家世源流
考[illegible]教[illegible]
[illegible]
弟羅香林拜[illegible] 十月一日

~~廣州市市立中山圖書館用箋~~

第　頁

實先先生道席：日昨得聆鴻教，景佩無似。本月十二日上午，弟與友人饒宗頤兄擬到赤柱尊寓拜訪。饒兄宗頤（曾任廣東文理學院教授及南華學院中文系主任）力學，十九歲時即著潮州藝文志，驚動粵中名宿，十餘年來亦頗治甲骨文字及古地理之學，關於殷曆及古代天文問題，頗有所請教也。特以奉聞。屆日先生倘另有事，先此奉請。即頌道安

弟羅香林敬上　一月二日

與張曉峯秘書長論國父誕生日期

曉峯秘書長勛鑒：久疏箋候，遹維政猷餘裕，增履蕃吉。頃見改造第三十期，載駐雲章君所作關於總理生辰的研究一文，略謂總理生辰，當以總理於倫敦蒙難後所作自傳所云生於一千八百六十六年，華曆十月十六日為據，依陰陽曆對照，則為是年陽曆十一月二十二日。而於中央歷年所出書刊及鄒海濱先生所著黨史稿所謂總理誕辰為十一月十二者，為嚴屬武斷云云。當此艱難之際，駐君關心史實，於國父誕辰，能細加分析，自可欽佩，惟所云中央所出總理年譜，及鄒先生所著黨史稿等，關於十一月十二日總理誕辰之說為武斷，則似言之過甚，仍未能目為定論。第昔

原稿紙　第　頁

NO. 1

年曾至國父故里往復巡禮，蒐集各種資料，謁見國父胞姊妙西，即世所稱楊姑老太太者，獲見國父家藏孫氏列祖生歿紀念簿。自十二世祖連昌公，以至十八世即國父，各世名諱與生卒年月日時，皆有詳記。而於國父生卒年代一條，明書十八世祖德明，生同治丙寅年十月初六日寅時，卒民國十四年二月十八日巳時，壽六十歲。此為國父家中明確載籍，每年即依以團聚紀念。當日粵中同志，知國父確實生日者，實不乏人，非依汪氏所記孫先生軼事而始為推算也。故於中央歷年所出書刊，間於十一月十二日國父誕辰之記載，未嘗有所置疑。至十一月十二日與國父自傳所云華曆十月十六日，陰陽曆對照不符者，乃國父於旅居倫

20X25=500

數之際，未得書坊所出曆書對照表為根據，故由陽曆回推陰曆，偶有未符耳，不能於旅中所推日數而疑及其家中歷年舉行之生辰紀念也。竊謂十月十二日之國父誕辰，乃參觀史實，無可疑者。眭君所云一定要照總理自書生傳之十月十六日而改正之之說，雖可存備研究，然無須遽為過早之提出也。不知高明以為然否。衡寒諸維珍重，即候勛安。弟羅香林敬上。民國四十一年十二月二日。

原稿紙　第　頁

復羅慷烈書（一九五三年四月十四日）

慷烈兄，並轉文史教程研究委員會諸先生賜鑒：頃奉　手教，敬讀，於歷史課本等問題，已集議為根本解決，閎識鴻謨，曷勝敬佩！弟意中等學校之歷史教學問題，實相當複雜，教材之選擇與分配，及課本之體例與編纂，固為重要問題，而與教學人員之經驗，與教學方法之運用，及授課時數之安排，亦有相當關係。前此歷史教學之困難，基於教材與課本之不盡適宜者半，基於教學人員與時間安排之不盡適宜者亦半，惟後者因各校之人事環境不同，未易為劃一與迅速之改善，而前者則較易為統一之籌劃。故依今而言歷史教學之改善，誠如貴會所見，亦以教材之審定與課本之改編為首要。承詢關於歷史課本問題之三種意見，究以何者爲宜？謹就鄙見奉述如次，仍乞高明指正焉：

一、來示所云第三種意見，主張將高初中歷史課本，均採中外混合方法，重新編纂，此在理論方面，自是最優。但如採用此種方法，則於課本編纂，當特為慎重，當使學生易以接受，而又能約略貫串中外歷史智識起見，則此類課本，其混合分際，初中當以中國為主，以外國為輔；高中則當中外並重。

二、高初中歷史教程既皆採混合方法，則為使各種課文皆互相銜接，而不相重複起見，其課本之編撰，實為一最費斟酌之工作。故最好由教育司指派一二人於相當時間內，為一貫編撰，另約外界一二人為之指導等，並同由一二人所編撰，則材料分配，自有系統。

而不致自相重複也。
三、在敎育司所派人員新編之課本尚未完成與核定以前，當暫照現行制度，即第一種意見，繼續維持，並新編課本，當力求完善，若未得相當把握，則以勿輕易改變爲愈也。

第曾與錢賓四先生（穆）等，討論此類問題，錢先生主張初中全授中國史，高中則先授中國史，後授外國史，其課本編纂，則初中以人物故事爲中心，高中則以具體史實爲中心，亦有相當見地，謹奉聞參考，即頌並候

籌安！

第羅香林敬復 四月十四日

轉交白寅明 28

覆敎育司 港大中國文學系

旅港羅氏宗親會徵求會員啟

群道肇始於敬宗，仁愛莫先於睦族。遠適異土，則宗盟之誼尤深，世變日增，則互助之用彌切。此我羅氏旅港宗親會所為發起剏立也。蓋我羅氏上世，出于黃帝。黃帝生昌意，昌意生乾荒，乾荒生顓頊，顓頊生稱，稱生卷章，卷章生祝融，祝融南正司天，都鄀為妘姓，今河南新鄭，其食邑也。歷唐、虞、夏、商，傳統不替。迄成周，妘鄭公號匡正，分封於羅，世守宜城。至凌甫公，遷國枝江，子孫以國號為氏。秦末有武陵令羅均，用以道德稱，次子珠公，字懷漢，仕漢惠帝為治粟內史。漢旋改治粟官為大農令，故羅氏子孫遂尊珠公曰大農公云。大農公初與灌嬰平定九江等地，築城南昌，手植豫章木，徙家其間。景帝時，吴王濞連七國反叛，賴太尉周亞夫平之，始於南昌置豫章郡。而大農公子孫遂稱豫章羅氏，子姓繁衍，於魏晉南北朝時，播遷各地，難悉述矣。惟南昌栢林派系獨著稱焉。東晉時栢林有均章公，名綏，首於豐城聚徒講學，生子企生、遵生，均有才名。企生初官荆州，值桓玄作亂，遵生將母就養，兄弟同時被執，企生死難。遵生事母孝，負兄骸歸葬，而二公裔孫則日以昌。今贛江區域及閩粤一部分羅氏，多企生公裔孫。而遵生公裔孫則多移殖别郡。其五世孫景旵傳十七代至羅彦懷，遷廣東南雄珠璣巷。又六傳爲羅貴公，字琴軒，避宋末變亂，始再遷新會，其子孫更分居廣州府屬各地，與西江流域，今廣東中部諸羅氏，其裔孫也。又遵生公五世孫景哲、傳二十六代至羅尚崇公、生子洪源、洪德、洪敬。洪德公以景定進士出倅撫州、生子十八人、分遷廣東東北各縣、是為洪德公派。洪敬公生子四潛、四端、其裔孫多分居福建西南部及廣東一部分、則稱洪敬公派。今我旅港諸羅氏、雖原籍不限一地、然遠之則皆自企生遵生所傳衍、近之非羅貴公裔孫、則多屬洪德洪敬二公裔孫也。族裔繁昌、保世滋大、皆由先人累葉毓德之所庇焉。故雖間出國僑居、經營而志業日興、聲實並茂。吾人倘一念水源木本、而思為慎終追遠、則闡揚先庥、振於無極、裕後光前、為義深矣。今茲宗親會之組織、實有其偉大使命、不僅有裨於敘宗盟、謀互助已也。民國四十三年七月一日。

復陳孝威書（一九五四年九月一日）

答陳孝威先生論姚虞陳胡田五姓同源關係

孝威先生道席：頃奉大教、敬讀著述日富、道履綏和、曷勝景仰。承示旅菲僑胞姚、虞、陳、胡、田等五姓人士、所組媯汭五姓聯宗會、以編印二十週年紀念特刊、函請撰序、以揚麻烈、擬稽考有關資料、以備撰述、等由、至佩。弟於譜學雖頗嘗措意、然以所藏各書、悉未携出、於尊族等五姓、隋唐以還之相互關係、深愧手頭無適宜資料、可為奉告。惟其最早得姓受封之史實、及其同出一源之關係、則鄭樵通志卷二十五至三十氏族略、已為扼要提述。雖鄭志所言、亦間有穿鑿、或迹近附會處、然今世各姓族譜、其關於隋唐以前之事蹟、亦多半取材於此、要不失為重要資料也。鄭志坊間尚可訪求（九通本、及單行本、均有港大平山圖書館、亦收藏數部、倘蒙移玉閱覽、該館當甚為歡迎也。專此奉復、並請著安。弟羅香林敬上。民國四十三年九月一日。

20X25=500

與梁均默先生論廣州市志作法

均默先生尊鑒：頃奉手敎，敬讀將為書局撰著廣州市志，卓識高懷，曷勝景佩。廣州自兩漢以還，即為中外交通要衝，其發展繫於中外文化與經濟之交流，而人物殷盛，富開創精神，近百年來且常為中國歷史演進重心。其須專為撰述以闡揚，殊無可疑者。鄙意此類名都鉅邑，欲為撰作新志，當視作者興趣與所得資料，而定其作法。惟大体言之，則不外四途而已。其一為藝術方法之撰志，其二為科學方法之撰志，其三為史學方法之撰志，其四為地志方法，即綜合方法之撰志。同為表達一邑一都之種姓，而致力各殊，或就其大別，而述其風俗情趣焉，或就其上世來源，而究

原稿紙 第 頁

NO. 1

其因果與流變焉，或為實地調查，明其体質特徵，而統計其頭形鼻形等指數焉，或綜合古今關於其地各族姓之記述與叙錄其譜系，而比次於書內各篇焉（廣州市捕屬為至可研究之史蹟，此即藝術、科學、史學與地志諸方法不同之所在也。同為記述廣州長堤，而各人所見不同，或注意長堤之特殊建築，與旦暮於人，以至遊河之情趣焉，或注意其地舊發生之事蹟與影響，而探求其歷史演進焉，或注意長堤與珠江之地理實況，而統計其水量與河床及碼頭與交通之發展焉，或就古今記述長堤各事物之文字，而分繫於書內各篇焉。此又廣州市志有其各種作法之明徵也。以先生之大雅宏才，自是無施不可。第不知目前已蒐有若何資料

20X25=500

耳。承示閱於廣州市舊畫，待於舊書肆訪得後當為奉寄。衛鞄諸

維珍重，即請鈞安。晚羅香林敬上。民國四十四年五月四日。

原稿紙　第　頁

與于儒伯教授（Prof. R. Ruhlmann）書

儒伯教授及夫人道席：弟此次到達巴黎，以參加第九屆少壯漢學家會議之便，得聆鴻教，景佩無極；重承枉顧，逆旅一再寵招，雖自愧以失慎傷臂，未克造府請益，而感懷高誼，永不能忘矣。弟與饒君宗頤原定於二十一日上午九時，自（Invalide）赴飛機場，趁機東返。以SAS公司臨時約談，改搭別機，至十二時始離巴黎。時間匆促，不及先以電話奉告，良以為歉。所幸登機以後，一路平安，臂傷亦即就痊，二十四日抵達香港，即返大學授課，中國文學系學生，亦視前增加，差堪奉慰。頃檢書箱，見有商藻亭先生（衍鎏）所贈伊癸未年（1943）所作留別眉山詩（七言律四首）原稿寫印本，尚完好無缺，謹以轉贈，俾資紀念。另奉上拙著「唐代文化史」與「百越源流與文化」各一冊，希賜教正。天氣漸涼，諸乞珍衛。謹此奉謝，即請

儷安。弟羅香林上。一九五六年九月二十八日。

20X25=500

與王聯曾論切韻等問題書

聯曾吾兄先生有道：前在巴黎，迭聆鴻教，景慕至極，重承引導，得免困阻，益深感佩！別後於九月廿四日安抵香港，即返港大授課，以學校已開課一星期也。自是忙於課務，與清理積欠文債，致不及早日奉書叩謝，僅於上月中旬曾將拙作「國父與歐美之友好」及「百越源流與文化」各一冊先後奉呈請正，諒經上達，疏誤無似，尚乞諒宥！前承教示音韻學上之蕭該問題，頃見王先謙漢書補注序例，亦曾提及，謂「蕭該，蘭陵人，隋國子博士，山陰縣公，著漢書音義，引見官本。」至切韻作者陸法言事蹟，則據陳援菴先生（垣）「切韻與鮮卑」一文（見北平圖書館編印圖書館季刊三卷三期民國二

NO.

十五年九月出版）謂切讀撰者注者，均屬鮮見，實為奇蹟。此類論述，想兄早經閱及。近日有何更新發明，得便乞賜示知，俾資採摹！又國父當年諸法籍友好，有駐議口總領事羅氏，聞係於辛亥革命者甚鉅，事蹟略見拙書《國父與歐美之友好》第一一八頁。惟中國方面，失載其名。巴黎方面，如有較詳文書，乞代蒐集為禱！衛寒之諸，乞珍衛，即請著安！

民國四十五年十二月三日。

20X25＝500

與丁儒伯教授第二書

儒伯教授道席：前奉九月二十六日大教，敬悉一切。諸承關垂，曷勝感謝。香林亦於是月廿八日，寄上一函，内挾商衍鎏先生舊作寫印留別眉山詩一紙，並另寄拙作《唐代文化史》與《百越源流與文化》各一册，諒經上達。貴學生 Mr. Moncaye 及 Mr. Leung 二人，到香港大學後，據云一切生活尚覺便利。Mr. Leung 曾旁聽香林所授中國歷史（其主修課目為中國文學及翻譯）。Mr. Moncaye 則專選翻譯一科，及在港大附設之語言學校兼習中國語言，據敝同事劉百閔（專授中國文學）、劉若愚（專授翻譯）二先生云：貴國學生均甚勤學，進步甚速，堪為奉慰。香林返港大後，即忙於授課，於

原稿紙　第　頁

No.…………………………

計劃中擬作之專門論文，多未能依期完成，良以為愧。茲寄上夏間所作「論語中孔子學說体系」短文一篇，乞賜教正！天寒歲晚，諸維珍衛，即請儷安！弟羅香林上，一九五六年十二月八日。

20X25=500

致旅泰國客屬總會理事長伍東白書

東白理事長吾兄賜鑒：前接十月九日大教，敬讀貴總會將刊行民國四十五年度會務報告，曷勝敬佩。弟以出席第九屆國際漢學會議，曾於本年八月卅至九月中旬赴巴黎小住，至九月廿四日始返抵香港大學，自是[illegible]忙於教課，致不及早日奉復，歉甚罪甚。承囑為貴[illegible]報告書撰作關於客屬源流與文化之專門論文，茲謹奉上嶺南詩人林鍾石考一篇，乞賜教正。林氏原籍平遠，清乾隆間以能詩鳴，雖其詩遠不若宋芷灣、黃公度[illegible]二公之壯濶迴絕，然年代早於二公，實開嘉屬詩學先河，自應並為表彰也。如蒙編入貴刊，則請多寄數冊，俾轉贈各友好為禱。弟數年來[illegible]

No.……

原稿紙　第　頁

致力於華僑近代史蹟，深以暹羅復國英雄鄭昭，其父鄭鏞，原籍澄海，殆係原操客話，非如後人所傳之原籍澄海，而為潮人系統也。昔年有某醫生，曾參加泰國王室之元旦讌會，席間曾聆其宮中樂歌，謂其聲調與客家樂歌相近。特苦資料未足，未能即爲撰作論文。本年九月廿三日，弟以所乘飛機在曼谷停留十數小時，曾由潮籍友人邀至市內遊覽。但以時間倉卒，竟不及詳究此項問題。貴會關心華僑與泰國史乘，得便盼代蒐集有關鄭昭之資料，俾資研探，無任感禱。專此奉復，並請籌安。弟羅香林敬復。一九五六年十二月十二日。

復賓板橋書（一九五七年三月二十五日）

與加州賓板橋教授論所寄古史譯叢書

板橋教授道席：前奉一月二日大教，諸承關懷，曷勝感幸！去秋承賜寄貴研究院所出中古史譯叢第二冊、至第五冊，拜讀之餘，景佩無似！其中尤以蘇綽傳譯註，與黃巢傳譯註二冊，關係於中古史之闡發者尤鉅。敝友何福同君（香港尚德英文書院校長），曾為撰作書評各一篇，發表後，當為寄呈請正。承示欲再作遠東香港之遊，經報告於香港大學中文系主任林仰山教授（兼任文學院長及東方研究院院長），彼謂至為歡迎，到時當請參觀港大中文系及東方研究院、與中文圖書館云云。先此奉復，並請教安。弟羅香林敬上。一九五七年三月廿五日。

致張馥蕊書（一九五七年三月二十五日）

20X25=500

與張馥蕊論治宋史書

馥蕊吾兄先生道席：去秋以出席漢學會議之便，得承鴻教，敬佩無似。返港後，復蒙於十二月廿七日惠書問注，謝謝！承示近已將中國歷代詩選翻譯完畢，並悉力從事宋史整理，曷勝景慕！宋代之國與憂患相終始，其對外關係，雖遠不若漢唐之鉅，然以其帝王歷世以優待士子，與勵於文治為政策，故於士子之發展，則非漢唐與明清所可及。惜元人脫脫所修之宋史，與清人自永樂大典所輯出之宋會要，皆草率過甚，而宋人著作，又視前代為繁，欲為徹底研究，正亦不易。中國邇來鮮治宋史之專家，即是故也。今貴學院中國歷史之研究，獨能以整理宋史為中心計劃，卓識宏

原稿紙

第　頁

No.……………………

規，非特可為開擴漢學研究之領域，且亦可補今日中國史學界之偏蔽也。昔年弟外曾祖朱遏先（希祖）先生，雖以明史為研究中心，然於宋史亦頗喜探討，曾撰《僞齊錄校補》、《僞楚錄輯校》及《楊么事蹟考》等三書。茲先寄上《僞楚錄校輯》一冊，或於研究張邦昌事蹟時，不無可參考處。又並寄上拙著《唐代文化史》與《百越源流與文化》各一冊，則請代贈與白樂日教授，並乞其指正，為禱！專此奉復，並請著安！

弟羅香林敬上

一九五七年三月廿五日。

20X25=500

致國際東方學會第二十四屆會議組織委員會秘書函

赫把德（傅海波）克教授道席：去秋在巴黎於第九屆國際漢學會議席上，得聆鴻教，景佩無似。旋得貴東方學會第二十四屆會議組織委員會大函，歡邀出席本屆會議，曷勝感謝。茲已擬於屆時前來參加，附上登記卡一紙，並宣讀景教阿羅喊為武則天女皇建造天樞考一論文，附上登記卡一紙，請登查照為荷。再中國臺灣大學史學教授姚從吾、張貴永、方豪三君亦擬出席貴會本屆會議，姚君為中國治蒙古史之權威，張君曾留學德國，治史學方法；方君則治中西交通史，聞其至富。想貴會必樂為歡迎（附上三君通信住址）其參加也。專此奉復，並請道安。弟羅香林敬啟 一九五七年五

原稿紙 第 頁

NO.

月七日。

通訊處：香港，香港大學中文系

復淑寶力書（一九五七年五月七日）

20X25=500

致第十屆國際漢學會議組織委員會秘書函

淑寶力博士賜鑒：前得貴會去年十二月七日大函，承示各地對漢學會議有參加興趣之專門學者，皆歡迎推薦，以備邀請。咸認高懷，曷勝景佩。查臺灣大學史學系教授姚從吾、張貴永、方豪三君皆極願參加。姚君曩留學德國，治蒙古史甚精；張君曩留學德國，攻治史學方法論；方君則中西交通史闡發至富。如承邀請，因鄙人深信於漢學研究之發展，必有相當裨益。貴會與三君如尚未取得聯絡，則請早日去函邀請，俾三君得預盛會。無任感荷！專此，並請道安！

附上三君通信處址一紙。

羅香林敬啓

一九五七年五月七日。

No.…………

與洪煨蓮教授論匡瓚姓氏問題書

煨蓮教授吾師道席：前奉一月八日大諭，敬讀起居萬福，為慰。問於玄奘法師年代與匡瓚姓氏等問題，諸承指示闡釋，所以獎掖而教導之者，為意甚厚。恭讀再三，感慕無也。先外舅朱逖先先生匡瓚姓氏考原作，香港竟不可見。伯商兄處（在南京）又不便通訊，是以遷延無以報命。鄙意匡瓚問題如無新得確證，似以吾師所示之傳瓚當之為宜。容擬試就顏氏所引瓚注各條，歸納探討，先求內證，再為旁證，不知能得若干裨益否？大諭因友人皆欲傳讀，經由

原稿紙

此間自由人三日刊發表。冒昧之罪，仍乞[illegible]寬宥。

茲奉上拙作「太平天國典制通考序」，並乞教正，為禱。

專此奉復，並叩道安！受業羅香林敬上。三月廿二日。一九五八年

第　頁

20X25=500

與衛挺生先生論纂述民國人物傳書

申甫教授吾兄道席：前奉二月十二日手教，以為（適值）港大趕授[illegible][illegible]中國歷史課程，忙迫殊甚，致未及早日奉復，歉甚！歉甚！承示事宜，經與有關方面言之，未（惟）蒙採納，良用愧悚！鄙意關於日本先史學（民族學地）數點，關係甚鉅，然必經由日本考古學界提議協助，始易為力。否則，雖有經費，亦必難以進行。特不知尊意以為如何耳。前見兄致自由人編者各書，敬悉擬集中資料，纂述民國歷史，至佩卓見！鄙意（現代史範圍甚廣，牽連至大，殊難）最好仿恒慕義清代人物傳（Eminent Chinese of the Ching Period）體例，先撰（擬述）民國人物傳一書，時期限至民國三十五年日軍投降時止，除現存人不錄外，總計全國可得五百人，後只須三年即可

原稿紙　第　頁

No.…………………………

完成。此事若在中國以中文版發表，或仍窒礙恐尚多，若在美國以英文版發表，則阻力較小，且可以銷行，甚望足下肯兼向此等方面邁進也。天氣尚寒，諸維珍重，即請道安！弟羅香林敬啟。民國四十八年三月八日。

20X25=500

與容啟東學長述中國關於五穀病害與飢饉之史料書

啟東學長道席：前奉手教，承示美方學者函詢吾國歷代關於因五穀病害而發生之飢饉紀錄。寧於賤務，未及早日奉復，為歉！弟自學無負，於吾國歷代關於五穀之種植與病害等問題，鮮所研究，無以奉答。吾兄殷殷垂詢，盛意至以為愧！惟吾國自昔以農為立國根本，於五穀病害與飢饉等問題，自亦為史家所最注意。孔子作春秋，即嘗列舉害稼之螽、蝝等災，如書宣公十五年秋螽、十七年冬，蝝生，餓，是其顯例。螽為漢以後所稱之蝗蟲，蝝則劉向以為即飛蟻之屬。漢書卷二十七五行志中謂宣無熟歲，即指此也。自是各家與各代所修正史，即二十四史之屬，其本紀皆依春秋

原稿紙　第　頁

No.

紀年之法，於害稼之蟲災，多為依例紀錄。而各史五行志與食貨志等，於五穀病害與饑饉災異，亦無加闡述。雖其所釋詞句，多與科學知識相違，然其所含史實，亦可藉是而歸納也。特迄今尚未有將此類資料為之彙編為一專書者耳。容當續為翻查各有關雜誌，與前人所作農書之什，如有更具體意見，當再為奉告也。專復，並請教安！

弟羅香林敬復。民國四十八年三月九日。

與紐約富路特教授（L. C. Goodrich）論波羅毬之創始書

富路特教授道席：前奉七月二十八日大教，敬籀教澤日溥，爲慰。承示中國體育史參考資料第二集，所載唐豪「試考我國隋以前的馬球」一文，謂波羅毬爲中國所創始，後乃傳入波斯、及西藏等地，與香林曩所考唐代波羅毬戲爲自西域所傳入者不同。至爲感謝。以港大圖書館未收藏是書，香林初不知唐君文字內容，故遲遲未及奉答。良以爲歉。頃自書鋪購得是書，讀後深覺唐君證據薄弱，所引曹植名都篇「連翩擊鞠壤，巧捷惟萬端」一語，實不足解釋爲乃騎馬持杖擊毬之史實。容當另作短文辨正。先生或亦不以唐君之說爲然也。專此奉復，並請道安。羅香林敬啟。一九五九年十一月四日。

與賴世和教授（Prof. Edwin O. Reischauer）論直接辦理申請東亞學術研究補助經費第一書

賴世和教授道席：頃奉本年一月五日大函，敬悉貴社對香港大學中國學者關於東亞學術研究之補助，已允為直接辦理，不必經由駐台北之中國東亞學術研究計劃委員會之推薦。此一善良決定，此間中國學者，皆深感謝。承示本年度（1960—1961）補助經費，經與香港大學中文系主任林仰山教授（Prof. F.S. Drake），切實商量，擬於中文系及東方研究所內之中國學者方面，設一研究委員會，俾商決本年度有關研究、出版、與獎學金等之計劃，共經費則請滙由香港大學會計處分期轉撥付。林仰山教授將另有專函奉告。一俟各項研究計劃與獎學金分配計劃決定後，當於本年三月一日以前，寄上　貴社審核。仍乞隨時指示為禱。先此奉復，並請

教安！

羅香林敬啟。一九六〇年一月二十五日。

復李少峰書（一九六〇年五月五日）

20-20-400

與門人李少峰司鐸論編纂蒙高味諾總主教紀念錄書

少峰司鐸有道：造奉大函，敬悉將於本年八月赴歐旅行，轉往耶路撒冷，考察聖蹟。曷勝欣慕。承示擬於赴歐前，刊印聖教來華憶當年紀念集一書，鄙意此書以命名蒙高味諾總主教來華開教紀念錄為較易使讀者有明確觀念。其內容則可分上下二篇：上篇以尊譯蒙總主教致教皇信為第一目，並略加按語，依例與張亮丞先生中西交通史料匯編於蒙總主教來華事蹟後所附按語相仿，次則以元代各帝致教皇書札為第二目，亦略加按語。又次則以

原稿紙 第 頁

No.

時賢所作與叢總主教有關之論文，為第三目，（可查北平圖書館所編國學論文索引，如提及有關論文，則找出原刊書報，將論文鈔出編入下篇，則可以尊作聖教來華憶當年劉本為一目，以其多演出該劉各紀錄及照片為第二目。如此則系統完整，於紀念叢總主教最為相宜。此外則當乞在港有關主教或西籍教友，撰作拉丁文或英文序文一二篇，俾外籍人士，亦得略窺梗概。至第等論文，則以另冊為宜，以轉合時分際也。月來諸事忙迫，遲遲奉復，仍乞諒宥。前吳秋先借去日文本元代景教西行二大德傳乞

囑其早日寄回，因前歲曾將該書重要部分，譯為華文，擬略加校註，付印流通也。專此奉復，並請道祺。羅香林

敬復。一九六〇年五月五日。

與法籍邵可侶教授（J. Reclus）論中國人口問題資料書

前奉三月三十一日大教，敬悉大駕於八年前離中國大陸，安返巴黎，至慰。弟亦於一九四九年，自廣州移居香港，旋由香港大學聘授中國歷史。一九五六年，嘗赴巴黎，出席國際漢學會議，得見戴密微（Prof. P. Demieville）白樂日（Prof. E. Balazs）于儒伯（Prof. R. Ruhlmann）鐸爾錳（Mr. A. d'Moren）諸教授，及居留巴黎之中國學者多人，獲益良多。惟是時以未明閣下住址，未及訪晤，良以為歉！承示欲蒐集與中國人口等問題有關資料，弟目學無多，深愧無以奉答高深。惟前見許仕廉、牛鼐鶚二君，於一九三〇年曾合撰「關於中國人口墾殖種族諸問題中英文書目」（Bibliography in Population, Race, Colonization and Migration 一篇，於燕京大學社會學系所刊社會學界第四期發表。（有抽印本發賣）所舉各專書及論文，尚可參考。特不知巴黎各圖書館，藏有該刊否耳？至香港大學所出各書，則經另囑出版部寄上目錄一分，想已到達。邇日閣下任教何校，與前在北京諸友人常通信否？得便乞示知一二，為禱！專此奉復，並請道安。弟羅香林敬復。一九六〇年五月二十二日。

另寄上拙作「唐代桂林之摩崖佛像」及「蒲壽庚研究」各一冊，乞賜指正。

復鄭子瑜書（一九六〇年五月二十五日）

20-20-400

與鄭子瑜君述未能出席東南亞史學家會議書

子瑜吾兄先生執事：送奉大教，敬讀參主南洋學會進行事宜，曷勝敬佩。馬來亞大學歷史系主任為理賈尼教授（Prof. K.G. Tregonning），將於明年一月，為該校召開東南亞歷史學家國際會議，於東南亞之研史研究，必有甚鉅貢獻。惜是月適為香港大學五十周年紀念，始行慶祝之期，弟以執教關係，不克南下參與，良以為憾。前接南洋學會通知，謂馬大舉行會議期間，將並展覽與東南亞有關之古物、及書刊，詢各會員，願否將所藏書物展覽。弟舊所收藏，概未攜

No.

出。年來所印拙著「蒲壽庚研究」、「一八四二年以前之香港及其對外交通」及「唐代廣州光孝寺與中印交通之關係」等三書，皆與東南亞有部分關係，不知亦合尊意否？如性質相合，乞代填復；如不相合，則無庸也。專此奉復，並請著安！弟羅香林，一九六〇年五月廿五日。

致石田幹之助書（一九六〇年七月七日）

NO.

與日本石田幹之助教授

石田先生道席：前歲友人唐君毅兄自歐美經貴國返港，具述先生於香林前在清華學報所發表關於景教徒阿羅憾一文，承賜介紹，並蒙稱許，感荷實深。門人陳君福霖擬治大月氏問題，頃因出席國際學生會議，將在東京蒐集有關論著，俾資參證，謹介紹晉謁，請賜接見，指示一切為禱。書此奉謝，並請道安！

羅香林敬啟。一九六〇年七月七日。香港大學中文系。

原稿紙　第　頁

20-20-400

致賴世和教授第二書

賴世和教授道席：本年一月杪，寄上一函報告與林仰山教授商議關於接受貴社補助研究經費各事宜。隨於二月底，由林教授轉上香林所提一九六〇年度關於「中國南部之海上交通及其文化發展」一專題，擬繼續撰作專書出版，及香港大學中文系與歷史系學生陳璋、陳學霖、趙令揚、羅文等四人進行輯錄中國文籍中之東南亞史料，擬給予獎助金各計劃。承[illegible]飭審核，並照申請金額及分配數目，通過補助，當勝感荷。刻香林已着手撰作，依上述計劃之第

原稿紙 第 頁

No.

一專書，題「現代香港與中西文化之交流」。學生四人，亦經着手輯錄有關東南亞之中文史料，並隨時乞林教授指導，一切請勿懸念。香林二年來參加台北之中國東亞學術研究計劃委員會，頃經改聘為名譽委員，工作已告一段落。前在該委員會所提關於中國南部之海上交通及其文化發展研究第一、二年計劃，亦經依次完成。計曾出書四冊，其性質次序，一曰「唐代廣州光孝寺與中印交通之關係」，二曰「唐代桂林之摩崖佛像」，三曰「蒲壽庚研究」，四曰「一八四二年以前之香港及其對外交通」，茲寄呈上一冊。又

20-20-400

上年度（一九五九年）、曾獲貴社獎勵金之林天蔚君、本香林門人、亦經於本年春、印出其所著「宋代香藥貿易史稿」一書，茲並寄上一冊、統乞查收示復為禱。專此報告，並請道安。羅香林敬啟 一九六〇年七月十五日。

原稿紙 第 頁

擬出席東亞學人聯席會議上林仰山教授書

仰山教授道席：

謹報告並請示者，前得哈佛燕京學社本年一月五日來信，略謂為顧及實際情勢，已決定將香港區之研究計劃自設在台北之中國東亞學術研究計劃委員會分出，由香港與該社直接處理。香林與新亞書院之錢穆博士因是自無須再參加該委員會之工作。惟本年冬季擬於台北舉行有關東亞學術之中國、日本、南韓三國學人聯席會議，仍望香港方面有代表一人參加，云云。

頃得負責籌備上述聯席會議之李濟博士來信，謂此項會議，已定期於本年十月卅一日至十一月二日，在台北舉行。香港方

20×25=500

面甚望香林與錢博士，能互推一人出席，俾便聯絡云云。

現錢博士仍在歐洲考察。香林為仰副 尊旨，顧及與哈佛燕

京學社合作起見，擬請給假前往參加。又查十月廿一日，為星期一、十

一月二日，為星期三，香林有應授之功課共五小時，擬請由同事

余秉權先生代為講授。是否可行，仍望 核示飭遵為禱！此並

請

道安。

晚羅香林敬上

一九六〇年十月四日

No.

與門人李少峰司鐸論耶路撒冷發現宋代等錢幣書

少峰司鐸吾兄有道：先奉自埃及羅馬與耶路撒冷等處寄來書片及長函，致悉吾兄此行，於聖教史蹟考察至富，於聖地遺範感發特深，曷勝景佩！雪林弟自入春以來，以校閱港大應屆畢業各生之中國歷史論文，並趕印拙作「香港與中西文化之交流」一書，忙迫殊甚，致未及早日奉復，歉甚罪甚。承示，於耶路撒冷見當地人士於荒野發現東方古錢，中有「元祐通寶」、「洪化通寶」及「寬永通寶」等目，此誠當年中西交通與貿易發展之絕好旁證。元祐為宋哲宗年號，該錢誠如來書所云，當為自一〇八六至一〇九三年之遺物。惟元祐通寶共銅錢，實分大小二類，小平錢分行書與篆書二色，以

京高紙

20×25＝500

竹書並背面有一小圈者為首品，以竹書背面鑄一陕字者為最貴。大錢亦分竹書與篆書二色，通稱折二錢，蓋以一枚當二枚者也。惟此外復有鐵錢，鐵錢亦有大小二類。茲試摹繪錢樣於另紙，俾與耶路撒冷所出者，比對辨別。至「洪化通寶」，則為清康熙十七年（一六七八年）吳三桂據雲南反清，自稱周帝，翌年由其孫世璠繼之，改元洪化，所鑄造流通者。其錢文字楷書，惟背面鑄一「户」字為特色耳。至「寬永通寶」，則誠如來書所云，乃日本昔年之通用銅錢。日本寬永元年，當明天啟元年，亦即西元一六二一年。惟日本寬永錢，亦猶唐代之開元錢，累世未嘗斷鑄，故流布甚多，未能斷定其即係一六二一年所鑄造也。宋時阿剌伯商人，多至廣州、泉州等地貿易。明自正德九年（一五一四年），葡萄牙人首艘船自馬六甲至今日香港新界之屯門市易。其後屢於浙江、福建沿海貿易，終乃佔據澳門，與中國之交通更盛。而早期之耶穌會士，亦多經澳門而至中國傳教。元祐通寶、洪化通寶與寬永通寶等，殆即由阿剌伯人與葡萄牙人或耶穌會士等攜返於西土者也。鄙見如此，不知可備吾兄於撰擬該古錢說明書時，為萬一之助否？港大本歲適為創校五十週年紀念，三月十七日，香林率中國歷史系二年級學生六十人至佛堂門及馬灣島、大嶼山、東涌等地考察史蹟。茲挾上照片四帙，亦以戰前吾兄每至一地，輒以其勝蹟影片惠贈，藉念雅意也。天氣尚寒，諸乞珍衛，即請旅安。羅香林敬復。一九六一年四月二十五日。

與李濟之先生約來港治療書

濟之先生道席：前奉四月二十九日大教，當經往詢此間印籍孖漢星眼科医生（Dr. H. Mohan Singh），據謂如先生於便中來港，彼當為細心診察，妥為医治，惟是否能完全復原，則須俟診察後方得明曉云。但另據此間治療糖尿症著名專家朱可良中医師研究，則謂依大教所開症狀，彼確信能為医治，蓋從服藥與按摩入手，約二月，糖尿症即可痊癒，待糖尿症癒後，再加服藥，目疾亦可全癒云云。私意如先生於九月間來港，出席港大學術會議，則順為留港二月，俾朱可良医師得為治癒，當較便利。以朱医生此間業務甚繁，不便親赴臺灣為友好診治也。（香林曾勸其赴臺為先

20×25=500

生及友人羅慈威先生治療。近日以港大舉行各種考試，閱卷甚忙，未及依時奉復，至以為罪，即請道安。晚羅香林敬上。一九六一年六月一日。

與陳百年先生述建議頒贈名譽博士學位書

百年先生道席：頃奉本月二日 大教，並大作「孟子教仁理論的分析」，捧讀再三，景佩無極。香港大學本歲適為創校五十週年紀念，學校當局，與英聯邦各大學，皆認須為集會慶祝。除本年正月與三月，已舉行有關之集會二次外，並擬於本年九月，舉行各種國際性學術會議，為更鉅慶祝。其中由中文系林仰山教授（Prof. F. S. Drake）等倡者，有「中國長江以南至東南亞等地之歷史語言文化考古等學科會議」。須討邀請出席討論或宣讀論文者，有國際著名東方學家約三數十人、中國方面，有先生及胡適之先生等六、七人。依當局計劃，屆時將以名譽博士學位，授與歐美學者數人，與中國學者

20×25＝500

一人。香林以先生為中國學術教育泰斗，而又適任孔孟學會會長，倘蒙應邀出席此項學術會議，並接受名譽學位，則於中英學術之合作，與中國文化之發揚，必有其重要貢獻，而精神亦為影響於中外人士之心理者，關係尤鉅。故特為建議於林仰山教授，請由副校長賴廉士博士（Dr. Lindsay Tasman Ride）出面函商，而劉百閔兄亦從中贊同，幸蒙林教授採納，故有由副校長之專函邀請。惟香林以半年來忙於撰印拙作《香港與中西文化之交流》一書，未及事前稟覆，致稽遲為負疚耳。承示已函復應允，至慰。開會請柬及旅費住宿等，諒想林教授當續為奉寄。至預計由出席人士宣讀之論文，其題目自純由各人自定，惟先生論文如允以儒家或孔孟學說傳入南方之關係等為中心，則與此項會議之總題相合，而更有意義。是否有當，仍乞裁奪。論文最好譯為英文或德文，以將來會議，多以英語為媒介也。香林在港大，一仍故常，然為配合教課，二十年來曾以中國南方之海上交通及其文化發展為研究範圍，刊印拙作「唐代廣州光孝寺與中印交通之關係」及「唐代桂林之摩崖佛像」「蒲壽庚研究」「一八四二年以前之香港及其對外交通」「香港與中西文化之交流」等五書。茲先奉上「光孝寺與」「蒲壽庚研究」各一冊，拙作各書目錄二紙，乞賜教正。天氣漸熱，諸維珍衛。專此奉復，並請儷安。後學羅香林敬上。內人朱倓附筆請安。

民國五十年六月五日。

勸請陳百年先生出席港大學術會議書

百年先生道席：本月五日，奉上一函，諒登記室。頃聞港大中文系林仰山教授，函告曾得先生復函，略以因興趣及年齡關係，本年九月，將不克出席關於中國南部與東南亞之學術會議云云。竊意港大此項學術會議，本為慶祝學校創立五十週年盛典，而設為維繫中英國民友誼起見，似不宜過為謙辭。且其會議日程所列第三項目，為歷史上漢人之南向發展，就中所擬討論問題，如漢民族之南向遷移，與中國文化之南向發展等，皆為與中國歷史~~學文化之研究，~~有鉅大關係者，如兩漢之察舉制度與自唐宋以還之科舉考試等，皆特重視選拔邊郡與僻地人才，蓋即顯示中

20×25＝500

國乃藉察舉與科舉，為推廣文化、與開發邊地者，非謂全恃武力以開擴其版圖也。而孔孟與儒家學說，亦即藉此以大行全國。而民族遷移，亦與儒家學者之南向發展有關，如自新莽時代與東漢末年、以至五胡亂華等，中原民族多避難南下，而儒家學者，即隨而蒞止南方。如東漢初年寄居廣信（交州治地，即今廣東封川）之陳元父子，即以治春秋左傳著名，儼然為東漢初期儒宗，竊意如關於察舉與科舉制度之推行於西南僻地（雲貴與桂西），以至南方大儒如陳元父子及陳白沙等之經篇論文，皆為甚適宜於港大此項學術會議之宣讀或報告者。誠得先生俯允蒞會，則即於大會期間接受榮譽博士學位，精神方面，必於中華民國有莫

No.

能聞係，諸先生再賜考慮為禱。至來回旅費，學校方面已先與美國亞洲協會函商，經將擬在臺邀請之學者名字開列與彼，甚望先生能派人至臺北該分社一詢，如萬一該分會不便奉付，則學校當另為奉寄。至到港後之住宿問題，則學校已指定以聖約翰堂宿舍及女子何東宿舍為招待出席學者食宿地址，如慮學校宿舍照料不便，則住宿於劉百閔兄家，亦無不宜，伊寓所廳房較大，而平日住入較少，且飲食習慣相同，自較學校宿舍與旅店為優也。如何乞先賜示後，俾商請林仰山教授預為安排為禱。諸事奉擾，至感不安。天氣酷熱，諸乞珍衛，肅請

儷安

後學羅香林敬上

六月十八日。

原稿紙　第　頁

與黃凌霜教授書

凌霜教授吾兄道席：前奉大教，承允於明春來港講學，曷勝景佩。香港各私立專上學校之籌設改組為中文大學，蓋為英國政府所決定者，故自前年秋起，其崇基、新亞與聯合書院等三校，即皆由香港教育司署以津貼，並擬於三數年內，充實設備，俾克改制。唯以學校設於香港，故內部組織，教師職稱，皆依照英國制度，每系只設教授一人，其餘教師則分高級講師與講師及副講師等三種，在未被英聯邦大學委員會認可以前，則不設教授，僅以高級講師為最高位置，即學院校長亦僅支高級講師薪俸，再加若干辦公費而已。年來港政府對崇基、新亞、聯合等三校，一面全港統一招考新生，並籌統一畢業文憑考試，一面提高各教師待遇，以安定其生活。俟該中文大學籌備委員會[illegible]以關祖堯律師為主席[illegible]二年後必可正式[illegible]頒授學位，成為香港大學以外之另一大學。頃始就香港教務長高君[illegible]擬認為符合教育司規定，已手續經[illegible]高級講師應徵[illegible]早日實現，得先為公佈[illegible]學生渴望云云，弟意此項[illegible]為手續問題，年齡方面[illegible]填寫，以便學校[illegible]也。拙作香港與中西文化之交流一書，頃經出版，茲另寄上一冊，藉資教正。天氣轉熱，諸希珍重，即請道安

弟羅香林敬上 六月廿八日

公

No.

致胡適之先生勸請出席港大學術會議書

適之先生道席：自去冬以出席東亞學術研究會中日韓會際會議，得蒙寵招，並聆鴻教，景佩之忱，與日俱積。香港大學本歲適為創校五十周年紀念，經於一月及三月相繼舉行含有教育性與社會性之慶祝典禮，並決定於九月由各學院召集各種有關學術會議，以為最鉅慶典。其中由中文系林仰山教授所籌備者，有關於中國南部與東南亞之歷史考古語言與文化等會議。其請柬及擬請先生主持其中第五項之討論會議各緣由，經於三星期前由學校及林教授等直接寄奉，諒登記室。鄙意此項會議，含有中西學術之滙合，與中英國民友誼之增進等意義，不僅為慶

原稿紙　第　頁

20×25＝500

祝港大五十週年紀念已也。先生久負中外重望，倘蒙蒞臨出席，不特於學術有甚鉅影響，即精神方面，所由增進世界人士對於中國之觀感者，亦必甚鉅。深望先生早為決定許期，至禱。至所邀各在臺學者之來往旅費，則經由學校當局函請美國亞洲協會，將名單送與在臺分會，囑為就近辦理，得便先派員往該分會一論，如萬一該分會有所不便，則學校當局為直接函上。至先生到港後住地，則林教授亦必須為安排（住於其家，即甚方便），決無困難也。香林年來曾撰作「香港與中西文化之交流」一書，經於上星期出版，茲奉上二冊，一請俯賜削正，一請轉交與貴院史語所圖書館為藏。天氣漸熱，諸乞珍衛。肅此道安。後學羅香林敬上。一九六一年四月廿一日

20X25＝500

致哈佛燕京學社執行祕書白思達教授書

白思達教授道席：自前歲大駕蒞港，得聆鴻教，景佩無極。香林所提「中國南方之海上交通及其文化發展研究」第三年計劃，承賜協助，至感。此計劃原定刊印二書，一為「香港與中西文化之交流」，一為「西婆羅洲羅芳伯等所建共和國考」。其第一書已於上星期出版，並經由航空寄上二冊，諒已到達，請賜審核。至第二書，則正整理付印，一俟出版，自當趕速寄請審核。至香林所指導港大學生陳璋、陳學霖、趙令揚、羅文等四人，關於「中國文籍中之東南亞史料滙編」等工作，亦經輯成「明實錄中之東南亞史料」一書，刻已送交香林審

原稿紙　第　頁

NO.

查。承協助印費，亦經先後收領。至下年度香港大學中國籍學者之研究計劃，承林仰山教授轉告，敬悉已蒙通過，感甚。俟秋涼，當為依計進行也。專此報告，並請道安。

弟羅香林敬啟。一九六一年六月三十日。

No.

與冷空菴先生論越南歷史與文化等研究書

空菴先生道席：前奉上年十二月八日大教，敬讀於東南亞問題研究造深，曷勝景佩。稽以賤務，未及早日奉復，歉甚罪甚。承示中國文化對越南影響甚鉅，擬於西方學者論著外，更探究中國學者對此問題之著作，而欲有所垂詢節目。學無多，雖曩年輯校刊「永福歷史草」，及撰著「百越源流與文化」一書時，曾於昔賢有關書籍，略加披覽，而深覺越南因於漢唐盛時，嘗為中國郡縣，故一切政教，皆略仿中國。而又特華僑聚處，故城市俗習，亦與中國南方近似；然亦以未獲見有專門著作，為就此關係，作歸納資料，以論定之者、殊愧寡學淺識，無以奉答高深，良以為憾。惟友人黎正甫

原稿紙　第　頁

20×25＝500

君，曩曾撰「郡縣時代之安南」一書，或可略窺其間線索。近見陳荊和君（前在臺灣大學任教）所作有關越南各論文，較能深入。彼年來復受聘赴越南講學，並整理其地檔案，或於先生所詢問題曾為致力。聞彼近已答應此間新亞書院聘請，擬來港計劃南洋研究事宜，或於最近期內，即可至港，屆時當為介紹與先生通訊討討論。又門人趙令揚與陳璋二君，治南洋史地多年，（港大畢業現已任事，仍從弟讀碩士學位），尤致力於中南半島歷史，其觀點與先生所言略合，如先生欲蒐集在港所見與越南有關之資料，或可與之通訊也。去秋港大以金禧紀念，曾舉行各項學會議，中有中國南方以至南洋群島之歷史、語言、文化、交通等討論會，弟曾提論文五篇，出席各專家有屬越南籍者數人。第四日所宣讀討論各論文，即多涉及中南半島之歷史與文化者。惟報告書刻仍在編印過程，未能即以奉寄耳。專此奉復，即請著安。一九六二年二月十四日。

致京都吉川幸次郎教授書

吉川教授道席：自連歲於中日韓東亞學術研究會聯席會議及港大問於中國南方與東南亞之歷史語言種族考古討論會等議席，得聆鴻教，景佩無似。重承賜借貴架所藏朱逷先先生彙作《中國文學史要略》，並賜贈貴分部所出關於東亞學術研究之偉著，如《慧遠研究》等共十冊，感懷高誼，曷日而忘。祇因牽於賤務，致未早日奉復，歉甚罪甚。東亞學術文化之優良傳統，得貴國貴教授等悉力闡發，行見全世界學術為之增其光華，此誠今日之絕大盛業，凡屬治東亞學術之人士，咸當同深感奮者也。前承示欲交換此間由哈佛燕京學社協助刊印之專書，以新亞書院方面，

20×25=500

特重視協助專題研究，故至去年十二月止，香港方面已印出專書七種，即《唐代廣州光孝寺與中印交通之關係》及《唐代桂林之摩崖佛像》、《蒲壽庚研究》、《宋代香藥貿易史稿》、《一八四二年以前之香港及其對外交通》、《香港與中西文化之交流》及《西婆羅洲羅芳伯等所建共和國考》等，經於本月十二日，掛號寄上該登記室，仍乞教正為禱。至朱先生《中國史學史要略》，亦經照鈔一通，將來擬與朱先生其他著作一同印出。茲將原書及敝處朱傑勤最近所印《朱先生明季史籍題跋》一冊，一併掛號寄上，到乞查收。天氣未佳，諸維珍衛。謹此奉謝，即請道安。羅香林敬復 一九六〇年三月二十八日。

致京都牧田諦亮先生書

牧田諦亮先生道席：連歲迭承大教，並蒙惠賜偉著多種，捧讀再三，景佩無極。香林於佛學及佛教史學，研幾日短，所知極稀，重承獎譽，曷勝惶悚。香港雖不乏緇流與居士，然多着重興福及持戒，於佛學研究，致力較少。惟倓虛老法師（天台宗）於講釋首楞嚴經，特為精到。香林門人有羅時憲君（昔在國內任大學教授，今在九龍瑪利諾書院講授文史），則於瑜伽師地論及成唯識論研究頗深（彼初治密宗，後改治唯識），每月於東蓮覺苑聚眾講述，近復受各居士推舉，編印「佛經選要」一書（約一百萬字），分上下二冊，其第一冊頃已出版，經囑選寄上一冊，收到時乞賜示復。又前月香林

原稿紙　第　頁

曾出版「西婆羅洲羅芳伯等所建共和國考」一書，當曾奉上一冊，諒已登記室矣。此為香林四年來関於「中國南方之海上交通及其文化發展研究計劃」已成各書之第六種，（第七種為流行於粵贛閩及馬來亞之真空教與其經典，秋後或可出版）以資料蒐集不易，故為印出之耳。天氣尚寒，諸維珍衛。謹此奉復，並請道安。羅香林敬上。一九六二年四月十日。

致馬來亞各地真空教各道堂教長書（一九六二年四月二十七日）

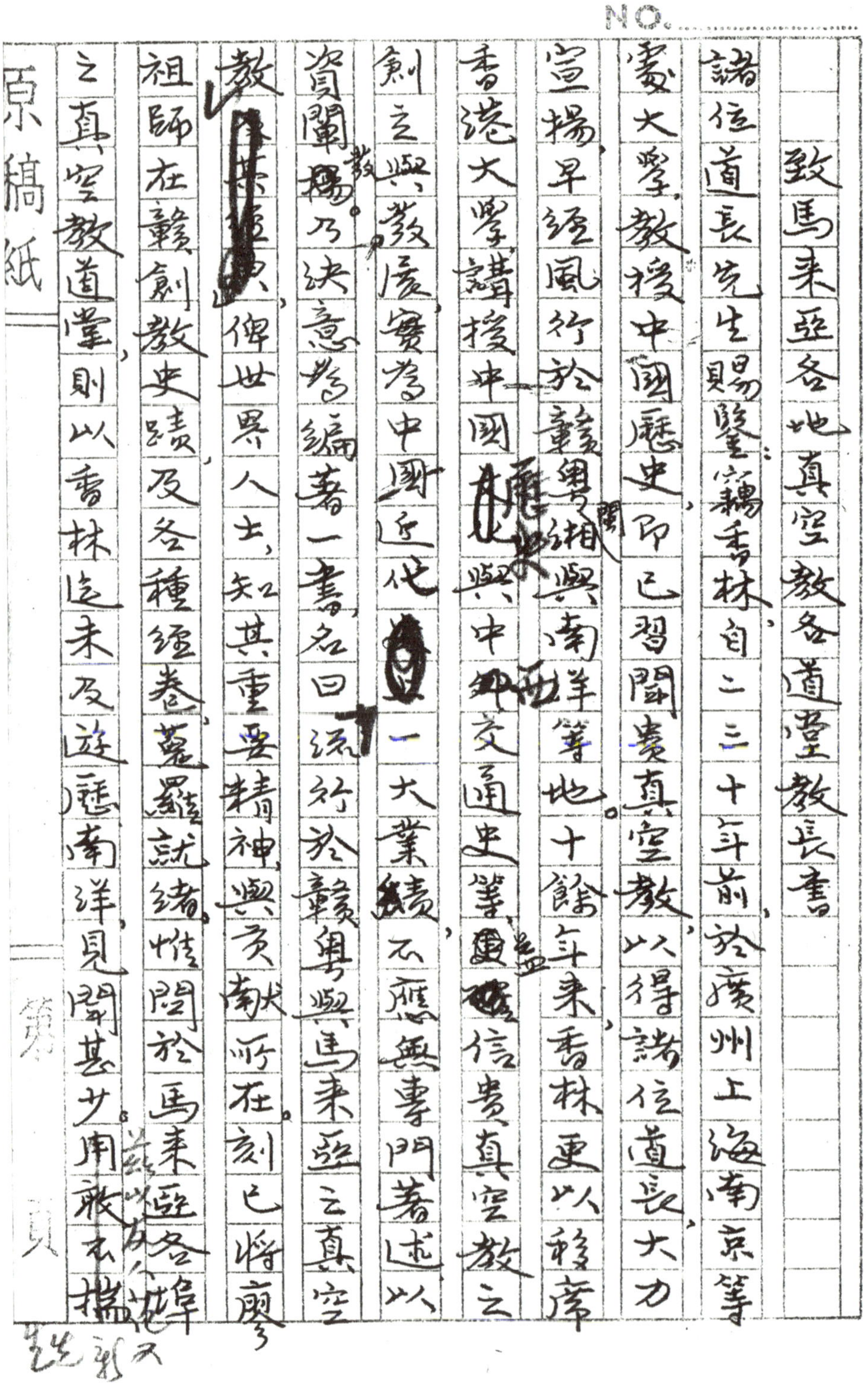

原稿紙

致馬來亞各地真空教各道堂教長書

諸位道長先生賜鑒：竊香林自二三十年前，於廣州上海南京等處大學教授中國歷史，即已習聞貴真空教，以得諸位道長大力宣揚，早經風行於贛粵湘閩南洋等地。十餘年來，香林更以移席香港大學講授中國歷史與中西交通史等，益信貴真空教之創立與教儀，實為中國近代[illegible]一大業績，不應無專門著述以資闡揚。乃決意為編著一書，名曰流行於贛粵與馬來亞之真空教，俾世界人士，知其重要精神與貢獻所在。刻已將廖祖師在贛創教史蹟及各種經卷，蒐羅就緒，惟關於馬來亞各埠之真空教道堂，則以香林迄未及遊歷南洋，見聞甚少，用敢[illegible]

第　頁

20×25＝500

茲因[illegible]公司業務之便，特託其前來拜訪，

冒昧屢請協助。倘蒙將貴道堂創立經過、與傳道情況、及一切有關文件與照片等，惠寄參證，則謹當於拙書，特闢專章，詳為敘述，且於貴[illegible]教之發揚，亦不無裨益也。如何，乞賜示復，為禱。又香林三十年來所著，關於一般歷史與客家源流之專書，如貴道堂需要閱覽，亦乞示知，俾寄上請正。相去路遠，晤面無由，[illegible]語不盡意，即請道安。一九六二年四月二十七日羅香林敬啟

通訊：香港，香港大學中文系羅香林（Lo Hsiang-lin, Dept. of Chinese, University of Hong Kong, Hong Kong）

20X25=500

與韓國漢城大學李崇寧教授書

崇寧教授道席：邇月迭奉大教，敬讅道履綏和，著述日富。承示被邀，擬赴美國各大學講授，行見教澤日溥，聲聞益著，爲勝景佩。弟雖早擬至貴國觀光，並蒐集有關史料、以資研考，然以未得充分假期，不克成行，只得相期於異日耳。敝友星嘉坡大學中文系主任賀光中先生，前至貴國蒐集雅樂資料，諸承協助，至感。小兒雖文，本夏畢業香港大學歷史系，頃獲哈佛燕京學社獎學金，擬赴哈佛大學攻讀遠東歷史與蒙古文等。茲命其前趨謁教，乞賜訓示，俾資遵循，爲禱。專此奉復，並請道安。弟羅香林敬啟

原稿紙　第　頁

NO.

。一九六二年九月六日。

20×25=500

致亞洲基金會函

香港亞洲基金會主任賜鑒：香林自一九五一年秋起，在香港大學講授中國歷史，已十二年。除一般史實之講述外，尤注意研究中國南方之海上交通及其文化發展，與中西文化交流等史實，已印出專著六冊。一九五六年，與一九五七年，嘗由貴會資助赴法國及西德，出席少壯漢學家會議及東方學家會議。本年度之研究計劃，則為中國人之族譜及其與中國歷史之關係。並擬利用本年七月至十二月之休假期間，前赴美國之哥侖比亞大學，及日本之東洋文庫等，研究其所藏最稱豐富之中國族譜。將來之研究成績，雖依照數年來情況，將請哈佛燕京學社資助出

原稿紙　第　頁

NO.

版經費，然於此次前赴美國及日本之研究費與往返旅費則尚未能籌得。素仰貴會樂為協助中國自由人士之學術文化等工作，倘蒙賜予支持，補助研究與往返旅費等美金二千圓，俾得完成其赴美（於休假期間）赴日之研究計劃，則不勝感激之至矣。奉上拙書六冊（名單見後），尤其「香港與中西文化之交流」一書，頗牽涉昔年容閎及其所遣一百二十名學生與中美二國之關係，請賜教正為禱！

專此，並請道安！

羅香林敬啓，一九六三年三月二十日。

附上：唐代廣州光孝寺與中印交通之關係　唐代桂林之摩崖佛像　蒲壽庚研究　西婆羅洲羅芳伯等所建共和國考　一八四二年以前之香港及其對外交通　香港與中西文化之交流　共六冊

復官熙光書（一九六三年五月二日）

熙光先生賜鑒：去歲五月，奉讀 大教，不勝喜慰！惟適以香港大學中文系遷移新址，書信為工友插入各舊書內，又未明白告知，致久尋不得，未明郵址，無由奉復，歉甚罪甚！頃以清理舊書，始發現 華函竟被挾入舊日鈔本之內。展讀至再，敬悉 貴鄉人士遷居台灣者，竟達三千餘人，若以鄉鎮為計算單位，殆當首屈一指矣。此固為 弟近日編印「客家史料滙篇」所必須詢訪者。蓋弟於三十年前撰作「客家研究導論」一書時，即曾注意蒐集客家各姓之族譜，並曾就各族譜所載上世之遷徙源流與各房丁口及分佈等，摘要彙錄，編為史料叢刊。會抗戰軍興，屢轉遷避，致未及刊行。近十二年來，以移席香港大學，并為配合授課關係，既改以「中國南方之海上交通及其文化發展」為研究中心，然於客家歷史與文化之研究，則仍未忘懷。近復獲美國哈佛燕京學社資助，擬於本年內，刊印「客家史料滙篇第一冊」，即以前此自客家各姓族譜所錄出者，為基本資料，並略加疏證，勉可成書。惟前此所得族譜，多屬廣東客家各姓者，於福建江西二省之客家，則資料較少。今承示　貴鄉遷居台灣者，既如是眾多，則想必多姓俱有。甚望能代向各友詢訪，其曾修家譜據者，則務乞將原譜賜借研究，謹當擇要摘錄，編入「滙編第一冊」內。一以充實拙書，一以謳揚先芬，想亦先生所樂許也！承示書寫「國父孫中山先生祖居河田鄉」題額，容俟稍暇時，書好奉上請正！（不必寄紙）。　尊著「英文本中國通鑑」，俟乞賜寄拜讀！抹之拙作各書目錄一紙，如　貴處有需要者，乞為　示知，當另寄贈請正也。此

奉復，並請

時安！

弟羅香林敬復

五十二年五月三日

通訊：①香港，香港大學中文系。②香港九龍，雲地道四十一號四樓前座。

尊家官氏之族譜，如曾據出，尤乞賜借參攷！廣東始興者，（尊家姓）人數亦眾，但昔年弟在北江調查史蹟時，未及借得其族譜。

5.3.1963.

142

致張厲生大使

厲生大使鈞鑒：久疏[illegible]候，未嘗[illegible]懷想起居[illegible]，伏維政躬綏和，諸增[illegible]慶為頌。香林前在重慶中央[illegible]

時，曾數[illegible]受趨[illegible]教[illegible]誨，[illegible]抗戰勝利

感[illegible]永深。抗戰勝利後，香林[illegible]返[illegible]加省政，並

兼[illegible]省之文理學院校長，及中山大學教授，三十八

年，廣州[illegible]緊急，乃移居香港，旋受香港大學聘，擔[illegible]

中國歷史[illegible]課程，[illegible]以中國南方之海上交

通及其文化與發展為研究中心，撰[illegible]著[illegible]書[illegible]中外

史學[illegible]東京大學

學[illegible]所[illegible]。本月[illegible]日東京大學一[illegible]教授，以東洋文

139

康氏聯合國文教處所組織之「東亞文化研究中心」，擬請即與東亞文化有關之著作，特至港、館將香林所著「香港中西文化之交流」一書，由彼處出資譯為英文，並於今年出版，俾歐美人士，得於瀏覽。香林以中日學術[illegible]之作，得以從報，並[illegible]為翻譯，刻下已將譯稿全部交彼付印[illegible]。香林於本學年適有短期休假，擬自本月下旬起，即赴日本及美國一行，一以考察一般教育，及彼邦漢學研究之趨勢，一以參閱東洋文庫及哈佛大學所藏之中文族譜，俾為撰作「中國族譜」一書之助，本月廿二日至三十日，將參加此間國民黨總部所組織之日本遊覽團，參觀日本之各地名勝，定廿二日乘泰國國際航空公司TG600號班機[illegible]，抵東京，下榻東京急便酒店，卅一日至九月一日，擬趁此趨謁請益，[illegible]九日、二日，擬趨謁[illegible]東京石田幹之助等老教授，三、四日，擬赴京都一行，五日返東京，六日擬[illegible]，先赴美國，維十一日[illegible]，敝友[illegible]東京東洋文庫閱覽[illegible]，

並頌

文祺。

羅香林謹啟[illegible]

八月十六日

1963

140

Write your answers on this side only.

報告近況

林教授、林太太：

前接去年聖誕節教授與太太分別來信，敬悉二位，蒙神賜福，道躬康泰，至慰。香林與內人所寄聖誕微物，以包裹時不知小心，致破損無用，良以為歉。時間易度，茲又將屆 教授四月十三日之誕辰，遙祝一切愉快，南極星朗（南極星，中國以為高壽者之星），光輝愈顯為頌。

台灣近日成立中華學術院一機構，名義上為私立，由前任教育部長張其昀先生主持，實則亦為政府所支持。性質與中央研究院相似，但中央研究院只從事研究工作，而不頒授各種學位，而此中華學術院則一方從事學術研究工作，一方亦頒授中外學者以各種學位。頃該院長張其昀先生來信，以 教授深治中國美術考古與儒家學說，貢獻甚鉅，自1952年至1964年主持港大中文系與東方文化研究院，於中國學術文化之發揚，關係尤大，擬奉贈名譽文學博士學位（Honorary Doctor of Letters）與教授，以誌景仰，特囑香林先向 教授徵求同意。竊念張先生此舉，純出於發展學術之動機，別無他意，即定期頒送名譽學位時，教授赴台與否，亦悉聽 尊便，無所拘束，甚望賜予同意為禱。

港大當局以香林至本年七月依例退休，經於去年十二月徵求中文系繼任教授，僅四人應徵，本年二月杪，經選定由陳志讓博士充任（曾獲倫敦大學亞菲學院中國歷史博士學位，1963年起任Reeds大學講師）。惟截至現在陳博士仍未復函接聘，聞以彼離婚問題迄未解決，須稍遲數月始能來校，結果如何，尚未可知。

43

Write your answers on this side only.

東方文化研究院，經內定改組為東亞研究中心，而將馮平山博物館歸屬中文系，語言學校亦暫時屬中文系。將來之東亞研究中心，不設院長，而設七人至九人之委員會，由有關各系之代表教授為委員並輪任主席。惟何時（如歷史系、經濟系及中文系等）實行，須至五月份Council通過後始能決定耳。

惟幸同事饒宗頤先生已陞任為副教授（前者，彼欲赴星架坡大學接任該校中文系教授之職，現已打消此意矣）。馬蒙先生已陞任為高級講師，俱自本年七月份算起。五十周年紀念論文集第二冊已於去冬出版，現擬將第三冊英文論文付印（印費經加續募並一、二冊售得之款，現仍有九千餘圓，足夠第三冊印費），大約本年內可望出版也。

楊維禎先生亦將於七月起退休，翻譯課程方面，須徵求增聘講師或副講師，現已選定聘請正在牛津大學攻讀博士學位之黃兆傑先生充任。惟不知彼定能於九月到校否耳。

楊先生與香林退休後，暫時將仍居香港，繼續個人研究工作（別地雖有請香林前往任事者，然恐妨礙研究工作，故未允往）。去年十二月香林曾出版"唐元二代之景教"一冊，當經寄呈請正。香林之所以能成此書，亦純受　教授之啟迪也，曷勝感謝。

麥神父遺留古物及藏書，近經香港政府函請港大當局，移交大會堂博物館陳列，經於上月抄移交完畢。今後馮平山博物館，或須向香港社會人士募集款，始能補充藏品也。

專此報告，即請
撰安

Lo Hsiang-lin
5/4/64 44

Write your answers on this side only.

即蔣彝

(1)

復蔣仲雅教授論佛教與禪宗等問題（及七月四日來信所教各點）

仲雅教授吾兄道席：前奉四月廿四日大教，敬讀於禪宗妙義及史實特具識解，別未二年，而造詣益精，逮於此，欲不為文概述得耶。

承示武后以識記[illegible]，與佛哲之士及[illegible]名流早多[illegible]遊，此見未見於正史，然細究其[illegible]計，亦豈[illegible]所及知之一。六祖神秀為武后所禦用，此[illegible]社會[illegible]慧能[illegible]南服[illegible]所政治波及。其品格高下，即此可見。而北宗則趨炎附勢者參居，即如[illegible]其道[illegible]者，則植基於民間，[illegible]此為禪宗南北二支得失消長之關鍵，學見識卓也。

承詢宋之問[illegible]於慧能[illegible]之，皆為武后所近幸，然其後亦以[illegible]之故，[illegible]瀧州參軍，其自衡陽至韶州謁能禪師詩，即作於是時，見全唐詩第一函第十冊，錄其詩意，亦知慧能以[illegible]壇落[illegible]，為其[illegible]得發展之一因也。其詩略云：

「吾師在韶陽，欣此得躬詣，洗慮賓空寂，焚香[illegible]，果以[illegible]，[illegible]生慧，物用益冲曠，心源日閑細，伊我獲此途，游道回晚計。宗師信捨法，擯落文史藝，坐禪罷[illegible]，[illegible]窮海裔，何辭[illegible]魑魅，自可乘炎[illegible]，回首望鄉雲，[illegible]，[illegible]苦，歸期[illegible]。」

[illegible]以[illegible]宗[illegible]人，[illegible]以證慧能[illegible]之一種因由耳。

承詢神會語錄之撰作年代是否受於敦煌發現本壇經之撰作年代，鄙意敦煌所發現之古本壇經，明記「此壇經法海上座集，上座無常付同學道際，道際無常付門人悟真，悟真在嶺南曹溪法興寺，見今傳授此法」。而神會為慧能門徒中之較年輕者，其撰作語錄，約在開元二十二

Write your answers on this side only.

頃接大雲寺寬南芳宗白函後，承惠贈慧能大師之法海等筆之壇經印數，即敦煌發現之古本壇經，[redacted]自當拜讀。擬請倓虛法師道之，先生不幸已歸道山，不克早日請益矣。彼昔年曾將其在港之論著與慧能有關之詩歌數首抄出寄弟，並附按語數節，弟素所尊仰，不獲大師道之來復，即此故也。

承詢中土叢林佈戒由來。按佈戒必須設壇，蓋通常道場地窄小，故必於叢林為之。贊寧僧史略上之一云："比丘受戒，必在地結界，以其形必先結壇場。"翻譯名義集"大戒壇圖經"，考之天竺，則樓至菩薩請佛立戒壇，為比丘受戒，佛許之，使於祇園精舍外院之東南建壇，見釋氏要覽上。其在中土，則曹魏嘉平正元中，曇柯迦羅、曇帝皆於洛陽立大僧羯磨之法，中土之叢林佈戒，殆始於此。

惟釋氏戒疤，非遵佛戒，非只為燒戒，[redacted]戒疤來源如何，待自天竺來抑中土自創乎，叢林如弟意尚未能考出焉。

承詢法乳法雨二詞，始見何書，弟目下所知，未能詳言，然涅槃經已有"飲我法乳，長養法身"之語，則其由來久矣。而法雨則法華經見"法雨繽紛"語，法華經序品則云"雨大法雨，吹大法螺"。前此諸經，有無此辭，則未及查至耳。

弟目下以忙於[illegible]，無充分時間詳為研考，只以所素者奉答，良以為歉。仍乞諒宥為禱。耑此奉覆，並請 道安

弟羅香林敬上
14/8/65

Write your answers on this side only. 1965.10.14日

請代寫

致前副校長賴廉士爵士函

賴廉士爵士前副校長鈞鑒：

頃奉本月六日大教，諸承関注，衷心感激。此次香林之所以克獲港大派充為中文系教授，乃全由鈞長先於去年六月經派香林為中文系主任之故，不然，則無此機會也。香林能力薄弱，深懼不克負荷。惟望　鈞長多賜　教督，俾資遵循，庶幾少免過失耳。中文系同事劉百閔先生於本年七月起退休，其高級講師缺，已由大學將饒宗頤先生提陞。至東方研究院，則先經由大學於五月間決定將與現代亞洲研究所合併，直屬於Senate，而不屬於中文系，並將另聘教授級之學者一人為院長，刻下亦已公佈徵求矣。

茲奉上拙作譯本"Hong Kong and Western Cultures"一冊，此書為拙作"香港與中西文化之交流"之再版，而由檀香山

12

Write your answers on this side only.

"中西文化中心"出版處所更名者。初版之錯字，已略更正，知關注錦，謹並奉陳，即叩　儷安！

羅香林敬上，14/10/65

Write your answers on this side only.

函復亞洲協会代表裴藹克先生

Dr. Edgar N. Pike

前奉四月六日　大教，敬悉　貴總會為紀念已故董事謝拉伯先生（Mr. J. D. Zellerbach），决於三藩市設立謝先生文庫，俾住於三藩市之學者，對亞洲之學術文化及亞洲各國早期與美國之關係等，得資研究，鴻謨碩劃，曷勝景佩。

承詢在港可能蒐集照中國學術文化及中美關係有關之書籍之名稱及洽購所在，香林愚昧，所見甚少，茲試就所知，略述應備各書之種類，並舉例如次：

其一為關於中國學術文化之舊傳典籍，即如尊函所述之第一類書籍，鄙意嘗以類書重要，及中國所稱經史子集之最重要者為對象

類書如：古今圖書集成（清初所修）、及叢書集成（商務）等。
經史子集如：四部叢刊（商務）、四部備要、四庫全書珍本、十三經注疏、廿四史、九通、諸子集成、大藏經、續藏經、道藏、全唐文、全唐詩等。

其二為關於中國名著之西文譯本，及近世歐美學者關於漢學之著作。
經部方面，如英人理雅各博士（Dr. James Legge）所譯之四書五經（Chinese Classics），及法人古縱子爾神父（Père Seraphin Couvreur）所譯之四書，及詩經、書經、與禮記等。
史部方面，如法人沙畹（E. Chavannes）所譯之史記（1895）、與美人德效騫教授（Prof. H. Dubs）所譯之漢書等。
子部方面，如法人儒蓮（Stanislas Julien）所譯之老子道德經（1842）及玄奘法師傳（1853）等。
集部方面，如英人翟理斯教授（Prof. H. A. Giles）所譯之聊齋志異（Chinese Studio），及英人韋利（　）所譯中國文學名著等。
近世歐美學者關於漢學之著作，則各目更可向書店索

Arthur Welly?

此人所譯中詞曲小說，請查出一二種舉例。

Waley

115

Write your answers on this side only.

寄書目。

其三為關於中美關係之專書。此類書籍，至目前為止，仍屬數量甚少。然若擴大範圍，則凡屬曾居中國之美人及美國人士所作自傳與聞見錄，以至旅美華僑史等，及論中西文化關係而涉及美國者，亦可歸入此類。

其四為關於美國各種名著之中文譯本。此類書籍雖數量不多，然於中美文化之交流有關，且有逐漸增加之勢，故亦須蒐集。

至各書在港之購買地址，則其較常見者，自可於各大書店選購，然最好即向欲將藏書脫售之學者或退休人員批購，則上述第一類書籍，其價必較廉宜。則當代為訪求。如遇有與中文有關之讓者，當將其名字地址及書價奉告。

至港大東方研究院所出"東方文化"雜誌及各專書，則由大學出版部經印發行，是否可贈送，目前尚未與該部主任商定。惟香林歷年所出各書，今即可奉贈者共七冊，茲另列書目一紙及該書等隨函奉上，仍乞轉寄為荷。

專此奉復，並候
籌安。

羅香林敬復（Lo Hsiang-lin）
3/5/66

其中譯為英文書者二冊，譯為日文者一冊，附有英文提要者四冊。

羅香林贈送書籍

英文方面：

Hong Kong and Western Culture（即香港與中西文化之交流英譯本）

Hong Kong and Its External Communications before 1842.

日文方面：

客家研究導論

中文原著有英文提要者：

蒲壽庚研究

唐代廣州光孝寺與中印交通之關係

西婆羅洲羅芳伯等所建共和國考

香港與中西文化之交流

純為中文著作者：

唐代文化史

唐代桂林之摩崖佛像

流行於贛閩粵及馬來亞之真空教

113

致代理副校長費立斯教授函述東亞文化研究中心召集會議事

代理副校長費立斯教授（Professor T. G. Phillips）鈞鑒：

上月底由 鈞處轉示，日本東亞文化研究中心（The Centre for East Asian Cultural Studies）岩生成一教授（Professor Seiichi Iwao）致本大學監督，邀請香林參加十月三日至七日之"國際關於東亞諸國接受西方文化之會議"（An International Symposium on East Asian Countries acceptance of Western Culture）專函，至感榮幸。查上述"東亞文化研究中心"原受聯合國文教處所支持。當一九六一年，香林刊印所著"香港與中西文化之交流"一書時，引起該"中心"之注意，於翌年派榎一雄教授（

Professor K. Enoki)、來港商議，將該書譯為英文，由該中心出版，並謂該中心正組織東亞諸國接受西方文化之歷史背景國際研究委員會（An International Research on the Historical Background of the East Asian Countries acceptance of Western Civilization），希望香港學者，組織分會，以便對東西文化之交流、及東方諸國接受西方文化之歷史背景，能作更進一步，而為分工合作之研究。當時香林乃約請有關學者，及港大曾攻讀中西交通史之畢業碩士，成立研究小組，一面將上述香港與中西文化之交流英文譯本，於一九六三年交由東京該中心出版，現已再版，改名為香港與西方文化。現上述研究小組各同人已完成之著作，有蘇宗仁博士之“鄭和下西洋研究”、馬幼垣君之“清季之北洋海軍”，陳學霖君之“容閎年譜”及“容閎所遣送之一百二十名留美學生”。

此次日本東京上述“中心”、擬召集之討論會，即為“東亞諸國接受西方文化之歷史背景國際研究委員會”預定工作之一部分，故該“中心”亦同時有專函寄與香林。香林以中文系工作甚忙，十月初又適為本年度第一學期上課之始，自不能前往出席。惟為上述香港“小組”各項工作得以繼續起見，亦不能不於“小組”中選派代表一人，前往參加。數日來所以未克即為奉覆　鈞處者，即以須與“小組”內各人函商故也。

現上述小組各人已商定改派蘇宗仁博士準備於屆時前往東京參加該討論會議。蘇君於一九五七年畢業於本大學中文系，一九六四年獲博士學位，品學俱優，中英文均佳，現任本港教育官，負責官立與津貼各中學中文科目之督學工作，想於參加該項討論會議必能勝任愉快也。

奉讀鈞處來函，香林除正式報告不便於十月赴東京出席外，合將經過情形，一併陳述。遲遲奉覆，歉甚罪甚，即請鈞安。

附呈拙作香港與中西文化之交流英文譯本一冊，其中第四章述容閎與清季洋務之關係，第五章述香港西醫書院與孫中山先生之關係，皆與西方科學精神傳入中國有關，想於鈞長有興趣也。

羅香林（Lo Hsiang Lin）敬上 一九六六年八月十二日。

電話八四七六九二

華利發記造

復與傅吾康教授（Professor W. Franke）書

傅吾康教授吾兄道席：自大駕與嫂夫人經港返德後，此間友好常以為念。敬維教澤日溥，增履萬吉。

七月初，承惠賜大函及尊大人著作目錄，至慰至佩。以是月適港大舉行中國語言會議，未及早覆，歉甚罪甚。尊大人對中國學術，精深博大，舉世景仰，弟每年於港大中國歷史班講授中西交通史時，輒必兼及歐美之漢學發展，尊大人與伯希和教授（P. Pelliot）等尤為學生所神往，以此知尊大人之影響為特鉅也。

羅錦堂先生休假十一個月，已於八月初赴夏威夷大學，將任該校副教授一年，港大中國戲曲小說等課，本年由羅忼烈先生講授。知注並聞。即請儷安。弟羅香林敬上。一九六六年九月二十日。

20×25＝500

關於哲士名銜致張曉峯院長書

曉峯院長吾兄道席：二月十七日大教敬悉。承示香林於港大退休後，貴院研究部擬以專任教授聘，曷勝感紉。惟港大所徵求之繼任教授是否能於本年到校，迄未明確。七月後香林或仍須續留任數月。又數年来在哈佛燕京學社所提研究計劃，其若干部分有仍須在港蒐集資料，始能成者。故大示所云之教課工作，甚希改為名譽職務，而勿限定日期爲禱。承示貴學術院，擬頒賜哲士榮銜，以香林之末學，胡克膺此。無已，謹先寄呈拙著十五種，俾資審核。倘以或有萬一可採，則乞賜存貴院圖書館，更感榮幸也

原稿紙　第　頁

NO.

。專此奉復，並請道安。弟羅香林敬上。民國五十六年三月二日。

復懷特先生論道德經三十三章譯文之優劣　　羅香林

懷特先生賜鑒：承示韋理先生（Arthur Waley）所譯文字，經查知為道德經第三十三章，其原文為「知人者智，自知者明。勝人者有力，自勝者強。」韋理先生譯為：

"To understand others is to have knowledge;
To understand oneself is to be illumined.
To conquer others needs strength;
To conquer oneself is harder still."

就所譯之意義而言，與原文固無不合，然原文每句有一「者」字，乃明指第三人稱，故林語堂先生之 The Wisdom of China 第四十九頁譯之為：

"He who knows others is learned;
He who knows himself is wise,
He who conquers others has power of muscles;
He who conquers himself is strong."

鄙意林先生所譯，似更為密合也。專此奉復，並候近祺。羅香林敬
復。一九六七年四月六日

April 17, 1967.

Mr. Winston Lewis,
Far Eastern and Russian Institute,
Thomson Hall,
University of Washington,
Seattle, Washington 98105,
U. S. A.

Dear Mr. Lewis,

I am very glad to hear from you and to know that you will soon complete your doctoral programme.

I like to discuss with you the two problems concerning early T'ang history brough up in your letter. The first deals with 大唐創業起居注 completed by 溫大雅 in the first year of 武德 (618 A.D.). During the period of the 太原 Rebellion, 溫大雅 was 記室參軍 (a position similar to that of a confidential secretary) to 唐高祖. He was not appointed to the post of 起居舍人 which might not have been established at that time, and never served in the capacity of an official historian. His official duty did not require him to make historical records so that his 大唐創業起居注 was not deposited with the government collection. He must have kept it at home, and the book then found its way to the reading public. When 房玄齡 and 許敬宗 compiled 高祖實錄 in the seventeenth year of 貞觀 (643 A.D.) and falsely attributed to 秦王李世民 the accomplishments of 高祖, 溫大雅 had died (c. 628-629 A.D.) and 大唐創業起居注 had been in circulation for some time among the reading public. T'ai-tsung and the historians under his control could not therefore track down 溫's book to have it revised. This explains why 大唐創業起居注 in its original form could have survived to the present. (cf. 劉知幾：史通外篇正史篇).

Your second query concerns Ssu-ma Kuang's citation of 新唐書 and 舊唐書 in his 資治通鑑考異. In the section dealing with T'ang history, when Ssu-ma Kuang indicates that his quotations are from 舊書 or 舊傳 he is referring to 舊唐書; likewise, 新書 or 新傳 refers to 新唐書, and 唐書 or 唐傳 also refers to 新唐書. In using both

新書 and 唐書 for reference to 新唐書, Ssu-ma Kuang was just conforming to the accepted usage of his time. In the Northern Sung dynasty, 歐陽修's 新唐書 was usually known by the title of 唐書, while 劉昫's 唐書 compiled earlier in the Five Dynasties was known as 舊唐書. Even in 二十四史 one can still find that 新唐書 is referred to as 唐書.

Let us examine the examples quoted by you:

1) In 資治通鑑考異 (四部叢刊) 8.15b, under the entry for 屈突通, there is a reference to '唐史大奈傳'. This biography is found in 新唐書, chüan 110, 史大奈傳.

2) '唐書林士弘傳' referred to in 考異, 8.10b (操師乞 entry), and 8.11a (十二月林士弘 entry) can be found in 新唐書, chüan 87, 林士弘傳.

These two examples may serve to prove that when Ssu-ma Kuang uses 唐書 or 唐傳 he is referring to 新唐書. It does not seemprobable that there existed in the Northern Sung dynasty an original 唐書 as distinct from 舊唐書 and 新唐書.

Since my completion of 大唐起居注考證 I have not been working much on this topic, as the courses I give at the University have little to do with it. The manuscript of the second part of 唐書源流考 is not yet ready for the press. For your reference, I enclose herewith a catalogue of my publications. I wonder if your attention has been brought to a recent publication 唐史考辨 (1965) written by Professor 李樹桐 of the Taiwan Normal University, who is one of the contemporary Chinese scholars interested in early T'ang history? Chapters one, two and nine on the T'ai-yüan Rebellion, T'ang Kao-tsu and the military achievement of Prince 建成 respectively, deal with the same historical episodes covered by my 大唐創業起居注考證. There are however some new evidence produced by Professor Li which I did not use in my treatise written some thirty years ago.

I am sending you under separate cover two copies of my 唐元二代之景教 published last year. Please keep one copy for yourself and kindly give the other copy to Professor 蕭公權 with my compliments. My son Winston is still doing his doctorate at Haward. May I wish you the best of luck in completing your dissertation and in getting a good position in Australia?

Yours sincerely,

Lo Hsiang-lin

H. L. Lo

Head

Department of Chinese

復高德利書（一九六八年三月七日）

復高德利先生（Corte-Real）述利市封由來書

高德利先生賜鑒：來函遲遲奉復，歉甚。承詢關於中國利市封事。謹案封金錢賜人，而稱為利市，其俗起自宋代，殆無可疑。茲鈔出宋人孟元老東京夢華錄卷五娶婦條，及宋人吳自牧夢粱錄卷二十嫁娶條各一節，即可印證。第近日忙甚，不及譯為英文，如台端欲為研究，可另覓人翻譯也。專此奉復，即請公祺。弟羅香林敬復。一九六八年三月七日。

鈔件如次：

孟元老東京夢華錄（卷五）娶婦條：

女家親人有茶酒利市之類。至迎娶日，兒家以車子或花檐子發迎客引至女家門，女家管待迎客，與之綵段，作樂催粧上車檐，從人未肯起，炒咬利市，謂之「起檐子」，與之然後行。迎客先回至兒家門，從人及兒家人乞覓利市錢物花紅等，謂之「攔門」。

吳自牧夢梁錄（卷二十）「嫁娶」條：

其女家以酒禮款待行郎，散花紅，銀楪，利市錢會訖，然後樂官作樂催妝。……仍念詩詞，求利市錢酒畢，方行。……婿入門，衆手爭扯而去，謂之「利市繳門」，爭求利市也。

20X25＝500

與凌鴻勛先生論梁誠與清季洋務建設書

鴻勛先生道席：久仰先生於中國現代之建設事業，貢獻至鉅，早擬恭謁請教，以未獲顯達介紹，且復道遠，未敢冒昧趨謁，良以為憾。香林自民國四十年秋，移席香港大學，主講中國歷史，五十四年起，接任中文系講座教授，碌碌無似，甚自愧恥。然每念吾粵自清季容閎以還，英偉之士，即多從事於新中國之建設大業，若得就此類史實，撰作專書，則發潛闡幽，於現代學術，不無裨益。因於七年前，撰作「香港與中西文化之交流」一書，就容閎及其有關各問題，曾加闡述。越年，承日本東亞文化研究中心商請譯為英文。旋讀先生所著「詹天佑年譜」，翔實精審，彌深敬佩。因悔拙書出版以

原稿紙 第 頁

NO.

前、未及先請先生指正，致其中所論詹天佑一節，仍多漏略。頃香林後以幸獲梁誠任出使美國大臣時辦理退回庚子賠款之有關資料、及回國後任粵漢鐵路總辦時之少許公文，頗欲另撰「梁誠與清季之洋務建設」一書，以補前作「香港與中西文化之交流」之未備。不知先生家有與梁誠有關各資料否？抑對梁誠與粵漢鐵路等關係、應如何研究與注意何點？倘蒙指示，俾有遵循，則感激更無盡也。奉上前述「香港與中西文化之交流」一冊，乞賜指正。謹此奉懇，並請道安。後學羅香林敬上 五十七年四月一日。

復高蘭德書（一九六八年四月九日）

與港大地理系高蘭德博士(Dr. C. T. Grant)論珠江口冲積關係書
高蘭德博士道席：頃奉三月二十八日大教，承示對珠江口之冲積與河道變遷等，
特饒研究興趣，曷勝景佩。承詢各節，謹奉復如次：
①深灣(Deep Bay)一名，未見廣東通志、與新安縣志等書注錄。其
名稱起於何時，今尚未知。惟深灣之深，則除水深一義外可能與
深圳(Sham Chun)之深，或深圳河(Sham Chun River)之深，亦有關
係。因該海灣即在深圳河出口處也。深灣今又稱後海(Hau Hoi)，
此名出現較早，一八一九年王崇熙修之新安縣志，已為注錄。
②自屯門(Tuen Moon)至元朗(Yuen Long)何時始有船舶來往？及
元朗於何時始成為港口？今仍未能考知。惟元朗之成為市集，則

始於一六六九年錦田人鄧文蔚之首於其地建元朗墟、舊址在今元朗馬路南便、較小街內。元朗之成為港口、或亦始於是時。

③南頭(Nam Tau)之成為港口、當起源甚早。漢武帝於元狩四年(紀元前一一九年)推行鹽鐵專賣政策、所置鹽官、即駐南頭。可知其地、漢時已有相當經營。其後該地且嘗為東莞郡太守與寶安縣令駐地。特其地之對外交通、唐宋時代、則遠不若屯門發展耳。此則根據東莞縣志與新安縣志而可知者。拙作一八四二年以前之香港及其對外交通、亦嘗略加提述也。

④佛山(Fat Shan)成為珠江下游之一集散商埠、約始於清初。其詳況可參考一七五二年陳炎宗纂佛山忠義鄉志。

⑤三水縣（San Shui）當西江與北江相滙處，另一較小河流曰綏江，亦自北入滙，故稱「三水」。其詳況可參考「三水縣志」。珠江出海處，歷代沙泥沖積，成為沙田。而尤以東莞、中山二縣沙田特多。此類沙田，為全縣公有，往往以所收田租給與讀書人士，俾以應考秀才、舉人、與進士、或翰林等。中山與東莞之富庶，其人才之盛，殆亦與此有關。故珠江口之沖積等問題，誠如來信所云，乃為甚饒興趣之專題也。如此奉復，即請教祺。弟羅香林敬復。一九六八年四月九日。

與夏威夷大學衞海樓教授論客家研究書

（Professor W. Wiens）道席：

前奉九月二十日大函，敬佩無似。以適值自港大教授宿舍，遷至香港麥當奴道二十二號二樓，兼為此間珠海書院籌設中國文史研究所（Institute of Chinese Studies），諸事忙迫，不及早日奉復，歉甚。

承示曾久居福建上杭，返美學成後，專力於中國研究，目前正擬撰著"歷史的與現代的中國地理（An Historical and Contemporary Geography of China）"，曷勝景慕。

承詢拙著"客家研究導論"英譯情況，至感。弟撰作此書，早在三十年前，自後屢欲譯為英文，均因事未果。惟與客家有關之資料，則曾逐加研考，分撰各書，陸續出版。一九三六年所印劉永福歷史草（即在越南抗拒法軍之黑旗軍首領）一九四二年所著國父家世源流考，一九六一年所著西婆羅洲羅芳伯等所建共和國考，一九五〇年所編崇正總會三十周年紀念特刊，一九六五年所印客家史料滙篇，皆與客家研究相關聯者也。

茲先奉寄上述拙作客家史料滙篇及崇正總會三十周年紀念特刊（崇正總會為香港之客家團體）各一册，又前歲就任講座教授（一九六五年一月接任）演講詞中國族譜研究（A Study of Chinese Genealogies）一篇，港大五十周年紀念學術會議（Golden

Jubilee Congress 1961）拙撰論文五篇合訂本一冊，乞賜指正。

又拙著「客家研究導論」有一九四一年日本有元剛之日文譯本，如貴處需要參攷，當再為奉上。專此奉復，並候著安。弟羅香林敬復。一九六八年十月三十日。

致偉寧書（一九六八年十一月十五日）

November 15, 1968

Professor Herold J. Wiens
Chairman
Executive Committee for Asian Studies
Asian Studies Program
2560 Campus Road
Honolulu, Hawaii 96822
U.S.A.

Dear Professor Wiens,

Thank you for your letter of September 20th. I should have written to you earlier, but your letter arrived at a time when I was in the process of moving from my residence on the University campus to my present address (22 Macdonnell Road, 1st floor, Hong Kong), and also when I started a new program of planning and organizing subsequent to my accepting the offer from the Chu Hai College in Hong Kong to take up the responsibility of setting up an Institute of Chinese Studies at the College. Caught in the middle of all these I could hardly find time to keep up my regular correspondence. Please accept my apologies for the delay in answering you.

I am very interested to know that you are at present engaged in writing a historical and contemporary geography of China. I have long intended ever since the publication of An Introduction to the Study of the Hakkas in its Ethnic, Historical and Cultural Aspects in 1933 to have it translated into English, but unfortunately owing to one reason or another, the translation has never been made. Nevertheless I have kept up my research on the Hakkas throughout these years. For your information a list of my publications on the Hakkas:

1. 劉永福歷史草
(A Draft Account of the Life History of General Liu Yung-fu) published in 1936

2. 國父家世源流考
(The Ancestry of Dr. Sun Yat-sen) published in 1942

4/2/1969

Write your answers on this side only.

致美國猶他州"世界載籍會議"東亞組主席鄂爾頓函
問於"中國族譜之學術的運用"討論會

鄂爾頓博士(Dr. John W. Orton)道席：

迭奉去年十二月十三日、及本年本月十七日兩次　大教，承示"世界載籍會議"(World Conference on Records)關於"中國族譜之學術的運用"討論會之籌備與安排等情形，曷勝景佩。

艾伯華教授(Professor Wolfram Eberhard)所建議各節，甚爲妥善。由彼講述"中國族譜與中國社會研究"(Chinese Genealogies as a Source for the Study of the Chinese Society)，自是最爲理想。"中國族譜所見之中國歷史"(History and Set-up of Chinese Genealogies)，承示擬委本人講述，既承雅意，敢不勉爲其難乎。

至"中國譜籍之留傳與保存"(The Extent and Preservation of Genealogical Records in China)一題，亦爲此次會議所不可缺者。其論述地區，自當包括大陸與臺灣及香港等地。惟講述族譜而並及於地方志書，則恐範圍過廣，難以周詳。鄙意此題大要仍當以族譜爲主，惟論及大陸對族譜情形一段，自可將方志一併提述。至講述人員，則目前或可先行訪求，如無人願意擔任，則委由本人承之，亦無不可。特不知尊意以爲如何耳。

本人對族譜研究，素甚重視，關於"中國族譜之學術的運用"討論會，自願盡力參加。惟本人拙於英語，對問題討論，尚難暢所欲言，故擬偕同在美之小兒羅文(Mr. Winston W. Lo)，或門人蘇宗仁博士(Dr. Su Chung-jen)，又或門人陳學霖博士(Dr. H. L. Chan)，選擇其一，同來參加，俾

52

Write your answers on this side only.

代應答，不知可否？

小兒羅文，自1962年畢業香港大學後即獲獎學金，赴美國哈佛大學遠東系深造，並經於1967年考完博士學位總試，現任美國佛羅稜達大市州立大學歷史系副教授（Assistant Professor），專授中國史與日本史，對英法日文及蒙古文均能應用。至門人蘇宗仁君，則自1964年考獲香港大學中國歷史博士學位後，即任香港政府教育司中文科主任，中英文均佳，並經決定於本年六月遷居紐約。門人陳學霖君，則自1963年考獲港大中國歷史碩士學位後，即赴美國普林斯頓大學深造，於1967年考獲博士學位，即應聘為紐西蘭繼倫大學（The University of Auckland, New Zealand）高級講師，現由美國哥倫比亞大學富路特教授（Professor L. C. Goodrich）聘充明史計劃編撰委員。

以上三人，皆對中國歷史有相當研究，亦嘗從本人略治族譜之學，堪稱為少壯學者。如蒙擇一邀請，必於會議進行有所裨益，不特可免除本人之語言困難已也。至自佛羅稜達州太市（或自紐約）赴貴處出席之旅費，如承補助，固甚感謝，不然則彼等亦自願負擔。此項建議，如蒙同意，則乞將邀請書寄由本人轉交為禱。

先此奉復，並請

籌安

羅香林敬復（28/1/1969）

Honorary Professor,

Former Professor and Head,

Dept. of Chinese, University of Hong Kong

致杜樂華書（一九六九年六月二十七日）

致代理副校長杜樂華教授函

代理副校長杜樂華教授道席：弟自去年九月退休後，因仍須講授中國歷史課程數種，及指導研究生十餘人，故以往十月內，每星期之一、四、六各日，仍必在校。

近以接得美國猶他州鹽湖城（Salt Lake city, Utah）世界載籍會議（World Conference on Records）籌備委員會之邀請，將於本年八月四日至十日，出席該會關於族譜之會議，並對中國族譜，提出論文二篇：一為「The Extent and Preservation of Genealogical Records in China」，二為「Chinese History through her Genealogies」。七月杪，即須動程，經臺北與三藩市再至鹽湖城、會議後將於八月二十四日返回香港。此項安排並經與中文系馬蒙教授商量、謹此報告、即請道安。羅香林、一九六九年六月二十七日。

電話：八四七六九二　華利發記造

致瑞典研究院諾貝爾文學獎金委員會提名徐訏先生為文學獎金候選人函

The Chairman
The Nobel Committee of the Swedish Academy
Börshuset 11129 Stockholm.

主席先生道席：

前奉1970年十二月　大函，承囑為1971年度諾貝爾文學獎金提名，至感榮幸。

茲經考慮再三，決定提名在港居住已二十年之著名作家徐訏先生（Mr. Hsü Yü）為本年度諾貝爾文學獎金候選人。

徐先生無論小說、散文、詩歌與戲劇，均有極大之成就，為中國近三十年來最大之典型作家（包括香港、台灣與大陸）。由其作品，可以發現人類基於本性之自由與美善，及基於生存共處之各別型態。

徐先生一方接受中國傳統文學高明博厚之本質，一方又貫通西洋文學之精華，而又深刻體驗社會與時代之演變，故能溶滙而成其獨創之風格。其長篇小說如《江湖行》，既能反映第二次大戰時期中國人們之心靈，而引起世人之共鳴，而又顯示中國社會之內蘊與形態，而開擴世人之胸襟，真為藝能之作，亦為不朽之作。

徐先生原籍浙江，1931年畢業於北京大學哲學系，1933年即開始寫作，1936年曾一度赴法國留學，1944年曾任掃蕩報駐美特派員，抗戰勝利後返國寫作。1950年遷居香港，更專一寫作。台北正中書局於1967年起，即為徐先生出版《徐訏全集》，由第一集《風蕭蕭》（長篇創作）起至第十五集《女人與事》（短篇創作），合計已達六百萬字以上。茲先寄上其全集中之第三集（即《江湖行》）及第六集（即《盲戀》與《彼岸》），請賜及全集外另一冊《時與光》（長篇創作），

（尤其“江湖行”與“時與光”代表性較大）。

審核，如需要徐先生之全集，亦乞　示知，以便補寄。

徐先生各作品，皆以中文書寫。此中文為七億五千萬操華語文士所通用者，而中國語文，亦為聯合國通用之五種語文之一。倘蒙　貴會交由慣於閱覽中文之專家審評，以示公平，則更敬佩　貴會安排之完善也。

專此奉陳，即請　道安。

附寄徐先生作品三厚冊

羅香林敬復　一九七〇年一月十二日

~~12/1/1970~~

Lo Hsiang-lin

~~President~~

The Chinese P.E.N. Centre of Hong Kong;

Honorary Professor, Former Professor and Head, Dept. of Chinese, University of Hong Kong

75

與梁均默先生論梁氏得姓源流書

均默先生道席：前奉八月十七日大教，承示旅泰國貴宗親會理事長梁任信先生函詢貴氏得姓由來及氏上冠以「安定」二字關係，欲委香林闡釋。香林愚陋，目學無多，且以事冗，胡克奉答高深。然考鄭樵《通志·氏族略》以國為氏，周異姓國，梁氏下注云：「嬴姓，伯爵，伯益之後。秦仲有功，周平王封其少子康於夏陽梁山。夏陽今為同州，縣猶有新里城。新里，梁伯所城者。《樂史》云：新里在澄城，僖十九年秦取之，子孫以國為氏。」鄭志《氏族略》，多依唐人林寶之《元和姓纂》，而《姓纂》又多依六朝以來各郡著姓譜籍，及唐代所修《氏族志》與《姓氏錄》等書。則梁氏與秦同出嬴姓，其受封實自秦仲少子康始。其以梁伯之國名為姓，則始自魯僖公十九年以後也。

至梁氏所以冠以「安定」二字者，則以安定為漢魏六朝在今甘肅之重要郡名，梁氏子孫，漢時殆以居於安定郡者為最著名，為安定郡望族，故言梁氏者，輒舉其郡望曰「安定梁氏」。非謂安定郡外，其他各地則無梁氏分居也。

至如羅泌路史與邵思之姓解所云「安定梁氏，周平王少子唐，封於夏陽梁山，是曰梁伯」者，乃誤以周平王封秦仲少子康，為自封其少子唐耳。非真為另一史實也。其時今日陝西山西之交，方為犬戎所擾亂，周平王乃封秦仲之子襄公，以岐西之地，以制犬戎，並封秦仲少子於夏陽，以為犄角，而自身則遷都洛邑，欲依東方諸侯，以圖安定。周既微弱，又安有再封己身少子於犬戎擾亂之鄰地，以分散己身之力量者哉。故知路史與其姓解所云，殆皆為誤解史文也。

至梁任信理事長所云梁氏自始祖以來各朝代之名人，則尊家梁朝盛博士於民國四十六所編印之梁氏追遠錄，已具相當規模，憶先生昔為之序，亦盛稱其有裨於僑胞之慎終追遠，竊謂即以是冊寄往泰國（貴氏宗親會）重印，亦足應一時之需矣。

又日昨復奉八月廿二日大教，承詢前港督葛量洪之英文姓名。查葛氏自一九四七至一九五七年，任香港總督，其英文姓

名及封銜與學位等，為Sir Alexander W. G. H. Grantham
G. C. M. G., M. A., LL. D.。惜其傳記尚未有人為譯作中文耳。
專此奉復，並請道安。晚羅香林敬上。民國六十年八月卅日。

復克蘭慕賓書（一九七一年九月十七日）

致多倫多大學克蘭慕賓教授(Professor J. E. Cranmer-Byng)書

克蘭慕賓教授道席：前奉八月十一日大教，適以事冗，未及早日奉復，歉甚罪甚。

承示擬將一八四三年中英所訂之虎門條約，第十三條，九龍巡檢司句下，加以註釋，至佩。鄙意誠如尊註所云：九龍(Kowloon)在當時為新安縣屬。惟此九龍巡檢司，早期則稱官富司(Kwen-fu Ssu)。新安縣亦稱寶安縣(Pao-an)。新安縣治(headquarters)本在南頭(Nan-tou)。清嘉慶二十四年(1819 A.D.)王崇熙(Wong Ts'ung-hsi)修新安縣志(Hsin-an Hsien-Chi)可為參證。

鄙意尊註 San-on，若依國語讀音，當作 Hsin-an，（下加 Sun-on, Canton dialect;）his headquarters at Sun-on，當作 at Nan-t'ou。新安縣志下 1820 edn，當作 1819 年。港大馮平山圖書館所藏新安縣志，確為自香林所藏本傳鈔，惜序文首頁已缺失耳。專此奉復，並請道安。弟羅香林敬復 一九七一年九月十七日。

復橋本萬太郎書（一九七一年十一月九日）

致普林斯頓大學橋本教授（Mantaro J. Hashimoto）論客家分佈地圖書

橋本教授（Mantaro J. Hashimoto）道席：頃奉十月二十日大教，敬諳貴大學中國語言計劃，擬刊行關於主要方言之叢書，其中有「客家方言」一種，即將撰成，曷勝景佩。

承示欲採用拙撰「客家分佈地圖」及「客家遷徙路線圖」，既於尊作可資參證，自當表示同意也。惟大著出版後，乞惠贈一冊為禱。

該圖以一九五四年臺灣所重印之日文譯本「客家研究導論」所附載者，為較清晰。「中原文化叢書第一集」所載二圖，雖與日文本「客家研究導論」所載為同，自拙編崇正總會三十周年紀念特刊（一九五〇年香港出版）所仿印，然經縮小印製，致較模糊。尊處如欲購日文譯本「客家研究導論」，乞爲示知，以香港尚可訪購也。（每冊約港幣二十元）。拙撰地圖、大致尚屬準確、香林目前亦無暇重作。專此奉復、並請著安。羅香林敬復、一九七一年十一月九日。

11-24-1971

與柳存仁教授書

存仁教授吾兄道席：頃奉本月旨大教，敬讀教澤日溥，道履綏和，至佩至慰。承詢韓國大學與圖書館，及有關中國學與朝鮮史之篤實學者，以弟之淺識，似可以奉答高深就教者：（韓國筆會會長白鐵先生，及會員鄭寅燮先生於年來曾為開訊（韓國文學研究及英文頗負盛名），及去秋在漢城出席國際筆會第三十七屆大會，亦曾接觸者言之，則大學方面，自以其國立漢城大學（Seoul National University）為最，其教授李崇寧先生（Prof. Sung-Nyong Lee）（昔為文學院長，今改為東亞研究所所長），獨於韓國文學，造詣極深。其現任文學院長高柄翊先生（Prof. Koh Pyong-ik），則於韓國史及東西方交通史，頗曾致力，亦喜言與以歷史。其中國語文系教授張基槿、車柱環二先生（均善操國語），近亦為學術活躍分子。車先生曾留學臺灣，又獲哈佛大學博士，

157

去年度曾任香港大中文系訪問教授，專授文心雕龍，想吾兄亦與相熟也。又漢城成均館大學（在漢城研究院）最老教授柳承國先生對韓國與中國之理學，亦喜研究。惟韓國學者對韓國本身歷史，終以李丙燾先生（學術院會長），為（北大畢業）最負盛名，對中國學術則以高麗大學之李相殷教授為造詣最深，品格最高，想吾兄亦已早與相熟也。至韓國（亦擅國語）研究中國近代史者，則以延世大學之秋憲樹教授，為較活躍。又圖書館則以漢城國立中央圖書館，及漢城大學之奎章閣圖書館，為最著名，所藏中文書籍（韓人著）尤富。弟去秋曾往參觀，惜匆匆未及翻檢耳。小兒羅瑞文已於前歲獲得哈佛博士學位，今任教於佛羅里達州立大學，二兒羅瑞武則在波士頓為醫生。即此奉复，並頌儷安。

弟羅香林敬上 一九七二年十一月24

與港大亞洲研究中心主任景復朗教授書

景復朗教授道席：奉讀一月六日大教，敬譪方為Robert Montgomery Mastin撰作傳記，曷勝景佩。以適值應邀赴臺灣訪問，至上星期三，始回香港。致不克早日奉覆，歉甚。

承詢R. M. Mastin於一八四〇年所輯印之聖經分析（An Analysis of Bible）究於何地獲見，據香林所知，香港各圖書館今皆未藏此書。惟英倫劍橋大學圖書館，有威妥瑪文庫（Thamos Wade's Collection）中多威氏自香港與北京所攜去之書籍及文件。威氏於一八四〇年初抵香港，後累官陞任駐北京公使。一九五七年八月，香林曾至劍橋參觀，見該文庫所藏中文聖經自馬禮遜（Robert Morrison）譯本、麥都斯（W. H. Medhurst）譯本、以至初期之宣教書籍，皆應有盡有。鄙意致函該館詢問，或可獲得若干消息也。專此奉復，並請道安。

弟羅香林敬復　一九七二年二月一日。

復許舒書（一九七二年四月五日）

與香港皇家學會季刊編者（赫伊斯博士）(Dr. James Hayes) 書（述宋學鵬與香港之關係）

赫伊斯博士 (Dr. Hayes) 道席：前奉三月三日大教，敬悉台端擬將宋學鵬先生前於香港自然科學雜誌所發表之若干論文，交由香港皇家學會季刊再為重印，至佩。承囑於重印宋先生諸論文前，為作簡短之紀念文字一篇，至感。惟弟因自一九六八年九月，由香港大學教授宿舍，遷居於麥當奴道~~卅十二號二樓~~時，曾將藏書及各有關資料，分散各處，查檢較難。直至數日前，始得將有關宋先生之文件，再次查出。遲遲奉復，良以為歉。宋先生在日，弟常特往伊寓詢問與香港有關諸史實，印象特深。茲依命奉上紀念文字一篇，仍乞修正為禱。專此奉復，並請撰安。弟羅香林敬上（香港大學中

五六十年前，住在香港
中國文人，能就香港的
物和名勝古蹟，作為
歌或短文以資寄託
紀念的，雖然也不少，但
就新界的風土人情，與
史遺蹟，親身去訪
調查，作為詳實而有
統之報導的，則亦不
不以宋學鵬為首屈
指的人物。

文系名譽教授）一九七二年四月五日

宋學鵬(Mr. Sung Hop-Pang)與香港的關係
(1882—1962 A.D.)(光緒八年壬午至民國五十一年壬寅)

五六十年前，住在香港的中國學者，能以中國的語言和學術，講授給西人傳習的，雖然也不算少，但能以中英文撰為有系統有方法的中國語言課本的，尤其是廣州白話課本的，則不能不以宋學鵬先生為首屈一指的人物。

我們在香港，除非可以不講關於中國語言研究和傳授的學問，可以不講關於香港九龍新界的地理歷史和社會的學問，那就罷了，要不然，就得知道宋學鵬先生過去在香港的貢獻。

宋學鵬先生，原名翼林，號寶琳，別字學鵬，但大家都只稱他的別字。原籍廣東花縣，生於清光緒六年，就是西曆一八八〇年。自幼隨父居住香港，精通中英文學。以才識卓越，熱心教育，為香港政府所特器重。光緒三十一年（一九〇五年）任香港官立庇理羅士女子中學校長，宣統三年（一九一一年），兼任官立實業學校方言館粵語館的教習，門徒都是政府的官學生，與軍商學界的歐美人士。民國二年（一九一三年）宋先生奉派為學務專員，調查新界及離島各地的學校，仍兼任庇理羅士女子中學的職務。調理完畢後，港政府依其報告書的建議，以次撥款津貼新界的學校多間。又設立中文視學官和視學委員的職位，使宋先生首任是職。民國三年（一九一四年），宋先生奉委籌辦官立師範夜學校，出任男女師範夜學校的總教習。民國五年（一九一六年）調任皇仁書院中文部的教務長，並兼任全港官立學校任用中文教員事務的顧問。民國十四年（一九二五年）門下士金文泰爵士（Sir Cecil Clementi），出任香港總督，特聘宋先生為總督府中國事務的顧問。民國十六年（一九二七年）復受聘為香港大學方言館中文粵語官學生班的總教習。凡自英倫委派至港的文官，皆須入館學習。以故宋先生的高級門徒，也隨而增加。民國十九年（一九三〇年）改任英皇中學中文部的教務長。至民國二十二年（一九三三年）始告退休，得享受長俸的待遇。民國五十一年（一九六二年）一月，於香港般含道四十九號住宅病逝。春秋八十有三。

宋先生畢生盡瘁於香港的教育文化，於粵語的音韻和語法，研究特深，又特別長於講授，故為門徒所特敬愛。所著「廣州白話讀本」二卷、「廣州白話會話」一冊，在香港曾發生很大的影響。又曾編撰「簡明漢文讀本」和「廣東地理」等書，經教育司批准為學校課本，也曾風行一時。尤以「廣東白話會話」一書，為中外學者所推重。港督金文泰爵士、與聖公會總主教何明華(The Rt. Revd. R. O. Hall, Bishop of Hong Kong)和英皇中學前校長毛理斯(A. Morris, Headmaster, King's College)都曾給宋撰作序文。他們也是曾跟宋先生學習粵語的重要人物。金文泰爵士，且曾翻譯招子庸的粵謡一書，據說也是受了宋先的影響而完成的。

宋先生熟悉香港的掌故，又喜往九龍新界各街市和鄉村訪問調查，所獲得的資料特多，經常於報刊發表調查筆記，與有關論文，於香港前代史蹟的蒐證，提倡最早。這篇『新界之傳說與故事』是宋先生用英文寫的，僅是他調查和研究的一小部分，原發表於『香港自然科學家季刊』（The Hong Kong Naturalist）第七卷第三四號合刊。即就現在的眼光看來，也還是很精實的。羅香林

一九七二年四月五日。

與崇基學院副校長芮陶菴博士書

芮陶菴博士（Dr. A. T. Roy）道席：日昨於大會堂參觀蔣彝教授書畫展覽（Calligraphy and Paintings），承告加拿大多倫多天主教某司鐸詢及本人對景教研究各情況，至感榮幸。本人自一九五一年加入香港大學，講授中國歷史，因着重中西交通與文化交流諸史實，故於景教傳入中國、及其發展之歷史，頗喜闡述。一九六六年，曾撰著唐元二代之景教（Nestorianism in the T'ang and Yüan Dynasties）一書，其前言（Preface）並附有英文翻譯。茲奉上二冊，其中一冊，作為本人敬贈台端，將於崇基學院榮休之獻禮。其另一冊，則乞轉贈多倫多某司鐸，為禱。專此，並請道安。晚羅香林敬上。一九七二年五月三十日。

與汪孝博先生書

孝博先生道席：迭由門人李德超君轉寄先生所賜各書，及承指示拙作《中國族譜研究》所引全氏《鮚埼集外編·跋槎湖張氏族譜》，所云戴師，非為戴震，所敘山陰汪氏譜，所云占籍番禺捕屬，非始於鼎公。匡謬正誤，感佩無似。尊作各書，精湛絕倫，向所景仰。全氏所云戴師，《四部叢刊》本則作「戴帥」，以棲云「初集」故，別本亦間作「戴師」。依年代推考，無論「戴師」或「戴帥」，均與戴震無涉。承示《鮚埼亭集》卷首所載董秉純撰年譜，亦未提及「戴師」或「戴帥」其人，鄙意此戴氏既有「初集」，且曾為富春孫氏譜作序，則可能為明末清初之浙人戴笠（吳江人）或戴易（山陰人）先生，博學，得便乞賜核奪，俾於拙書再版時，得為更正。奉上乙堂叢著八種自述短文一篇，文字蕪濫，並乞刪正。專此復謝，並請道安。弟羅香林敬上、一九七三年一月廿九日。

復史密夫書（一九七三年二月二十五日）

與葡萄牙史密夫主教書（Bishop Smith）

羅香林

史密夫主教道席：前奉去年七月二十一日大函，及尊作關於馬丁·阿煥梳·提米路（Martim Afonso de Mello）至佩，以值事冗致未及早日奉覆，歉甚罪甚。

提米路所首至之地，鄙意屯門（Tun-mên）與伶仃洋（Lin Tin Island），均有可能。去年八月，曾寄上愚所主編之珠海學報第四期（The Chu Hai Journal No.4）一冊，中有門人郭永亮修士（Brother Philip W. L. Kwok）所作葡萄牙人初達中國之地點及人物探討（The First Portuguese arrived in China and where He Land）一文，引用資料頗富，不知曾收到否，承詢新安縣志(Hsin-an Hsien-Chih)除一八一九年王崇熙所纂修者外，有無其他更早或更詳之本，以愚所知，今日仍能見及者，除王崇熙本外，僅有北京圖書館所藏之康熙二十七年(一六八八)靳文謨所主修之一種而已。至吳毓麟君(Mr. Y. L. Ng)所作與新安縣有關之碩士論文，則似僅曾翻譯王崇熙撰新安縣志之一小部分，於中葡交通及屯門與伶丁洋等部分，殆未及翻譯也。

日昨復由此間中文大學(Chinese University of Hong Kong)中國文化研究所(Institute of Chinese Studies)轉交本年一月十七日大函，承示欲購愚與門人莫秀馨女士(Miss Mok Sau-fing)等合著之一八四二年以前之香港及其對外之交通(Hong Kong and Its External Communications Before 1842）中英文本各一冊，茲依命由海郵寄上。此書中文本各章，除正文外，有較明詳之註釋，惟以出書（版）既久，書肆已無存書，愚手僅有此比較陳舊之一冊，其英文本則於上述王崇熙纂（修）新安縣志所載中葡之最早接觸史實，曾為摘要英譯，或於台端可備參攷也。專此奉復，並請

道安。

羅香林敬復，一九七三年二月二十五日。

Research Institute of Chinese History
Chu Hai College
~~124~~ 115, Argyle Street, Kowloon,
Hong Kong
Telephone: K-~~847617~~ 332091

胡仙主席
胡文虎先生基金會
星島報業有限公司
香港英皇道635號新聞大厦

珠海書院中國文史研究所
九龍亞皆老街115號

胡主席賜鑒：敬啟者：前悉　貴公司為紀念
尊公創業與濟世之偉績，有"胡文虎先生基金會"之設立，宏謨大計，景佩無極。

國際人類學與民族學第十一屆大會，將於本年八月二十八日至九月八日，於美國芝加哥（Chicago）舉行，大會會長蘇德思博士（Dr. Sol Tax），特邀請敝珠海書院中國文史研究所教授兼文學院院長黃文山先生（Professor Huang Wen-shan）出席該會，並宣讀"文化學在中國之發展"（The Recent Development of Culturology in China）一論文。此會議為國際上最大學術會議之一，世界各國及重要地區之學術機關，均有代表參加，本港地位重要，自宜有代表出席。黃文山教授，為"中國文化學"之創立者，此次赴會，對於發揚中國學術與增高中國之學術地位，頗有關係。惟該大會不負擔各出席代表之旅費，而黃教授又素無積蓄，為此申請
貴基金會，賜予補助旅費美金一千五百圓，俾得成行。奉上蘇德思博士邀請書及論文宣讀程序表，與該會囑於所在地申請補助旅費原函各副本一件，乞賜　審核。倘蒙裁成補助，則不特黃教授感幸已也。

又國際東方學會第二十九屆大會，亦將於本年七月十六日至二十二日，於法京巴黎舉行，中分"古代近東"（Ancient Near East）與"中央亞細亞"（Central Asia）、"東南亞"（Southeast Asia）及"中國研

Research Institute of Chinese History
Chu Hai College
Telephone: K-~~847617~~ 332091
~~124~~ 115, Argyle Street, Kowloon,
Hong Kong

究"(Chinese Studies)，與"日本及高麗研究"(Japanese and Korean Studies)等十一組，香林則被邀請參加"中國研究"組。此東方學會，亦為國際上最大學術會議之一，自初成立，即為各國學人所特重視。香林雖曾於一九五七年，出席該會於西德慕尼黑(Munich)所召開之第二十四屆大會，然距今已十六年，頗欲與新進之東方學家，相互討論，故亦擬赴該出席。惟亦以該會不負擔各代表之旅費，敬請

貴基金會，一併審核，並考慮於可能範圍，補助旅費美金一千五百圓，俾得依時前往，無任感禱。專此，奉懇，並請

崇安。

弟羅香林(Lo Hsiang-lin)敬上

香港大學中文系名譽教授（終身銜）

珠海書院中國文史研究所主任

一九七三年三月十二日

復翁鈐、藍尊洲書（一九七三年七月十七日）

敬復世界客屬第二次懇親大會籌備主任與副主任函

翁主任委員
藍副主任委員 勛席：迭蒙惠賜 大教及聘書，敬讀世界客屬第二次懇親大會將於本年十月五日至七日於台北舉行。承邀出席並演講「客家源流及其社會背景與影響」，以香林之愚昧，詎克任此。惟懇親大會既以發揚客屬之堅貞精神與優良傳統，俾策進團結合作，以為國家及人群作最大之貢獻為主旨，則對客屬源流之講述，自為不可缺少之節目，無已，權為藉此機會，提出簡約報告，以向同屬各先進與碩彥致敬請益，以冀將來再作專門之研究可乎。茲奉上申請入出境證填表二紙及照片四張，乞囑有關方面代辦，賜簽俾得依期出席為禱。又據承寄組織簡則，將於集會期間，於國立歷史博物館舉行「客家文物藝術展覽」，不知此項展覽是否包括與客家有關之專書，茲附奉擬交展覽之專書目錄一份，是否須將該書先寄 尊處，抑或可逕寄該館，便乞 示知。又擬上有關提案二件，一為擬請創辦中原大學，二為擬請編印客屬叢書，不知可提議否？如不便提出，則乞退回為禱。統此復懇，並請 勛安。
弟羅香林敬上 民國六十二年七月十七日。

再者：此間客屬文化界人士有袁飛翰與曾憲光二先生，均有意參加客屬第二次懇親大會。袁先生原籍興寧，曾任中山大學副教授，於民國三十八年來港，對客家學術文化之發揚，極為熱心，倘蒙邀請出席，必有相當貢獻。曾憲光先生原籍揭陽，星島晚報專欄作家，去年一月曾由中央邀請，與弟及周鯨文先生等共十八人來台訪問一次，倘蒙邀請出席，或於新聞報導方面，有所裨益。如何仍乞 卓裁為禱。弟羅香林再上。

致何浩天書（一九七三年八月十日）

與國立歷史博物館何代館長浩天書

UNIVERSITY OF HONG KONG

TEL. 5-468161 (EXT. 227)　DEPARTMENT OF ~~HISTORY~~ Chinese

浩天館長勛席：頃由世界客屬第二次懇親大會籌備委員會翁主任委員轉下　貴館八月一日(62)台博研字〇六七三號　大函，敬悉　貴館將於本年十月六日舉行「客家文物藝術展覽」，至深景佩。承示徵集展品，茲謹就本人所著或校印或所藏（為比較難得之書）與客家歷史語言文化及人物有關之專著一類展品，編列為羅字共十四號，其中羅字第九號為「粵東之風（客家歌謠）」，乃台北士林東方文化書局所影印，羅字第十四號為「明清興寧縣志五種」，乃台北學生書局所影印，當函請二書局，就近將該書送展外（仍分編入於本人展品字號之內），其餘各號，當於此間由海郵於九月十日前掛號寄到　貴館，乞賜　審查並賜　復示，與發給收據，為禱。至與客家人士有關之古今書畫及碑刻等文物，本人雖亦微有所藏，然以郵寄不便，只好暫不列入矣。專此奉復，並頌

勛祺。

附展品說明資料與清冊一份。

弟羅香林敬啟

民國六十二年八月十日

148

請康究翻譯打出

Write your answers on this side only.

Q. No.

與鐵爾福博士(Dr. Ted A. Telford)書

Dr. Ted A. Telford,
Research Department,
The Genealogical Society,
The Church of Jesus Christ of Latter-day Saints
50 East North Temple Street
Salt Lake City, Utah 84150
U. S. A

Prof. Lo Hsiang-lin
22 Macdonnell Rd
1S樓, Hong Kong,
10, 2, 1974

鐵爾福博士道席：前奉去年十月廿一日 大函，敬悉 台端繼鄂爾頓博士(Dr. John Orton)主理 貴譜系學會(The Genealogical Society)之研究部工作，及進行對美國及日本所藏中國族譜之製作顯微膠卷(microfilm)等工作，與對中國戶籍冊及明清兩代之黃冊(Census Registers)與保甲冊(Pao-chia Registers)搜攷收集與研究等，鴻圖碩劃，曷勝景佩。以適值赴台灣參加與宗教及歷史有關之二種會議，致稽[illegible]。

承詢香港大學圖書館所藏與香港及新界有關之族譜各情形，及製作顯微膠卷辦法，最好由 台端直接致信與港大圖書館長賴鼎先生(Mr. H. A. Rydings)詢商，一切彼必能詳為答復與盡力協助也。至日本東洋文庫(Toyo Bunko)所藏中國族譜，欲為製作顯微膠卷，鄙意最好致信與該文庫研究部長榎一雄教授(Professor K. Enoki)，榎教授對有關學者之蒐集資料與研究工作，素極熱心，鄙意 台端可直接與彼通訊也。紐約哥倫比亞大學東亞圖書館(East Asian Library, Columbia University)，曩年由唐德剛博士(Dr. T. K. Tong)擔任館長，彼對有關學者研究該館所藏中國族譜亦極熱心，惟不知最近彼是否仍任館長，然無妨直接與彼通訊，縱彼不任館長，亦必能相助也。

Write your answers on this side only.

Q. No.

承示擬於今春至香港及台灣，詳細商討與蒐集及研究中國族譜有關之問題，至表歡迎。何日抵港？預定居住何一酒店？乞為示知。專此奉復，並請 撰安　羅香林敬復（香港大学中文系名譽教授，珠海書院中國文史研究所長）一九七四年二月十日

榎一雄教授通訊處：

Prof. K. Enoki
The Toyo Bunko
Honkomagome 2-28-21
Bunkyo-ku, Tokyo,
Japan.

唐德剛博士通訊處：

Dr. T. K. Tong
100 La Salle St., Apt. 6B,
New York, N. Y. 10027
U. S. A.

賴鼎館長通訊處：

Mr. Henry Anthony Rydings
Librarian
University of Hong Kong
Hong Kong

8

香港九龍
九龍城郵箱
九三〇六號

香港中國筆會
THE CHINESE P. E. N. CENTRE OF HONG KONG
香港百德新街維德大厦十五樓A座
Victoria Park Mansion, 15th Floor, Flat A, Paterson Street,
HONG KONG.

P. O. Box 930
Kowloon City,
Hong Kong.

June 17, 1974

Professor Jacques Gernet,
12, rue Andre-Theuriet,
92340 Bourg-La-Reine,
Paris, France.

Dear Professor Gernet,

I would like to send you cordial greetings from myself and my fellow members of The Chinese P.E.N. Centre of Hong Kong, and our invitation for you to deliver a lecture to us during your visit to Hong Kong next month.

Professor Ma Meng of the University of Hong Kong sent me a copy of his letter to you dated June 10, in which he suggested that you give two lectures on July 5 and July 6. This second one on July 6, if agreeable to you, is to be held at the Chu Hai College. I am now Director of the Institute of Chinese Culture at this College; and some of my colleagues and graduate students there would like to attend your lecture along with members of the Chinese P.E.N. Centre of Hong Kong. I suggest that we go to the College at around 4:00 p.m. on that day, which happens to be a Saturday, and start the lecture after having some tea. After the talk, some of my colleagues and I myself would like to have the honour of inviting you to an informal Chinese dinner.

As for the topic of your lecture, perhaps you would want to talk about sinology in France, or some other theme. Please tell me title so that I might announce it in our circular letter. If you prefer to speak in French, Professor Li Huang will serve as your interpreter. If you prefer to speak in English, then Professor Chu Chi-tai of the Hongkong Baptist College will serve in that capacity. Please write me at your earliest convenience to indicate whether these arrangements are agreeable for you.

Sincerely yours,

Lo Hsiang-lin

Lo Hsiang-lin, President
Chinese P.E.N. Centre of Hongkong

致謝和耐書（一九七四年八月 日）

UNIVERSITY OF HONG KONG

TEL. 5-468161 (EXT. 227)

DEPARTMENT OF ~~HISTORY~~ Chinese

22 MacDonnell Road,
First floor,
Hong Kong.

1st August, 1974.

Professor J. Gernet,
12, rue Andre-Theuriet,
92340 Bourg-la-Reine,
Paris,
France.

Dear Professor Gernet,

It was a great pleasure for me to meet you on your arrival on Hong Kong on the third of last month. Thank you very much for your lecture on Recent Developments of Sinology in France at Chu Hai College on the afternoon of the sixth. Members of the Chinese PEN centre (Hong Kong) and the staff and students of Department of Higher Studies in Chinese Literature and History at Chu Hai all enjoyed your talk, which has added greater interest in cultural exchange work. It is hoped that such functions be held more frequently. Your visit has been a milestone in this trend of developments.

Copies of the Chu Hai Journal, Publications belonging to the Chu Hai Series and some of my own works have been mailed to you via the Chu Hai College. Enclosed are photos of the lecture of last month and an article written by Mr. Lau Chien, Reflections arising from a Sinologist, published in Pi Hui a newspaper corner edited by the Chinese PEN Centre (Hong Kong) No. 168. Your lecture will be translated into Chinese and published in Volume 8 of the Chu Hai Journal.

Please give my regards to Professor P. Demiéville.

Thank you,

Yours sincerely,

Lo Hsiang-lin

LO Hsiang-lin.

復王伯元書（一九七四年七月十五日）

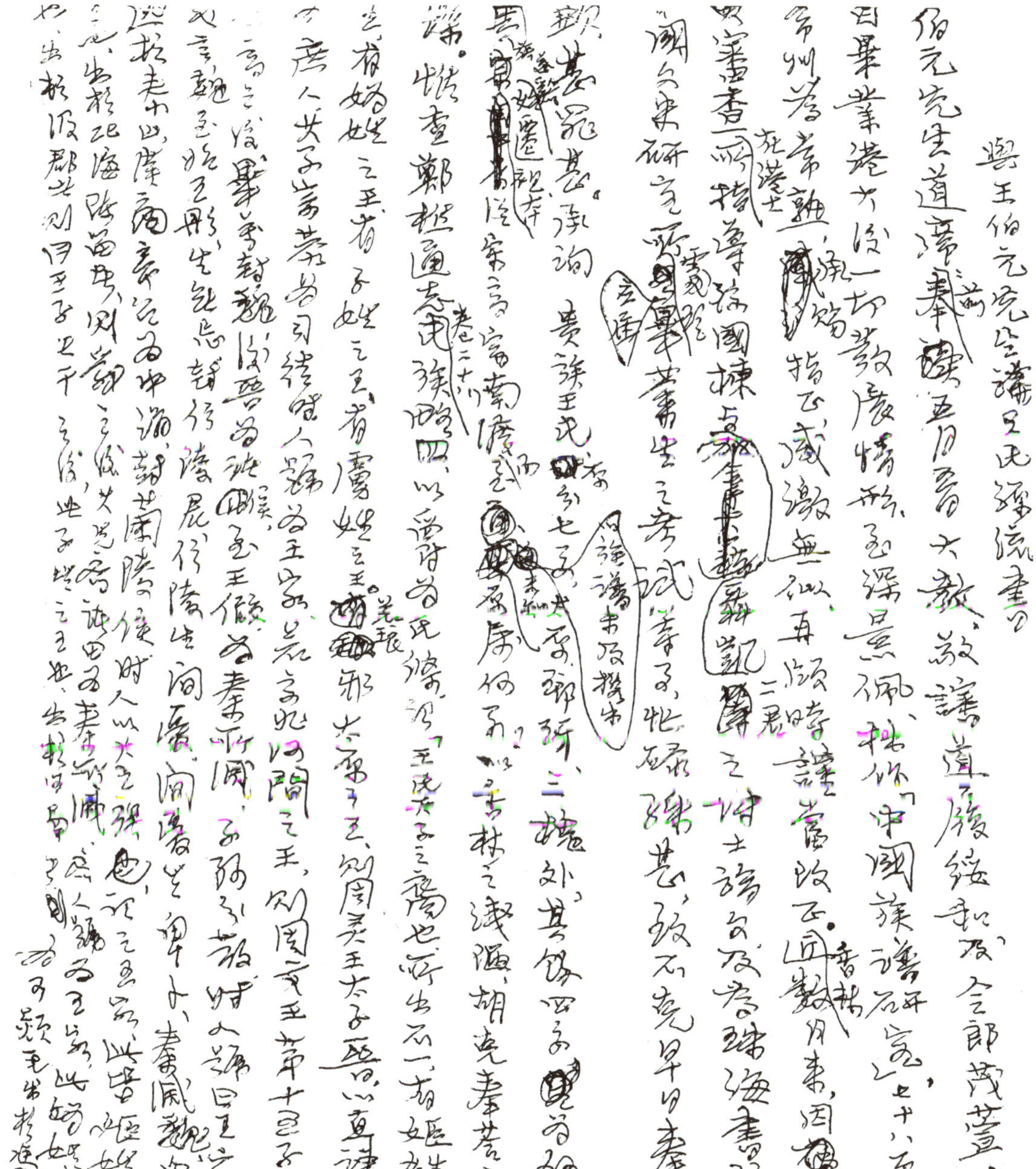

與王伯元先生論王氏源流書

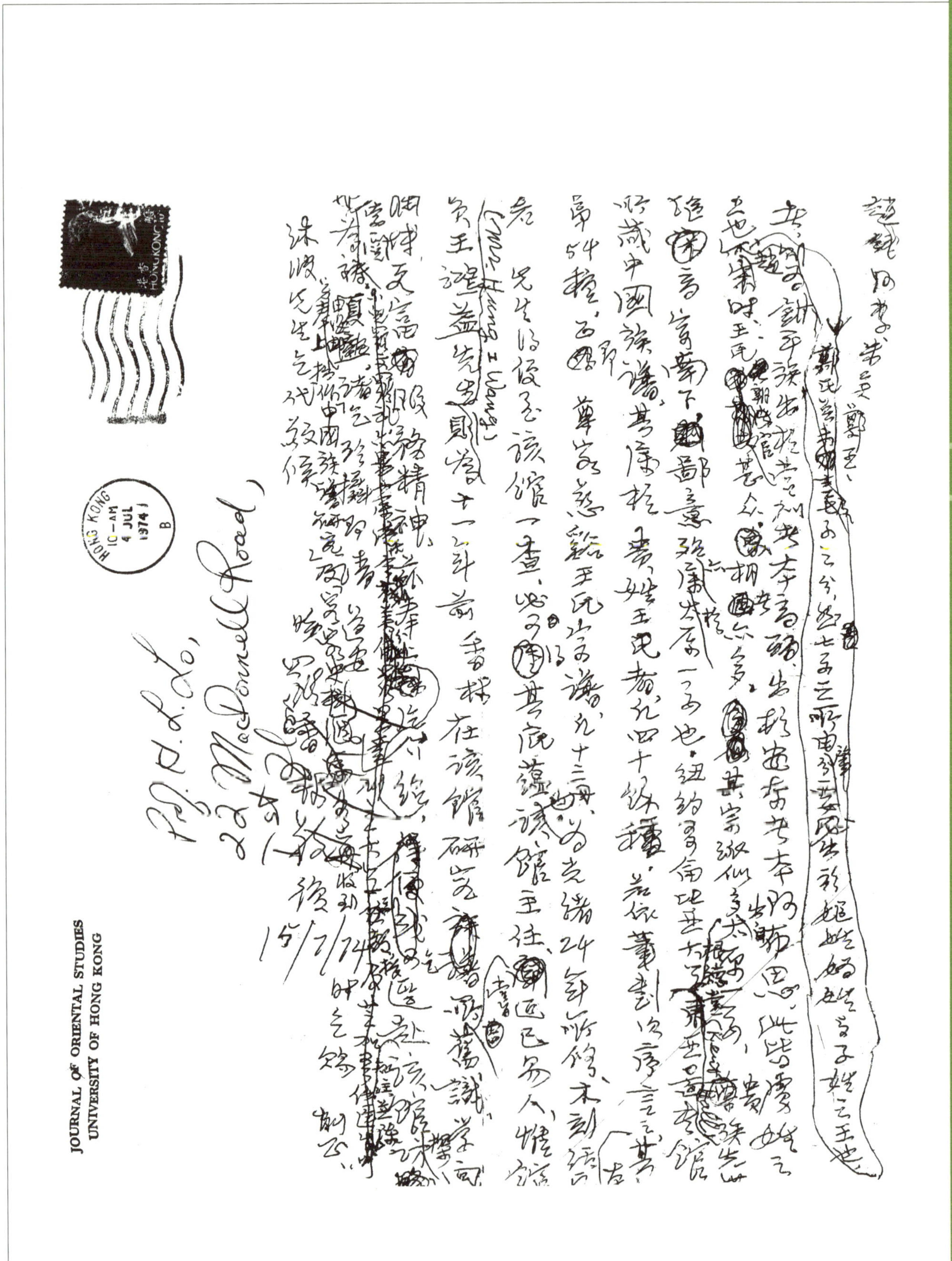
JOURNAL OF ORIENTAL STUDIES
UNIVERSITY OF HONG KONG

UNIVERSITY OF HONG KONG

格物 明德

SAPIENTIA·ET·VIRTUS

TEL. NO. 468161
PROFESSOR: EXT. 231
STAFF: EXT. 232 409

DEPARTMENT OF CHINESE

14th August, 1974.

Dear Professor Eberhard,

Sorry for the long delay in replying to your letter of 5th Nov., 1973. I have been editing Volume One of An Anthology of Scholars of Kwangtung Province, Past and Present, which has been published by the Chu Hai College. In the past several months, I have had a mild illness. After a long rest, I am on my way to good health again.

You told me that you have been collecting materials concerning Hakka folklores all these years and you plan to write a book on them. I appreciate your courage and love of persistent work. I also appreciate the Asian Folklore and social Life Monographs, jointly edited by you and Mr. Lou Tsu-k'uang. I find the book rich with materials reflecting fully life of different peoples. The articles written by you, such as Chinese Fables and Parables, Taiwanese Ballads - a Catalogue, Cantonese Ballads, and Chinese Festivals, are all very inspiring to students doing researches in this field.

One of my students, Mr. Liang Pi-chi who holds an M.A. degree at the Research Institute of Chinese and Literature and History of Chu Hai College, Hong Kong, wrote a book of similar nature, A Study on Cantonese Folksongs, about one hundred thousand words in length; however, there is no way of publishing it, due to a shortage of publication funds. His work deals with mu-yu (木魚書) Song, Dragon-Boat Song (龍舟歌) and nan yen (南音) in a rather unique way.

Your visit to Taiwan at the beginning of this year should have brought you good rewards, I hope. I wish you great success in your coming work of Taiwanese Folklores. I have been director of the Research Institute of Chinese Literature and History of Chu Hai College for several years. At other othes, I am still dealing with my favourite research topics, i.e. Chinese Genealogies and Cultural Interchange between East and West. However, I find my health not so good as in the past, and progress slackens ~~downs~~ slowly.

I wish you good health.

Hoping to hear from you again,

Yours sincerely,

LO Hsiang-lin.

110

February 10, 1975.

Dr. Bernard Mellor,
The Registry,
University of Hong KOng.

Dear Dr. Mellor,

Thank you for showing me a list of the Chinese members of the Campaign Committee for fund-raising in the early years of the University of Hong Kong.

The Chinese personnel involved roughly fell into three groups. The first group, the largest of all, consisted of eminent business men and bankers of Hong Kong. The second group were professionals, mostly doctors, lawyers, pressmen and even degree-holders of the Chinese civil examination, all living in Hong Kong. The last group were also business men but from Shanghai and Cheefoo. Only thirty-six men on the list could be traced by me.a A few of them had biographies while the others could be referred to in documents and other raw materials. Apart from these thirty-six men, I can furnish little background of the others. Hereby, I attach four sheets of the findings I made. I am sorry the writing is in Chinese though you mention you can ask someone to have it translated into English.

Your dedicated service of twenty-seven years in the university is indeed a great contribution to the university. Without your unfailing devotion, the university would not have gained the present status. I join the staff and close associates of the university in expressing our wish for a happy retirement to you. You will surely be remembered by all people in Hong Kong and men within the academic and educational circles in the world.

With best wishes,

Yours sincerely,

Lo Hsiang-lin

LO Hsiang-lin.

復陳參盛書（一九七五年五月十二日）

TSUNG TSIN MISSION, HONG KONG 12/5/1975

九龍新蒲崗康強街五十九號三樓前座

59, Hong Keung St., 2/F., Front Block, San Po Kong Kowloon Hong Kong.

TEL: K. 212589

與三藩市華人僑美歷史學會主席陳參盛第二書

參盛主席賜鑒：前奉四月十七日　大教，以適趕作「前香港大學中文系講座教授林仰山（F. S. Drake）先生與中國學術文化之關係」一長篇論文，致未及早日復覆，歉甚。承邀出席　貴會所籌劃之學術會議（National Conference on Life, Influence and the Role of the Chinese in the United State-1776-1960），並演講有關專題，至深感謝。茲擬以「梁誠在中美關係發展上之貢獻」為演講題目，蓋以梁氏為容閎所選派一百二十名留美學生之一，而其後清廷派之任駐美公使，曾交涉退回庚子賠款，以辦理清華留美預備學校，其貢獻與影響，亦不下於容閎也。如須續講一次，則擬先講「容閎之貢獻」，繼講「梁誠之貢獻」，是否適宜，仍乞　賜示，為禱。至弟之旅程，則擬偕內子由香港搭機經台北，於七月六日左右抵達羅省，九日當抵達三藩市，前至　貴處報到，並出席十日至十二日之會議，並依時演講，十三日，當由小兒羅武醫生伴往芝加哥，小住數日，再赴佛羅里達州太平小兒羅文任教之州立大學，至七月二十五日左右，再返三藩市，搭機返港。其間由香港至三藩市，及由三藩市返香港，弟個人之飛機票價，亦請　貴會代付外，其餘當由弟自理也。如有不便之處，仍乞　示知，並請

道安。

弟羅香林敬上　一九七五年五月十二日

163

敬啟者：程浩望君為一極誠篤之學子，二年前，以志切研究中國傳統文學中之「楹聯發展問題」，未經移民局批示，即自臺北乘船來港，向九龍珠海書院申請攻讀。當時書院註冊組，以未知程君為乘船來港者，乃准其入學。程君特善裝裱中國字畫及古舊書本，技術極佳，平日除到校上課，撰作研究論文，並與其夫人宋大媄女士，為人裱書裱畫，以為攻讀費用外，絕無其他活動。本月六日，連其夫人同為移民局所拘禁，控以非法入境之罪。二十日並獲得通知，須遞解出境。竊念程君本為嚮慕本港學風，渴望研究專門學術，而乘船來港，雖屬非法，而勤力與純粹，則情有可原。現其論文「中國楹聯研究」，仍須修改，而課程亦仍有未修完者。又其為本港畫家所褒字畫，特別優良，已為本港及外國藝術界所讚美與樂購。一旦遞解出境，於程君之學術研究，及本港書畫之精褒，均有損失。素諳

督憲以發展本港之學術研究，與藝術傳播為懷，甚望

准許程君與其夫人，繼續居留，俾得完成學業，並為本
港畫家服務，無任盼禱。

謹呈

香港總督麥理豪爵士

香港大學名譽教授、前中文系講
座教授現任珠海書院高級講師
羅香林（Lo Hsiang-lin）敬上

一千九百七十六年十月二十五日

第二卷

内地時期中外學者與羅香林先生書

朱湘復羅香林書（一九二七年七月）

香林兄：前在文學社聚會時見過幾面，知道你一股熱誠神往的很。近得信，知文學社的事有你主持，自必更有一番新氣象。《粵東之風》一書的進行如何，不知受了時局的影響沒有？如其發生了障礙，我可以代你送去開明書店一類的有那種抽版稅或售稿。我到美後改了一次學校，如今在芝加哥，讀的很滿意。到此除讀了Wordsworth's Michael, Coleridge's Ancient Mariner, K

Keats' Eve of St Agnes（預備出（三星集））（Arnold's Sohrab & Rustum（預備出（單行本））外，別若干文集。這些書都是在開明印。我們一些文友現在要出一種「友聲叢刊」，是書形的不定期刊物，係如有稿件，極為歡迎。第一集預備四月中付印。如蒙惠稿，請寄天津法界廿四號路大合里二號徐霞村君。希望我們能常常通訊。 弟朱湘

5721 Cottage Grove Ave.
Chicago, Ill. U.S.A.

朱自清復羅香林書（一九二七年）

國立清華大學用箋

元一先生：日前奉
手書，謹悉一是。[redacted]謝謝！承
示 尊府情形，深為扼腕。吾輩一代處新舊過渡之交，所
負責任特重。請 兄弟皆已得卒業大學，然子女漸漸成長，所需
有增無已，不 先生殊用感也。早將家累謀事，先生須為子身，
此層尚祝諸為勝耳。 屢承先生所賜大書並未收到，請為先達
感謝之意。續寄十四冊已到。如兄賜大書遺失，請擲下嶺陽樓叢
書，屢承寄千季叢書，現由圖書館購之。但此兩種分購，不知價欠若何便

國立清華大學用箋

中乞示，俾分圖分別出欵。至到印時價十元以上。但此等項前奉頌，中懷殊愧恧耳。承索題籤，雖為尊編月刊作文之人，亦代為隨時設意。業示請惠贈月刊至期，但請僅奉到兩期。南北郵遞竟不可兼及此，悵悵。專復敬頌

著祺。

朱希祖

十六日

錢稻孫致羅香林書（一九二八年九月二十日）

香林兄大鑒：多年不見，時於友人處得聞
興居，於著作仰窺
學問，欽佩欽佩。稻蒸六依舊，去歲以休假出國，
滿意補讀書，乃雜事叢身，今年後妻拖帶
一至臘月初方克回校，心緒不知，承
寄
先予答作，頃始得書而拜讀，惶感慚歉。先此奉
聞，鄭謝鄭謝，即頌
著安

稻孫頓首（勘）九月二十日

過從之人不通信，乞為道候

唐鉞復《清華週刊》社編輯部書（一九二八年十月二十八日）

清華週刊社編輯部大鑒：

來示敬悉。撰稿事若一時間可許，自當幫忙，惟不勝任特約撰稿員，因本學年課務雜事均多，計絕無餘力撰文也。謹覆，即乞諒察，并頌

撰祺

唐鉞謹啟

十、廿八

國立清華大學用牋

香林先生：

來信已經兩個月了，現在纔覆信，實在太不像話了。其中的原因想來你也知道，我躊躇着不知怎麼回信纔好，每次想想放放，便把這信擱下來了。

朱湘的詩，開明不願出版，錫琛說他太麻煩，並且詩也不好賣。你的粵東之風，我想開明也不見得要出版，他們那兒還有廣東民間文藝集（內有[illegible]歌謠甚多）揚州的兒歌直到現在還不曾出版。擱置已有年餘了。

因了開明我在那兒當過編輯，辭職後還收到十多部稿件，

62

要我介紹，十部有九部是碰釘子的。還有一件奇事：郭宗煌《皮克的情書》托我售稿，沒有售出去，他現在這部書卻能在現代書局出版了。我想，大約是這樣，書店裏的人情給我做了去。還有一層，自己親身向書店交涉，書店多少有點得着面子，至於間接的介紹，推托起來就很容易了。

對不起的很，我實在不能為力！聽說朱湘預備幾年後回國開書店，出版清華文藝社朋友們的書，這確是一個好消息呢。

趙景深。

八月三日

楊振聲復羅香林書（一九三〇年七月五日）

國立青島大學
NATIONAL UNIVERSITY OF TSINGTAO
TSINGTAO, CHINA

香林先生：

得書爲慰。所現以籌備委員資格，在此幫忙計畫進行事。在濟南之變動後，此等計畫在實行上或頗感困難。下半年青大所設各系，一時尚難添設歷史系，一因經費不足，一因教員難得真專門人材也。先生之意，當傅斯年先生來青相遇時，必爲游揚也。百忙中匆匆草復，并頌

著祺

楊振聲敬啟

七月五日

陳寅恪致羅香林書（一九三〇年□月十八日）

香林吾兄足下：

來示并文藉悉。君論譯可備參考，私謂若將再加詳，即可轉達。

昨訂講堂曾議改修，現查與紀念周衝突，既為學校章有格礙，似非不著頒意不達。其校冊前已擬定星期二四第四時，更不必再改為前議改星期一之說，即以所論至校與修文修正衝突頒於稽。之通下星期仍為星期二四之第四時，請

足下轉告同班諸君為荷，即頌

學安

陳寅恪

國立清華大學用牋

十八日下午四時

洪業復羅香林書（一九三二年四月十四日）

香林先生有道、頃三月廿三日手書謝甚。胡明先生現尚未回校、渠通信住址爲杭州馬家坡巷七號。先生如有暇乞時以調查進行情形告者、俾業常繫念也。希伯先生現廣東某縣待時有假北、實得乞時留意、以覓上書。之教其室教之指見甚有趣、如鴨歸時、乞以細情賜見告專此順頌

旅祉

弟業

四月十四日

羅香林先生：

向從古直成先生處得聞　先生富學問興趣，苦志深造，於廣東一帶"客族"尤有專門研究，心儀久矣。大作已出版否，亟思得一拜讀，承　賜寄讀之有心得，願廣為介紹。（書價當郵奉）

此間擬出一別開生面之半月刊，旨在探討揭明中國社會種種方面之實況，除由此特約通訊外，並約專家各就用心所在發為專論，擬懇　先生就客族生活作短篇精彩之敘述（每篇長請勿逾五千字，過長可分兩期登），如蒙　賜允，不勝欣感，敬頌

撰祺

弟楊蔭渭上　一月七日

初發期需稿尤急，能就平素觀感，即寫短文寄來，尤所盼禱。

胡肇椿致羅香林書（約一九三三年五月十日）

香林先生閣下：二月間在粵匆匆一晤，未獲
暢聆
雅教，至為悵惘。承
囑代
貴校文史叢刊覓稿，茲索得交通大學教授
鄭師許先生新著《沈子它敦蓋新釋》一篇，
鄭先生於金文造詣極深，為海上考古學界知
名之士，數年來名著甚多，西人亦必費辭說也。
（貴校實元胎教授知之必詳）茲特將該稿連
日寄上，敬希
鑒收為感。肇白

貴刊一時未便刊出，函將原稿用掛號寄還，並希原宥，致謝。

著安

朱逷先先生處即代候

好

弟 胡肇椿 拜啟

五月十日

Early to mid 1930's

衛聚賢復羅香林書（一九三三年六月十六日）

國立暨南大學

第　頁

香林先生：

前函及六月一日的函均奉到。刊物三種已收到。中大的文字專號，大約何日出版？姜亮夫有文字目錄一篇，弟作釋俘一篇，係釋甲骨文上的俘字，約一萬以上字，不过已未動手作，金祖同（弟的學生，專攻甲骨及金石，成績甚好）大約也有文章。

弟的中国史学史四册寄上，研究一册，中大图書館一册，文史研究室一册，朱希祖先生一册，請爲指教。順候

教安。

弟衛聚賢上　十六日

民國　年　月　日

黃仲琴復羅香林書（一九三三年十月二十三日）

香林先生著席讀十月十四日
復書祗承
獎飾愧不敢當文史研究所月刊
第五期收到十冊謝謝未悉可否多
賜若干冊俾轉貽親友乞
酌之第五期月刊通行欄滬丹鉛先
生第二函懺花菴文存中曾沖案奏
疏此書　敝處有之若有

需用，示知，當鈔上。又金武祥粟香室叢書中未經輯志，亦言及生業知先生必已過眼也。

老伯遺詩未奉接，不知郵遞稽遲，抑係洪喬失落，為尊處尚存，或更賜一二，俾得拜誦，以作導師。如少時拙作一冊另包付郵，敬乞是正，荷蒙俞允，蓋自去

耕清言之語之畲自家族姓之之語
之藍雷羅源縣志之家譜清代亦封侯
漳州志亦謂其曾殺唐之鎮帥當時
文化必不甚低至少亦可與漢之西羌
比擬（也許與西羌有關係）殆戰敗之後優秀者
被殺文字失傳亦猶黎慕仿漢人改
毛周而有讀三字經之舉一為孝三字
經成書時代亦可證畲民古來必不用

此種課本
先生以為何如乎
有以教之寄文石本候正滇京回閣
滇海道交通往返不甚需時一京到
當草草文呈
正並請
勛陳先生鑒定宋景道埋銘跋略涉
及粵族遷徙不知可發表否文史月

刊弟亦期仍時出版仍乞

寄贈弟近擬、研究民間宗教似拜火教

之類其發源亦似與印度有関係

先生如見有關於拜火教踏火材料

請記室鈔示為荷 弟前擬回粵因

循未果現行期仍未定也專此敬

頌

著祺 弟黃仲琴謹啓 十月廿三日

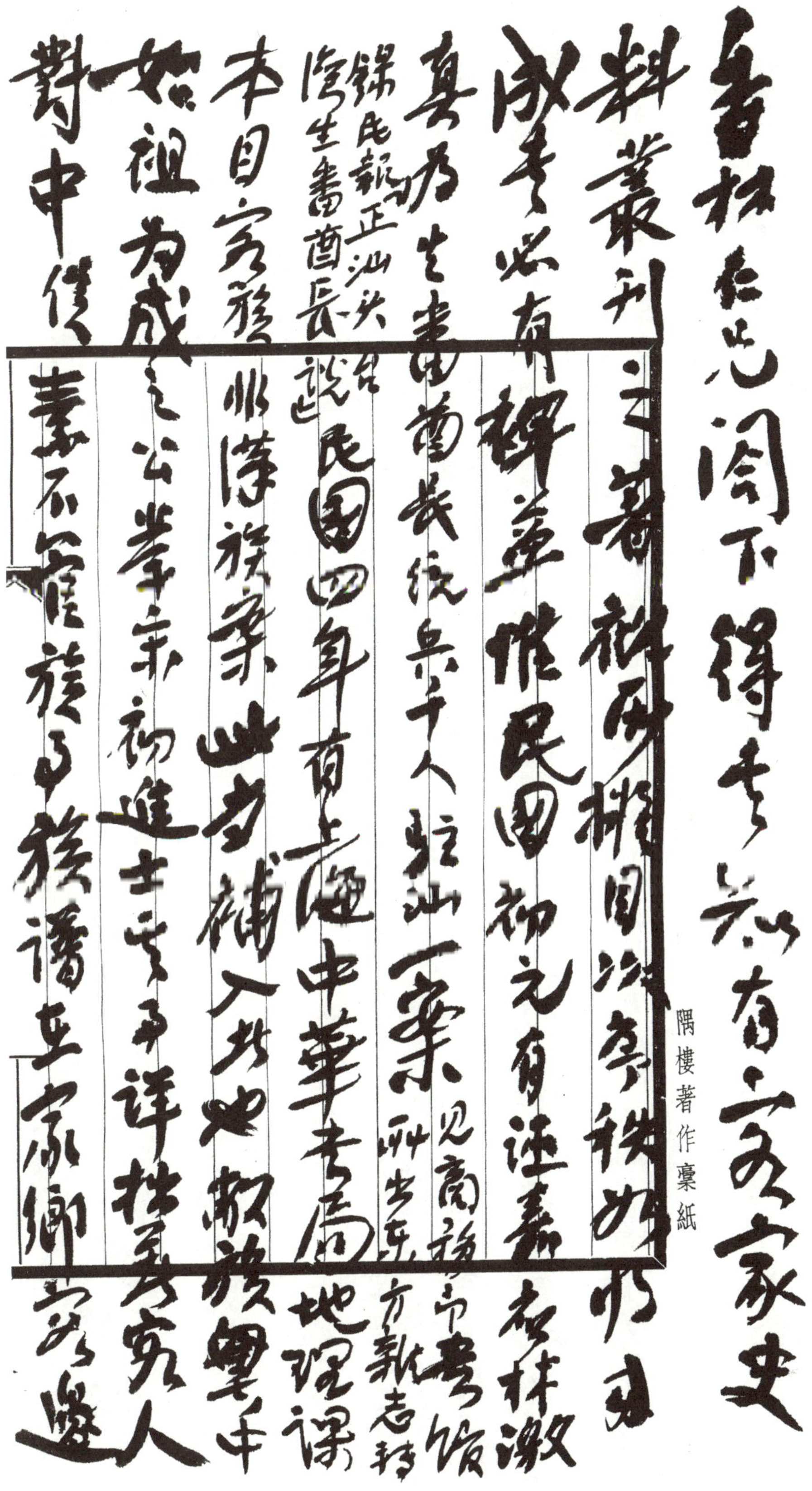
香林仁兄閣下：得手示，知有文家史料叢刊之著，新所搜羅，以資後此，必有成書，必有輝煌。惟民國初元有汕頭嘉應林激真，乃先妻之兄曾長統兵十人駐汕一案（見商務印書館卅七年方志轉錄民報正汕頭陰先生書商長說），民國四年有遊中華書局地理課本自家族非漢族案，出力補入於我族，興寧如祖為成之公，嘉慶初進士，負手詳於其家人對中傳，素不宜旅，乃族譜世家鄉所遊

隅樓著作稾紙

古直致羅香林書（一九三三年十二月二十一日）

年有鈔譜一冊，恐不能交，命兵會海林人多

家宗源流其作（小字：以廣有跋，家說約百字，其抑有；嘉應州志方言跋也，九源流攷）惟大埔林達

泉源叢殿有家說（小字：近人什刻本；陽之宗文鈔內）嘉應錢用和後羣有

粵省長族攷原出黃余有搬以舉始公人

究心家（小字：廣州通志、嘉應縣志、繹俊）愈史此（小字：惟嘉應州志館長）先生高（小字：第之弟）大埔

溫廷敬作錄中論白話（小字：長道，故表弟劉從福）著力（小字：新論甚也）扶之哉

三種回家人對（小字：揚州李審言先生云：以之回家人此詩從客有之張、羅傳）回家人三先生

詩選（小字：李黼平宗湖、黃遵憲）田宗之人寺女選後出版（仿宋印）

京師有可代往出書介紹一二家復閱

撰安不一　古直啟　十二月廿二

20

陳達致羅香林書（一九三四年一月九日）

國立清華大學用箋

尊著《客家研究導論》一書，已到，不勝感
謝。內容有好幾部份，富於社會學的興
趣，稍閱當細讀了。拙著《中國勞工問題》
並未附有外國學術機關及學者姓名，但
對於學藝感覺興趣者，自不有人，今附
寄一簡表，以便斟酌參考。
來書提及前清台山鶴山一帶客家人
與本地人械鬥事，此於社會衝突的研

國立清華大學用箋

究極有價值，並得詳細的描寫与分析，當有學術的貢献，頗希望對於此問題作一系統的敘述。北美華僑亦有械鬪，係与廣東鄉間的械鬪習慣必有相關處，但事實是否如此，亟待証實。专此順頌

香林仁兄素祺

陳達

二十三、二、九、

朱希祖復羅香林書（一九三四年三月二十四日）

民二十三年三月二十四日

香林弟鑒：接得三月十三日來信，藉悉壹是。鄒校長來電勸回校主持，復又來快信懇切勸回，並囑吳敬軒兄亦來電及快信，詳要我速回，僅以校事不可久懸，恐請假五月不能遂准，業已去函辭職，以便另請替人。溫先生能來文史研究所主持甚好，請先去信代為問候，並問能撥冗來所主持否，若無此事，不可遲緩也。頗聞溫先生不願離潮州，未知

國立中央大學

二二·九·六〇〇〇

確否俟得確實回音自當竭力推薦現在既已辭職不便再言請代吴專函推薦接替此事乃尚可說 京師人浮於事謀事較廣州更難人才亦較廣州爲多前函言方壯猷謝國楨二君已辭中央大學史系教職方果已去謝辭而復來此間已將彼之教課分配他人不料彼又來只得再收回讓還於彼照彼恐終立不住也下半年如仍在此自當代謀教課

國立中央大學

二二·九·六〇〇〇

惟來函計畫既緩不濟急，春假之後即須預籌下半學年課程，預聘教員，雖不必即定，亦須預為物色推薦，屆時逾覔者必多，更難位置。故望先成唐書南蠻傳疏證及唐書源流考（取範圍縮小，下加新舊二字），一面在月刊發表，一面再整謄兩篇寄來，以為推薦成績品，再加舊日著作（已刊者若干種）足矣。其餘題目且不必作，速將隋唐史細讀一遍，一

國立中央大學

為教員無暇且讀終身不能深入深為可惜
現在發端已覺遲矣兩唐書列傳分析此
事可不必作前人作之已告失敗蓋唐代書列
傳最難知其人物之地理分布大都不言所生
之地專書甚少姓氏之郡望故李必隴西王必
琅琊李白究竟為何地人至今聚訟未決所
以作歷史研究題必先看書而後可定隋唐
經籍志分析亦可不必作所擬計畫數條頗

國立中央大學

二二·九·六〇〇〇

難考證精確若空泛議論頗無價值李正奮曾作隋代藝文志及唐代藝文志亦僅囑彼撰脩業已成書因隋書經籍志本為五代史志（梁陳北齊周隋五代）其所載書皆五代所藏所作之書非專屬隋一代作也兩唐書志專載唐所藏所作之書亦非專屬唐一代作也故欲知隋唐兩代著作之多少及學術發達之狀況非別撰二志不可若來書所擬分析辨清專施之隋唐二代

國立中央大學

二二·九·六OCOO

民二十三年三月二十四日

所作之書則尚有價值，能成一代藝文志
以示出其成績總數（此事非專恃隋唐書志可成，須參考數十百種以補其遺漏）不可
否則分析隋書經籍志、唐書（新舊經籍藝文）志無異，分析
上古以至隋唐經籍各不完備，而欲施結論，
豈非徒勞而無功乎。僕甚反對不讀書而空
作文，故研究所學生先教其讀書，然後作文，以
救世弊。望弟亦先求實學，勿事空論，甚盼。敬頌
時綏

希祖謹啟 三月二十四日

國立中央大學

二二·九·六〇〇〇

吳文藻復羅香林書（一九三四年七月二日）

燕京大學
YENCHING UNIVERSITY
Peiping China

社會學及社會服務學系
DEPARTMENT OF SOCIOLOGY
AND SOCIAL WORK

TELEPHONE: EAST 4400
TELEGRAM: "YENTA."

香林吾兄大鑒：五月中旬疊接大著客家研究導論、尊編中大文史研究所月刊及惠書，適值學年行將結束，校務最感繁忙之際，故遷延及今始克答謝，至以爲歉。客家研究導論已在拜讀中，倘有愚者得之見，定當就教於　足下。來示謂尚有客家調查報告、客家史料叢刊、畲族研究與調查諸書，均已在編著中，聞之不勝欣佩，甚望早日成書，可以先睹爲快。近聞頡剛先生云，容肇祖先生來年將在輔仁大學講學，是北平將又一研究民俗之老同志，弟等有意在北平晨報出一民俗週刊，或將此材料在「社會研究」副刊（每星三出版）上發表，使社會研究擴大範圍，充實內容。社會研究原由敝系幾位高級學生合辦，擬自九月初起由弟等主編，改組形式，更擬請吾　兄加

燕京大學
YENCHING UNIVERSITY
Peiping China

社會學及社會服務學系
DEPARTMENT OF SOCIOLOGY
AND SOCIAL WORK

TELEPHONE: EAST 4400
TELEGRAM: "YENTA."

略有稿費以示酬勞

入編輯團每月認寫五千至七千字題材或即就客家民族方面着手每篇文字能以一次或兩次登完爲最佳如一次登完三四千字即敷副刊內容大致計分如下(一)小言論自四五百字至千餘字不等重在發揮本刊主張包括觀點及態度等(二)系統文字或爲一學派學說及方法論之介紹或爲實地社會調查報告或理論包括初民社會邊疆社會農村社會都市社會乃至華僑社會之切實材料 弟等希望小言論與系統文字能密切聯絡俾予讀者以切實之指導(三)學術消息或通訊摘要等項材料一本互相參校篇幅總計每期字數約在七八千左右 高見如何尚祈賜覆不勝感禱專此順請

著安

弟 吳文藻 七月三日

再者弟與頡剛兄等將有西北之行約兩星期後擬返如來信不能即复尚祈諒之又及

胡適致羅香林書（一九三四年八月四日）

香林先生：

在《中大文史学月刊》（二、5）上見

大著《神秀傳疏證》上半，甚

喜。註中（33）說未見我的「鍰

曹溪大師別傳」（壇經考之一），

此文曾載《武漢大學文哲季刊》

第一期。

即問

大安。

胡適

廿三，八，四

屢承贈大作，十分感謝。

適

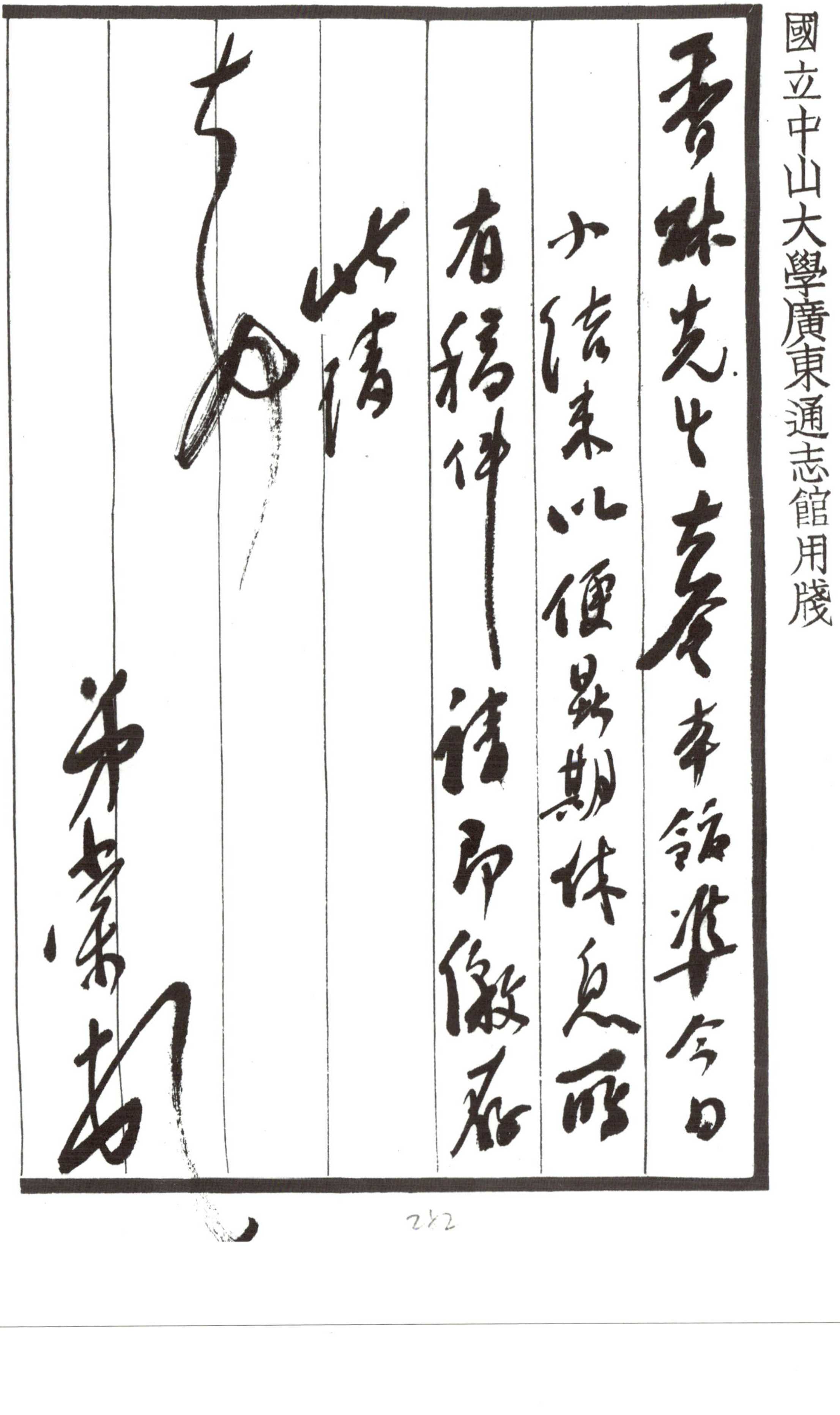

徐甘棠致羅香林書（一九三四年七月）

連橫復羅香林書（一九三五年二月二十二日）

民國二十四年二月連雅堂先生與羅香林書墨蹟

香林先生執事素居滬上養晦無聞乃辱
惠書垂詢舊作適因抱病裁答久稽緬想
高情甚勝景仰臺灣通史刊行已久值已無存即
臺灣亦無處可購以再版需費甚巨一時未易措
辦也前於鄉友處覓得一部索價卅元倘合尊意
當即寄上臺灣關係之書通史藝文志嘗載其
目俟病痊以再詳考也此復順頌
道安
連橫拜啓

中華書局製

羅獻修致羅香林書（一九三五年三月十七日）

螺莊用箋

第　頁

香林仁兄大鑒：頃由家在園宗秋錡出，特過草舍晤談，謂与素絢同宗而居，則距離二里許。前從則植肄業白石山房，歇後充各鄉校教習。今偕友人往省園事，識悉素絢屬我人，學于事未得相當位置，則長安居大不易也。欲求 台端為之後援，旁推交通，俾得一枝借棲，庶不虛此遠行耳。余為介紹，用是致豐于饒舌。諸 循念竹林之誼，下引葛藟之附，以榮宗族，光寵有厚望焉。草舍三椽，晨陋僅足以庇風雨，移館其中，學子約廿餘人，講經課文，仍循常度，守先待後，不敢殆惰。斯蒙知注，謝聞，為候
近祺

宗愚伯　獻修

中華民國　年　夏二　月　十三　日

梁寒操致羅香林書（一九三五年五月八日）

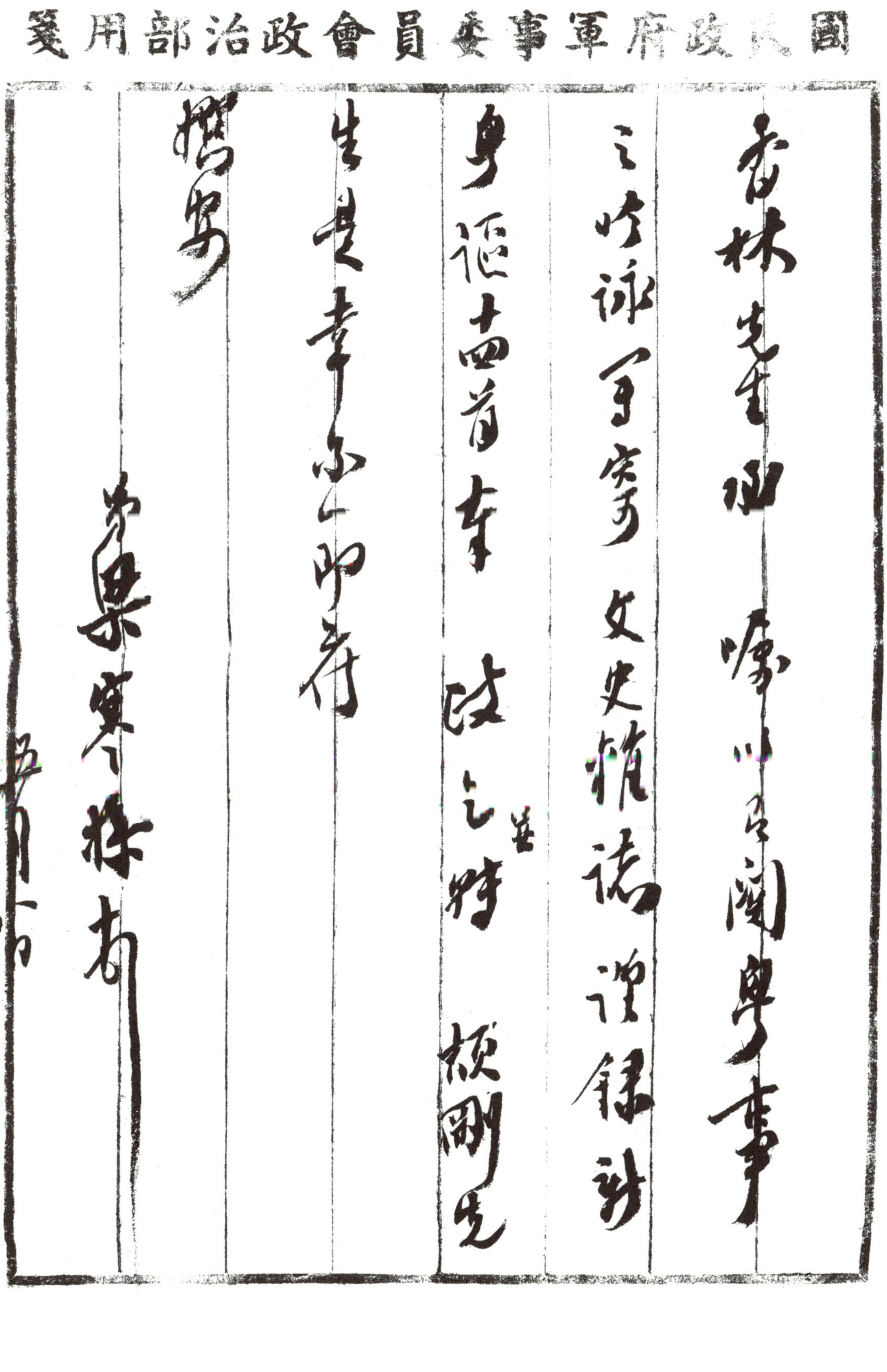

國民政府軍事委員會政治部用箋

香林先生函：惠以客閩粵事之吟詠百首，文史雜誌謹錄其身經十四首來，陵之時並頡剛先生甚喜求印行，

擬寫

弟梁寒操拜啟

五月八日

王寵惠致羅香林書（一九三五年六月十五日）

香林仁兄先生：請於十七日（星六）下午五時駕臨至古壽校街十二號寓所一談為幸。專此敬頌

台綏

王寵惠啟　六、十五

國防最高委員會祕書廳用箋

張星烺致羅香林書（一九三五年11月六日）

香林學弟台鑒：多年未見，時切馳思。比維
起居迪吉，學業日進，為慰為頌。前蒙
惠贈
尊翁斉山全集八冊，誦讀之餘，至為欽佩，謹當珍
藏，更足以表彰
足下孝思也。茲寄上南園藝稿十五冊，作為交換書也。
順問
近好

愚小兄張星烺啟 九月六日

温廷敬復羅香林書（一九三六年三月二十五日）

國立中山大學廣東通志館用箋

香林館長台鑒：奉書誦悉。於林君所已刊廣叢書，刊不合中山日報。昨而見此方研究國學者，比亦自常議大公報抵抗甚矣。先拂逆貴館方志有所感憤，介紹於此間報界，延聘難知。指見鄙意，於大著後極惟惟。中有廣府人無中原文化此語，似太過。鄙撰志以後有

民國　　年　　月　　日

國立中山大學廣東通志館用箋

似此者頗為捨去矣何如現言民族統一中國民族自古即已合多族之遺後益加收攷研究改進自為今日要務若惇惇自詒轉失其旨　名論讜從同情也此候

撰安不一

丹銘叩復

民國廿五年三月廿五日

傅雷復羅香林書（一九三六年四月十三日）

香林吾兄先生有道：去冬奉長書，並蒙惠述關于
佛像技術特別周詳，感佩無既。惟是時適逢陝變，
南歸者一閱月，迨後再去，又以財政部會計批駁報
銷帳目而辭職，虎頭蛇尾，一事無成，良慚愧負人。
緣弟賦性戇直，不慣作吏，竟負多方厚望，今仍蟄
處繼續譯事，羅曼羅蘭巨著約翰・克利斯朵夫
已出兩冊，另郵呈請　教正。吾
兄主持圖書事業，想必多所建樹，尚祈　時錫
將言以慰長想。草草順頌
著祺

弟傅雷拜上　四、十三

一九三六

大坡牛車水柏城街門牌二號一連六間
星嘉坡
新亞大旅店
電話四九七八號
NEW ASIA HOTEL
2, Peck Seah Street, Tel: 4978
SINGAPORE.

第一頁

香林先生道席

今春弟偕饒靖中先生謁 先生於 尊寓暢聆 教益 當時弟已決定南游之行 曾請於 先生將 尊著客家研究導論增加新搜材料 重行印刷 以便弟攜帶南來 以資宣傳 曾蒙 同意 嗣弟每每南下 又於七月間南來 蓋南島吾族人士無論通都大邑 僻壤窮鄉 均極蕃盛 星嘉坡有客屬總會 各處有客屬公會 此次英國僑民國民大會代表之選舉 初選之十二人中 客籍者竟

中華民國　年　月　日

星洲鴻昌印務承印

第二頁

佔四人也

頃近因上海逸經半月刊第十三期有侮蔑客族之文字此間及各處客人閱之大動公憤已進行聯絡召集大會議對付因客族之屢受侮蔑本覺得吾族光榮之史跡實有廣事宣傳之必要所以尊著之重刊適為事實之需要在先生名滿海內固無需借著述之宣揚而吾族之光榮史跡則有賴於尊著之闡明也茲特飛函奉商（因此間無直接航空故此信寄由粵轉轉發）如何同意請即答復並請將尊著

中華民國　　年　　月　　日

第三頁

再寄一二本並將下列請教

(一)南洋華僑一般智識程度比國內太差書名改通俗些似易使其銷可否名為客族源流？或客族××史？之類

(二)原著英文字甚多不知有可避免者否？因南洋印刷不如國內之精且印書價昂即如有可刪節者請酌裁

(三)南洋化華商業化許多書籍印刷時都有招收廣告事意此書則不宜免失書之尊嚴但印

中華民國　年　月　日

大坡牛車水柏城街門牌二號一連六間

星嘉坡

新亞大旅店

電話四九七八號

NEW ASIA HOTEL

2, Peck Seah Street, Tel: 4978

SINGAPORE.

第 四 頁

刷費不貲擬着收回印刷費（數目到時才能定）或

先生處收回版稅請示知

四、本擬印刷費由自己籌出最少印一千本為經

濟可能再加印以資宣傳

以上各點為一時想及者尚有別項統希指教茲將

近日報上所載關於此事剪下以供參考弟本於

數日前函貴州統請中先生張安就近函商茲

再奉商請速賜覆因弟候　先生回信後尚有

荷屬之旅行也南洋各處（弟已遍遊馬來半島各處）均有材料

中華民國　年　月　日

大坡牛車水柏城街門牌二號一連六間

星嘉坡

新亞大旅店

電話四九七八號

NEW ASIA HOTEL

2, Peck Seah Street, Tel: 4978

SINGAPORE.

第二頁

需搜求者，弟可代勞也。匆匆即頌

教祺

弟范長堂敬啓 廿五，十，廿八日

通信處

新嘉坡 松柏街十一号

萬裕祥 轉交

范長堂

Mr. Fan Chong Tong

c/o Ban Joo Siong

11-E Upper Nankin Street,

Singapore

S.S.

中華民國　年　月　日

星洲鴻昌印務承印

1936 自新加坡

英國皇家亞洲協會致羅香林書（一九三六年十一月十八日）

TELEPHONE: MAYFAIR 5530.

ROYAL ASIATIC SOCIETY,
74, GROSVENOR STREET,
LONDON, W.1.

November 18th.,1936.

To the Chief Librarian,
The Municipal Chung Shan Library,
Wen Teh Road,
Canton,
China.

Dear Sir,

Many thanks for your letter dated October 26th.,1936, notifying me of the state of your Municipal Library,

We shall be glad if we can be of mutual assistance in the matter of Oriental Research. So Iam sending you, under separate cover, some information concerning the Royal Asiatic Society of Great Britain and Ireland.

If you could send me a copy of your periodical, I would be glad to persue it, in case it might be of interest to our members.

We do not extend our activities to politics in any way. We often publish Chinese Articles in our Journal.

Yours faithfully,

Colonel.
Secretary.
(D.M.F.Hoysted).

陸丹林致羅香林書（一九三六年十二月八日）

香林先生：久未通[illegible]，[illegible]仰[illegible]。上月前致南京一札，未審有轉上否？頃接 貴宗台茂[illegible]先生自蘇來函，乃悉 台旌早已返粵，主持通志工作，至[illegible]欣慰。本刊此次因稿件關係，致惹起一部分客籍同胞之反感，深致不安。本刊對此已一再解釋，並不致再有誤會。而吾人對於客籍之研究，深願多為發表，俾海內未知者知[illegible]。[illegible]致也

逸經社

中華民國廿　年　月　日

上海愚園路愚谷邨人間書屋內
電話：二二五七九號

37

先生對於客家研究闡著有專書，函欲一讀，并乞撥冗賜稿一篇，本刊當為發表（稿費照奉），用釋疑惑，以明是非，俾客人非特本刊之幸，亦並使讀者之所盼跂也。專此奉懇，祗頌

文祺

陸丹林拜　十一月八

令兄君遺集早已拜收，謝謝。

直函請寄上海古拔路逸經月刊社。

又也外附逸經十九期一冊奉贈，敬政。

中華民國廿五年十一月八日

逸經社
上海愚園路愚谷邨人間書屋內
電話：二二五七九號

陸丹林
1937

楊壽昌復羅香林書（一九三六年十二月二十九日）

香林仁兄館長大鑒：前赴館奉觀，荷承
援兄招待，並蒙示各種辦法，尤佩盛心。頃
惠手教，並附件，敬讀悉。當就能力所及，用副
雅望。圖書週刊甚佩，如能將館中要籍隨時
登載，揭其要領，以引起閱者觀書之興味，
並每期附載觀書人數表，以考見本市民
觀書之實況，似於發達館中事業不無
關係也。
高明以為如何？拙作三詩人遺墨跋，殊多
不足觀，然因此引起社會人士對於三詩人
之注意，亦救亡之一法。幸鄧鴻臚先生議頃查有
附印出閱，重稿並奉
閱教。
近安
大人並館助勸得益館業甚大並奉候
弟楊壽昌頓首　廿五、十二、廿九

元一吾兄：屢得大札，諗以事忙未覆。
弟本年以兼辦通俗讀物社事，加以燕大
又須每日去，北平研究院又不能不去，因
之整日整月皆無暇晷可得。每得函牘
來書，只有懷恨視之，無法作覆，坐辜
美意，歉仄何如！兄回粵任市立圖
書館長，聞之至快。邇來大有新獻，
殊使人想望。嫂夫人攜學賢文，想

必可收集助一切。尊著寄蘭芳大總制一文，以為貴學會正編南洋書籍，即交該會編輯人張禮千兄。嗣得來教，囑即寄回，然是時此文業已付印，不便中止，遂未能副命，歉甚。為英以萊蘇廣熱誠補助，本可發趕稍費，只因經費積欠過多，去年八月中得熱印以用盡。本年前不得從一筆，匯付萬囑張君撰定對日文會計叢書也。兄在粵如遇有熱心地理研究之人，然乞隨時介紹入會。如有富商指點者，並乞代勸。若以好事，通達東于情值難為之大，而財力不足，時時掣襟見肘。凡出人助我，總是不了了局。閱胡文虎兼在粵辦一星粵日報，新張竟是，如能為弟說項，辦一副刊一通俗故事方面、積稿甚多）、附年譜可以精治務些。所費不大，僅如大小拓出地圖刻一樣，每日紙費二百元即足。其他如香港工商日報等，如有該處，並乞寄贈。久欲作書，事先未能如願。昨到南京，在部任中稍閒，即草此篇。弟大約一月底返平，尚須到蘇滬等處也。敬請

儷安。

弟[illegible]上。

廿六、一、十一。

附寄請細審正。

黃少强致羅香林書（一九三七年二月四日）

止廬叢稿

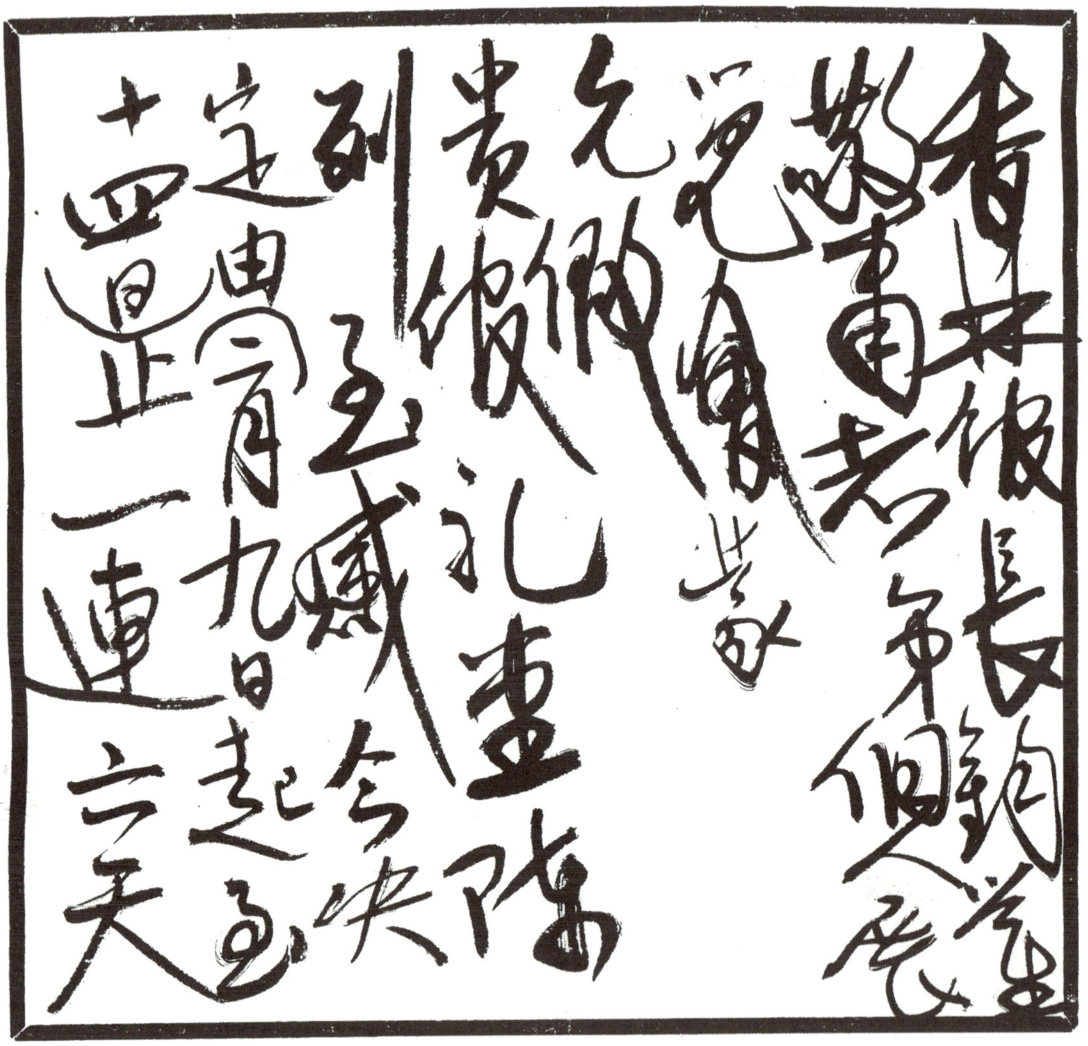
香林
到至感，今決
定由二月九日起至
十四日止，一連六天

年　月　日　頁

止廬叢稿

定名（黄少強二十九年來作品提要展覽會）尚祈

知照，務望於期內不再借出會場，至感！附入新聞稿略，望代送中央通訊社為幸！專此并頌

著安

弟 黄少強

二月四日

倫明復羅香林書（一九三七年三月十八日）

香林先生左右：拜奉手書，情殷下問，愧無以副雅懷。往者粵當道謀設圖書館，著於靈設，近年則修建築之觀，不知充實內容，皆是空識。今得我公負此重任，當必日有進步。搜求本省文獻，自是要事，但粵人著作流出外者殊少，弟聚書數十年，所得亦屬有限。想因山嶺間阻，輸出不易，而存於本地者又因潮溼生蠹，易於蝕壞之故。然亦不得因其難致而置之也。弟所藏略有二三百種，積秋居多，暇當開一目寄上，幸閱。公意有必需者，亦可割愛也。現已分示通齋掌柜孫耀卿，晨此人在書行中推第一手，所見既博且尤識貨，前今岳迪先兄居平時最相契，有所購依價不減，可一訊也。現弟有據印袁督師督遼餞別圖，贈呈一份，原圖闕六頁，不供備，他書內價表。督師為我省將，一律人，且今日對遼事與明事略同，宜有此以屬同仇之氣。又張萱（惠州人）有西園聞見錄，係未刊本，一百餘巨冊，每冊在百冊以上，舊為徐聯傳室探所藏，甚于欲售，與燕京大學已議定三千金矣，而為氏家屬多不盡同意，因是中止。弟懺其後人擬售

抄一份。前曾函詢嶺南大學女教授冼玉清君，據云有某園書館
欲抄之，乃去信至今未覆，不知何故。弟之抄法係覓工多人抄寫，且抄成再
請一校對，每千字約以二角五分計，并連校工紙價約五六百元左右，
不敢確定將來者有若干數。弟意以為及今不抄，恐此書或流出國外或遺
竟外損失，悔無及矣。張蔭麟藏書數年前有景鈔西園存稿等書，皆已流傳（此月開始）
借而閱見，最好即抄，尤宜急也。又友人藏有北京政府公報，自光緒三十
三年起至民國十七年止（此月為止），完全不缺，待價而沽；又有梁節菴先生手寫
補元史藝文志，陳東塾先生手批通典及漢書，皆是有關鄉邦之要
籍，以價昂未敢過問，如有意可代作介也。此為吾訪請
大安

弟倫明拜上 三月十日

鄭德坤致羅香林書（一九三七年三月十八日）

香林兄：

前函許於兩三月內寄稿投刊廣州學報，後因家眷入蜀，佈置新家庭，公私倍忙，不能如期交卷，歉甚！茲奉上拙作中國神話學史一文，祈為斧柯，或請鍾敬文先生詳加校正，然後付印。發表後請印單行本四五十冊，以便贈送各書友作者，須費若干，請示知，當即匯上。

廣州學報成績極佳，特此恭賀並祝努力！

溫廷敬先生經史金文證補一文，佩甚佩甚，篇名
證補，應有經史金文證，未知刊於何處，弟急欲一
讀為快，敢煩轉請溫先生示知，或賜下一冊，
不勝感激！
近報屢言廣州建設，兄為工作要員之一，
欽佩之下，遙祝
努力並頌
著祺
弟鄭德坤啟　育十日

鄭德坤
1937

吴宓致羅香林書（一九三七年三月十九日）

國立清華大學用箋

香林仁兄賜鑒：奉 惠寄廣州學報一卷一期，細讀甚佩。公學術精進，著述宏多，事業發揚，精神奮勵，遠道遥聽，尤深欣慰。△自出版詩集後，於時點休。他日擬著人生哲學及長篇小說各一部，外此不作雜文，不治他學，即此區區，亦不能做到否耳。公任廣州市圖書館長，△擬有如左之干請，斯皆為公，非以為私，可否鼎力主持，使貴圖書館一一辦理。計開

(一)附上拙編文學與人生課中應讀書目四紙，其中所開皆極精要，而△一生所最愛讀而獲益之書，望飭令貴圖書館一一購置。向中西書店直購。

(二)左列各書，△現代售，貴館如某書未有，請在△必購買。匯款清華園郵局，分匯北平。

中華民國廿六年二月初七日

弟 吴宓 上

（辦公用）　甲二號 25. 10. 10000.

國立清華大學用箋

吳宓詩集 鉛印，全一册，二圓四角。

吳芳吉著 吳白屋先生遺書 木刻，六册，三圓。

景昌極 道德哲學新論 六角

(三)請由 貴館將邱逢甲先生遺集 嶺雲海日樓詩鈔 全本，鉛印發售。以便各方能購得。△之友生欲得者多。

(四)請由 貴館將黃節晦聞師 蒹葭樓詩 照汪氏刊本，加逸經八期所載之詩重排，鉛印發售。以便各方之取求。△但以黃師詩為學生講授，苦無印本可購。此事極要，宜獨斷速行。

以上四事，尤其(三)(四)二者，尚求 主持速辦。宓 盛荷無既，至感。即請 文安。

瀾萍、士略諸兄，乞見時祈候。

朱傑勤君，前曾通函，亦祈代候。

(辦公用)　甲二號 25.10.10000.

容媛復羅香林書（一九三七年三月二十日）

香林先生左右

惠書及 尊編廣州學報與書林均先後收到謝謝承詢敝處有無關于廣東先賢遺著出版查敝處迄今仍無此類書籍刊行以後如有定當隨時奉告茲另郵奉上敝處出版書目一份如貴館需要可按優待辦法又三家兄元胎現寓北平東城景山東大街八號並此奉聞專復並頌

大安

容媛謹上 三月廿日

哈佛燕京學社北平辦公處

1936

謝英伯致羅香林書（一九三七年四月五日）

香林先生大鑒：敝友陳君天嘯足跡遍大江南北，近復由歐遊畫展歸來，擬假中山圖書館開個人畫展會，約期五日或七日，深（？）弟為先容，此為文化工作，想必不以為冒昧也。何日可以假座，乞為示知，俾轉陳君為感。此頌

文祺

弟謝英伯

中華民國廿六年四月五日

中國新聞學校用箋
校址：廣州惠福東路一陸八號
電話：一一一五伍叁

羅策群致羅香林書（一九三七年六月一日）

香林仁弟台鑒：昨接來信，詞意一切具悉。擬赴杭投考藝術學院，群不贊同，因兩姪在初中畢業，一切基礎尚未打好，須令在高中畢業以後，始能考取。頗希為轉知。群已於本月五日畢業，七日離京赴揚州考察師範及，九日到蘇州游覽，十一日赴嘉興考察國防工事，十四日到金華考察師範，及二十日前仍回京，勾留三數天，即行回粵，大約二十日以前可以返抵廣州矣。此覆，即候

近祺

小兄策群啓

六月十日于蘇州

嫂夫人均此

二十六年六月

雲高巴致羅香林書（一九三七年十月四日）

THE UNIVERSITY OF SOUTHERN CALIFORNIA
UNIVERSITY PARK
LOS ANGELES
Foundation of Asiatic Studies

October 4, 1937.

Professor Lo Hsiang-lin, Director
The Municipal Chung Shan Library
Wen Teh Road, Canton, China.

My dear Professor Lo,

I have received the first two issues of Kwang Chow Hsueh Pao which you have so kindly sent me and have read them with interest. I have found that your publications are valuable in my work and would be glad to have you put my name on your permanent mailing list.

Please let me know what type of publications are desired in exchange. I would then gladly take efforts to find appropriate material from various departments; such as Sociology, Political Science, International Relations, History, Economics, Etc..

You may be assured, dear Professor Lo, that it will always be a great pleasure for me to cooperate with you and the institution you are presiding over.

With all good wishes, I remain

Most cordially yours,

Hans Nordewin von Koerber

Dr. Hans Nordewin von Koerber
Professor of Asiatic Studies

Curator of Oriental Art
Los Angeles Museum

Counselor to
the Chinese Consulate

HNvK/WB

賓板橋致羅香林書（一九三七年十月十六日）

UNIVERSITY OF CALIFORNIA
DEPARTMENT OF HISTORY
BERKELEY

October 16, 1937

Professor Hsiang-Lin Lo
The Municipal Chung Shan Library
Wen Teh Road, Canton, China

Dear Professor Lo:

When I was in Nanking two years ago, I had the pleasure of meeting you. At that time you told me that you were much interested in the T'ang Dynasty work of Wên Ta-ya 文大雅. His book the Ta T'ang Ch'uang Yeh Ch'i Chü Chu 大唐創業起居注 is also of special interest to me. I have commenced a critical study of Wên Ta-ya and his work.

When I saw you, you told me that you had undertaken some research along this same line. Is it possible that you have published anything concerning Wên Ta-ya and his book? If so, I should appreciate very much your letting me know where I may read the results of your study.

I hope that the work of your library has not been completely disrupted by the Japanese War. We are all most sympathetic with the difficulties you Chinese are facing at the present time. You have many friends in this country. We believe that China can and will weather this storm as she has weathered other storms in the past.

With kindest regards,

Very sincerely yours,

Woodbridge Bingham,

Woodbridge Bingham

夏亞加致羅香林書（一九三七年十月二十八日）

UNIVERSITY OF MICHIGAN
ANN ARBOR
GENERAL LIBRARY

WILLIAM WARNER BISHOP
LIBRARIAN

CORDELIA L. HAAGEN
HEAD OF ORDER DEPARTMENT

CABLE ADDRESS—LIBRARY, ANN ARBOR

CODES—ABC 5TH ED.; ADAMS CABLE
CODEX 10TH ED.

October Twenty-Eighth
1 9 3 7

My dear Mr. Hsiang-lin Lo:

A copy of your Kwang Chow Hseuh Pao, vol.1, no.2, April 1, 1937, has been forwarded to the General Library from one of our engineering departments. This periodical would be useful in the General Library of the University, and we shall appreciate your sending future numbers directly to this Library. We are unable to locate vol.1, no.1 of the title. If you are able to supply the first number, we shall appreciate your courtesy in sending it to us.

Enclosed is a Book List of the University of Michigan Press, which you may wish to examine. Should you find publications which would be of interest in your Library, kindly apply to us, and we shall try to secure any available for exchange.

Very truly yours,

Cordelia L. Haagen

Head of Order Department.
per JB

Mr. Hsiang-lin Lo, Director
The Municipal Chung Shan Library
Wen Teh Road
Canton, China

JB:KP
Encl.

20

吳宗慈致羅香林書（一九三八年十二月八日）

香林先生惠鑒：前復一函，當登
記室。頃因校方消息，本校已決定遷滇，如
區之上金寧明懸群三縣，昔日寺之地，今為
最高學府，以文化廣被言，誠該地之幸也。校
中因遷校經費無着，教職員將停薪兩月，以
移支付所謂憲雜合作，亦不遠人情，特祇給生活
費三十元，依校曆報到之同人，照無償生活。
弟與鄭謙君一俟告假有着，即可動身，大約開課
之期總在廿八年一月底二月初，此日時再寄

駕至黔，續纂寫字部分，去書未交，通不便，多帶因檢存難傳錄，希望將清史及近代史部分，酌撥數冊傳館，借補腹笥。韋前函所請求之工具書已在此間購得大半，特中華新出版之辭海，無處購得，可專此順頌

旅安不一

弟吳宗慈上

十一月八日

[illegible] 鄧 [illegible] 附 [illegible] 年 [illegible]

饒宗頤致羅香林書（一九三八年□月十二日）

香林先生史席：屢蒙
枉過，失迎為歉。
尊藏各件，近每語友人
設法找出，手且寄東，明
日擬答復，故遲未奉報
所聞。李少眉先生、淵若等惠軸，當
友將東觀便請帶下，並
荷先生教。敬頌
時綏。
弟宗頤再拜 十二日

坐月奉寄
羅香林先生羊石
霜風頗澀魂羸月峭憂骨懶睎ミ月丈怯對一庭
雪裏雁慈邊鄙鳴雞聲市聲南窗傳飛詭君
子何滯學勢盛當遠邁塗危莫簡忽悠ゝ者
蛇車遙ゝ思釁箋翔翺仰心悍殷雷洗身邇梅
蘿非夷隱扶桑亦隱突淨土孰可求厚地将安
窟誰謂四海寬坐傳孤客癖囊日朱明欽念之
遊如沒胡塵正浩蕩兵馬不可數良晤儻有諸我
當訊踏月

饒宗頤初稿

朱希祖復羅香林書（一九三九年四月十七日）

民二十八年四月

國立中央大學用牋

香林賢倩鑒 接讀自昆明澂江兩處來信 知已安抵
中山大學 昆明亦有書荒之患 群賢在彼 亦覺英雄無
用武之地 殊有同感 日來研究汲冢書問題 發明愈
多 頗感奇快 將來有成感書著之望 孫仲容先生籀廎
述林及顧觀光武陵山人遺書 能得借到 祈寄來一閱 如
有他種戰國史材料 亦希望隨時供給 為請圖書館書
籍何時可到 令兄貴恙如何 令表兄吉否可調護 敬頌
撰祺 仲嫺等均安好 且即有女伴同居 望放心
逷先手泐 四月十七日

香翰屏致羅香林書（一九三□年十一月十九日）

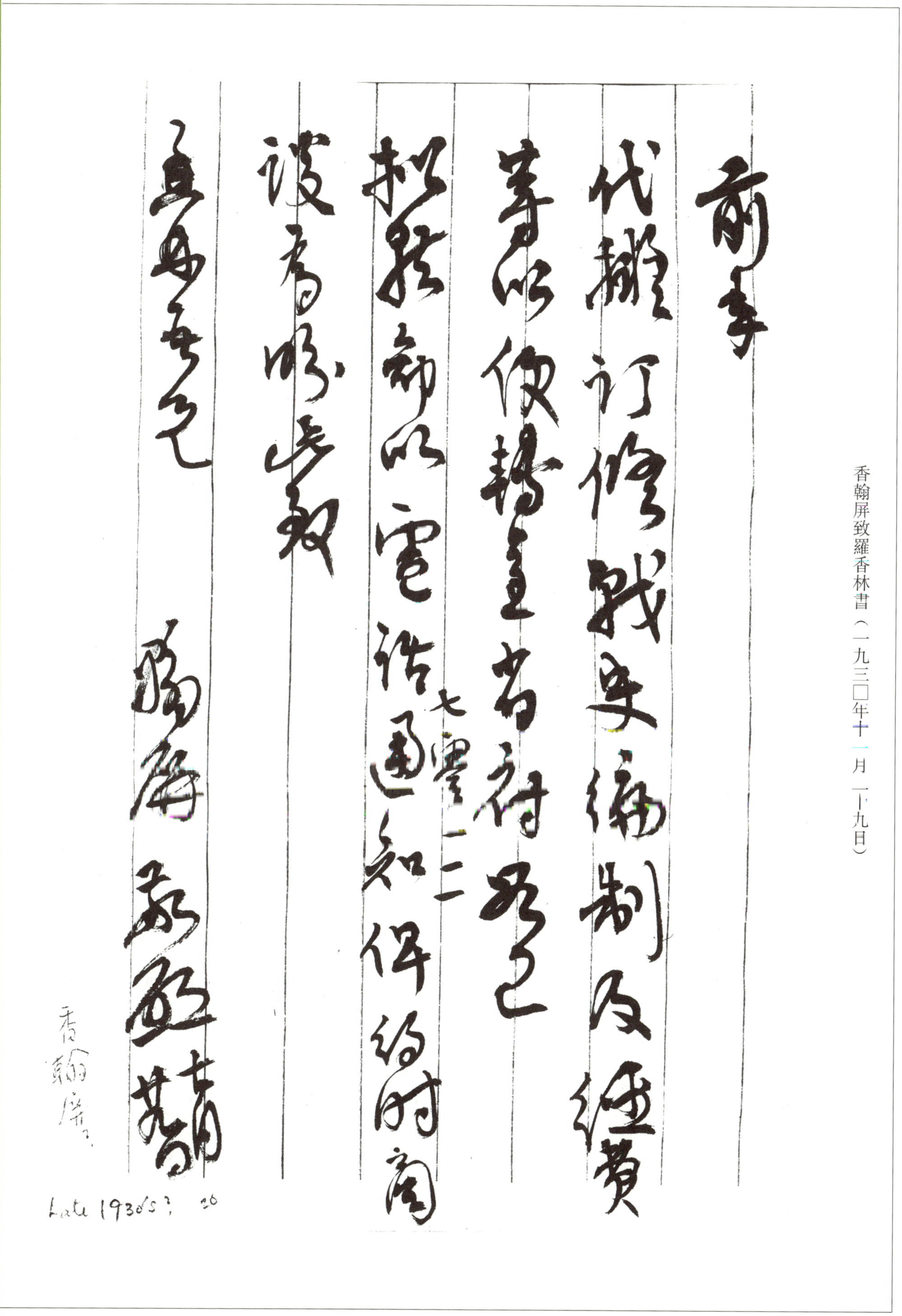

香林我兄：接手書得悉一一。大著提要已代登大公報文學副刊，此星期可出版，想已見之[illegible]矣。憨山大師全集語錄，後名夢游集，一刻於錢牧齋，再刻於徑山藏，三刻於金陵刻經處，四刻於日本續藏。尊示兄所見舊鈔本究爲何本也？尊編文史月刊頃拜收，此後仍望續寄，至荷至荷。大公報圖書副刊弟不過負投

稿之責與編輯委員也。數年前聞掘廣
九路得隋徐智竦墓誌（有陰），現歸羊城
某氏，
貴研究所有此誌拓本否？市上有拓本寄售
否？便請設法代覓一份，為荷。需款若干，
示知，當如數照匯。匆匆即頌
著祺。
弟趙萬里上
十二月廿四日

趙萬里

曾舉直復羅香林書（一九四一年二月七日）

香林先生道席：一月廿日手教誦悉。前在桂林曾兩次走訪，均適台駕外出，悵悵。駕適激廣，而又公出未返，拜讀留函，不勝悵悵。大著所開多以前均經拜讀

伯濤長官並代向候 逸志參謀長賞徽
伯濤長官面示
先生能屈駕來湘至所歡迎暑期後即請
命駕專此 節禧 志[illegible]

用箋 年 月 日

先生能來滬東抄一切問題可以與

伯陵長官當面解決

伯陵長官亦甚識意希望

先生來也

先生所譯長沙會我紀實與青識

高言名玉溪佩慰寄詩箋箋備通志論

人論事而為編纂者立一原則多為從討囿表一語尤佩見解獨到非積學如先生者不能道叢義例由地方官名義出之一節則不惟可以杜爭端且事之蒇厥成敢責方有所歸統系乃不亂也佩服佩服尋鄭君寫君以學尉請維泰辦理會刊

函所敘述但須能受軍事管理守軍紀
律吃苦耐勞因此向歐請若處中諸友考
淋者輒云淋中之樓閣苦辭精神患中
最棄者走馬看花所云哉本必是但
須請長官以苦鬥必生苦辭必滅勉勵修屬
以弟係屬軍人自以限謹用引箋為書年月臬能

來耐苦者弟素歡迎，務懇物色之，並盼
至爲禱。專頌
學安
子韜先生見時請代候安
弟曾舉直拜啟

舉直用箋

卅年二月九日

第十九集團軍總司令部用箋

香林吾兄吉席：前次奉命遠征，倉
卒南飛，未及走告，歉甚。連日視察前
線，士氣極旺，惟民衆工作尚須宣
傳。茲因亟欲明瞭中緬從昔軍事之史
蹟及泰緬與我國歷史之關係，作為鼓勵
士氣及對緬甸民衆宣傳之參攷，吾
兄對歷史研究素深，蘊藏豐富，此項材
料務希

第十九集團軍總司令部用牋

不我遐棄，摘

賜君于航寄贈，成遠征軍第一路長官

部羅事蹟收輯，并祈譚之搜集寄

示為禱。專此順頌

文祺

弟 卓英 啟 四月十五日

卅一年四月十五

馮友蘭復羅香林書（一九四二年九月二日）

香林學兄：昨來書敬悉。承索為時代精神撰文，本應遵命，但弟近方寫一新書，名《新原道》，一時不能分出時間寫他文。因弟定於明年二月間赴中政校，此新書必須於本年內寫成，否則到渝後書稿不全，應酬亦恐多，一耽誤又不知拖至何時始能完成此計劃矣。近覺應付之事太多，而一人之精神時間有限，故常欲集中精力專作一二事，不然者事事兼營，至恐終於百無一成也。區區之意，尚乞婉向九如先生解釋為荷。此頌

近祺，並向

九如先生道安。

弟 馮友蘭 謹啟 九月二日

袁同禮復羅香林書（一九四二年九月二十三日）

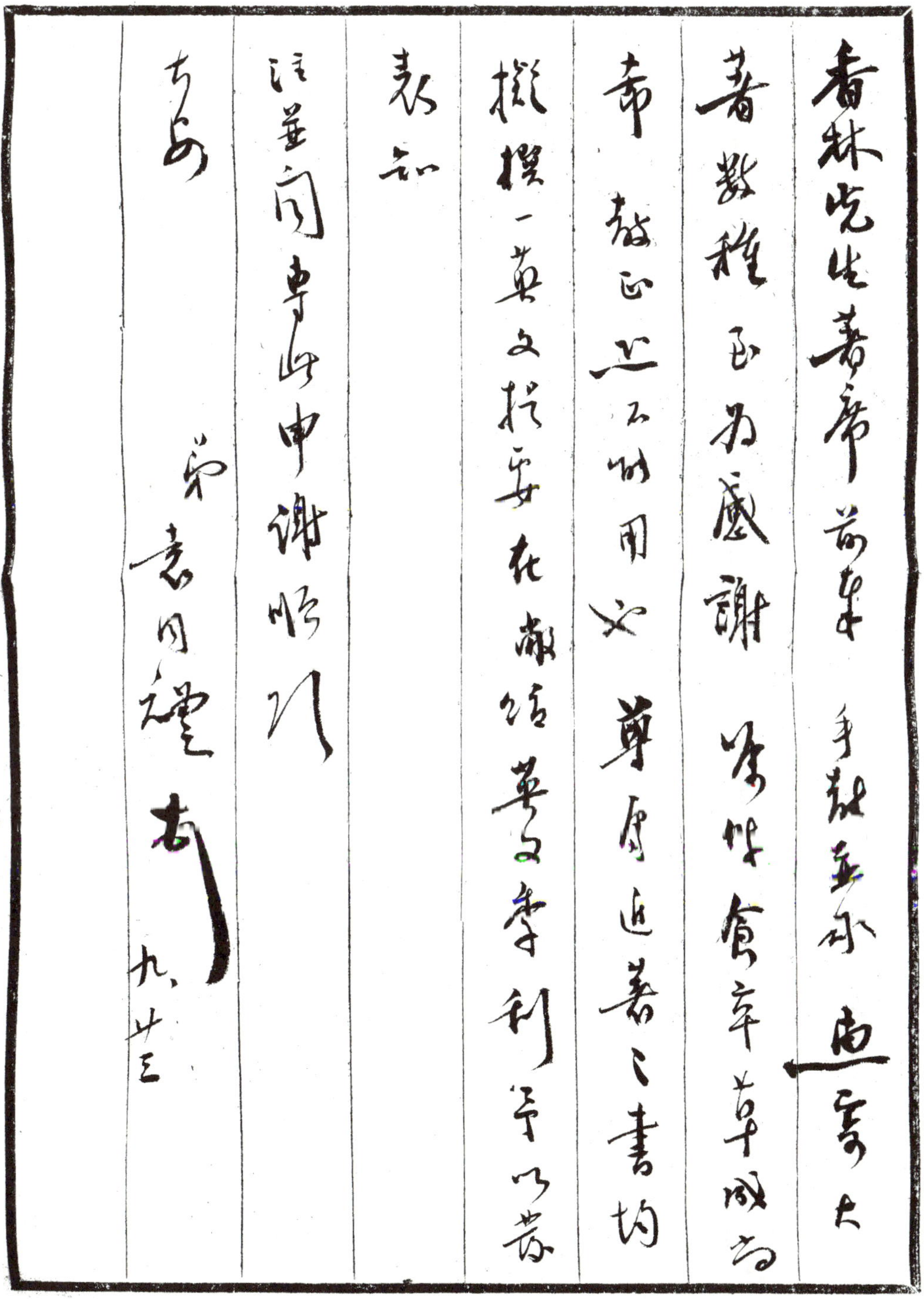

香林先生著席：前奉手教，並承惠寄大著數種，至為感謝。[illegible]惟倉卒草成，尚希教正。近已付印，尊處近著之書均擬撰一英文提要，在敝館英文季刊等以資表知注，並聞。專此申謝，順頌
時安
弟袁同禮頓首
九、廿三

國立北平圖書館用箋

賀麟致羅香林書（一九四二年十二月八日）

香林同學兄惠鑒：奉謀兄存在尊處之德文本費希特全集六册，請即交來人帶回中政校為荷。至書價當由此間直接匯與奉謀兄也。為此即頌
大安

弟賀麟拜啓　十二月八日

卅一年

國立中央大學用牋

香林先生史席：久慕
光儀，無任欽挹。屬維
道履清泰，著述鴻富，遠如私頌。頃者中華書局編纂中國文化叢
書，特囑顧頡剛先生與僕代約當代名賢共成其事。夙仰
先生對於
國父傳敘，當今推盛，茲特檢同編纂計劃奉上，敬祈
俯予撰述，嘉惠後學，為幸實多。千祈勿卻，專此順頌
台綏，並候
教益

朱東潤謹白
卅二 五 廿四

重慶柏溪中大分校

(31.8.1——100000)

朱東潤致羅香林書（一九四三年五月二十四日）

譚其驤致羅香林書（一九四三年六月二十六日）

香林學長吾兄道席：闊別多年，此次過偷

得暢聆

雅教，無任快慰。本以月之十四日啟程南旋，望

日安抵蓬城。

大札於過蓬後始獲讀，連日以忙於瑣事誤延，

畢業諸生批閱論文，致久稽作覆，至以為歉。

頃悉鄭生々研究生王愛雲君畢業論文已

冊印，希

惠予評閱。院中訂於下月四日開會審查畢

業成績，時間至為迫促，恐不及細加審覽。

敢乞飭先行將甲乙丙等第評定，快函示知，擬予代理主任華左之先生，至感至要。閱後注，請特寄柏溪 顧頡剛先生為禱。王君此文蒐集材料雖多歷時日，著手寫作則在弟離平之日，迄弟返校又以迫於期限，未及詳為修改，故內容不免有草率蕪雜之病，尚祈念其初學，不以為不可教而教之，幸甚幸甚。弟目疾已日漸輕減，堪以告慰。暑盛，伏惟珍攝。不備。專此順頌

著祺

弟譚其驤啟 六月廿六日

評定等第後如不及用快函示知，即請改用電報，電費當由院奉還。函電希逕致蔣家胡同三號禹貢學會校中收發室轉。

第　頁

香林先生宗兄道席：

五月一日賜示，今日始由李莊轉到，拜讀之餘，曷勝感幸！弟於太平天国史略事考證，未足以言研究，乃謬蒙先生向圖書雜誌審查會推薦擔任寫作洪秀全一題，徒深慚愧，然亦以見先生見愛之深相知之厚也。弟敢不敬遵尊命乎！惟截稿之期在今歲七月間，弟現因蒐輯工作甚忙，須將工作提緊結束回李莊，在今歲十月以前無法着手，十月後弟當可回敝所，

中華民國　年　月　日

第　頁

若能寬限至此時，弟自應儘先趕寫洪秀全傳
以應
尊命也。附復潘公展先生一函，乞轉致並乞一閱
示復為幸！十餘年前拜讀大著客家研究導論
欽佩至深。弟亦客人也，先世於乾隆間自福建汀州寧化
遷來貴縣，今因居住城中，已不能作客家語，然客人
優良血統之遺傳，今仍存也，故拜讀大著較一般
人印象尤深，鄉往尤殷也。弟去年往金田等地考查太
平天国史料，对洪、馮、楊、韋、石諸傑均一一確證彼等為
客家人，而彼等之起義，即賴客家人之群策群

中華民國　年　月　日

力與夫冒險勇敢之精神以成大業者，此點在
大著中早已盡表揚之能事，無待於弟今日之
考證矣。至於弟此次考查所得客家史料有
文字記載者唯韋昌輝族譜一種，簡又文君已發
表於桂林掃蕩報，想
先生已見之，故不另錄。魚雁有便，敬乞時賜教
言，實為至禱！專此，敬請
著安
宗小弟羅爾綱拜上
賜示請寄廣西貴縣縣前街一百十一號後樓
陳啟蔭堂轉

中華民國廿二年六月廿八日

國民黨中央秘書處致羅香林書（一九四二年十月二十一日）

逕啟者考試院戴院長奉
總裁諭主持之礼服制度審查會將於十一月三日前後
在北碚開會研討集會時間約在一星期以上茲派
同志代表本處參加除函戴院長外相應通知即希
查照準備一切屆時赴考試院集合前往北碚參加會
議為荷此致
羅香林同志

中央秘書處

十月廿一日

中國國民黨中央秘書處用牋

洪澤人 21

羅家倫復羅香林書（一九四三年十一月十八日）

國立清華大學
[TS]ING HUA UNIVERSITY
PEIPING, CHINA

校長室

香林兄：歷史學會章程奉
還，大致甚妥，惟出版物一層尚可節
邀集同人商酌，并函因不多也。先此
近佳
家倫謹白　十一月十八日

元一吾兄大鑒：頃奉四月四日
惠書暨拙著，過承譽借，感謝奚似。
大著《國父家世源流考》及《中夏系統中之百越》，每月附續
到，翻讀數卷，深覺吾
兄於學深思，刻實求瞻，欽佩無已。
尊論謂古代中原華僑古服遺與鄙見相同。而弟本擬撰
述「人類發生源之氣候變化」一文，大概述自地質時代之第四紀
以迄今前，惜弟自去年專擬務著，教向以來戰氣候書刊閱讀，
深愧報此，請當於終寫成，以償宿願。兩個月當呈兩[illegible]
兄中原系之南從徐中舒先生學者本文論及殷為「殷人服系
及系之南遷」，下歸中心有獲系之例也。「今夕其雨，獲象」之象，
南遷一方似與氣候有關，一方係隨徐山澤之借來也。[illegible]

中央氣象局箋
33,1,10000
2

山澤而焚之，「禽獸逃匿」，當世以氣候之影響者為尤大，鄙見此乎云。又按有用情，又係周象在古代常用以作戰，不論確否云。又稱而狀之，二至又古代龍之傳說，有人以為鱷(注)，昔長江流域沼澤地中之鱷魚(見韓愈之祭鱷魚文，由之則知當時潮州亦有鱷魚為患)，鳳凰則為孔雀，而麒麟則為長頸鹿(Giraffe)，此三者皆為今日之熱帶動物也。在歐洲方面，自第四紀冰河期後至鐵器時代間，其氣候之分化大致可分四期，即①Boreal(乾燥及大陸性)②Atlantic(暖而溼)③Sub-Boreal(大陸氣候夏季極熱)④Sub-Atlantic暖溼雖較②期稍次，自第四期Sub-Atlantic以後，在歐洲鐵器時代開始時氣候忽然寒冷而又溼，此在歐洲亦有確證(見古代植物分布證明)。亞洲既與歐洲相連為一大陸，自可推想在周秦以前氣候亦較暖。孔子之獲麟或係Giraffe之碩果僅存者(缺)，此係中常情誠。又屬古代傳說中之神農氏、有巢氏等，查係北之課雜毛被時樹葉與今日熱帶之原民相似。雖說古代人民抵抗寒冷之能力較大，然今日之大猩猩以及其他猿猴雖生熱帶，仍被有毛，似徵此等一種動物能裸體抵抗嚴寒。如上所云，均是弟歷年來零星感想之一部份，敢以質諸

兄，是否有當，尚祈不吝賜教為幸。專此奉復，順頌

研安

弟呂炯

卅六、四、六

雲南瘴癘之說，弟素未研究，惟據近來許多研究，似均歸咎於瘧蚊（因該地區熱瘧蚊之種類特多故也），并于此上一篇。又弟往昔所作均為純粹自然科學方面之研究，其與歷史界有關係者，惟「巴山蜀雨」及西域西蜀之古氣候與古地理之二篇耳。

又及

蔣復璁致羅香林書（一九四四年七月七日）

香林尊兄大鑒：昨日閱報，驚悉
令岳病故，曷勝惋悼。當即致函伯商兄致唁，承
枉顧失迓為歉。伯商兄欲定八月六日在敝館設
奠，自當遵辦。惟過去在此設奠，多用公祭方式，
故乞兄轉商伯商兄用公祭啓事，不用訃聞。
如用訃聞，則不宜設奠，而另登公祭啓事，以敝館
只能借作公祭場所，而不便借作私奠之所，如廟宇、
飯莊。想伯商兄必能了解也。匆復，即請
大安

弟蔣復璁拜　七、七

傅斯年致朱偰、羅香林書（一九四四年七月十二日）

伯商
香林 兩先生左右：
報載
逷先先生遽作古人，何勝驚悼。
緬想
逷先先生在史學上之建樹，自當
其多識足以上追前賢，下開來
許，今竟不救，尤中原之定傷

外之讀韶雲惶，言不盡意。敬乞代向
師母大人及諸師姊妹均致敬意為要。住武昌時東京七奉寄書籍
禮安

弟傅彭年謹上
有十三

1944

張君勱復羅香林書（一九四四年八月十一日）

香林兄如晤：來書閱及。尚書一切，貴胡遺墨仍在森處。前由粵而港而滬而平，未嘗及此，今題數字，保險寄還。如來書所云，似疑森且據為己有者。兄與森相處日短，而嗜鄉先輩手澤之心又切，故不免疑慮，惟有付之一笑可耳。即詢近安

張嘉森白　八月十一日

中山大學歷史研究所季報內馬君武所書，望寄下一份。雲南苗族攷請代購一份。特寄去再生全年一份，請收閱。

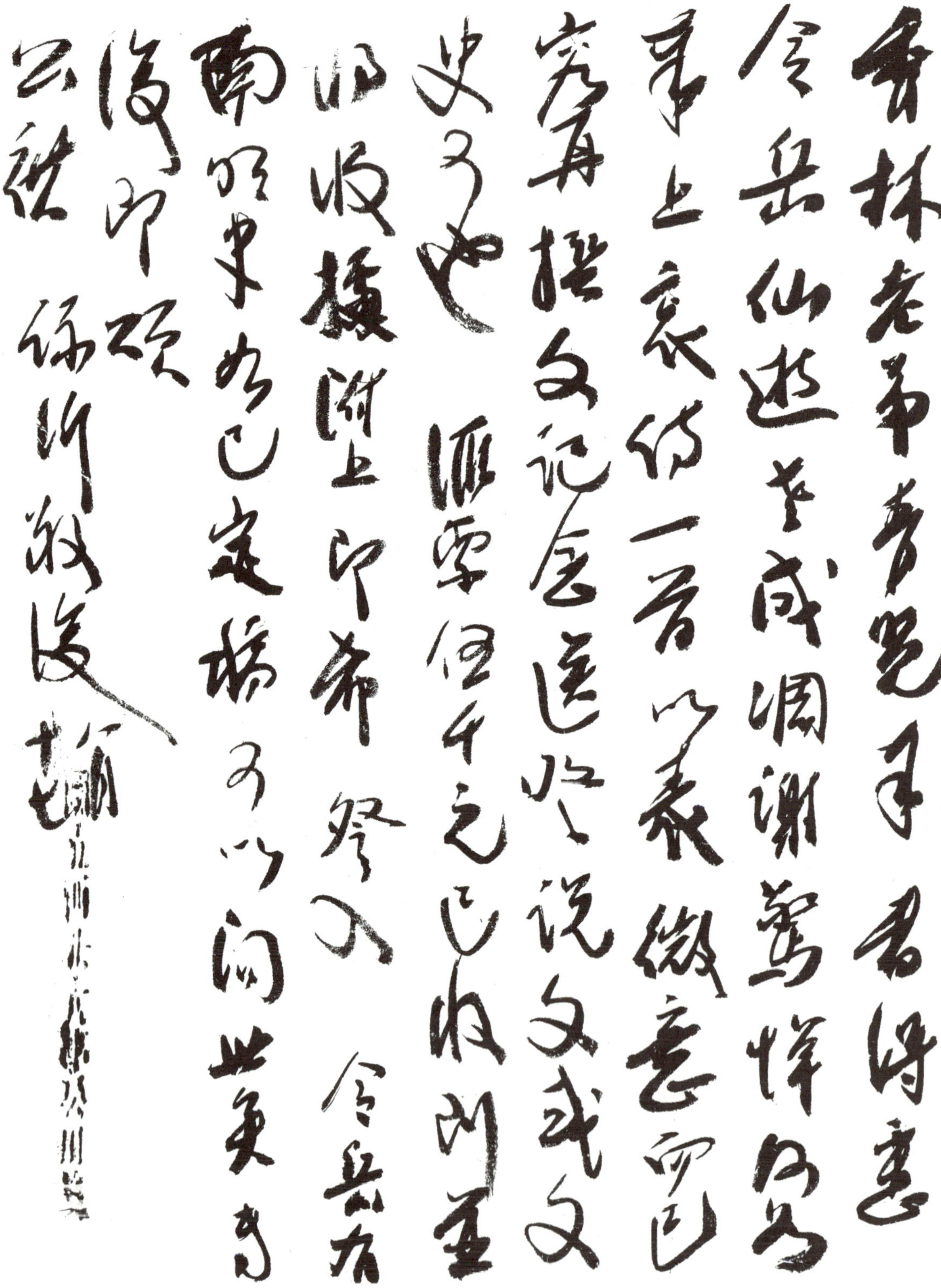

陸懋德復羅香林書（一九四四年八月十七日）

悼朱逖先教授

卅年講授聲名遠，
七載隨從老病侵。
國士來還身已歿，
一編明史見深心。

陳樹人

胡毅生致羅香林書（一九四四年□月二十□日）

香林先生大鑒：別錄近作廿餘首，以博一粲。倚韻稿已交，則不必寄矣。仙根有戰庭書風數十篇，論粵書法源流，先推傑作，既合《文史月刊》之旨，善不能不慫恿。若先生加以註釋，則尤為可貴也。此頌

文祉

弟毅生頓首 廿日

又拙作請署隋齋，不可用本名。

香林先生執事得
手書欲保存東江先賢著述擬撰
四庫別藏一書 高誼洪願今昔罕儔佩仰何極竊意東江先
賢遺著不見於四庫著錄者不止乾嘉以後之作即乾嘉以前
亦多失收試檢各府縣志藝文類一閱可知其近世爲府縣志所遺
者更無論矣惟府縣志藝文類存目未見之書殘之更寓目者爲數尤
夥至乾嘉以後之作殆不勝指屈欲一一蒐集誠非易事況各地淪亂
之餘十室九空存者蓋寡即有亦任其煨燼不知愛惜終歸消滅蓋
由語體文興讀線裝書者無多之故良可嘆也前函所舉各書經亂後
弟僅存無溟雲遊集榮寶堂詩鈔海嶽堂稿宦遊吟草及倦意吟稿
歸善李僑青雨丁吟大埔邱子慎數種而已之事實不成問題餘如私人之藏多屬難

李繡子宋芷灣吳石華黃公度丘仙根諸公之作想鄴架已有故不贅陳

得振本且有未刊者購買既不可能遠道借亦必見拒鄙意擬就近倩友代撰提要並改纂呈　削正與　尊稿合併刷印所見可寄即寄否則仍請續代撰提要寄上庶幾稍易爲力最好將已見書目寫示以免複出　尊意以爲何如　譽虎先生居址盼乞見告俾便請益粵詞人自潘蘭史陳述叔兩先生歸道山後此老爲魯國靈光巋然獨存無恨空士無緣識荊耳　拙箸過蒙　愛助華評無涯汕頭許君之函已發勿念手复順請

撰安

弟張鳳子頓首　二月廿五日

姚枬致羅香林書（一九四五年七月二十九日）

中央銀行用箋

香林先生道席：日前晤

教，快慰奚似。茲遵

囑寄呈拙著南海史地叢

考一冊，敬乞

郢正。大著唐代文化史研

究一書，倘承

字第　號第　頁　年　月　日

公三（乙）

中央銀行用箋

書煩尤深感幸，尚此佈
達，敬頌
撰安
弟
姚枏上
七月廿五日

字第 號第 頁

年 月 日

公二(乙)

100

陳大齊致羅香林書（一九四五年八月十九日）

香林先生左右：

榮膺新命，造福桑梓，欣慰之餘，曷勝忭賀。頃偶翻閱文史雜誌二卷七八期，得讀尊夫人大作景教碑文紀年考正，跋中引述先生之語，以明釋景，至為欽佩。文末引景教源流考，謂景教屬東派。不知東派是否即希臘教。如係希臘教，則希臘人自標其國曰 Ἑλλάς，據記憶所及，此字本義即為光明。惜此間無書可查，有無誤憶，未克考正。若果無誤，則景教或即希臘教之意譯，務較此

專毫無研究，不過偶有所懷，姑作芹獻，不識足
資參考否。前閱
報章，談及令岳老太太將移住城內，不知現住何
所，為念。順頌
勛祺

弟陳大齊敬啟 八月[illegible]

1945

考試院考選委員會用牋

香林委員吾兄大鑒：前日
惠臨失迓為悵。是日適外出調查通志館之書，蓋此次
廣東精華，故念念不能忘記。自廣州失陷，志去太多，由
于人盜去一部份，由意大利領事購入，謂之Ross Collection。
一部份為東西研究所收得，其次藏於意使館者，歸
於台灣總督府東西研究所得東次，其書搬入兩廣
浸信會。倘有內行人根查，完璧成為歸趙。以上種種，
係早有所聞，以
足下關心文化事業，故不憚煩煩言之。至於市圖書館

之書已同鎮海樓之博物同入番禺學宮省圖書館。之版片一部份移置鄭鄉，亦有一部份毀為薪火。繼之而粵重光，教育文化均待整理，尤賴有力者為之提倡。馬上得天下，不得以馬上治之，已於古蹟古物之保存，想早有成竹。聞黃花考古學會謝英伯之物，有一部份由石室魏主教代存云。匆匆不盡。即請

勛安

冼玉清拜　九月廿日

日間擬移步仁濟路真光中學求教面談，請先賜電話該校一問

詹安泰致羅香林書（一九四五年十一月三十日）

元一吾兄勛席：

大教拜悉。囑事經即與倩華主任兄商談，據云本期哲學系聘五人，周、容、鄭三教授已到，尚有二人未到。倫理學及宋儒哲學經有人擔任云云。專此奉復，即頌

鈞祺不一

弟詹安泰頓首　十一月三十日

无盦用箋

杭立武、陳訓慈致羅香林書（一九四六年二月十六日）

教育部清理戰時文物損失委員會

元一先生大鑒本會粵港區文物調查工作經於一月五日
函請
台端担任諒蒙
惠詧嗣以未奉
復示復以香港文物調查工作亟待進行已由會聘
簡又文先生為粵港區代表並請先行調查存港文物之
保存與失散情形惟粵垣文物重要　先生方參省政
尤需多所倚重擬懇　惠予屈就粵港區副代表担
任粵省文物調查工作并與　簡代表取得聯系至

國府路三〇九號附八號

教育部清理戰時文物損失委員會

廣西方面經戰事後之文物損失亦請分神轉託有關方面調查素諗先生热心文教敬希惠予贊助並盼示復不勝感企本會規程先寄一份各區代表並錄奉台詧至工作要点及貴區所需經費容俟得覆後續寄專此奉達順頌勛綏

弟杭立武
陳訓慈謹啓
二月十六日

國府路三〇九號附八號

華羅庚復羅香林書（一九四六年二月十七日）

香林
委員先生勛鑒：頃獲家於翁惠我
公代羅司令電邀並先生夫婦同來
廣州講學，實深銘感。弟刻獲蘇聯科
學院之邀請及朱騮先先生之鼓勵，將
應約前往作二月之句留，致
尊約不能接受，悵何如之！但　羅司令
及我
公垂顧之殷，情已深銘肺腑矣。啟行之

日在一二日内不能多作问候語敬希

鑒諒，专此敬請

勛安

弟 蔣寶庚拜上

二月十七日

1946

寶同令兄先生前請代問安

教育部清理戰時文物損失委員會

元一我兄大鑒：一月卅日手書展

誦，惠寄新年賀片，藉悉

兄已就聘廣州文理學院，甚慰。此時邑可以

獨立先生之屬，暗擔文物委員會副主委事，會中

僅秘書一人（即志嵩兄）（浙大文學士）及書記一人，亦乃因擬將其名為主任委員

主京，實代彼負責，復以損失調查困難，文物賠償希望

不大，深恐勞而無功。而獨不相勉有加，勉為其難，斯時迄以

未能前去，如碑代表之不過，久未成行，乃由杭先生

事忙之此，草率為罪。

來示請寄教部轉，弟或三月返杭

國府路三〇九號附八號

教育部清理戰時文物損失委員會

今由李絢，並以枕先生生平事跡 簡又文先生

近代史，故有專篇[illegible]調查之撰識，及五十六日乃得（[illegible]十日）

新局長，田先生前 之之作，[illegible]「廣州[illegible]」

[illegible]事之[illegible]未[illegible]。

同時簡先生作則，知[illegible]廣州佐[illegible]衡羅香林[illegible]，

並以枕[illegible]之[illegible]，簡[illegible]工作，先[illegible]，枕先生批[illegible]

並以[illegible]文獻館成之，同[illegible]主持，[illegible]

[illegible]刊[illegible]，簡[illegible]者[illegible]，[illegible]以[illegible]

[illegible]若[illegible] 之為代表，則枕[illegible]先生。

簡[illegible]有一[illegible]，[illegible]之[illegible]以[illegible]

[illegible]代表一事， 之[illegible]未先[illegible]，又以[illegible]。

[illegible]則[illegible]，簡先生[illegible]

[illegible] 弟謝興堯 二、十九

32

葉恭綽致羅香林書（一九四六年二月二十日）

香林先生左右：時局紛紜，遂乖良覿。近緣衰病益深，應承昨擬粵省府通知，擬以本省文獻會經設之初，令主其事。弟痼疾顛連，已將二載，鄉心甚切，迄未成行，或此事能歸里閑就，未敢必也。一切偏勞左右擘畫主持，免誤進行，不勝企荷。如有管闚所及，當隨時函致左右祈。亦以通信處所，無任盼禱。會址已多確定，經費已否撥付，內容組織何若，辦事人員延攬乃若干，贊助均希詳示。丹銘先生想否亦祈見告。餘俟

吉安。葉恭綽 二月廿

1946

梅貽琦致羅香林書（一九四六年五月九日）

香林仁棣大鑒：前聞
榮任粵省政府委員，適當戰後人民望治情殷，撫
輯吏治，任務艱鉅，諒
諸君必可游刃有餘也。昌勝企盼。茲有懇者，此間
聯大三校奉命復員，本學期課業已經結束，第
一批復員員生約九十人，定於本月七日乘公路局
車約三輛，按救濟總署運送難民還鄉辦法隨
同東去，前往梧州再行轉往廣州分别返鄉

國立西南聯合大學常務委員辦公室用箋

預計本月二十日左右可以到穗以後每隔一日即有
一批到達本月共有五六批每批人數八九十人彼等
到穗後之暫時住宿問題擬請吾
棣與予協助俾得解決至一切接頭奔走及詳
細備辦事項已另函託李昰羲弟代爲偏勞
尚祈
商囑李君以利進行是爲至荷專此奉託
順頌

國立西南聯合大學常務委員辦公室用牋

勛祺

梅貽琦敬啟

廿年五月五

簡又文致羅香林書（一九四六年五月十日）

元一吾兄：昨晚電話所談關於文獻館組織之件，甚為重要。倘照人事處根據教廳所擬之草案通過，則全館性質盡要大異于我們的（非驢非馬，而係編輯教科等等之編印局）理想和主張之意也。補救之法，一面設法使此案暫不提出討論，一面儘使我們的草案（此案改由第四科）迅速交付第四科或人事處重新審核，易提（或不經該人事處）新案以成定局。此等關係本館生死成敗，想吾兄必樂為注意。來書人事再三之

第　頁

中華民國　年　月　日

廣州□□北路大中書局製

努力不致歸於泡影耳。弟前年已將此組織草案同時修定補助費及編制表兩件公事簽呈主席閱，其留下在考慮研究中。敬希兄向其提及，請其及早遞出（逕行）提交省務會議討論通過是幸。

即候

晨祺

弟簡又文頓

中華民國卅二年三月十日

廣州[illegible]北路大中書局製

陳知白復羅香林書（一九四六年五月十二日）

元公鈞鑒：囑查刻宋時廣州北寺暨莊徽寺語華玉，今並未找得。晚自蒐廣州梵剎資料，覺年代最古爲晉隆安中王園寺，其次則爲陳宣帝太建中歐陽紇爲廣州刺史時之孫園寺，見徐位倩（附徐陵傳）寺在廣州城外，其址在城外何處，今亦無可考矣。公所詢之北寺，以晚意揣之，似是訶林，但無實證。昨曾託人假指月錄，俟假得，如其無記載，再摘錄奉上。迩因梵剎志考證頗費，兼之小孩生病，致未暇謄錄。附上文獻叢譚二期，請察收。即請

鈞安

晚 知白謹上 五、十二

香林兄：前承對于素所服膺之「結繩中」字係萬象男女性官調和有所評正，甚為感佩。吾人治史自應具客觀精神。頃見某文中引「夏尚忠，殷尚質，周尚文」云云，此三語不知出自何書，係誰所說，兄如識之，請以見告為盼。此三語，或對三代史之哲學有所闡發。吾以為「夏尚忠」之忠必係不向所主張之男女諧合之「中」，因「忠」為本義，及「忠恕」等道德名詞，甚為後出。夏代決無此類高度倫理觀念，殷尚主「質」，夏以更較渾樸可知。吾謂禪讓為西方推選之制，夏已開始傳子，則男系家族制度諒亦於此時

271

蒴芽，而禹王治水，田區劃分，當為農耕之發軔。結繩字可能比漁獵期還早。但孔子讚美堯舜謂其"煥乎其有文章"，亦以為孔子此處所說文章當係陶器之花飾。此類圖案中除日月蟲獸而外，必有男女相交之象也。弟意以為何如，尚希有以啟發，不勝盼幸。尚頌

教祺 不一

弟 扶雅上 五、廿四

弟自民三十五年在藍田講"中國倫理政治史"時即寫書稿，闡此中字之起源。但"天之曆數在爾躬，允執厥中"……"舜亦以命禹"，半可信，半不可信。堯舜時當已有此"中"字，惟是否已感此"中"之適應締國社會需要，則殊有可疑耳——。

曾鏡涵致羅香林書（一九四六年八月二日）

三民主義青年團中央直屬
省立廣東文理學院分團部用箋

第　頁

香林院長函鑒：敬啓者，自鈞長接任院務以來，弟一向本教育者之立場，對院務之進行知無不言，言無不盡，想為鈞長所洞悉。頃閱文理學報，閱於英詩之部份，係梁潤生先生之潑水魚一全部份，振吾及劉榮瑞先生之光華諸園內之觀賞植物原稿之一部，係由弟私人關係曾托弟修正文字外，其餘均未過目。現覺封面之英文譯題中有以字譯字與翻譯出來，做成中國式之英文，未免見笑大方。弟非好管閒

中華民國　年　月　日

地點：廣州光孝路省立文理學院內
電話：一零八零九

大新路政一印務公司承印

1920 Tsang King

三民主義青年團中央直屬

省立廣東文理學院分團部用箋

第　頁

事但為院譽計，嗣後對於向外發表英語文字，盼本校英語教師審核，以昭慎重。例如本院院名之英譯，在桂坐時有譯為 Provincial College of Arts and Letters 者。弟來院後即將其修正為 the Provincial College of Arts and Sciences。近後院又有自作聰明者於 Science 一字加上一 S。鄙意長官頗始改正，故不得不奉告也。專此，即頌

勛祺

弟 曾鏡涵頓

中華民國卅五年六月三日

地點：廣州光孝路省立文理學院內
電話：一零八零九

陳和銑致羅香林書（一九四六年六月十日）

世界文化合作中國協會籌備委員會辦事處用箋

第　頁

香林先生惠鑒久仰
荊州未遂瞻對
台端學向淵深於民間藝術尚有研究學在下風
風深景慕前者　曾晃之先生自粵返平道經滬上
承告閣於　敝會徵集民眾藝術品事已荷
惠允贊助並以為盛舉事現已積極進行期於本
年十月間舉行陳列頃由　敝會長吳稚暉先生專
函奉求當蒙

中華民國　年　月　日

世界文化合作中國協會籌備委員會辦事處用箋

第　頁

旨肯俾藉衆擎成此創舉曷勝感幸徵集情形

并乞

隨時賜知為禱專肅祗叩

台祺

弟陳和銑敬啓

六月旨

中華民國　年　月　日

鄒魯復羅香林書（一九四六年六月十八日）

香林先生惠鑒：頃奉
手書並舍下源流考，均一一展誦稽審。
主編新語、文史兩刊，發揚民族文化，兼
任佩慰。敝族遠祖應龍公立朝大節考
證贊揚，尤為感荷。南方私立學院，乃仍
希與有關商量，擬具條計劃，自當努
以助成也。專復，順頌
時祺

鄒魯拜 六月十八日

中國國民黨中央執行委員會用箋

許雲樵復羅香林書（一九四六年七月二十一日）

中國南洋學會
The South Seas Society,
P. O. Box No. 709,
SINGAPORE.

香林吾兄道席：奉 大教，敬悉。
惠尊稿以光學報篇幅，甚感。重承詢
滇人所傳鄭和為賽典赤贍思丁之六世孫，
弟亦疑之。蓋元代亡國不及百年，若傳六
世，非早死南宋不可，其說不攻自破。惟和確
為西域血統，其父已為混血兒，和殆為再混
血兒，且因自幼入宮，故對回教之信仰不甚堅
定，致有祀天妃及佛寺行香之事。蒲氏子孫
之離教，亦可見其華化之深也。未知 吾兄
以為然否？弟以職務繁冗，遲覆乞亮為感。
順頌
台綏

弟許雲樵頓首
七月廿一日

228

詹安泰致羅香林書（一九四六年九月二十五日）

元一教授吾兄道席：鴻詔兄悉。來
大教敬誦。一是疆邨叢書內心泉詩餘僅有跋
尾，卷首並無小傳，當即撿出，命小犬過錄附
奉。學校新生已放榜，刻正籌備招收研究生
及專科生，崇臨下鄉尚未進城，進埠時與弟
同往。弟擬明日偕擎民赴港，約勾留一星
期返校。閱悉到港時必訪九龍塘德雲道
四號黎季裴丈，
得便請駕臨一晤，關於文史稿件徵宋室

會卒不克寫奉，違日面商何如。倘可闢專欄刊詩詞或有關詩詞之論文，從選中頗有存稿或亦為助也。敢之奉商，敬頌

履福不具

弟唐 安泰 再拜

九月廿五日

漱宋室

香林院長垂鑒：

近奉大札，謙若為懷，正所欽遲。貴院校未知有無農林系，有若郡可由校促成農場，使吾先生合作，自食其力，且可養成大自然的農業，實為建設提神也。對於提倡，至以為佩，并頌

勛綏

張競生上
卅五、十月十九

張競生復羅香林書（一九四六年十月十九日）

徐信符致羅香林書（一九四六年）

南州書樓用箋

第 頁

今日會議，弟因足部生瘡，
不能行動，特為告假。前時
所議名勝古蹟碑版，其拓印
人物或以日計，或以件計，不能一
律。請訪問胡委員毅生、羅委員
原覺，于拓印人甚為熟悉也。專此，即
上
元一先生大鑒
弟徐信符頓

中華民國 年 月 日

第　號第一頁

貴稿首頁述及沃生雖未掛名黨籍而曾協助
中山等語其原因固基於清廷失政坂秩庸屢
招沃生仕清而不爲之動此外英人銜恨清廷最深
而原因之一是以倫敦及本港政府对中國革命俱存暗
助宗旨也此乃發端甚微而影響絕大實一重要外
交秘史故不辭覼縷言之其秘史如次
清末自慈禧聽政以後陋習叢生凡任命外放大
員返京覲見之意即述職例須奉獻珍品於慈禧同時

年　月　日

第　號第二頁

对於隆裕后（光緒后）又不便缺如習慣奉獻兩宮禮物例
由太監李蓮英轉呈尔例須賞賜蓮英封包習
慣大員從優缺回京者封包約白銀十兩從普通缺
回京者白銀三兩吾粤張蔭桓崇太后賞識嘗
任駐英欽差大臣使（印公）迨任滿回京以金剛鑽鈪一
对奉獻太后以飛彩玉鈪一对奉獻隆裕后惟張
氏吝惜封包駐英欽差一向視為肥缺張氏僅封
三兩蓮英乃銜恨之

年　月　日

蓮英在宮內隨侍太后寝太后太后隣房而房之前寢倡為雜色玻璃（所謂滿州窗）蓮英夜间在室內与其他宮監談話太后每喜伏於窗外竊聽窗內每見其影特許伊不知耳蓮英出入外恭謹而內陰險既不敢面奏太后之短乃日间預授意另一宮監伊晚间对白迨見窗外太后影子蓮英即長吁歎曰「近有一事，我真替老佛爺（指太后）不值矣！」其伴詫異曰「何以不值呢？」乃答曰「欽差大臣張蔭桓蒙老佛爺特達之知派駐英國他任滿返京係估他奉獻甚麼給老佛爺呢不过一对洋玻璃手鐲子罷了（当时钻石雖貴尚少人知）太后平素不喜隆裕得聆此語妒恨交集乃中心藏之迨拳匪之亂聯軍入京要求懲办禍首張蔭桓亦被牽累有旨腰斬消息一傳英公使大驚即晋見办理各國事務衙门大臣（其时未設外務部 更未設外交部）力言如欲保全中英邦交務請取消殺張蔭桓之議事闻英廷宗教信仰

之尊嚴 Saint James 乃倫敦之 Patron Saint 而凡屬外國駐英之使節皆稱為之 Member of the Court of Saint James 罷職返國之後在其本國犯法最嚴重者祇判終身監禁為尊重英國邦交計從不加以死刑英國自立國以來友邦一向遵此慣例云乃聞於太后之之曰我自斬罪臣英國不能干涉卒斬之英國視為嚴重侮辱故暗助中國革命也沃生之姪何高俊乃本港西醫实

第　號　第六頁

為黨人，辛亥廣東獨立，高俊即返廣州任衞生司長（等於本港醫務總監，今之衞長，其时俱稱司長）。袁項城當國时，葉菁虎當任交通部總長，且為梁燕蓀摯友。昔年寓港，予嘗偶與談及英國对華外交，菁虎正容曰：實際言之，中華民國最初十餘年之國脈，實操於英公使朱爾典之手，舉凡重要之外交內政，甚至任用大員，莫不邀之密商，應付日本侵略，莫不言聽計從，蓋当

年　月　日

秦德純秘書長

时兵力之雄以英為最也。戰後予參閱梁燕蓀年譜附列國乃足証譽虎之說無半字虛假也。

至於外籍人来華傳道向為清廷所拒迨自鴉片之役後議和條件始列入許可外人来華傳道清季官吏不懂外情更不知國際法為何物故自有外人来華傳教革命黨多托庇托洋牧師宇下普通教民有乃訴訟輒自稱教民某之即足恫嚇官

第　　號　第八頁

吏至為可哂惟港督李春壇素性崛強見稟章自稱教民者即先殺之蓋外人交涉究其量不過賠款極恤而已自此以後教民之囂風始斂大抵外籍牧師來華傳教大約利害參半洋牧師在我國創办学校醫院育嬰堂所謂利也但歷閱教案割地賠款其害甚大尚為國人所知至於外籍軍事人才來華冒充教士（亦冒充商人）倫畫各省軍事地圖又深入民間有事則鼓惑民心其害極大且鮮

年　　月　　日

人知予數十年來耳聞目見且身歷之多俱信而有徵極彰教育界人士重視此種國患也

「國父」之名稱如華盛頓之於美國俾士麥之於德國 Cavour 之於意國 William Tell 之於瑞士其功高於中山之於中國亦僅於歷史上云渠可稱為「某國之父」而已未聞其德意瑞等國人士常稱「國父」也宜細讀清末民初歷史注意民國何以成立之速清室何以退位之急使明其故矣

关于何啟爵士尚须调查各點

一、何爵士之父、祖，名字（名進善字福堂）、履歷。何啓初名何啓東，後因何東与他同姓，故省去東字。

二、在英何處学醫，何處学法律，何年返港，何年港大贈博士（法学）衔（LLD）及其他榮衔，如太平紳士之類，得於何時。

三、何爵士執業大律師时与曹善允同一办事處。

四、与此隆泰東主區德为摯交，此事与聘區大典先生任教大学有关。

五、目前那打素醫院之名義甚長，宜細查此長衔原因（先鈔原衔，然後訪问）。

六、何永貞似是區德之女婿
其他兄弟之職業須調查至於學歷港大工科
畢業者似僅得永乾
七、宜查何爵士生卒年月日與住址
八、傳秉常之妻是否名「錫」宜霞查
九、其他三個女兒嫁某家宜一查
十、何妙齡是伍庭（廷）芳夫人請一查是何啟之
姊或妹
十一、何爵士之律師事務所宜一查

黎玉卿
黎金敷

香港大學中文系

（一九一六年畢業香港大學，曾選讀中文，賴太史高足弟子）

李景康先生書札

羅香林藏

金岳霖復羅香林書（一九四七年十二月十五日）

編輯先生大鑒：岳霖自回國以來僅做哲學論文數篇，均在萬字以上，短篇文章從未做過，同時文思極慢，竟至執筆終朝而不能得隻字，撰稿費一層實不敢從命，為祈特別見諒。現在專重哲學，如有較短文章（不是書評）當先送呈貴刊，但請不必盼望。此致
敬禮

國立清華大學
金岳霖啟

胡先驌致羅香林書（一九四七年十二月十五日）

香林先生史席：重慶一別，倏忽數年。敬維

興居多吉，動止咸宜，為慰為頌。驌自今年一月底自

泰和避地永豐，至十月底始來南昌，現寓鴨子塘

十七號，一時尚不他往也。茲有一事奉詢，即古之氐族

與月氐究是何種族，其血統究與羌、僰、苗、猺、胡、

鮮卑等何者為近。

台從研究我國民族有素，懇有以詔我也。手此，敬頌

冬綏

胡先驌拜啟　十二月十五日

1947

通信：江西南昌鴨子塘十七號

靜生生物調查所用箋

香林
仲嫻　先生清鑒
謹啟者　承祚　幼遵庭訓長嗜八法其於甲骨鍾鼎篆
隸各體揣摩卅年間有一得未敢自是　雪曼　則自鍾
王以下雜寫歐虞河南及瘦金書兼習國畫師法倪
黃但睎清真弗尚藻飾用是作風相去不遠比值
喪亂移教粵雍撿其近作共得百件爰訂二月十二至
十四三日假文明路文獻館展覽至希
台從惠臨參觀糾其愚蒙何深感謝專此布達祗頌
撰佳

商承祚
佘雪曼　同啟

商承祚、佘雪曼致羅香林、朱倓書（一九四八年二月）

冼玉清復羅香林書（一九四八年四月二十七日）

私立嶺南大學圖書館

校址廣州河南康樂

香林先生：

来示及廣東新語第二期收悉，但第一期尚未見過，請連第三期檢寄，以便陸續郵来為感。玉清對於廣東掌故材料甚多，茲付上北田五子考，一期或分期登出，均隨尊便。大作已查文存及其他，亦望見寄。文獻專員會刊底有何工作，足下為主持人，想有具体計畫，即請告知。

冼玉清拜

中華民國卅七年四月廿七日

第　頁

漢民北路勝利印務局承印

興寧縣文獻委員會用箋

第　頁

香林先生大鑒：三年不見，思[illegible]
[illegible]
台端[illegible]
[illegible]於社會之[illegible]風俗之[illegible]
[illegible]
[illegible]
[illegible]
[illegible]

中華民國　年　月　日

張花谷致羅香林書（一九四八年七月十一日）

興寧縣文獻委員會用牋

第　頁

來書過蒙見稱，具學文獻學，媛附梓，第
當自過從，未敢自信，如今年季秋
之月，適丁七一誕辰，已屆甚與地方
賢達，會擬醵金，收百老雅詩，附印分
送友好，以留紀念，務懇不棄，詠賦自懷，
俄隨筆下，墨寶之壽，尤難，敢求高攬，
多蒙勒於篇幅，幸幸。
先生學術文章，淵源廣博，將無世之

中華民國　年　月　日

興寧縣文獻委員會用牋

第　頁

前承寄贈叢書一函，極感隆敬
以拙作奉答，當希為之
參劉向循從（例）為首，抑更有諸者
集之序敘，更求久矣，一言之輕重
拙撰收圖，雅尤感
謂予改文并謂恭寄，俾以覆
誦之餘附
順名向並頌儀安

中華民國　年　月　日

興寧縣文獻委員會用牋

第　頁

先生所以許我者至深，感激無已。
以矣。謹將小著蒙案書呈
藻覽，順請
著安，不一一。
弟羅香林　七月十日
1948

再者，如將拙作印就，者為寄君佛蘭沙君繼室因擬俟
日寄給數次，俟便附印。先生如便，能為撥冗校數
日，將謝文構好並茶，求印付郵航寄香港華興街某某
沙君少坡轉交，弟收無任感禱。又者，面例已題簽
首識廣佳者如數多分，附來經樣數，求　先生代
請友代為寄回，此何

中華民國　年　月　日

115

陳槃復羅香林書（一九四八年七月二十七日）

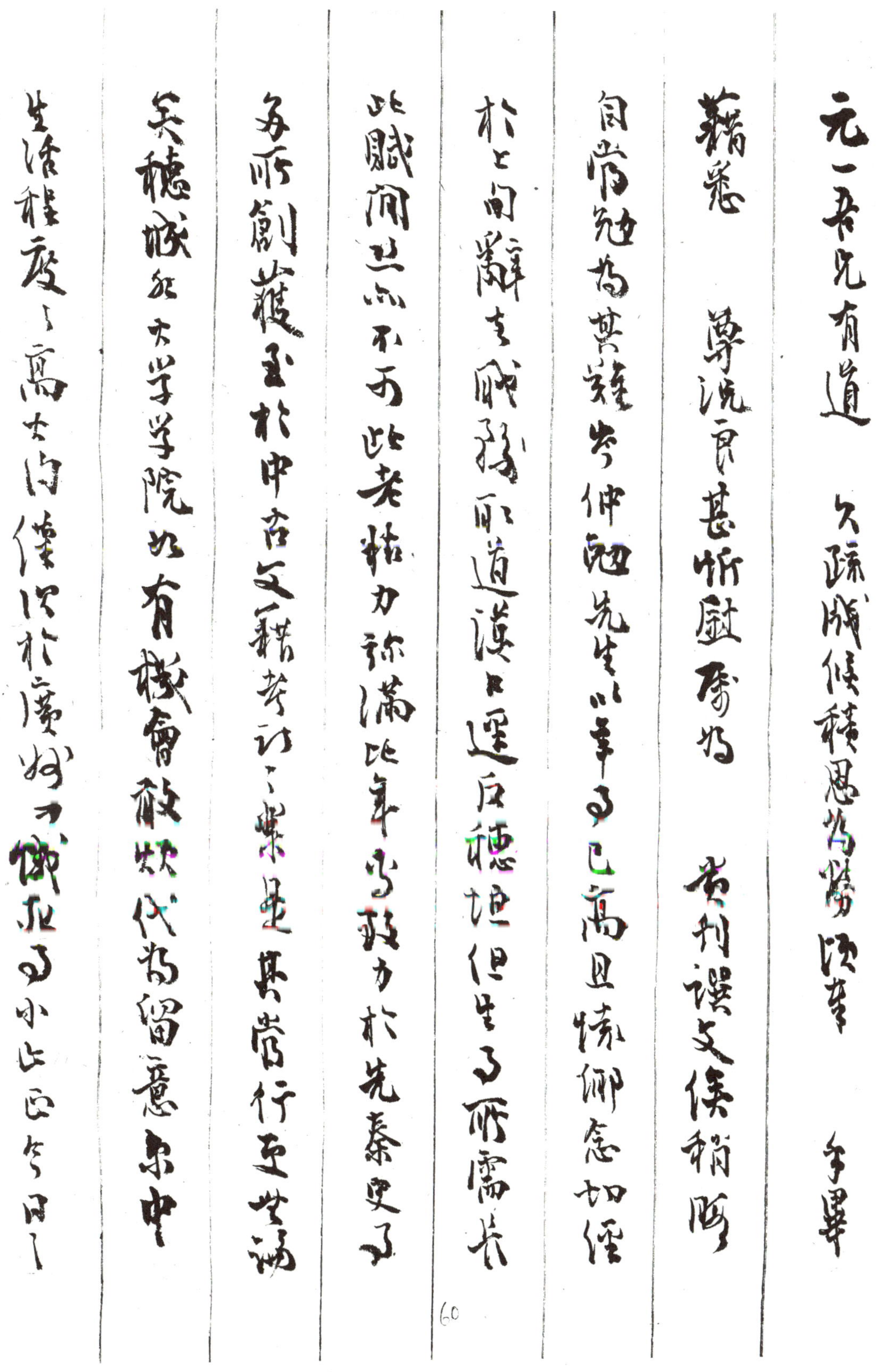
元一老兄有道：久疏脩候，積思為勞。頃奉手畢，
藉悉 尊況，良甚忻慰。序及 貴刊譔文，俟稍暇
自當勉為其難。岑仲勉先生以年事已高，且懷鄉念切，經
於上月辭去所務，取道漢口返穗垣。但生活所需者
此賊間亦不可。此老精力彌滿，比年尤致力於先秦史及
無所創獲，至於中古文籍考訂之業，其嘗行之世論
矣。穗城私大學學院如有機會，敢煩代為留意。京中
生活程度之高，大約倍於廣州，而俸祿可小比匹之。日之

60

謂矣。專此奉覆，順候

著祺

嫂夫人並此

弟陳槃敂上 七月廿七日

寄貴之廣州通信處為大同路104號樓下

61

1948/49

楊樹達復羅香林書（一九四八年八月二日）

元一吾兄左右：近奉兩示，敬悉一切。聞中大改組，朱延豐君已辭去歷史系主任，不知是否由兄繼任也。承示溫君住址，謝謝。少暇當即贈寄也。對東鐘所釋之文，亟思一讀，並賜寄為荷。聞兄主編星島文史，亟喜亟喜。承囑投稿，不審有無稿酬，如酬無，白白投稿，至則恐國學季刊等索稿者將多，無力分給也。匆復，暑安

樹達 八月二日

63

1948

國立清華大學
NATIONAL TSING HUA UNIVERSITY
PEIPING, CHINA.

香林學長賜鑒：敬者兩奉 惠書，得悉一是。稿費七十萬元，安已照收，至為謝謝。委為星島日報兩週刊作稿，至當如命寫稿成奉上。弟本年獲休假機會赴美一行，六月底返國，校中情形一切如舊。惟本月十二日朱佩弦先生在醫院動手術割胃，不治，此間同仁深為悲痛。遺體十二日火葬，學校擬于開學後開追悼會。蒙 下告了一兄改任嶺南大學文學院院長，聞之至為快慰。弟出國一年，未與了一兄通信，便中晤面時請代致候為荷。專此，并候

撰安

弟 吳達元上

八月十七日

朱謙之致羅香林書（一九四九年一月三十一日）

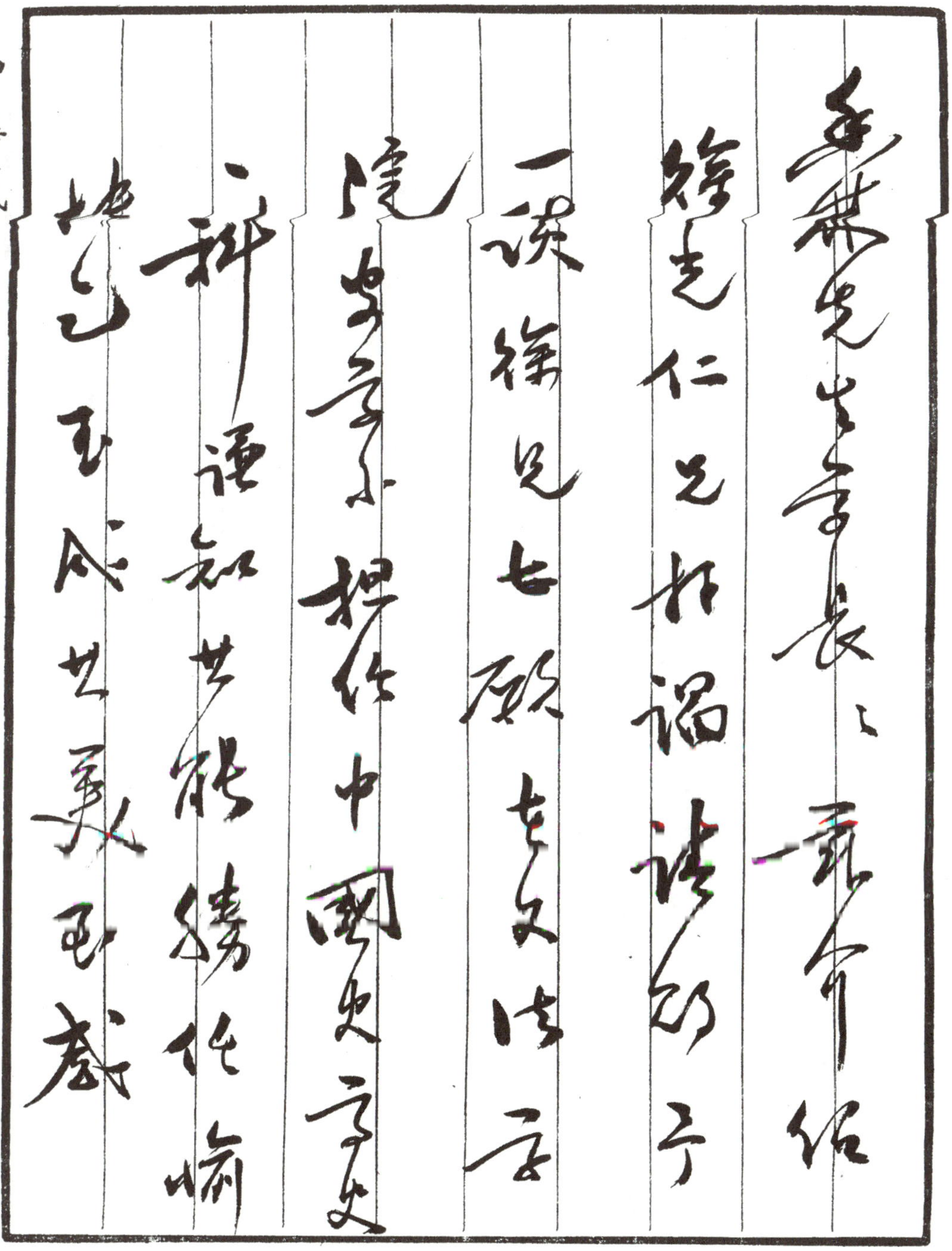

第 頁

香林先生學長：承介紹
徐先生仁之於昨詣謁訪予
一談，徐先生已應本文法學
院史學系擔任中國史學史
科，誰知其能勝任愉
快也。至念其為人甚感

中華民國 年 月 日

廣州市惠愛東路李辰和文具印務局發行

第　頁

專此順頌

儀安　並祝

詩禧

弟　山[illegible]拜

卅八年一月廿日

中華民國　年　月　日

岑仲勉復羅香林書（一九四九年五月一日）

第　頁

香林先生史席：大著乙冊，承飭送，謹祈
登收。拙稿《安里三文之行程及石甫》并
懇檢出擲還，無任盼禱。此上，敬頌
著祺

弟岑仲勉上

中華民國　年五月一日

廣州惠愛東路李同和文具印務局發行

羅根澤致羅香林書（一九四□年）

香林教授道兄史席：

渝州一別，倏復數載，但我

兄撰述盛況，間時於報端見之，引為同學之榮。日前

頃接王慶菽女姐函

詢及鄙況，感甚感甚。尊錄兄

贈予大著，博洽精深，佩仰

並東論著，非一般所能仰企。

茲將小書奉上三份，有暇也

惠賜時文，以文史為純學術者

刊，惜不能及時付印，尤憾。耑此

即頌

儷安。

弟根澤拜

第三卷

香港時期中外學者與羅香林先生書

陳槃復羅香林書（一九五〇年七月十日）

羅香林先生

第　頁

元一吾兄：手示奉悉。動植物變怪之說，先秦初
漢間多有之，淵源甚早。讖緯書有白澤圖一種（玉函山房輯
佚本，又洪頤煊經典集林本），即集此說之成者。有白澤圖解要（？）。
拙作古讖緯書錄解題二（史語所集刊十二本）對於此類思想略有所論列，有抽
印本，記曾寄奉請　正，未審曾
去覽否。其中有一兩即火精宋無忌，見於史記封
禪書索隱。岑仲勉先生以為此火神有自外來之嫌疑，
似曾為文論之。弟頗欲文，不及詳述，考文今在穗，
插迫在路又不易借得，商榷此一問題也。謝所示來
函所詢，今未開始，因人少，就弟所能，整理工作而已。

中華民國　年　月　日

第　頁

敬大示今務請從憲中不能逕作決定，稿費不要寄，可以免除值今諱。湖門湖文理學院學生楊松華君過半論及，即奉往。尊示請取催驗回條矣。

收條

道祉

弟　錢穆　七月十日

附致楊君函，請飭以平信寄出為禱。如楊君久不至，則恐其已改寄，另附致劉光漢君一信，以便請其留意探查，此款可即請渠代收可也。

中華民國　年　月　日

馬鑑復羅香林書（一九五〇年十月四日）

UNIVERSITY OF HONG KONG

SAPIENTIA·ET·VIRTUS

TELEPHONE
No. 28056

香林先生左右：前接
手示，遷延未覆，至歉至歉。茲由中英學會同人屬為
轉約
執事於十一月十日下午該會講學，講題最好屬於
中國歷史範圍，或宗教問題，因聽衆程度不齊，
內容須簡括淺白，用特專函奉懇，如蒙
俯允，請先將講題
示知，以便轉知學會同人專函奉約也。祗頌
儷祺
弟 馬鑑 謹啓
十月四日

劉百閔致羅香林書（一九五一年六月三十日）

香林先生：

到港來，迄未晤教，渴念，極欲一圖良晤也。「自由人」請君稿，徐譯予先生從緬甸來，因浩霜兄之介，頗欲與左右一談，幸賜傾蓋為叙。專此，順頌

教祺。

弟 劉百閔拜啓 六、卅。

自由人報社 香港德輔道中一四九號四樓 電話：三二八二〇。

1951

香港大學圖書館致羅香林書（一九五二年六月十三日）

UNIVERSITY OF HONG KONG

University Library

Tel. No. 28056
Ext. No. 2

1 3 JUN 1952

Please quote reference:

To : Mr. Lo Hsiang Lin
From : Librarian

It is requested that members of the staff return by the June 30th. 1952 all the books they have personally borrowed from the Library before June 1st., so that the cataloguing may be checked, the books disinfected and rebound where necessary. A list of the books which our records show are out in your name will follow shortly.

If there is any book urgently wanted during the vacation will staff members please insert a slip of paper marked "urgently wanted" in that particular book, when it will be ready for re-issue one week later provided that it does not need re-binding.

Your co-operation in this matter will be greatly appreciated.

Dorothea Scott

梁季典、俞叔文致羅香林書（一九五二年十一月十九日）

學海書樓

香港般含道二十號

第　頁

香林先生道鑒：敬啟者，同人等向素仰
高材，殊深瞻仰，敬擬敦請
先生駕臨演講國學，俾聽眾得受
教益。現定本星期（六）十一月廿二日敬候
大駕于下午二時至敝樓演講，至五時半止，務乞
惠臨，至增光寵。事畢敬約茶話，
陳茗有益。
義務主席梁季典
司理俞叔文（印）同頓啟　十九日
1952

又閱報章，
先生在該書院論學時曾對敝樓加以褒述，殊感盛意。
是日講論仍以斯題，為荷懇求。
并希又啟

年　月　日

香林吾兄大鑒：逕啓者，弟以需用馮平山圖書館所藏中國報學史，敢懇 從者代為借出（按：僅港大教授始得借書外出，他人只能就閱，故請以 從者自用之名義借出）即交楊太清帶下。弟大約閱二星期即當奉還不誤。瑣瀆殊仍祈原亮，此敬請

道安

弟趙尊嶽拜啓

書名 戈公振著 中國報學史

馮平山圖書館 ○七二·九 三四號

鄒文海復羅香林書（約一九五三年三月三十日）

元一吾兄有道：昨奉惠示，宛如舊大樓對話時也。弟來此以後，即在新成立行政專校任教，四年以來，未作變動。遭逢世亂，而家人子女多數失散，悲戚既多，遂同枯木，豈有面目強圖冠蓋。一女已長成（二十歲），在台大外文系肄業，時加督責，冀其自立，如是而已。然亦時發迂論，欲匡救時弊，則尚不足以言出世也。吾兄巨構，於學術季刊中時有所見，每有作披覽，輒加擊節，少時狂態，猶在目前，而吾兄已卓然成一家言，實無負於豪志矣。拙作如能在舊書鋪發現，尚請時加留意，敝帚自珍，殊未能免俗也。陳仲秀兄出任聯合國中國代表團經濟顧問，過港時未識曾晤面否？彼與弟住處極近，往返較多，或可詳述此間彼友近況也。不及一一，專此，即請

儷安，並候諸公子佳勝

弟文海叩　三、卅

上次信未加入信箋，叢書已換，昨日發現此紙，日昨被周寄，而再寄已遲矣。又及

容啓東復羅香林書（一九五五年四月二十四日）

UNIVERSITY OF HONG KONG
SAPIENTIA ET VIRTUS
明德 格物
TELEPHONE
NO. [redacted] 37021 EXT. - 47.
DEPARTMENT OF BIOLOGY

香林學兄：

寄下之初期留美學生名單一份，細讀後覺所識部分甚少，弟家藏關於此事之文件均存廣州，無從查考。但聞周壽臣爵紳曾有所存，如兄能往見周爵紳當可得不少資料也。聞渠本人每日仍往娛樂戲院辦公。林仰山教授或梅註冊主任均可去函介紹，並約定時間細談也。此覆，並頌

研祺

弟容啓東謹覆 四、廿四

1955

UNIVERSITY OF HONG KONG

香林教授台鑒：手稿拜讀，述考據詳盡，允稱精到之作，敬謝。且章嘉活佛所述西藏所傳第十七、十八兩尊羅漢為達摩多羅及和尚，而西人傳所說則為迦葉與難提蜜多羅，英書W. E. Clark所輯諸佛菩薩聖像贊三百六十尊內「十八羅漢」之末二位是達摩多羅與布袋和尚。自此可以接「諸尊羅漢」首位為迦葉，第二位為阿難陀，則西傳所說者乃章嘉之二位，而實以人所共知之迦葉與阿難陀，而阿難陀之「難陀」二音又與難提蜜多羅之首二音相近，其義並為「慶」，即別所謂「慶友」，為或本為「慶喜」，未可定也（慶喜為阿難陀之漢譯）。又關於因揭陀尊者及其梵字，似尚有其他足供參考之材料，容日奉告。專此，即候

著祺

（尊稿內述及弟名，不敢當，并求刪去至感）

弟黃錫凌拜 元月廿五日

張禮千復羅香林書（一九五六年五月二十八日）

香林先生著席：手示敬悉，承關懷弟事，不勝感謝。此間弟尚安
靜，頗可寫作，惟弟之書籍尚存鄉間，未能取出為憾。貴陵故葉未之了(?)
讀同人知之者甚鮮。該處葉華(?)家久脫(?)，有研究之葉居義有葉來教用(?)
之劍。六年雪蘭莪李再(?)所獨當道，惜今交通梗阻，未能通信為憾耳。弟 對
南洋學報自當繼續研究並聯名(?)。 先生指示之史料誌三卷三四
合期為南洋學報之已由弟編就送審委(?)。弟 去年所作已為東方高之文(?)
又有關僑經濟者一長文亦擬不久即可付印之際新移(?) 順一敘，敬請
著安
弟 張禮千 叩 五月廿八

No.

香林吾兄道席：六月九日
惠書奉悉。拙著《史記辨惑》，原係一時無聊
之作，未足以言貢獻，辱承
過獎，感與慚并。
太平以所辨《史記》各事，宜先以書簡略提示史遷
諸偉大貢獻，俾學子不致以辭害意云云，弟甚以
為然，從速函印刷所於《史記辨惑》題目之下，增
標："史遷網羅天下放失舊聞，稽其成敗興壞之紀，
以究天人之際，通古今之變，成一家之言，貢獻
至巨。以外所辨，其詞句之偶疏耳。"云云

大公稿紙

兄著之路意，足見對後學指示之殷，實為令人感激無既。今後仍望時惠教言，俾書紳有藉也。專此奉謝，並頌

道安

弟 孫甄陶 敬上

六月十六日.

1956

賀光中致羅香林書（一九五六年七月二日）

元一吾兄教授著席：前在北京承蒙照拂，一切感荷靡涯。迨星返，人事鞅掌，致疏箋候，殊歉。東方學報一期已出版，且著印刷所送陳一部矣，並著蒲寄廣州校對，未竟，擬留刊二期。其中阿剌伯人名由此間阿剌伯文學者四人（二人畢業阿剌伯學中心之一開羅大學）共同研究，認為還原有時欠妥，茲彙合意見如附紙所陳。不知遇還原阿剌伯人名無把握時，是否可以祇用中文譯名而不予還原，以免錯誤，如何之處，尚請示知為盼。學報二期即將發稿，文章已定者有黃季剛遺著《文選黃氏學》上篇、汪孝博《屈翁山年譜》下篇、拙著萬人官制度致隋諱篇。此外董彥堂、錢賓四、陳槃庵諸君亦答應撰文，惟尊稿未定耳。專聞，順頌

著安

候示

賀光中再拜

七月二日

張馥蕊致羅香林書（一九五六年十二月二十七日）

香林先生：在法多承指示，獲益良多。中國歷代詩選、業已譯畢，弟現整理宋史，乞時予指針。專此敬祝

聖誕並賀

新年

鐸爾鐘及白樂日兩先生均此代問安

弟張馥蕊再拜

23/12/56

戴密微（Demiéville）先生擬於春節寄上林寺孝歷史文章，如有，請示知為感感！

Strasbourg, 23-7-57.

Dear Professor Lo,

Please forgive my writing in English. My Chinese is still too poor to write letters of the kind I'd like to write you (my English too, by the way). And please forgive my writing so late. Your letters have been a great pleasure for us. I admire your calligraphy. And I want to thank you very much for the books and articles of yours that you sent me: about the cultural history of the T'ang Dynasty, the history of the 百越, ~~and~~ the Confucianist system in the 論語, and more recently the 攝論宗 and your account of the 9th Sinol. Congress and of Western Sinology. I appreciate your kindness very much.

You gave my wife and me a great pleasure too by sending us that copy of Mr. 商藻亭's poem about 眉山. I wonder how he and his brother are now? My wife's father left Shanghai a few weeks ago and after some waiting in Macao for an American visa is now on his way to join his family in New Jersey.

Something sad happened in my family, here in Strasbourg. My father died a few days ago, aged 78. We stayed here with my mother to help her get over things. How we would have liked to keep my father a few more years!

We hope to see you this summer in Germany at the Congress. I shall ask you news about Hong Kong, and give you some about our school, where we started using tape recorders for teaching Chinese. We have one student going to HK this year: Mr. de Monpezat. Thank you for all you did for Mr. Liang and Mr. de La Moussaye. Sincerely yours,

R. Ruhlmann

楊聯陞致羅香林書（一九五七年八月二十四日）

香林先生：

在港匆匆一晤，深憾未得聆教益。此後仍盼不时通讯。当时有一要事未及细谈者，即哈佛燕京学社对於世洲学术研究补助，自下年（实是再下年）起，拟採用project单位，不再以研究机关为主要对象。为实行此种计划起见，拟在中国（包括台港）日韩三国，或请学人（七位至十位）组织委员会，帮同计划，委员（全系义务），但开会旅费与开会时所需之费等，均由燕京社担负。在中國務院已在台灣請學者負任（人選已與李濟之先生錢思亮先生商定）、香港西江、香港方面，除請錢賓四先生外，並由弟與錢、李二先生商洽之後，俱認為請　先生一同負責、最為相宜。此委員會可能與自由中國之學術發展大有關係，甚盼　先生能慨然允諾（全部名單須由主席李濟之先生向哈燕社社長賴世和先生提出，得渠同意，方為正式聘請）。惟有一端請特別注意，即是委員雖出於各大學及研究機關，並不能認為各該大學及機關之代表得到補助，蓋題以subjects為主，則projects之推薦須由

分委員會辦公室，而最後決定權，仍在學會批
也。日本方面，亦照此。台端諸位委員，（即周玄
子以及先生之諸位）在弟離美前，當再開會一次，作初步
商討，詳情可由濟之先生處得之。先生如有
意見，亦盼函告，與濟之先生面商，正式成立，須在
九月後，或者再晤也。尚請
旅安
弟楊聯陞拜啟 一九五七年
八月二十四
覆函可照代收候
饒、牟、劉三位，見時亦盼致意

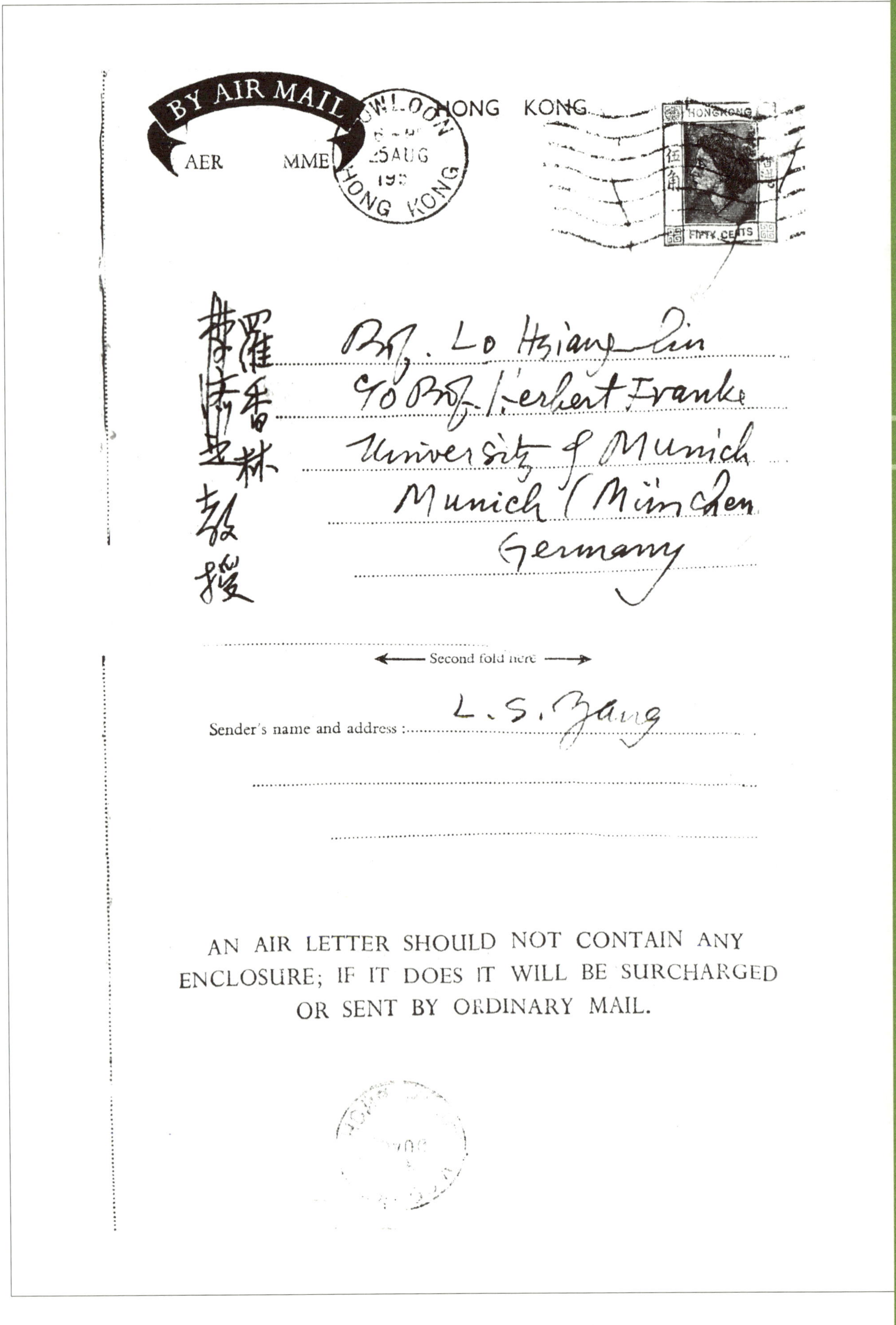

BY AIR MAIL

AER MME

KOWLOON 25 AUG 19 HONG KONG

HONG KONG

HONG KONG 伍角 FIFTY CENTS

羅香林教授

Prof. Lo Hsiang-lin
c/o Prof. Herbert Franke
University of Munich
Munich (München
Germany

← Second fold here →

Sender's name and address: L. S. Yang

AN AIR LETTER SHOULD NOT CONTAIN ANY ENCLOSURE; IF IT DOES IT WILL BE SURCHARGED OR SENT BY ORDINARY MAIL.

德效騫致羅香林書（一九五七年九月十五日）

Prof. H.H. Dubs [illegible]
[illegible]A, Banbury Road
Oxford England

15 Sept., 1957.

Professor H.L. Lo,
The University of Hong Kong,
Hongkong.

Dear Professor Lo,

Please accept my thanks for the copy of your "Study on the Chronology of Hsüan-chuang." You have made an interesting contribution and I am grateful to have a copy.

In giving years of age according to the Chinese method of calculation, it is convenient to use the English idiom "He was in his thirteenth year" instead of "He was thirteen years old", which means:滿十三歲. This idiom is used in English, but not as commonly as the first idiom. The justification is that in classical Chinese, numbers may be ordinal or cardinal. Usually 十三歲 means 第十三歲, which in English would be expressed "in his thirteenth year." The English "thirteen years old" however means 滿十三歲, an expression used in Chinese, but not commonly! This discussion is no criticism of your work, which has avoided error. It is merely an explanation of English idioms -- which are, I fear, as difficult to learn as it is for English to learn Chinese!

With all good wishes and many thanks,

Yours sincerely,

Homer H. Dubs

白樂日致羅香林書（一九五七年九月二十三日）

ÉCOLE PRATIQUE DES HAUTES ÉTUDES

(VIe Section)

Centre de Recherches Historiques

54, Rue de Varenne, 7e (LITtré 18-32)

PARIS, le 23 Septembre 1957

Prof. LO Hsiang-lin 羅香林
Department of Chinese
Hongkong University
Hongkong

Dear Professor LO,

I must apologize for an unpardonable omission : I never expressed you my very hearty thanks for having sent me to Paris several of your works : 百越源流與文化，唐代文化史 and your 蒲壽庚傳 which I especially appreciated. There had been plenty of occasions in Munich and Marburg to tell it personally but I was so taken up by business and speaking to all friends that somehow when I realized my blunder , it was too late. I hope very much indeed that you will not grudge and pardon me.

With best wishes and kind regards,

Sincerely yours,

E. Balazs 白樂日

Etienne Balazs

方豪復羅香林書（一九五八年七月五日）

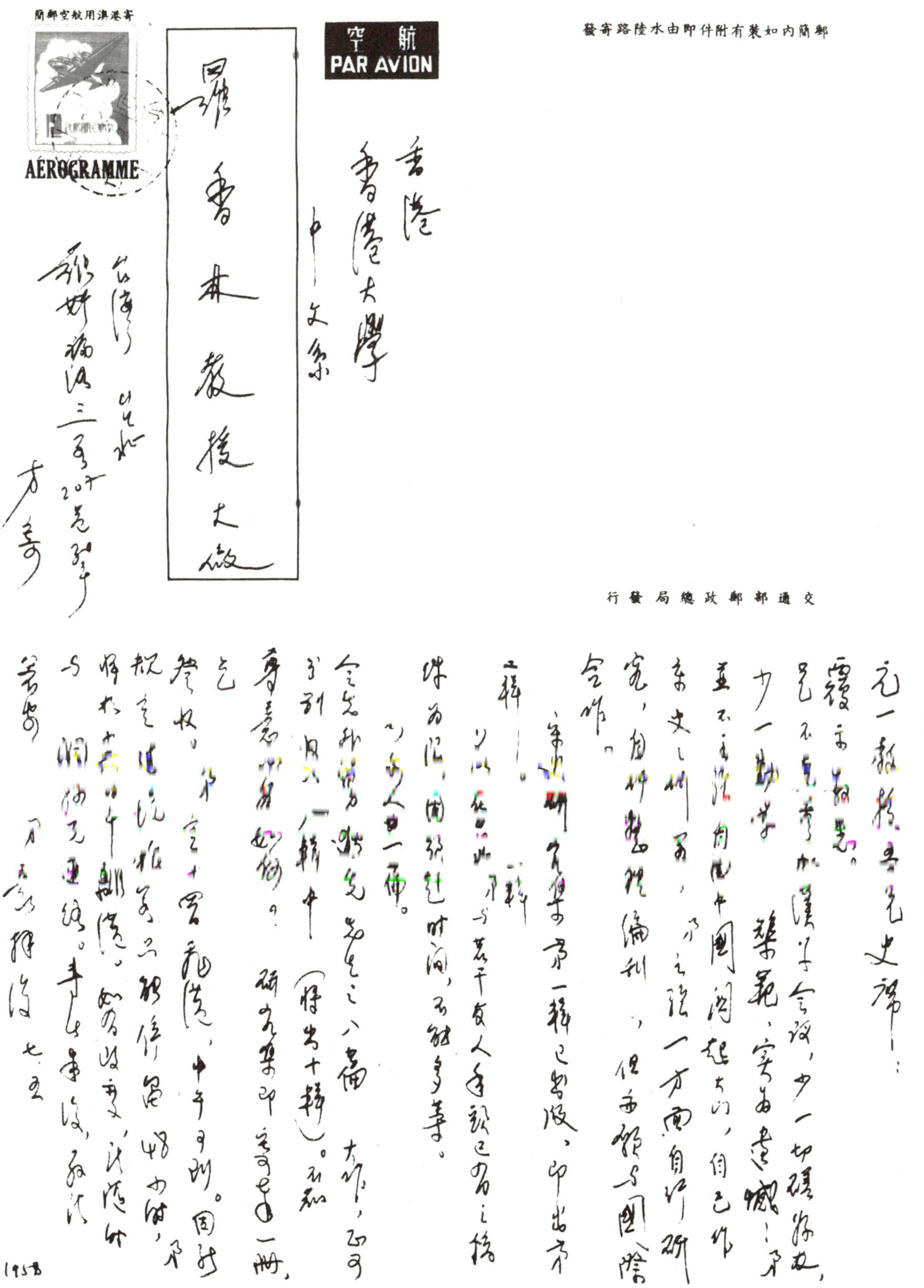

寄港澳用航空郵簡

AEROGRAMME

航空 PAR AVION

郵簡內如裝有附件即由水陸路寄發

香港
香港大學
中文系
羅香林教授 大啟

台灣 台北
杭州南路三段20號
方豪

交通部郵政總局發行

元一教授吾兄史席：
霞吾握别。
兄不克參加漢學會議，弟一切積務如故，
少一勝事，[illegible]苑，實為遺憾。弟
並不主張自由中國關起大門，自己作
東主人，而[illegible]之設，一方面自行研
究，自行整理編刊，但亦願與國際
合作。
宋史研究集第一輯已出版，即出第
二輯，以後各輯 不 二輯 乃若干友人手稿已有之稿
件為限，固不能限時間，不能多事。
以弟人出一冊。
今先印[illegible]之八篇 大作，不可
分列同入一輯中（擇出十篇）。不知
尊意如何。 研究集即寄上一冊，
乞
賜教。弟[illegible]會[illegible]，中午日到。因對
擬定[illegible]不能住院48小時，弟
將於六日中[illegible]。如有收者，決隨時
與[illegible]聯絡。專此奉復，敬請
著安
弟 方豪 拜復 七.五
1958

董作賓復羅香林書（一九五八年十二月二十一日）

香林兄：

大著印成，承賜一冊，甚感甚感！尊述遵

先生，頌羨兄之工力至勤。其中六頁，

有關鄭州一段，胡先生言，據黃伯思之說，未知

所據，另錄兄文請大家一考原書。又大著

何不送胡先生一冊。相贈似遲，恭請道

謝，即頌著安

嫂夫人同此。

弟董作賓上

四七 十二 廿一

中央研究院便條

熊振宗復羅香林書（一九五□年九月一四日）

國立政治大學用箋

香林教授吾兄道席：大著兩本及九月八日大札，皆已拜讀。吾兄對學術文化之成就，誠令人衷心敬佩。本應早日奉覆，惟以處事團忙，編號第五，須多日研究籌備開課事宜，致遲至今，請爲原諒。國法說明，另附一紙。敬校 劉校長已接任，謹三長要動錄留照舊。文海兄仍爲教授兼法學院長。上月水災，政大被淹，水深六尺，本人深夜攜眷逃出，甚爲狼狽，衣物書籍，損失甚鉅，部分稿件，亦爲

校址：台北縣木柵鄉興隆村　電話：木柵四四號

國立政治大學用箋

喪失，是故每一臨考臨之前夕，家人成為驚弓之鳥
對於工作，影响甚大。現開課在即，工作較忙，兼系教
務雜請，亦有傷腦筋之事，本之課程頗重，每周任
上十六七時至十八小時。希望我　兄不時指教，以匡不
逮。餘容後敘，專此敬頌
大安

弟
振宇敬啟
九月廿四日

校址：台北縣木柵鄉興隆村　　電話：木柵四四號

國立政治大學用箋

(1)泉州新發現寰與安哈散墓碑……

阿拉伯文：「聖人說：『凡在異域死亡的人，其地位有如烈士』。聖人所講不假。真主啊！你的寬恕、饒赦、憐憫和喜愛賜給這墳的人，異鄉人。

(2)泉州哈散墓碑：背面……………為馬兒

阿拉伯文：：這是偉大長官、吹叟爾偉大先生之子，求主賜他的好歸宿！學園。死亡之日七百年二月九日。（註：該園所講七百年似指回曆，折合西曆為一二八一年，為元朝至元十八年，是否有當，仍請審核。）

(3)泉州蒲姓舊園掘出……

阿拉伯文：均宗教性的祈禱文，無年代字樣。

(4)泉州清真寺正门

阿拉伯文：：可為宗教性之經文。

(5)似有年代字樣，惜看不清楚，不敢杜撰。

校址：台北縣木柵鄉興隆村 電話：木柵四四號

多賀秋五郎致羅香林書（一九六〇年一月十三日）

謹啓　景仰久しい先生には先年日本へ
御来國、御高著「客家史料匯篇」を
恵贈賜わり感謝感銘に堪えず　降て小生
九龍宗族に深興を感じ、元朗附近鄧
氏　新界廖氏　上水廖氏、大徳堂彭氏などを
調査中でございます　崇謙堂村調査の折
張先生の御話にて　先生の御住址を知り
書面を差上げる次第でございます　実は
御高著「一八四二年以前之香港及其對外交通」（中文）
久しく渇望の書にて百方手を盡し求め
ましたが入手困難な次第であります
英文版は所持いたしておりますが中文版は
是非とも望欲しい本でございます　先生の
御力添えにて同書を入手できるならまことに
有難く存じます　なおかつ、そのほかに九龍宗
族についての御研究論文などありましたら
是非とも拝読いたしたく存じております
尚別便にて小生の拙著「宗譜の研究資料篇」
御送り申上げましたので御高覧賜わらば
幸甚に存じます

多賀秋五郎

富路特致羅香林書（一九六〇年二月十八日）

Columbia University
in the City of New York
NEW YORK 27, N. Y.
DEPARTMENT OF CHINESE
AND JAPANESE

February 18, 1960

Professor Lo Hsiang-lin
Department of Chinese
University of Hong Kong
Hong Kong

Dear Professor Lo:

I am delighted to receive an autographed copy of A new study of P'u Shou-keng and his times. I have been reading it with pleasure. It bids fair to become the definitive work on the subject.

One question has occurred to me: On page 14 of the Chinese text and page 6 of the English you mention the nephew of your hero: P'u Ho-jih 和日. I am wondering, since he seems to have been an ardent Moslem, if this could not be a Chinese representation of the sound Hāji. See for example, the case of the father of Cheng Ho, who was known as 馬哈只. Cf. Pelliot in T'oung Pao 31,1935, page 275, line 6; also p. 277. Do you know if he ever made the pilgrimage to Mecca?

This gives me a chance to send you best wishes.

Yours sincerely,

L. Carrington Goodrich

L. Carrington Goodrich

P.S. Is a line omitted from the top of p. 25 in the English version?

LCG:H

Columbia University
in the City of New York
NEW YORK 27, N. Y.
DEPARTMENT OF CHINESE
AND JAPANESE

April 7, 1960

Professor Lo Hsiang-lin
University of Hong Kong
Hong Kong

Dear Professor Lo:

I enclose copy of a brief review of Needham's monograph on Iron and Steel Technology in China. You will notice therein a brief reference to your paper on the Nestorian A-lo-han.

I note slight differences in the two accounts. In yours (p. 15-16) quoting the Chiu T'ang shu and Tzŭ chih t'ung chien, the column was both bronze and iron 銅鐵, and the weight of both bronze and iron was 2,000,00斤. Needham, quoting the Hsin T'ang shu 76/10b and T'ung chien kang mu 41/133b, doesn't mention bronze although the sources give the same characters: t'ung t'ieh. You say that carved unicorns are at the base and four dragons are at the top of the column. Needham makes it dragons both at the base and at the top.

Have you noticed that the Ueno Museum in Tokyo boasts a Chinese inscription on stone (acquired from 端方), which tells of A-lo-han who proselytized Tibetan tribes which he governed between the years 656 and 661. See P. Y. Saeki, The Nestorian Documents and Relics in China (Tokyo 1951), pp. 453-5.

Yours sincerely,

L. Carrington Goodrich

L. Carrington Goodrich

LCG:H

J. Reclus
1 rue Fenzy, Le Plessis-Robinson
Seine

Le 31 mars 1960

Cher Monsieur Lo,

Je n'ai pas perdu le souvenir de nos rencontres chez notre ami Kiotchi. Comme c'est loin déjà et combien d'événements se sont déroulés depuis!

Il y aura bientôt 8 ans que j'ai quitté la Chine avec ma femme. Depuis, je me suis livré à Paris ou dans les environs à diverses occupations. Mais la vie ici est autrement compliquée ou difficile qu'elle l'était pour nous en Chine.

C'est en trouvant une étude de vous dans un volume consacré à la civilisation chinoise que j'ai appris avec plaisir que vous enseignez à l'Université de Hong-kong.

Dernièrement je m'intéresse beaucoup à la question des populations de la Chine – particularités physiques, linguistiques, sociologiques, etc. – et en premier lieu des populations "Han".

Comme vous êtes un spécialiste de la question, je viens vous prier de bien vouloir m'indiquer les ouvrages les plus importants à consulter, et en même temps qu'il me serait possible de me procurer. Ceux qui sont en chinois ou en anglais, je les commanderai à Hongkong. S'il y en a en français, je les trouverai sans doute à Paris. Mais beaucoup de ceux indiqués dans votre bibliographie sont, je le crains, inaccessibles.

J'espère que vous êtes en bonne santé et que l'existence à Hong Kong ne vous fait pas trop regretter la vraie Chine.

Je pense que vous êtes en correspondance suivie avec Kiatchi. Nous avons parfois, ma femme et moi, des lettres de lui, et ma femme le voyait souvent lorsqu'elle était à Pékin de 1955 à 1957.

Soyez assuré, cher Monsieur Lo, de mes sentiments très cordiaux

J. Roger

P.S. Pourriez-vous nous faire envoyer le catalogue des ouvrages publiés par votre université ? Je vous en serai reconnaissant.

1 rue Fenzy
Le Plessis-Robinson
Seine

July 10, 1960

Dear Professor Lo,

Many thanks for your kind letter. Also for your two excellent books which were received this week. They are splendid works and I feel much honoured by your present. I also thank you for the Hg Kg U Press catalogue.

I am not lecturing at present. Two years ago I retired to the country on account of my poor health (we have an old peasant house in a village). We returned to Paris last autumn however. For the time being I make daily broadcasts at the Radio-diffusion Française, while my wife teaches Chinese at the school of Oriental Languages with our friend Ruhlmann. My interest in the question of Chinese populations is personal. I may later on write or lecture on the subject if circumstances are favourable.

Though he remains very dear to me, I seldom write to our friend Tseng in Peking in order ~~to~~ not to embarrass him. It is easier for my wife to carry on a correspondance with him. It has been hard for him to adapt himself to the new intellectual and academic conditions and he has suffered greatly.

I shall always be grateful to you for your advice.

Yours sincerely

J Rerby

牧田諦亮致羅香林書（一九六〇年十二月二十三日）

羅香林教授

謹啓 傳聞 尊名已久、然未嘗得面晤之榮。

教授近年之勞作、如「唐代桂林之摩崖佛像」、「唐代廣州光孝寺與中印交通之關係」、研究中國唐代佛教史之珠玉的勞作。弟一一讀了、蒙很大之指導。

頃日贈送「慧遠研究」的一巨冊。本書是中世思想史研究班所辦的共同研究的成果報告。亦由美國哈佛燕京學社協助出版。

今日，大陸沒有「中國佛教」、香港、台灣、日本纔有研究中國佛教歷史的自由。然想、中國大陸之佛教到達了衰敗終之段階、研究中國近代佛教的資料

No.

中世思想史研究班

20×10

弟 牧田諦亮

一九六〇、一二、二三

No.

除台灣、香港、蒐集很難。

現在我研究中國近代佛教史與敦煌偽佛經典。我希望

羅教授 請教指導。 一九五七年秋、在大陸

中國調查佛教寺院的資料中、到香港逗留兩三天、

未謁教授、感到遺憾。 教授、注意健康 指導為幸。

京都市左京区北白川小倉町
京都大学人文科学研究所宗教学研究室
牧田諦亮
中国思想史研究班

20×10

張其昀致羅香林書（一九六一年九月四日）

元一先生著席：查世界漢學會議將於明年在台灣舉行，本院爲配合是項會議之召開，使世界人士明瞭過去漢學研究之梗概起見，擬出版世界各國漢學研究專集一種，擬請台端撰寫香港篇，茲附上徵稿簡則一份，敬請惠允賜稿並祈如期將稿件寄下，毋任感荷。特此奉達，敬頌

撰安

弟張其昀拜啓
九月四日

陽明山莊

「世界各國漢學研究論文集」徵稿簡則

一、來稿請以中文撰寫。並加標點符號。並附提要。以便譯成英文。

二、來稿每篇以一萬至一萬五千字為度。

三、來稿務請於五十年十二月卅一日以前寄達陽明山國防研究院秘書處宋晞收。并請附寄作者簡歷。

四、來稿出版後。贈送作者抽印本五十份。

566 Pejraburi Road,
Bangkok,9 October 1961.

Dear Professor Lo Hsiang-Lin,

You will remember,I think,that we met at the symposium of Hongkong University last month, when I drew your attention to the fact that we in this country have a name for a race "Hui-hui", which answers to your reference to the Mahomedan Chinese. I undertook on that occasion to supply you with the reference which is herewith enclosed.

You moreover expressed a wish to have more information about our Siam Society in Bangkok and if I remember right you expressed also a wish to join it. I have made the application on your behalf and when it is passed by the Council you will be informed by the Hon.Secretary. Do you by any chance recall who else wanted to join the Society? I made notes of them but the note has been lost.

From Hongkong I went on to Taiwan and was most kindly received by the government and the President himself for 5 days. On my return home, unfortunately,I caught the prevailing influenza,and epidemic of which is still prevailing here.It has laid me down for some 10 days. I am now resuming my work after recovery.

Yours sincerely
Dhaninivat

丹尼維致羅香林書（一九六一年十月九日）

Translated from the <u>Inscriptions of Wat Pra Jetubon</u>, publ. Bangkok, 1929 in Siamese. pp. 492.

....
....
....

The Hui-hui. This race of men ~~are~~ have never been seen;
but a description exists;
Their country bounds upon China;
They seem to be Indians eating not pork.

They wear trousers held up by a a silken band;
They wear a red coat of brilliant hue;
They wear shoes with curved points
They wear felt hats with neat crests.

吳康復羅香林書（一九六一年十月二十八日）

元一吾兄：本月六日惠寄大著「香港與中西文化之交流」一書暨手示均奉悉。大著取材博贍，考據精詳，讀之不忍釋手，欽佩莫既。中引王文述儒蓮繼文為法國翰林院學士，先生注指法蘭西學院，此事實甚確，因儒蓮一八五九年接長該院故也。但翰林院通指法國「國家學院」，其原文 Institut de France，如直譯亦為「法蘭西學院」，內設五個學士院，儒蓮為文學之士院學士（略同吾國中央研究院之士）。大約王氏當日於此等處亦不甚詳悉名詞，用「國家學院」（翰林院），事實則指「法蘭西學院」（Collège de France）。儒蓮於此二者皆有關係，遂混而為一。此實甚微，大體且普通人讀之亦多不覺察。因佩大作用力精勤，姑為佛頭著糞，以博一粲。弟有一事奉商：前託取款之敝戚徐義衡先生在海外十餘年，曾在各校教經濟及國文，擬請有便介紹其在一較好之學校任課，渠明晤乞面商議為盼。匆此復謝，順頌

儷祉

弟吳康 十月廿八日

1961

李崇寧致羅香林書（一九六二年五月十五日）

敬啟 久阻音信 慕仰無已 前日 賀光中教授來訪之際
拜承貴書 不堪回懷 恨未晉拜 欲蒙
先生之惠教 隔海數千里 何日可期 賀教授滯留一週日
始知「雅書」之資料 多藏於韓國 東亞學之蒐集不少
弟亦贈呈學報及論著 一多托贈 於臨屆 欲送數冊
賀教授回 今次忽知雅書為韓國之所藏 如斯稀期
予於書完 請日再訪 予以長期滯留為計 望下論考何
先生亦在寫于韓國 明獻文化交流之論文 學界深
其迎賀可知 昨今中國政治大學長劉季洪氏與中興
圖書館長蔣復璁氏來訪 成均館大學贈名譽博士
學位云 同文之誼 更於此可證 前日出席會議 約以
拙稿論文于遲延 皆言等今哉 實愧作至 期必奉呈
下論考何 中以韓文 不能詳情 不具格式 論想切望 唯祈
先生之康寧多福耳 餘后伸礼

五月十五日

弟 李崇寧拜

羅香林先生 清鑒

自漢城 1962

昨得本月十六日來書，今日即去訪白思達先生，據云已於十三日以電報致賓(?)世光矣。白君為
學謹嚴，為人誠懇，年來所教，賓(?)觀其所道，今年明年中之二清(?)，亦足見其忠謀周到。
竊謂其已清(?)尤佳。歷觀多年留美學生，輒惜其出洋太早，而漢學根幹尚未健全，
業少年時亦患此病，今已衰老，悔且無及。世光若今年赴港，先因廬(?)給以資補習經史大御(?)
若饒若錢，近在咫尺，美國諸校並無其儔，況勝下帷(?)舞之敘，朝夕嚴範之教，人生
豈能多得。明年乃因其照(?)費獎金之全以渡海留學，美(?)亦不使學業並收而東隅未失也。點(?)
衰朽之見，恐未必有當。於英(?)漢期間之揮斥求實，逖先先生匯瓚輯氏等動集此文並學下(?)
數年來所冀亦想偶(?)而未能得者，一旦之屢談，大有裨益。散碑館韓蒐(?)之況，美伯商先生二文
亦乞代表鄙忱為荷。數月前偶讀逖先先生遺著，禪(?)天下件者，乃知其有校者付瓚，書作匯瓚而
其人或是裴瓚之說，今讀姪及考更切(?)氏說之彈(?)細，部見為佩。因出鄙錄舊敘，繼乎行雖不免訛奪
而臣爵臣嶠，以中書主臨大臣，奏言其部屬報舊繼擬之書不止，代為去姓稱臣，若能從人易臣以稚(?)列
懸擬三姓曰張曰傅而僻若謎，何詳之之不憚煩。況晉制有(?)書郎中從人著蓋鮮，獨高之說突兀(?)
可易(?)留記逖先先生當年下筆之時，若稍檢閱舊軒(?)，致令仲答(?)近斷或為不去(?)。竟會裴瓚之說，昔來抗辭否(?)
皇行(?)遊(?)突(?)萬納(?)一時偶失檢，為不無可淵雅病也。大札中胡君之先生所主薛瓚之說，似亦未能論定。正
與拙見相同。去歲秋杪曾草春論匡瓚一稿，寄投清華學報，甚望□之見先生更有所教。數月前(?)排印校樣

Nanyang Press, Ltd., P.O. Box 27, Singapore 1.

SECOND FOLD

AIR MAIL

From William Hung
31 Gray Street
Cambridge 38, Mass.
U.S.A.

Professor Lo Hsiang-lin
41 Moody Road, 3rd floor, Front
Kowloon
Hong Kong

AÉROGRAMME • PAR AVION

FIRST FOLD

陳祚龍致羅香林書（一九六二年七月二十五日）

元一先生有道：

頃蒙郎久仰 大名，猶悉近今 獨之大像同路之教益至多。

謝之情況，尤感 手著兩種。既蒙 大刊學報第六期一冊，既

告自當留意。這路學誼。承 賜 翻印分別代為轉致，

閱拜 大刊學報，未稔寄下近路收載外稿；承

拜 貴刊發展之近況，尤望 先生 寄下青便給

示一二。多年佈覆，敬頌

著祺。

陳祚龍謹上

六二、七、廿五、於

前復部拙著八種，係關連東方學術者。

獻收，並乞 指正。

又及。

Prof. CHEN Tsu-Lung
Appartement N° 17
10, Rue de Verdun
39 - CHAMPAGNOLE
FRANCE

吉川幸次郎復羅香林書（一九六二年八月二十七日）

The Kyoto Division
of
The Japan Council for East Asian Studies

香林教授台鑒：前承賜尊著一冊，至謝。又奉手諭，敬悉台從東來，於長會畢，西京同人擬於九月初三下午五點半設筵候教，以代洗塵。屆時駕臨多幸。又何時車到西京，命東洋文庫電示為感。良晤在邇，餘容一一。敬頌旅祺。

弟吉川幸次郎上

癸卯八月廿七

顧毓琇復羅香林書（一九六二年一月二日）

香林教授我兄道鑒：歐洲歸來
拜奉
惠贈大著二種，不勝感佩。

between East and West

(2) A Historical Survey of the Lan-Fang Presidential System in Western Borneo, Established by Lo Fang-Pai and Other Overseas Chinese.

香港與旅歐中國學人對
中國文藝復興之工作
貢獻頗大，旅美學人對科
學工作努力較多，文藝
方面著作不甚發表，比較
罕有述及。但弟深信中國
之文藝復興，確已到來，
不知
尊見以為何如？專此鳴謝，
即請
撰安
弟顧毓琇 一月二日

[illegible]　1962

羅文復羅香林、朱倓書（一九六二年十二月三日）

父母親大人膝下　敬稟者

數日前接到父親十一月廿三日來信，兒心甚慰。信中言及兒欲寫論文一事，指出應以墨子宗教思想為研究目標，其言甚是，惜兒以時間逼促，不克領受其惠，因信未到，而論文亦已交卷矣。兒因感覺墨子材料不夠，已改為概論諸子之對君主之認識。時間急促，不能全部按時交卷，只交上儒家之部分，然已洋洋十頁打字紙矣。其餘墨、道、法三家則望於聖誕前後完成。（底稿已完備，只打字而已。）兒現正從事寫另一論文，為歐洲思想史之課程，須於本月十三日交卷，兒之研究題目為密爾之自由主義（John Stuart Mill）。

數日前致三弟信中，已指出兒將搬入舍宿，日昨正式遷入，有羅球慶及黃枝連君協助，不甚疲憊。此宿舍

為新式建築，房間大小和佈置甚似港大、聖約翰宿舍，而略勝

計床褥桌椅沙發小枱書櫥各一，每件都甚美觀實用，

兒生活環境之改善，对讀書效能之增長，殆無疑問也。

此宿舍租金一學年380元，計每週10.6元，較昔日多2.6元。

父撰之香港與中西文化交流一書，今已有東亞文化研究中心，承接英譯工作，實為可喜之消息，當見父親之聲譽更見稱於學術界矣。

羅球慶君已定於明年一月中返港，未知雙親有無特別喜愛之物，可托羅君帶返？

祝

儷安

兒 文拜叩

主曆十二月1日

1962

國立政治大學用箋

香林先生惠鑒：八日
賜函敬承。曲江相識
道範，忽忽二十餘年矣。弟無似，青鐙廝
守，了無長進，愧對
故人。尚希
時頒箴規，匡我不逮。拜奉拜奉。謹檢
奉邊政學報一、二期（三期將于五月二十日刊出，另由海郵奉寄）
以及拙撰《邊疆民族志》樣本一冊，李永

（專供公務使用）52. 10. 500本

校址：台北縣木柵鄉興隆村　電話：木柵四一四四四號

18

國立政治大學用箋

新亻先生：前長蒙藏委員會時，該會曾
編印邊疆叢書一套，其間可了瀏覽
者並不多，
先生憲願搜集清史中資料，校函該會索（台北羅斯福路西
段）取（該叢書如資料）（現任該委員長為鄭寄賢）另陽明山國防研究
院政治研究所編有邊疆叢書（鄉兩會蒙字可價購）其間頗
多資料可供參徵，此叢書大約至一斤
月內可送以其蒙文教材，擬系若編有

（專供公務使用）52. 10. 500本

校址：台北縣木柵鄉興隆村　電話：木柵四一四四四號

國立政治大學用箋

數種（俱油印本）恐不足以奉
令郎應用，如需要
示知，即奉寄也。
高足陳福霖君問于新疆部分資料，
請轉知可與敝門人劉義棠直接通
訊商討。劉生係本院繼文，現留敝系任
助（通訊：政大邊政研究所辦公室）。
尊撰標題均續促成，敬請到。敬此覆頌
撰安
弟 [illegible] 敬上
二月十一日

校址：台北縣木柵鄉興隆村　電話：木柵四一四四四號

1963

戴密微致羅香林書（一九六三年二月二十三日）

COLLÈGE
DE
FRANCE

CHAIRE
DE LANGUE
ET LITTÉRATURE CHINOISES

Paris, le February 23, 1963
234, Boulevard Raspail, XIVe

Professor Lo Hsiang-lin,
University of
Hong Kong.

Dear Professor Lo,

Kindly excuse my long delay in answering your kind letter and thanking you for your New Year wishes, which I beg to reciprocate, and above all for sending me six fine volumes of your works connected with your Project on Marine Traffic in the South China Seas.

I have at last found time to read your books and found them most instructive and interesting. Your discovery of Buddhist sculptures of the T'ang dynasty at Kuei-lin is quite unexpected. I was particularly struck with the auto-portrait of the famous Mi Fei (or Mi Fu ?) , reproduced on stone not so long after his time. Also his calligraphy which you found in the Kuang-hsiao monastery of Canton is beautiful (I am sorry you did not reproduce his signature which is said to be written next to one of the tablets, but perhaps it no longer exists). Also I noticed with emotion the photograph of Ch'en Yin-ch'üeh in your book on Hongkong. I never met him, although I consider him perhaps the greatest living Chinese scholar. He looks so thin, probably on account of overwork, and his wife even thinner.

Your researches on Lo Feng-pai are very curious. I wonder if you could send a copy to my former student M. Damais, who is now the head of a research center of our School of Far Eastern Studies at Djakarta and is the best specialist of Indonesian studies in France (and perhaps in Europe). He knows XXXXXXX many languages (all Indonesian languages, Arabic, Sanskrit, Chinese, Dutch, Spanish etc.) and perhaps he may be useful to you for your Project. Anyway I am sure he would be interested in your book on Borneo. Here is his address :

M. Louis-Charles Damais, Ecole française d'Extrême-Orient,
Djalan Sunda 5 A, Djakarta (Indonesia).

I often remember with pleasure my brief acquaintance with yourself and Professor Jao at the college near Paris, how long ago? We scarcely talked, and yet we have not forgotten each other. This is what the old poets called 忘言之契!

Many thanks again, and please believe me,

Yours sincerely,

P. Demiéville

P. Demiéville.

UNIVERSITY OF HONG KONG

SAPIENTIA ET VIRTUS

INSTITUTE OF ORIENTAL STUDIES

TEL. NO. 42321
EXT. 231 DIRECTOR
EDITOR OF PUBLICATIONS
EXT. 265 RESEARCH SECTION
LANGUAGE SCHOOL SECTION
EXT. 266 MUSEUM OF CHINESE ART & ARCHAEOLOGY
EXT. 267 PRINCIPAL OF THE LANGUAGE SCHOOL

March 14, 1963.

Professor G.W. Baxter,
The Director,
Harvard-Yenching Institute,
2 Divinity Avenue,
Cambridge 38, Mass.,
U.S.A.

Dear Professor Baxter,

Further to my letter of March 13, 1963, with regard to applications for Research Grants for the year 1963-64, I am writing with particular reference to

Mr. H.L. Lo, Lecturer in Chinese History

who for a long time now has been continuously involved in research projects, for the past few years with the help of Harvard-Yenching grants, as part of which he has published six volumes in his series of historical works on Hong Kong, South China, South-east Asia, and China's cultural relations with the West, and who is now turning his attention to the history of Macao, and to China's relations with Tibet.

Mr. Lo is due for 5 months leave from July 1st to November 30th, 1963. He would like very much to take this opportunity to visit Harvard, and to continue there his research in such aspects of his various research projects as can best be done at Harvard, where his son, Mr. Lo Wan, is already studying with you.

I should be very glad if you could let me know whether there are any Fellowships or other grants which might be available for such a scholar as Mr. H.L. Lo, and if you could inform me what steps would be necessary in making application for them.

Mr. H.L. Lo is remarkably fresh and young in spirit and an indefatigable research worker and teacher. Any assistance which can be given him will give a hundredfold in returns.

With kindest regards,

Yours sincerely,

F.S. Drake

陳學霖致羅香林書（一九六三年五月十八日）

Chen

ASIAN STUDIES, Inc.

Ming Biographical History Project
504 Kent Hall
Columbia University
New York 27, N. Y.

元一師：

睽違經已數月，惟塵務繁忙，加遂以趕寫[illegible]兩文，未暇執筆，歉甚。茲付去拙文述劉伯溫燒餅歌，以為吾師退休論文集之用。書稍長，自前加以刪補，文字劃一，然仍可趕改也。先此之稿已[illegible]，但未悉何時[illegible]。[illegible]所藏明人說部書錄（[illegible]先）[illegible]

THE ASSOCIATION FOR

見有異此通篇而補其整訂，并增
註脚十數，粗略完事，加以內人日
前誕下一女嬰（取名以真，已彌月，
重九誕），家務團身，不能動筆，以
此稽延多日，祈吾師有以諒之。
拙文有三數點須為我師奉告：
（一）文以劉歆語言故事，主要目的附會
讖緯，謂古人陽中傳說而起一陽中
故事本身亦有演變（但目的文論之），
至于所向如何預言之出現

吾師八日函來義聞
含原，甚念。如能成
行，盼來鋸給一教。

又陵

（二）

楚館歌之名出於張中楚館詞，撰者演

明建文帝傳道人之記述言燕王

得位，（曰時傳於中鐵鏈道人歌之）

但楚館歌之出現不早過何時，

（三）

據道光時人筆記中略謂楚館歌

係有是張中撰者，可見此說到係[illegible]

所作係喚出（喚至道光）

（四）

據明[illegible]流傳有宋明代相大綱之傳

聞十八諸難問，闡就書，迪考出陸
饒教授言明代事之所本。
劉振情人筆記，舊傳劉伯溫為叔釋，[illegible]
淵年間已有此證。
未知吾師以為可取否？
前經以諸學要師賜命，諸生傳譯後
迄蓮坊諸先生，豫為整理，謝甚。此皆
出吾師之賜也。
拙文由翻譯，有的茶以字以兄釋令（已另函粵光先生）。
此請
研祺
生 香林拜 五月廿九。

趙令揚復羅香林書（一九六三年七月十一日）

元一吾師：大函敬悉，生拙作「會同館」一文，蒙 吾師費心，生除更努力潛心學術外，並無他法可報 吾師對生之關懷。近因撰寫 Borneo in Chinese Records 一文，以參加八月十八日—廿八日在墨爾砵召開之全澳學術會議，偶翻讀向達校注之蠻書，頁一六四（中華書局一九六二年版）有~~婆~~渤泥之記載。 吾師想已翻到順便奉告而已。

閱萬有圖書公司寄來書目，知

中文系慶祝金禧論文集已出版。先生在港時，

亦為編輯之一，不知可否寄乙冊與先生閱讀。

如可希寄下到地址，以省麻煩：

C. Y. Hui,
Dept. of Oriental Studies,
The University of Sydney,
Sydney, N.S.W.
Australia.

雪大一切如恆。先生近正撰寫 Borneo 一文，完成後當

又着筆「論明成化閹婦等之禍」一文矣！

（續後）

吾師「香港與中西文化交流」一書英文本,不知已印就否?生想在此間「東方學報」寫經文介紹,如完成託彭錫恩先生寄來便可。專此

並祝

近安

生 金揆 叩

七月十一日

香林先生史席：前上一函，諒塵青覽。比維
近來有新著否？至盼 惠寄也。
起居筆健為頌。弟頃擬記述薛居正五代史之輯佚，有下列問題，望
賜指教：
宋元間所薛氏五代史，自明修永樂大典時，已成海內孤本。二十年以前歙縣
汪允宗言之鑿鑿。據張氏採史隨筆錄載汪氏從書記，為書於民國四年借予同學借過
甚詳（據李宗先生史學要論引）云：淺人汪允中，自言家有舊五代史原本，汪復不知其書所
在。商務印書館某印百衲本廿四史，欲得薛史原本，以徽書得，人謂已入異域，原乃

則在丁乃揚家之丁珍璞拓本,(此言移家中失去,時諸兄猶有見者已)自圖以下,是書殆將永逸於香壤之間矣。

比年之前,曾聞元刊本出現於香港,前有刻,序時

先生之論道園之後,有勸教育部亦嘗購藏之說,究竟有無其事,及其書下落何似?是所願聞

賜於函復者,甚盼

倘中見有無一二,以踐宿素也。

盡論乎請,高帶

論之是幸!此頌

文安

弟 趙鐵寒 拜上 七月廿□日晚十時

本書先生所言之丁乃揚舊依收藏了,未知島先先生曾有此聞否也?

鐵寒用箋

榎一雄致羅香林書（一九六三年九月十三日）

THE TOYO BUNKO
(THE ORIENTAL LIBRARY)
147, KAMI-FUJIMAECHO, BUNKYO-KU,
TOKYO, JAPAN.

Professor Lo Hsiang-lin
Department of Chinese,
University of Hong Kong
Hong Kong

September 13, 1963

Dear Professor Lo:

I have duly received a copy of Hong Kong and its External Communications before 1842. The History of Hong Kong prior to British Arrival, published by the Institute of Chinese Culture, Kowloon, Hong Kong, 1963. I hvae just given a perusal to the contents which seem to be extremely interesting. I am very much looking forward to reading it as soon as possible. Many, many thanks indeed.

I always admire your prolific activities. There must be some special reasonfor it.

I do not know where and when you would read this letter. For the moment, you will be working at some learned institution inthe U. S. A., excavating so many new materials foryour studies. Anyway, I send this to Hong Kong in the hope that some one would kindly forward this to your adress in the U. S. A.

With repeated thanks and anticipating to seeing you on your way back to Hong Kong,

Yours ever,

K. Enoki

K. Enoki

林仰山致羅香林書（一九六四年七月四日）

TELEPHONE
439570

UNIVERSITY OF HONG KONG
"WOODSIDE", 92 BONHAM ROAD

4th July 1964
MS Schwabenstein

Mr H. L. Lo
Lecturer in History and
Head of the Department of Chinese
University of Hong Kong
Hong Kong

Dear Mr Lo,

First, I wish to say how pleased I am that the Vice-Chancellor has appointed you to be Head of the Department of Chinese, and that you have agreed to carry this additional burden. There is no one in our group who is so well fitted to carry this responsibility as you, with your long experience in teaching and research, in authorship and editorship, and in administration.

I am sorry I did not have an opportunity to have a quiet talk with you before I left Hong Kong, and I am ashamed that I had to leave my office with so many things unfinished, and without an opportunity to hand my responsibilities over to you formally. But you are well acquainted with all the main problems of the Department, and our excellent Secretary, Mrs Ella Ng, will be able to explain all the details to you.

But apart from this new burden, which you are now shouldering, I want to thank ~~you which you have given~~ to the Department during the past twelve years. Your comprehensive grasp of Chinese history, your fresh approach, and your knowledge of local details, have set a very high standard for history teaching in the Department, and have given to it the leadership in Chinese History in Hong Kong. I am profoundly grateful for all you have done in this respect.

But in addition to this, your sincere Christian spirit has brought something of inestimable value to the Department. Without in any way detracting from the standard of high scholarship which you have set, and from the great reputation which you enjoy throughout Hong Kong, Taiwan, and South China, it has brought a spirit of unselfish and devoted service to the Department, which has been felt by staff and students alike, and which has shown itself especially in this last act of selfless devotion in which you have taken on the immense burden of the Headship of the Department and the Directorship of the Institute of Oriental Studies, in addition to your heavy personal responsibilities.

I myself, and I am sure all your colleagues, are most grateful to you. I wish you all strength to your arm, and Divine guidance in all your decisions, and the peace of God in your heart.

I am about to write to your son at Harvard, from whom we expect great things. My wife joins me in all good wishes to you and Mrs Lo.

Yours very sincerely,
F. S. Drake
F. S. Drake, Professor
during the years 1952-1964 Head of the
Department of Chinese, University of Hong Kong

(as from 'Lincot' Stoke Road
North Curry, Taunton
Somerset, England)

蔣彝復羅香林書（一九六五年四月二十四日）

香林吾兄如握：四月十五日手教奉到，欣若目睹，拜讀之餘，尤感明見卓識，開我茅塞不少。《寶林傳》、《唐代廣州光孝寺與中印交通之關係》未拜讀，哥大東方圖書館想藏有，當前往一查，諒不必郵寄，彼此都忙，能省些即省去。足下在香港得見「今日惠施」者不少，紐約人士不識「從容」二字，一笑！三年前大駕過紐約小住，曾賜弟「大地勝遊記」一冊，當時無從翻閱，現再讀「曹溪訪古記」一章，解答弟疑團不少，弟意是時慧能南行，開宗曹溪，地距長安洛陽均甚遠，又極幽僻，不易為當時政潮所波及。蓋當時武氏篡唐，自稱「則天」，橫霸無法，有智之士，儒道名流，多相率遠避。觀唐書末錄二敘述，談駱賓王為徐敬業檄文，可見一時憤怒滿天下。而自武氏淫亂不堪，大違儒家禮教。伊不得不有所依，戴假面具，特詔神秀國師在朝講法，恩寵愈常，武氏豈真禪家之忠實信徒也耶？神秀雖不是僧懷義，然其依附權貴，獻媚武氏，其人格低下，較之慧能不受召，以病辭，相差何似天例。適之先生曾謂神秀爲朝野所崇，似有未當，此乃弟妄擬之辭，不知高明以爲如何？慧能南宗根得已也。宋之問有《衡陽至韶謁慧能禪師詩》，原文何書中可以查到？弟處尚有陳三立先生所賜弟三十四年前在蕪湖錄任西佛詩二首、陳寅恪先生所論慧能碑文，可在何種刊物中讀到，公餘有暇，乞賜知！

尊論「今所通行之壇經，雖經後人增益，然決非自神會語錄所鈔出改編」，以敦煌本唐寫本壇經寫本」弟甚同意，不過「神會語錄」發現，是否在敦煌本壇經之後，頗有問題，從之寫本亦不只一本兩本而已。胡適之先生似根據《鵝湖大義》與興福寺內道場供奉大德大義禪師碑銘（見全唐文第七百十五卷）中有云「洛者曰會，得總持印，獨曜瑩珠，習徒迷真，橘枳變體，竟成壇經傳宗，優劣詳矣」他的解釋是「獨曜……」是神會獨步當時；其徒衆筆演述真理時，把橘變了枳（讀而未由的）所以他（神會）竟自寫成壇經以傳宗……」看起來似乎合理，但「竟成壇經傳宗」「竟成」不一定是說「竟自寫成」亦可以說「竟成爲了以壇經爲傳禪宗之具」 足下意見如何？

又尊著《曹溪訪古記》中有一語「……感此求得『曹溪法乳』自期」，此『曹溪法乳』四字，本於何書，尤其是「法乳」二字最先見於佛經抑何書？據《辭源》釋為「佛家稱法嗣相傳曰法乳」，尊意是否以法嗣相傳為文？又有「法雨」一辭，謝靈運文有「仰弘如來宣揚法雨」，其意似以法澤普及大千眾也。談到慧能毫無知識之說，此點頗多疑團，慧能未受戒為僧之前稱盧處士，其父曾為官吏，決非絕對不學之人。又中國僧眾必須受「戒」後才能稱和尚，小沙彌頭頂上燒有三孔至六孔，若達九孔乃和尚也。此「戒」律及「燒戒」之事乃佛法東來華土之後而產生，抑或未來前在印即行之。今憶及三十年前過印度錫蘭時，所有和尚頭上並無戒疤，今近年見到日本和尚亦不然，頭上亦無「戒疤」，吾先在東南亞時見到暹羅緬甸安南之佛徒頭頂有「戒疤」否？今對此戒疤之

頗想加意研究、足下博識多聞，請賜以何「研究」之法，「戒」字者，戒律
此乃是佛家組織法之一種，必有條件，就是說做了和尚，先得受佛教
組織支配，受戒誦經而後，才能談「禪」，並非不必要有法定（受戒）
和尚而即可成為禪師也。世就是慧能，在廚房做了時即隨習
普通經典，又過些時日乃能受戒眼佛，並非慧能想見了弘忍，一
到黃梅即成五祖目中之繼承者。在慧能隨黃梅五祖時即未讀
書本也（讀經不必也）。足下以為何？印以為「禪戒」之律，為世界各
宗教中之嚴酷條件，人人能吃苦，能有心救人，要是耶教回教必先
受此酷刑而後能傳教，則決無多少人願做牧師也。中國人所以為僧
尼，除少數虔行者外，別有原因、因「禪戒」而佛法在吾華不能發揚
亦有由也。公暇乞即賜高見。吳椿之現上職一區校圖書館，不常見面
附聞。此頌
教安

弟蔣彝拜

六月廿四日
1965

UNIVERSITY OF CALIFORNIA, BERKELEY

BERKELEY • DAVIS • IRVINE • LOS ANGELES • RIVERSIDE • SAN DIEGO • SAN FRANCISCO SANTA BARBARA • SANTA CRUZ

DEPARTMENT OF HISTORY BERKELEY, CALIFORNIA

June 10, 1965

Professor Lo Hsiang-lin
Department of Chinese
University of Hong Kong
Hong Kong

Dear Professor Lo:

Please accept my belated thanks for your letter of April 4. I appreciated learning about the appointments at Hong Kong, and I am glad to know you are still head of the Department of Chinese. I can understand that your friends would not have wished you to leave that position.

My present plans are to leave Berkeley very soon and to spend some time in the Eastern United States. In the autumn, I shall be in Japan and my present plan is to reach Hong Kong on December 8, and to stay until the 14th.

You have complimented me by suggesting that I might give a lecture to your department. I fear my talk at that time might be a rather superficial one. I shall have recently been in Japan, becoming further acquainted with the places and art objects in that country which are especially pertinent for the study of China, as well as Japan, during the T'ang.

If you wish me to give a talk on a rather rambling period of travel and observations, I shall be happy to oblige you. It will not be an address of very deep research.

If you write me in Berkeley, your letter will be forwarded. I hope to hear from you again, and in any case, I shall look forward to seeing you in Hong Kong next December.

Kindest personal regards.

Sincerely yours,

Woodbridge Bingham

Woodbridge Bingham

裴達禮致羅香林書（一九六五年七月十八日）

羅香林先生

不久以前倫敦大學遠東部的 TWITCHETT 教授，我師，寫了信給我，說他在香港時見過您，又見過您最近作的關於客家人的書。

我自己從一九六三年十月至本年三月在香港新界的一條鄉村住了，研究鄉下的風俗習慣。可惜那時候沒有機會見您面。我很想明白客家的事。

不知您會不會以您作的關於客家的兩本書（即是客家研究討論，和最近作的那本）賣給我。客家研究討論書鋪現在當然沒有；最近那一本，我都怕是在英國買不到的。

您若能賣給我，請回信告訴我須要多少錢，我就即刻寄給您。

其實不應當麻煩您，真是不好意思。您幫我，我就深感您厚情。

裴達禮（印）

裴達禮 謹上

一九六五年七月十八日。

Sender's name and address:

HUGH D. R. BAKER (裴達禮)
10 CAUSTON ROAD,
HIGHGATE,
LONDON, N. 6.,
ENGLAND.

AN AIR LETTER SHOULD NOT CONTAIN ANY ENCLOSURE; IF IT DOES IT WILL BE SURCHARGED OR SENT BY ORDINARY MAIL.

← Second fold here →

← First fold here →

BY AIR MAIL
PAR AVION
AIR LETTER
AEROGRAMME

HIGHGATE 9.15 AM 19 JUL 1965 N. 6

羅香林先生 Mr. Lo Hsiang-lin.
Reader in Chinese History,
UNIVERSITY OF HONG KONG,
HONG KONG.

逕復：来信已収，不勝頌荷。
詳蒙告多資料，拙編「香港
前代史」第六章，對客家人移入
新界，亦略敘述，拙作「客家
研究導論」(Introduction to the
Study of Hakka in its Ethnic, Historical and Cultural Aspects)
弟僅有日本文譯本，茲寄上
一冊，乞查收。至弟拙編關於客
家之第二書，為「客家史料匯
篇」(Collected materials on the Hakkas)二冊，現俟印可出版。其中有
沙頭角吳氏族譜摘要一節，
或可備 足下參考。容俟出版
時，再行寄上。

於北[illegible]世界[illegible]中文[illegible]

20X25＝500

香林先生賜鑒：承

先生大力推薦，得以執教上庠，今後當永勤補拙之旨，以報雅意云尔。六平於弱冠時，頗涉史部諸書，唯不得其門徑。以為史學也者，尽於王鳴盛十七史商榷、錢大昕廿二史考異及諸史拾遺耳。後編讀清經解正續編，忽有所悟，知清儒之史學（章學誠除外），實經學附庸之小學也。以治小學之方法治史，考史亦即考經。以是不慊於心者垂二十年矣。近拜讀尊著唐代文化史，恍然大悟曰：「若十篇者，考史之正則也。」蓋

先生之考史，雖出於清儒之考經（此指考證法度而言），

原稿紙　第　頁

NO.

然此王、錢諸氏大異其趣。清儒之考史，多拘於單文隻字之考訂，於某一歷史事實之全貌，前因後果形成之所以然，向不作一綜合之考述（唯趙翼尚勉能及此）。六平以為考史當以史料之考辨、事實之綜述爲主，文字之考訂，併入史料考辨中可也。如清儒者，産大於像之譏，不能免焉。二十餘年疑之而不能決者，今得之於先生大著中，其快何如也。

耑肅。敬請

教安

後學黃六平謹上　八月六日

165 左大

王韶生致羅香林書（一九六五年九月七日）

CHUNG CHI COLLEGE
MA LIU SHUI, N. T.
HONG KONG
TEL: 888-431
888-432
CABLE ADDR.:
"CHUNGCHICOL"

崇基

中國語文學會
CHINESE SOCIETY

香港新界馬料水
崇基學院
電話：八八八·四三一
八八八·四三二

元一教授尊兄惠鑒：比閱報章，藉悉港大當軸備重長才，雅敬碩學，禮聘
尊兄爲中文系主任教授，實至名歸，大獲僑布泰康，故交曷勝忻忭。憶去歲林仰山教授退休返英，薦賢自代，其眼光之周到，心術之公平，即事而理自見，而吾兄不負重託，其規模意量更彰彰在人耳目，吾非謂此足以爲宗族交遊光寵也。尊兄前在國立中山大學講授國史，學術淵博，擴聲詞群，尊暨長者立文理學院，綜核名實，編合經子，惟名山事業者爲之也，久矣，然其意義之深遠，則在此而不在彼。夫教育學術乃天下之公器，不容拘以派系，掉以私心，故宜兼容並包，知人善任，使賢能才智之士人人能發揮其特長，庶幾研幾而極深，然後學術水準足以繼長增高，廁身於世界學術之林，且人才無埋塞之患，倘以封域自限，然蹈井之蛙，則坐井而觀天曰天小矣。港大自林仰山教授主持中文系務十載以還，其成就駸駸與國內著名大學齊足並馳，無所軒輊，今吾兄繼之，一載以來，有駕其光輝之美，對於當地學人提出問題一一啓發

CHUNG CHI COLLEGE
MA LIU SHUI, N. T.
HONG KONG
TEL: 888-431
888-432
CABLE ADDR.:
"CHUNGCHICOL"

崇 基

中國語文學會
CHINESE SOCIETY

香港新界馬料水
崇基學院
電話：八八八・四三一
八八八・四三二

凡有疑義莫不迎刃而解對於吾國學子負笈而東研究漢學者輒懇懇指導小扣小鳴大扣大鳴倘假以時日從容展布則世之研究東方學者不之東京巴黎倫敦華盛頓而之香港矣徙琳吾兄長才碩學盛德謙光出而主持風會當克臻此吾所以再拜而賀者也昔朱舜水講學江戶其流風餘韻寖假而成日本明治維新之美豈古今人不相若哉用陳既往佇俟將來書此敬頌

道安

弟 韶生拜啓 乙巳中秋節前三日

饒宗頤致羅香林書（一九六五年十月五日）

CABLE ADDRESS
"HONHI" HIROSHIMA

TEL. MINAMI
41－5181

HOTEL NEW HIROSHIMA

元一教授左右：自廣島歸，接九月廿九日電報，經即答覆，謝邀
垂餐。今午清水先生來，同月前（掛號）尊函，始悉一是。囑將近況報告
副校長，茲畧陳如次。
一、初蒞京都，曾與吉川教授談及日本博士制度，蒙允諾於本年度
提出論文。現題目定為「清詞研究」，附清代詞學年表、清詞集要目、
朱彊村望江南（論清詞）箋注等，約十萬言。已着手寫成小部分。
京都所藏有關詞籍，均已遍觀，頗有所得。京大舊制結束後，至今
尚未頒給文學博士學位，只有年輕修完博士課程，但無學位，須過五六
年後，始許提出論文，以備審查。其雖如此，實際上仍保持舊時作教授過若干年
方提出博士論文之傳統。弟已先繳交審查費，須提寫論文。呈繳後，按例
審查時間需要一年（由文學哲學史學三位教授共同審查）。如獲通過，則弟可能為京都大學新制施行後
文學博士之第一人。（此事請暫為守秘密）
二、論文須呈繳三份，如是弟擬延遲歸港，回港後將一面提寫論文、

一面複印或數份，期於十一月杪畢事，寄呈京都大學文學部，以備審查了卻手續，然後西行。惟自十月份起，弟已乞假，無薪水可支，（法國方面，人未就職，亦不便支取任何薪給。）頃閱 尊函知中國文學講師尚未聘定，不知可否 弟之假期，延至十一月以後開始，否則上學期當可行。 弟定十三日回港，先將情形與副校長先行商量，如無困難，弟可于十四、五日馳函法京，更改行期，以免彼此貽誤（中文大學前曾允由八月份起薪，他問題均可商量。）

三、關於馮平山圖書館善本書錄，由出版部名義出版，自是適宜。惟弟對該書，弟曾答應贈與此間學術機構，因受贈之書太多，往例出版部出版書籍，弟付款者，亦須購買，故無法奉贈他人。此書如由出版部印行，是否可優先得若干冊，作為著作酬勞，乞與有關當局商定之。（由龍門支取，哈佛印書錢事，前曾面告，想已忘之。）

四、本月份起，有暇，二日赴神戶白鶴美術館，三日赴神田喜一郎博士

HOTEL NEW HIROSHIMA

TEL. MINAMI 41—5101

CABLE ADDRESS "HONHI" HIROSHIMA

之約，四日至天理大學，八日赴大阪大學茶會，（木村教授主持）即晚乘夜車來東京。九日晨，至皇宮内廳觀雅樂之舞，（由該樂長特別安排）及圖書寮，十一二至内閣文庫、東洋文庫（敦煌研究室），十三日回港。

匆匆奉告，相見在邇，不復多陳。專此 祗叩

鐸安

弟 饒宗頤再拜

十月五日晚十时

不一 吾記
近日学校考试，生以專心研讀故，如
古候心殊歡歡。所堪告慰者，則成績尚佳，
爾意然。生決不敢自滿，必盡心盡力，以期毋
負 吾師之厚望也。生
於廖仲愷之傳記
開始從事研究工作，第……中心將以彼
一生自晚民國初年革命思想之演變，從
而了解日後聯俄容共之決定。本年四月底
將以論文之摘要交與韋慕庭教授，然後
商定寫作問題。今時生當以一份寄奉就正。

於 吾師七日前得接學林書函，知悉 吾師存有廖仲愷集一書，未知是否民國廿六年左右出版者，若是則盼 吾師能暫借一用。用者羅家倫先生最近修訂之國父年譜上下二冊，於 先生之研究頗有幫助，然該書為非賣品，故盼 吾師書函羅先生 開贈一套，俾可應用。下學期將於本月八日開始，先生所選之科目與上學期無大差異，僅增加中國通史一科，及以日本文學史代替雷德剛先生之近代史資料研究，可能較前稍為吃力也。生竊聞 選堂師將於本年

九月赴星就任未知是否屬實若是則誠
為中大系之損失也數月後將屆舊曆新
年生身處異地頗以未能踵府拜賀為
憾專此即頌
年安

生 福霖謹上 16/1

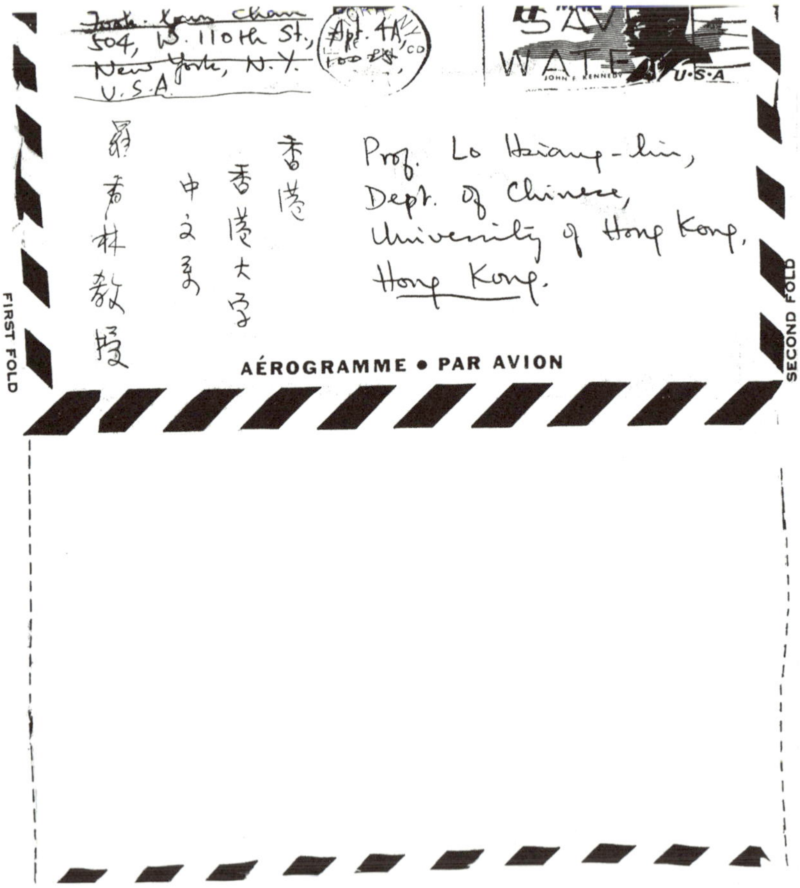

馬幼垣復羅香林書（一九六六年三月五日）

元一吾師函丈：刻奉　鈞誨，雅承　厚愛，寧於今夏國際筆會年會，得參末席。入會表格經填妥，茲附上，至祈代辦手續。并承　惠告「唐元二代之景教」已付刊，前人論景教史事，多陳陳相因，屢倡發明者，實無出吾　師之右，大著面世之日，中外震仰，當可預期也。前上書所言耶魯出版部新書 Vinland Map，非論「馬可」諸人西行史實，惟以論 Carpine 東來甚詳，後附書目極備，尤可得按圖索驥之助，頗有裨元代西域景況之探研，故特為推薦。「中國史籍選讀」二篇，承　轉託世略兄代校，感泐無似，暇時當另函　世略兄致謝。前選書時因遺「會要」体文章，故向　田意先生建議，補入「宋會要」一篇，已選一篇與「太學」有關者。又近聞　田意先生云：陳炳良兄申請秋後來此，私意度之，大致應無問題。陳兄畢業較　生約早六年，在港時尚未謀面，未悉陳君興趣何在。在此間修讀，如對音韻文法、小說戲劇、六朝唐宋文學、中西文學比較等目中之一項感興趣者，似為較宜。歷史系中若干課程，如清代史、中國史學史、中國思想宗教史等，并可選修。又本擬月往哈佛時與羅文兄合攝照一若干，茲附上一份，祈　台收，餘事不盡。肅此修稟，敬請

研安

生　幼垣謹上　三月五日

車柱環致羅香林書（一九六六年三月七日）

元一先生賜鑒：拜別以後，已於四日安抵台北，就事如舊，諸希
釋念。此次拜訪時，極蒙
盛意照拂，又以大著見賜，感荷至深，謹先馳謝。再啓者，此間中央
研究院歷史語言研究所訪問學人同仁哈佛大學海陶瑋教授（James Robert Hightower）亦擬於四月下旬，前往香港，考察貴地學
術研究情況，伏祈
推情招待，俾得便利，則感同身受矣。專此恭請
訓安。

車柱環拜上

三月七日

孔雀牌

1966

林天蔚致羅香林書（一九六六年九月十九日）

香林吾師道席：去月七日離港，沿途經台灣、日本、美西各城，吾師屬往謁之各長輩，因假期中多往渡假，故能見者甚少，只蔣復璁、徐伯富、日比野丈夫、李獻璋、楊[illegible]信、日高芳郎、陳世驤、孫甄陶諸先生而已，殊為可惜。

八月廿七日抵達波士頓，承謝羅文兄暫忙，會謁楊聯陞、Pollard、Baxter諸先生，並立刻在圖書館中找材料，[illegible]每天在本圖書館約七、八小時左右。漢和圖書館所藏之方志，非如理想中完備，戴璟、黃佐之廣東通志均缺，不過有若干唐宋資料，可補之前論文所闕而已。

在羅延年廣東通志中，載莫宣卿為吾粵首任狀元，但〈選舉志〉（包括阮志、肇慶府志、德慶州志）並不列入。其他資料亦少，其人與莫

協大中文系之制舉狀況（徐松登科記考載）
有詩集，未知有否論學文字流傳價翻，
價值否？

又雍正本廣東通志風俗篇，稱平人曰獠，外
有人为外江獠，此獠當是佬音，那麽，宋以前
通志上之獠，可以從地域分佈細加考察，而決定
是否即南下之猺人，此種蠡測是否正確？

今併下周上課，得羅先生介紹，擬選讀漢籍史
「中国文學專題研究」（楊榮生教授主理），
料選擇方法（Prof. Hightower） 下午選讀English D
所以功課方面相當繁忙，故論文擬用學士之前，特
專書報告方式，並盡量能時獲訓晦，使學
業有成，則感激不已，謹此 致候

生[illegible]敬上 九月

石田幹之助致羅香林書（一九六七年三月二十日）

March 20, 1967

Prof. Lo Hsiang-lin
Hong Kong University
Hong Kong

Dear Prof. Lo:

A few weeks ago Dr. Li Hsien-chang was kind enough to send me, on your behalf, a copy of your excellent work on Nestorianism in the T'ang and Yüan periods. I thank you very much for your constant goodness to give me your esteemed work when published.

This time I am especially interested in that Western religion, so your new book on the subject newly found materials which I never knew, It has many and you have added some Chinese texts recovered from Tunghuang, which are for the Japanese students very difficult to understand on account of early missionaries did not master the Chinese grammar. You have ingeniously punctuated (句讀) the text. We owe much to you hereafter for the study of Nestorianism in China. I shall review your work in the nearest future in the Tōhōgaku.

Repeating to express my hearty gratitude to you,

Yours very sincerely,

石田幹之助

Mikinosuke Ishida
Professor of Chinese History
Kokugakuin University

程曦復羅香林書（一九六七年五月一日）

THE UNIVERSITY OF IOWA
IOWA CITY, IOWA 52240

遠東語言文化中心
Center for Far Eastern Studies
Chinese and Oriental Studies

香林教授道席：欣奉四月二十五日
手教，并承寄來信件一封，無任感謝。
同時獲悉
先生今秋榮休，復不擬出席本歲東方學會議，甚感悵然。亂世擾攘，退隱林下，從事名山事業，未始非上計。第港大樞紐東西漢學大勢，舉足重輕，主持人選賢者不易多得，如
先生者十餘年來心力兩用，桃李成陰，兼且著述等身，俯仰可以無愧矣。仍望日後多作旅行講學，固海外人士所待也。爾此敬候并請
教安

梅先生囑附筆致意

晚程曦鞠躬
五月一日

張起鈞復羅香林書（一九六七年九月六日）

國立臺灣師範大學
NATIONAL TAIWAN NORMAL UNIVERSITY
EAST HO-PING ROAD
TAIPEI, TAIWAN, CHINA

香林教授賜鑒：頃承
手諭嘉勉，並再賜巨著，
隆情厚貺，銘感無似。
大作數種，前後均經細細拜讀，
先生功力之深，徵引之博，殊深敬佩。而
唐代文化史尤具卓見，神秀諸章
惠我實深。設使五年以前能拜讀及之，則
拙作中國哲學史話有關各章當較今
為充實也。茲
詢敝編叢書，乃指何對。
大賢著作等身之前，愧慚非材。餘
鈞
起鈞 敬復
9/6

國立臺灣師範大學
NATIONAL TAIWAN NORMAL UNIVERSITY
EAST HO-PING ROAD
TAIPEI, TAIWAN, CHINA

得老子學家之虛名。哀心鄙服，膺實在兄也。此觀「哲學史綱」中可見。閱後思兄盡為處今日當作何言，當從何種主張以挽此浩劫。惟茲事大，非吾能知的者所能期，求以之終日周守於此，廢時害業，為禍不能自拔。尚有當作一時散佚雜集，乃將近年補白於新天地雜誌（乃若干教授集資所辦，抓約李元主編，職故時每為文補白也）而略與學術有關者奉上數冊，非敢云著作，藉博一粲云爾。陳天先生請題念，當似尚好。時賜教言，以啟愚頑為盼。即頌

文祺

弟 張起鈞謹肅 五六年九月六日

1967

姚從吾致羅香林書（一九六七年十月七日）

元一主任惠鑒：

久未通問，至念，敬祝 兄嫂均吉！前承惠贈 尊著《唐元二代之景教》，心至謝。今有德國杜賓根大學（Tübingen Universität）中文系主任 Prof. Dr. Eichhorn（艾希和）訪問臺大時，見到 尊著，至表欽佩。擬過港時，便道訪謁，向 先生致敬。謹肅箋介紹，幸賜接見，為感！

艾教授為德國（新派）漢學大家海尼士（Prof. Dr. Haenisch）之《元朝秘史》德文譯註者的高足，志欲恢復衛禮賢先生所創之中國學院（China Institut），甚得我國朝野的稱譽。他的輔導葉慎之先生，福建人，臺大學士，才幹練博學。兄為港方文史盟主，不可不認識此一位德國漢學家及[illegible]貫通中西之青年友人也。專此介紹，

敬祝 著安

尊夫人前問候致敬！

弟 姚從吾敬上

五六、十月七日。

從吾所好：台灣大學歷史系第二研究室

1967

日比野丈夫致羅香林書（一九六七年十二月六日）

KYOTO UNIVERSITY
RESEARCH INSTITUTE FOR HUMANISTIC STUDIES
47 HIGASHI-OGURACHO, KITASHIRAKAWA, KYOTO (SAKYO), JAPAN

羅教授閣下：暢鑒、流光荏苒，港島一別、又迭更歲月矣。遥維

起居佳吉，諸百順利，以符所頌。弟前致書

陳荊和先生，托其購

大作《香港與中西文化之交流》，詎料已罄售一空、

陳先生商諸

先生、即蒙慨允、感也何如、拜讀之下、尤欽佩

先生立論之卓爾不凡與夫材料之豐富也、

先生當再版問世、以徇所好也、

耑此　即頌

文安

弟　日比野丈夫拜
十二月六日

967　36

香林先生道鑒：前四日
手示敬誦悉。前寅先生似遠聞
示，不勝悲切。拙稿凡例當試擬爲，
惟恐有不稟不周之處。并惟字
數乃係三百，并非三千，當正。疑為
先前筆誤。今見來函亦作3000，務請
將草書號誤更正為準。此篇原稿
之前，第一弟全名并凡例而後
提案，不甚一經會議席上提出，不久可林

公之即擬選字，應以香港大學語言學校
常用字表為準，並謂增一字則太多、
損一字則太少，遂後竟由胥人時之參
於意見，遂成此一套劃之作。亦卷附弟
替其序例，並其首行不書弟名者，即由
于此屬出版社，即不得不隱忍，亦僅略
向吾兄陳之，惟不足為外人道耳。異
日相晤，當再詳告。此亦正處言懷悚並
非容奏一擬，此事弟非惟汗下，實感
慨萬千也。匆此，即頌
撰祺不一。

弟 張瑄 頓首

16

吳書書名「香港大學語言學校選定中國常用字字音字形
略說」，讀者亦為不識中文之外國人，請諒此冊尚堪向我

劉殿爵致羅香林書（一九六八年二月十九日）

香林先生道席：去歲回港，得聆
清誨，獲益良多。港大課務繁劇，而
先生以課餘之暇，終日孜孜，著作等身，且無厭不倦之
精神，洵為我輩後學所應法效。前日得奉
手教，知將於學年末退休，校方正物色繼任人選，並承
垂詢有無應徵之意。弟留居海外二十年，學無師友，寡
陋在所難免，且平素攻治不中不西之學，徘徊考據義理
之間，並皆兩無是處。在西方為外人淺說，已屬濫竽充數，
在港中任教席，則必不能勝任，更加以缺乏行政經驗，對
系務之處理，絕無把握，所以熟思再三，仍趑趄不前，寧敢
輕於嘗試。從實之言，本不足為外人道，以
先生盛意拳拳，不敢不直陳，方命之處，尚祈
鑒察。此間杜氏繼任人選，遲遲未見決定，亦足見漢學人
才之缺乏，中外相同也。匆匆不一一，即頌
教安

弟劉殿爵拜啟　六八年二月十九日

史接雲致羅香林書（一九六八年三月二十六日）

香林教授尊鑒：奉三月二十二日華翰，萬分感激，茲寄上照片一張，請轉達為盼，如能於彼在英國地址の時間寄去彼拜訪。馮承鈞所著之「歷代求法翻經錄」錯誤百出，不但所錄之年代不確，即梵文之應用，亦多有錯，指摘之傳，亦能補修之缺。敬頌

教安

晚 史接雲相

三月廿六日

九龍華仁書院
TELEPHONE: 841038–9

WAH YAN COLLEGE
WATERLOO ROAD
KOWLOON

香林先生講席：前日晤於會後，商申請港大
教席事，據云經考慮後，仍主弟出國
研究，蓋亦羅馬與此間會友同意者。
其言曰：講學固佳，然十七世紀東西交通
文獻之待徵，似尤重要，抑又以居弟於明
清兩朝，浸染多時，亦宜及此用功，歲
月不居，稍縱即逝也。
先生學問文章，夙所欽仰，不棄駑鈍，欲
使其成就，獎進之德厚矣。弟才乏出羣，
亦當自奮於桑榆，追附驥尾，奈以有命
在身，煙霞絕想，遂使寒鴉騰短羽，難酬
殊造，滿口衷言，無由一吐，惟有神馳心告
而已。切佩於心，永矢勿諼，謹此敬頌
大安

弟
陳綸緒敬上
三月廿七日

1968 3

香林先生大鑒：前年过港時蒙赠大作唐代廣州光孝寺與中印交通之关係，萬分感激。因為近年來学的是慧皎高僧傳，所以对於有关該書的著作，特别感兴趣，故敢冒昧数言，務乞勿責。

尊作第九頁所引康僧會傳，與原文多有不合處，查慧皎原文為：~~印度，而不是~~

"天竺"，而不是印度，

"以吳赤烏十年（西元二四七年）"初達建業，而不是赤烏二年

"時江右佛教未行"不是原文，應改江右為江左。

又第十三頁有关僧伽婆羅者：

1) 我以為其梵名為 Saṃghabhara（僧養），而不是 Saṃghavarman（僧鎧），更不是 Saṃghapāla。

2) 僧伽婆羅傳在高僧傳卷三，而不是卷一。

3) 引号中字句，多與原文不合，故最好不要用引号。

區區之見，献給 台端，為的是使真理明確，這決不是批評与作難，請千萬不要誤會，有便時望多來信指教。據說高僧傳不久可有英文版，當奉贈。

即頌

教安

23

僕史接雲頓 七月三日

錢存訓復羅香林書（一九六八年九月四日）

THE UNIVERSITY OF CHICAGO LIBRARY
CHICAGO · ILLINOIS 60637

香林教授先生道右：頃奉八月廿九日
手教，敬悉一一。簡女士論文亦於上日收到，拜讀一過，頗覺
體大思精，對於中國學術及藝書制度之發展，均極有貢獻，
已將審查意見致函港大教務部，推薦通過，附覆本一份，
即乞察閱。簡女士之成就，皆賴前輩多年訓導之功，得此收
穫，至深欽賀。尊函謂此論文範圍太廣，不能全部皆精，
頗有同感。鄙意明清兩代公私藏書資料太多，僅敘一代，
已覺蒐集不易，倘處處顧到，則難以深入。而每章雖述明清，
亦多遠溯周漢，體例稍覺龐雜。如訓建議，將來修正出
版時，可將明代以前資料併入首章，作為中國藏書沿革概論，
並刻工、中外圖書交流，書籍與藏書制度無直接關係之數節，亦
可併入，作為緒論。其他論明清藏書保護管理兩章，篇幅似過長，
與其他各章多寡懸殊，似可分為兩章或三種，以便簡
到美時每有討論，以供修訂參考可也。聞 先生將於月內自香港退
隱，多年辛勞，想可少休，或專心從事著述，將來如有暇到美一遊，尤所
企禱。專此敬頌
著祺
後學錢存訓頓首 一九六八、九、四

Gonville & Caius College, Cambridge 12 December, 1968. tel. 53275 ext. 347

Professor Lo Hsiang-lin,
22 Macdonnell Road,
1st Floor,
Hong Kong.

JN/MW

Dear Professor Lo Hsiang-lin,

I write simply to tell you that your three fascinating volumes successfully reached us. We have not yet had time to do more than glance into them but I can already see what a wonderful collection of interesting material you have brought together. Your article on Li Hsün will be of great help to us, for we have already written about him in the botanical section, where we consider his Hai Yao Pên Tshao. There can be no doubt that yours is the best thing which has ever been written on this family and their interest in drugs and perfumes as well as poetry.

To me, one of the most exciting things about your study of Nestorianism is the finding that some of the apparently incomprehensible incantations in Taoist books connected with Lü Tung-Pin are, in fact, transliterations of Syriac pious Christian exclamations. I would certainly like to include mention of your work in our Volume 1 if and when it comes to a second edition.

We shall also find very valuable your book on the Kuang-Hsiao temple in Canton, hallowed by the memory of the sixth Patriarch, Hui-Nêng, and especially interesting to us because of its connexion with the introduction of trees from India. As for the Thang Buddhist sculptures near Kweilin, that is a subject also of great interest to me, since I have spent quite some time both at Tunhuang (on two occasions) and Yünkang.

In an accompanying packet I am sending you some of our recent reprints which might interest you. I hope that we may continue to keep in touch, and that if you are ever in Europe you will not fail to come and stay here at Caius in one of our guest-rooms, which are very comfortable. Everybody in Cambridge would greatly look forward to a visit from you.

With warmest regards,

Yours sincerely,

Joseph Needham
李約瑟

慕尼黑大學傅海波教授與羅香林教授書

三、

親愛的羅教授，我衷心地多謝你的聖誕及新年祝賀，而我最感到興趣的是那張中國史學會（Historical Association of China）創辦者的相片（一九四三年，攝於重慶）。至於那些我本人不認識的學者，則更希望知悉他們的名字。不知你可否寄給我一簡短的名單，並請順序由右至左，而書明之。不僅那張相片是一重要的文獻，事實上，我對於學者們的歷史是極感興趣的。即請近安。

傅海波，一九六八年十二月廿日，

以上為羅康君所譯

錢穆復羅香林書（一九六九年三月三日）

香林吾兄道席：二月廿三日來書奉悉。港大中文系考科試題已一一簽署寄還，順及。又拙稿朱子通鑑綱目一文已寄羅忼烈，惟此稿別有後辨一篇，論今本綱目成書於趙師淵，方在改寫中，不及鈔寄，將在西以更之端，不須一并刊之也。承示港方學潮，殊極關懷，便中幸續以示及為盼。匆布，順頌

道祺，並賀

閤第壽福

弟錢穆上 三月三日

賓四用箋

陳璋致羅香林書（一九六九年十月十八日）

UNIVERSITY OF MALAYA

PANTAI VALLEY
KUALA LUMPUR

CABLE ADDRESS: UNIVSEL
TELEPHONES: 54361 (6 LINES)

元乙教授吾師尊鑒：日前得何丙郁教授轉示，欣聆
吾師赴美參加會議並已返港。生來馬已逾年半，目前
仍担任中國通史與秦漢史二門功課。本年度並兼指導
碩士研究生，其一攻讀宋史，另一則研究客家移民南洋
史實，現着其先研讀　吾師大作，然後作若干次地調
查。　生猶憶　吾師明訓：作為一個歷史研究者，必到一
地即當研究當地歷史。自南渡而來，即留意於當地華僑
事蹟，發現檳城之邱公司最有研究價值，候　生博士論文
全部完成後，即着手搜集有關資料以便日後寫成專書。
現論文之正文已完成，加上註釋後即可交　母校註冊處矣。
函通過論文題目，批准後即可呈交矣！
　　馬大華文系頗為健全，在何丙郁教授之領導下發展頗佳，
現系中同事有王叔岷教授及陳鐵凡、蘇瑩輝二位先生，
均學有專長，而樂於扶掖後進，　生在此頗為愉快。惜
最近因種族問題，關係不可收拾，現全國推行巫文教育，
馬大中文系受影響最大，以後是否能保持尚難逆料，何
教授已作好退計，其他諸人亦紛紛準備離開，華文系之
進退實可虞也。　生於三月前曾函南洋大學黃麗松校長，
邀往該大學任教，現已辦妥申請手續，並照其所囑請

MEL UDARA
BY AIR MAIL
PAR AVION
SURAT UDARA
AIR LETTER
AEROGRAMME

Prof. Lo Hsiang-Lin,
c/o Department of Chinese,
University of Hong Kong,
Hong Kong.

Mula2 lipat di-sini First fold here

Kemudian ... fold here

Di-chap oleh/Printed by The Universal Press, 45, Penang Street, Penang.

Nama dan 'alamat Pengirim — Sender's name and address:

Chan Cheung,
Dept. of Chinese Studies,
UNIVERSITY OF MALAYA,
KUALA LUMPUR,
MALAYA.

Surat Udara Tiada Boleh Mengandongi Apa2 Lampiran Pun; Jika Di-Dapati Ada Akan Di-Kenakan Bayaran Lebeh Atau Pun Di-Kirimkan Dengan Mel Biasa.

An Air Letter Should Not Contain Any Enclosure; If It Does It Will Be Surcharged Or Sent By Ordinary Mail.

Borang di-lulus-kan oleh Ketua Pos Negara, Persekutuan Tanah Melayu dan Singapura No. 29(1)

Form approved by the Postmaster-General Malaya & Singapore No. 29(1)

吾師爲洛詢人，日間定可收到南大聘約，支持爲感。聞黃教授亦有意請

吾師到南大作客座教授，不知確否？今揭此次返母校，曾經本坡，相聚二天，他鄉遇故知，倍覺愉快。晚去年曾爲此間歷史系撰文，頃又完成一文，題爲「南宋高宗朝之臺諫官與政爭」，約萬餘字，已交本母校中文系年刊發表。現續寫另一文「南宋之四川轉運使」。

吾師最近有何新作，暇祈來書賜教爲禱。專此

敬祝

撰安

生 陳璋敬啟

十月十八日

窪德忠致羅香林書（一九七〇年十月）

謹啓

今般、道教信仰の調査のため御地参上の際には御懇篤なる御教示御高配に与かり、誠に有難うございました。以御蔭、多大の新知識をえて、去る十月十八日夜恙なく帰国致しました。早速御礼可申上処、日本学術会議の総会有之、心ならずも延引致しました。失礼之段御海容下さい。ここに甚乍略儀以書中御礼旁々御挨拶申上げます。何卒今後とも宜敷御指導の程願上げます。

時節柄御自愛の程お祈り申上げます。

敬白

昭和四十五年十月

御著御恵投被下厚御禮申上げます

東大東洋文化研究所

窪　徳　忠

羅香林　殿

水源琴窗致羅香林書（一九七一年）

菩薩蠻

羅香林先生曩見惠琴窗詞稿序過褒有稱誦之赧顏

直欲裁書道謝僕在縲紲呻吟閱月荏苒臻今欹枕

聊拈小詞表達衷耿嘉之念云

先生遠寄琴窗序殷勤起我深情緒　多謝欲重酬

縲紲不自由　可無傾意待海外知心在他日集

才刊唯須刮目看

琴窗詞曲三千首嬌柔也協吳孃口血性正矜奇

易填嬌激辭　鬢絲遺弟子孤守扶桑壘賸得夢

餘才衝人肺腑來

大政

弟　琴窗　于瑞

菩薩蠻

學人皆頌先生壽繡腸如此文辭富識見世無儔香江第一流
去年初會面鼎坐同涼飆新著附郵頒龢之宏我懷
先生貺我論文集壽將康健擒辭輯研究互多歧啟蒙無所遺
日東之學侶識見低如許遠在不能諳闇之應有慚
梨花白拖鞦韆影玉爐煙裊雲屏靜枝上鳥聲嬌春光次第撩
寄懷千里外繾綣無聊賴何日共呼卮披襟校我詞

廣東驅接香江地海光山色皆深邃聖館莅衢闠華夷儘雜居
災荒而險窄曾有髯蘇謫遺澤未能磨詞人如此多

讀王韶生廣東詞人與香港之關係

務頭之字何屬者于今謎語欺人也詞本尚溫柔只須平易酬
寵花嬌柳妙不喜蘇辛調如欲寫清奇唯須選巧辭

讀羅忼烈記務頭

縱雖卑俗休輕視扶桑亦有同名吳蒸米搗為樣團圓形似毬

行行多寓意識記一印家事釋千笑呵呵巧指燒餅歌（讀陳學霖之燒餅歌）

與君曾酌村家釀離歌匆倚危樓唱魂夢萬波濤夕陽機影翱

君今應記我我亦懷君也一闋儘填詞中貯幾相思

倚巖今寫相思字天邊數備皆鴻墜遠樹劃斜陽雲飛天一方

平生懷抱在知己先生耳千里正凝眸人間有別愁

繁華街上簾行列村居掩户逢迎絕窮巷草抽芽壓軒深樹遮

獨聞春雨濕翻此論文集奇說善撩人研尋定有因

由來香港中華地被他占領漂妖氣洋鬼漫跳梁甘言擅甚狂

先生居此際捐介遊于藝珠海異材多編書代操才

羅香林先生襄日見惠「壽羅香林先生論文集」驚喜飛閱

感激溢胸並寄小令聊表道謝之意

琴窗 水原 于瑞

大政

陳鐵凡致羅香林書（一九七二年一月二十九日）

UNIVERSITI MALAYA

Lembah Pantai
KUALA LUMPUR

ALAMAT KAWAT: UNIVSEL
TALIPON: 54361 (6 Saraf)

Bil. Kami:

香林先生道鑒：前上一函，附[illegible]

[illegible]

道安並[illegible]

潭祉

弟 陳鐵凡 頓首

一、廿九

顧秉修復羅香林書（一九七二年五月二十六日）

羅教授鈞鑒：

頃蒙賜示，迷津殊甚，感激。本當即照尊敎，謝謝之意。然法邦現正電郵政因罷工問，是以遲遲數日方書，祈察諒為禱。

蒙諭港大馮平山圖書館所藏光緒五年己卯（一八七九）傳忠書局本，刻本現巴大圖書館亦藏，該本但尚有疑漏，查該書板藏黎家坡遐齡菴。晚曾面詢左忠文襄公之四代孫左景权先生，（現職巴黎國家圖書館）云該處信於湖南長沙，而台灣世界書局民國五四年三月再版，書前有李鴻球先生識文云：該書初刻於金陵傳忠書局（年代不詳）一冊，刻長沙思賢書局，後者二版因遭烽火恐難尋矣。然傳忠書局之本竟為最早版本無疑矣，而刻地又有不同矣，俾晚益加不解，尚望

鈞座賜示為盼

敬祝

教安

晚 周秉倫敬上

六二、五、廿八

20×25＝500

乙堂先生道右：承賜《陳氏開闢潮漳及靈山佛教發展》一文暨《唐韓、李思想、理學思想開先河之前驅》，於陳氏開潮、漳開發之史蹟，稽考精覈，曷勝欽仰，彰先烈之偉蹟，示後學之津梁，足為潮學感發興起之藥引也。先生大著，生讀之，以離鄉遷徙所時未遠，陳元光、陳珦父子於唐武后時平寇，為潮漳開太平；大顛和尚南來傳法，創寺靈山，使禪風遍及全潮，祥雲覆罩人心，使之康樂，而其與韓文公之關係，尤為潮人奉為茶餘飯後之主題，是先賢偉烈史蹟，皆生耳食所熟，彌增親切，讀夫子文章，尤有所感興。並油然思中華文化，源遠流長，為全球之冠；中華民族之移殖演變，頗有得而說者，唐武后時陳氏之開闢粵東、漳州，其部之於閩漳居之墾殖，隨之移殖潮州，遂使潮州之人、與文化為之一變，是陳氏之開發，為吾潮升降之轉捩點；而大顛之與韓文公、李翱思想之交流，而激發醞釀出理學先河，是潮州於中華文化之發展，自有其淵源與作用在。憶前先生示以所撰陳氏、大顛二題，尚有可跟進於另留心陳氏著作之真偽，大顛文集之蒐集，並應關注潮州民族遷徙與歷代人文與傳之蹟、宗教發展，在在可作專題研究，以作如同客家學般作「潮州學」之追求。吾師明訓，生當銘之，時至機遂，當為此地域史盡其所能也。然尚祈[illegible]。耑此 敬候

儀安！

生楚堅頓首 六月三日

第……頁

Wolfram Eberhard
604 Panoramic Way
Berkeley, Calif. 94704

Nov.5,1973

艾伯華致羅香林書（一九七三年十一月五日）

Dear Professor Lo,

let me send you my and my wife's best wishes for the New Year. I often remember the last meeting we had, in Utah with the genealogists; and I often look at the photographs which you took during my last stay in HongKong. Indeed ,I have not been in HongKong for a long time, and perhaps I can make it in 1974, when I am planning to visit Taiwan again. This Summer I was teaching in Honolulu, a place which in many ways reminds me of Hong Kong.

I hope that you are in good health and as busy as ever with your research. You might be interested that I have been collecting Hakka (客家) folktales for several years and that I am planning to publish a study about Hakka folktales in Taiwan.

Sincerely yours

W. Eberhard

陳榮捷致羅香林書（一九七五年十一月三日）

香林道友吾兄：暑假偕内子漫遊Alaska，歸途經住紐約，有教益，甚相安好，
怡親友同飲，不幸内人歸途發肺疾，入住醫院十六日，現内子已復發，
拙夫三十年來，家以至今入院留住，而拙人未料理家務，又須隨大學開課，
是以至今之稽遲九月有違尊函。林此亞大學主辦中國思想之教授，實出至誠，
始士論文頗有識見，人之精神甚活，並以其專稱行，並以大校是以每週[illegible]
大時課兩小時，主講佛思想，與哲學宗門清代以後禪學，新持手冊教授者八
均專心學，近漸入深，自然預備研究之作，不敢不勤，歸後得奉大札，遲遲未覆，
實以此也。前之屢，今即年已閱名，惟旨今閱函華函，文作先生寓守[illegible]
研究一天京狀，有文以為有其必至大之哉，奉此[illegible]所謂[illegible]所述一切安穩
未專所謂理之書，而因[illegible]先教而快異時再論[illegible]先來初步[illegible]
未同新年有拙[illegible]于吉生[illegible]的中[illegible]者[illegible]會[illegible]時[illegible]
祥英大會[illegible]學[illegible]近[illegible]又已由[illegible]手[illegible]新[illegible]時[illegible]
[illegible]有[illegible]事[illegible]遍青[illegible]典[illegible]朝[illegible]專[illegible]生平[illegible]元[illegible]

Wing-tsit Chan
Chatham College
Woodland Road
Pittsburgh, Pa. 15232

U.S. POSTAL SERVICE PM 3 NOV 1975

DEFEAT MUSCULAR DYSTROPHY

USA 18 CENTS

Prof. Lo Hsiang-lin
22 Macdonnell Rd
1st fl
Hong Kong

AEROGRAMME • VIA AIRMAIL • PAR AVION

② Second fold

亦論「大學問篇原文之明(?)」

Additional message area

一譯為了王陽明顧
孫姓者知而未舉之
例，章得皆用名號
初失姓名何勝中植（只有字號者）
學者常為我代論
初至手美專一事
達遠初
健康
弟陳榮捷上
一九七五年十一月三日

艾伯華致羅香林書（一九七五年十二月七日）

Wolfram Eberhard
604 Panoramic Way
Berkeley, Calif. 94701

December 7, 1975

Dear Professor Lo,

I feel very much ashamed that I did not react to your Christmas cards of last year and of this year. There is so much to write in November and December, that I always miss the time, and when I think of writing, it is already January.

So: this time: my and my wife's best wishes to you and to your wife for the New Year 1976. We wish that you will remain healthy and as active as you have been. I received a few days ago the catalogue of the Lung-men Bookstore 龍門書局 and found in it the announcements of your books, remindning me again of the great scope and depth of your studies. I would love to meet you again, but all these years, I could manage only to go to Taiwan, not to HongKong. During the last years, I collected folktales in Taiwan, using sociological methods in collecting and in analyzing tales. I hope to be able to go out again this summer, after my retirement from the University (we have to retire with 67 years).

Sincerely yours

W Eberhard

艾伯華印

波多野太郎致羅香林書（一九七六年九月十二日）

羅
博士香林教授
山遙水闊　致疎問候
滿腔歉仄　竊深敬安
諸允原宥　是荷　遙維
著述豐宏　台候綏嘉
翰首榮陰　領心謹服
茲承橋生回國報告
登門肄業　叨厚諒諄
啟迪多方　指教亦得
畢業至級隆情匪可
言喻　夜下共感未衰
儕輩國人　伏祈格外
珍重　是禱　肅誌謝忱
恭候
撰祉
臨風仰瞻不盡馳
九月十二日
晚　波多野太郎
拜啓

附録

書札相關人物小傳

三畫

于儒伯（Rober Ruhlmann，？至一九七六）法國人。畢業於遠東學院，專攻漢學和東方語言。歷任法國教育部漢學總督學、巴黎東方語言文化學院、中法大學教授。終身以在法國傳播漢學、漢語爲目標，影響學生白樂桑（Joel Bellassen）承其志而於一九八四年倡創『法國漢語教師協會』，促使全法中、小學開設漢語課，至今凡一四七個教學點。

四畫

王伯元（一八九三至一九七七）字懷忠，原籍浙江慈溪，生於江蘇吳縣。早年入上海震豐永金號學金融。一九一六年任上海涵恒金號經理。次年改任天祥金號經理。一九二一年自創裕發永金號。一九二九年聯合秦潤卿等接辦中國墾業銀行，改組後任常務董事兼總經理。抗戰間，先後任協平織造廠監理、中國實業公司董事長、國泰銀行董事長、上海市財務委員會主任委員。復員後，還居美國。

王韶生（一九〇四至一九九八）字懷冰，廣東豐順人。畢業於北京師範大學國文系、北京大學研究所國學門。歷任星洲端蒙學校校長，中山大學、嶺南大學、廣州大學、國民大學、文理學院教授兼中文系主任。還港後任教於廣大、廣僑書院，香港中文大學崇基學院、珠海書院文史研究所教授。著有《國學概要》、《岳雪廬叢稿》、《懷冰文錄》、《懷冰室文集》、《懷冰室續集》、《懷冰室三集》。

王聯曾（一九〇九至二〇〇二）山東人。留學巴黎大學師事戴密微，專攻文學、聲韻文學和敦煌文書，一九三四年獲博士學位。歷任中法大學講師，巴黎大學法蘭西學院、法國科學研究中心研究員。

王寵惠（一八八一至一九五八）字亮疇，原籍廣東東莞，生於香港。天津北洋大學法科畢業，復留學日本、歐美，獲耶魯大學法學博士學位。一九〇五年加入同盟會。辛亥革命後，被推爲各省代表會議副議長。一九一二年一月任南京中華民國臨時政府外交總長。臨時政府北遷後改任司法總長。旋因不滿袁世凱獨裁，辭職出走。先後在上海任中華書局英文編輯部主任，鐵路總公司顧問，復旦大學副校長，從事法學研究。袁世凱死後，赴北京，歷任法律編纂會會長、大理院院長、北京法官刑法委員會會長。一九二一年出席在美國華盛頓召開的太平洋會議，任中國全權代表。後任梁士詒、顏惠慶、孫寶琦內閣司法總長兼代國務院總理等。一九二七年南京國民政府成立後，歷任國民政府委員、司法部部長、司法院院長、中央監察委員、內外債整理委員會委員長等。一九三一年赴荷蘭任海牙國際法庭正法官。一九三六年回國後，歷任外交部部長，行政院代理院長，國防最高委員會秘書長等。一九四五年代表中國出席聯合國憲章制憲會議，次年參加『制憲國大』，並參加《中華民國憲法》的制定工作。一九四九年移居香港，後轉赴臺灣出任『司法院』、『光復大陸設計研究委員會』委員。一九五八年於臺北病逝。

日比野丈夫（Hibino Takeo，一九一四至二〇〇七）日本人。一九三六年畢業於日本京都帝國大學，獲文學學士學位，一九六二年以《漢代歷史地理研究》獲文學博士學位。歷任東方文化學院京都研究所狩野直喜教授助理，外務省文化事業部特別研究員，京都大學人文科學研究所研究員、副教授、教授，日本學術會議第九屆會員，日本中國學會常務理事，東方學會常務理事，《世界文化大百科事典》（二一卷本）東洋史編集委員，《圖說中國歷史》（一二卷本）編纂委員。著有《蒙疆考古記》、《秦漢帝國——東洋的歷史》、《親眼見到的中國歷史》、《水經注的研究》、《華麗的隋唐帝國》、《中國歷史地理研究》等。

水源琴窗一八九二年出生於日本兵庫縣系香山寶林寺，法號寶雲，字子端，號琴窗，爲近代日本著名詞人、漢學家，幼年隨金井明峰習佛學及經史書畫，後於大阪泊園書院從藤澤南岳鑽研經史，後往東京隨土屋鳳洲學古文辭，又於聽秋仙館從大詞人森川竹蹊學倚聲，並助編纂《詩苑》，與當世名詩人、詞曲家訂交，亦從高野竹隱修詞，與日中諸學者交往頻繁，名聲益顯。晚年撰有《琴窗詞》、《琴窗消魂譜》、《琴窗詞稿》（一、二集）及《菩薩蠻》一百首等，作品訂譜精細，氣格豪放，可謂近代日本詞壇祭酒。

方豪（一九一〇至一九八〇）字傑人，浙江杭縣（今屬餘杭）人。童年皈依天主教。先後在杭州神學院預備學校、天主教修道院就學，並自修文史。一九三四年畢業於寧波聖保祿神哲學院。先後在平湖天主堂服務，以及任教於母校。抗戰期間，先在金華等地傳教，繼在雲南復刊《益世報》。一九四一年起，歷任浙江大學、復旦大學、輔仁大學、津沽大學教授兼院長等職。一九四四年主編《真理雜誌》，抗戰勝利後，任南京《中央日報》主筆，旋赴北平主持上智編譯館。一九四九年一月受聘臺灣大學歷史系。一九六九年，任『國立』政治大學文理學院院長。一九七四年，當選爲『中央研究院』院士、評議員。一九七五年，教皇保祿六世頒授名譽主教加蒙席銜。著有《中外文化交通史論叢》、《中國天主教史論叢》、《徐霞客遊記選注》、《方豪文錄》等。

丹尼維（一作寧尼瓦王子，Pr.Ince Draninivat Kromamun Bidyalbh Bridyakorn，一八八五至？）泰國王子，該國大學教授，歷任暹羅學會會長、榮譽會長。

巴洛美羅（Bernard Mellor）待考。

五畫

艾伯華（又作愛巴克、艾博華、埃伯哈德，Eberhard，Wolfram，一九〇九至一九八九）德國波茨坦人。畢業於柏林大學，獲社會學及中國學博士學位。一九二九年後，歷任柏林大學人類學博物館助理研究員、北京大學助理教授、萊比錫人類學博物館亞洲部主任、土耳其安卡拉大學漢語教授、土耳其古根海姆民俗學研究員、伯克利加利福尼亞大學社會學系教授、伯克利加利福尼亞大學講師及副教授、榮譽教授，亞洲基金會顧問、海德堡大學及臺灣大學客座教授，並爲國際東方學家聯合會、亞洲研究協會、美國社會學協會會員，德國文理學會及巴伐利亞科學學會、土耳其歷史學會通訊會員。著有《中國的神話故事和民間故事》、《亞洲的殖民地和社會變化》、《舊中國的犯罪》、《客家民間故事研究》、《廣東歌謠》、《華南和華東的地方文化》等。

古直（一八八五至一九五九）字公愚，號層冰，廣東嘉應（今梅縣）人。一九〇八年加入同盟會。後奉派任汕頭《中華新報》編輯，宣傳革命。一九一三年創辦汕頭《大風日報》並任社長。旋因受龍濟光通緝而避居香港。一九一六年任赴南洋籌餉討袁專員，事畢返滇，任雲南都督唐繼堯顧問。一九一九年後任廣東封川縣（今屬封開）、高要縣縣長。一九二一年去職隱居廬山。一九二五年受聘爲廣東大學教授。後離聘閉門著述。一九四六年任梅縣修誌館館長兼總編纂。其後，歷任廣東省參事室參事、省文史館館員，省政協委員等。一九五九年在廣州病逝。著有《層冰堂文集》、《曹子建詩箋》、《鍾記室詩品箋》等。

石田幹之助（一八九一至一九七四）日本千葉人。畢業於東京帝國大學文科大學史學科，任文科大學研究室副手。旋赴中國調查有關學術工作。一九一七年復赴中國，並洽購圖書得二萬四千餘種運日，創辦『東洋文庫』，爲首任主任。一九三四年日本創立『國際文化振興會』，被委任主理圖書，並爲該會創辦《國際文化》刊物，向海外介紹日本文化，編纂英文《日本百科辭典》，出版《支那之耶穌教》。一九四二年任國學院大學教授。一九四六年任日本大學教授，兼國學院大學教授，四七年成立東方學會，任理事，創辦《東方學》雜誌，主編該刊『海外東方學消息』，介紹歐美對東方研究及有關東西方交流史等。一九五五年參與《世界大百科事典》編輯。一九六二年從日本大學榮休，專任國學院教授。後爲日本學士院會員、東方學會會長。著有《中國南北朝時代的民族移民》、《東洋文庫『莫理遜文庫』目録》、《歐人的支那研究》、《東洋文化的交流》、《長安之春》、《石田幹之助著作集》等。

史接雲（Rober Shih，一九一三至？）比利時魯汶大學教授、印度系系主任、漢學系系主任、遠東研究所所長。專治漢學、佛學。著有《高僧傳》（英文本）、《黃河》等。

史密夫（Ronald Bishop Smith）葡萄牙主教、歷史學家。尤用心於中西交通，對葡萄牙第一次航行到中國事迹立爲終身研治之要，

曾撰 *History on The Establishment of Porluguese Relation with China* 稿自里斯本寄香港請羅香林先生審閱。著有 *A Projected Portuguese Voyage to China in 1512 and New Notices Relation to Tome Pires in Canton' Diogo Lcpes de Sequeira* 等。

丘輯甫 名瑞甲，字輯甫，廣東蕉嶺人。一九三〇年任興寧縣長。

白思達（又作巴克斯特，白一平，Baxter，Glen William，一九一四至？）美國德克薩斯州人。畢業於斯坦福大學，後入哈佛大學深造。一九四九年獲文學碩士學位，一九五二年獲遠東語言博士學位。歷任哈佛大學東亞研究所教授、哈佛燕京學社主任。爲亞洲研究協會會員、美國東方學會會員。著有《三國編年史》、《欽定詞律引得》、《楚辭韻律的起源》、《中國文學》、《不規則韻律詩》、《中國詩》（合著）等。

白樂日（Etienne Balgas，一九〇五至一九六三）匈牙利人。留學德國。一九二三年就學於名漢學家傅蘭閣（Otto Frank，一八六三至一九四五），且爲名社會學家韋伯（Max Weber）私淑弟子。一九二五年赴法從漢學泰斗亨利·馬伯樂（Hernri Masp ro，一八六三至一九四五）遊學。一九三五年移居巴黎。一九四九年任法國科學研究中心講師，一九五五年任高等研究院實習院導師，籌辦『宋代研究計劃』。著有《唐代經濟史》、《自原始以至十二世紀之中國古代制度史》等。

六畫

吉川幸次郎（一九〇四至一九八〇）日本神戶人。畢業於京都帝國大學文學部，師事狩野直喜、鈴木虎雄。繼進大學院，研究唐詩。卒業後，任教文學部。一九二八年，狩野退休，往遊中國，隨行，留學於北京大學。一九三一年返日，爲東方文化學院京都研究所所員兼任京都帝國大學學部講師。一九四七年以《元雜劇研究》獲博士學位，轉任京都帝國大學文學部教授。一九五六年晉文學部長。一九五九年爲日本中國學會理事長。一九六二年任美國哥倫比亞大學客座教授。一九六四年爲日本藝術院會員。一九六六年爲東方學會理事長。一九六七年從京都大學退休，改爲名譽教授。著有《倚聲通論》、《唐代的詩和散文》、《中國散文論》、《杜甫私記》、《元明詩概說》、《吉川幸次郎全集》二十二卷等。

朱倓（一九〇五至一九八〇）字仲嫻。浙江海鹽人。史學家朱希祖次女。畢業於國立女子師範大學，專攻歷史及圖書館學。繼考升北京大學研究院國學門。畢業后任中山大學圖書館善本室編目員。一九三六年任廣州市市立中山圖書館購訂部幹事，次年，轉善本部幹事。抗戰爆發後，參與組織搶運珍貴圖書到廣西寄存。曾任廣西教育研究講師。抗戰勝利後返廣州，任廣東省立文理學院副教授。一九四六年，任廣州市立中山圖書館館長。一九四九年隨夫羅香林移居香港。承家學，尤專精於南明史，著有《明季社黨研究》、《幾社考》、

《班昭》、《南明史》（毀版、稿於日機侵襲中）等。

朱偰（一九〇七至一九六八）字伯商，浙江海鹽人。史學家朱希祖之長子，庭訓家學有自。早年負笈德國，一九三二年獲柏林大學經濟學哲學博士，返國爲南京中央大學教授。翌年爲系主任，講授財政學、世界經濟、經濟名著選。授課之餘，於南京各地考察，合以家學，而著成《金陵古迹圖考》、《金陵古迹名勝影集》，出版於民國二十五年，負譽於文史界。一九五二年，南大合併入復旦大學轉任江蘇省文化局副局長，主管文物保護及博物館等工作。一九五六年八月，力阻有關部門拆毀明城墻被扣上右派分子帽子。一九六八年病逝。

朱湘（一九〇四至一九三三）字子沅，筆名天用，原籍安徽太湖，生於湖南零陵。一九二一年入清華留美預備學校，加入清華文學社。一九二七年赴美留學，入威斯康辛州勞倫斯大學，主修英國文學。後轉學芝加哥大學，潛心於德國小説。一九三〇年回國，任安徽大學外文系主任。一九三二年辭職，此後失業，直至投江自殺。著有《夏天》、《草莽集》、《石門集》、《文學閒談》、《現代詩家評》、《中書集》等，譯有《番石榴集》、《路曼尼亞民歌一斑》、《英國近代短篇小説集》等。

朱自清（一八九八至一九四八）原名自華，後改名自清，號秋實，字佩弦，江蘇揚州人（原籍浙江紹興，生於江蘇東海，長於揚州，遂入籍）。一九一六年入北京大學哲學系，一九二〇年畢業。在校時參加五四運動，加入新潮社。畢業後歷在浙江省各中學和師範、吳淞中國公學、上虞春暉中學等校教書，並進行新詩創作，加入文學研究會。一九二五年後任清華大學中文系教授、系主任。一九三一年留學英國倫敦，漫遊歐陸。次年回國，仍返清華。抗戰爆發後，隨校南遷，任西南聯大教授。勝利後回北平清華大學。後貧病謝世。著有《雪朝》、《蹤迹》、《背影》、《歐遊雜記》、《經典常談》、《詩言志辨》等。

朱希祖（一八七九至一九四四）字逷先，浙江海鹽人。一九〇六年留學日本，入早稻田大學研究史學，又從章太炎習説文音韻。一九〇九年畢業後回國，在嘉興浙江第二中學任國文教員。一九一一年武昌起義，被推為海鹽縣知事，半年辭職。一九一二年改在浙江省教育廳任職。一九一三年赴北京參加教育部國語讀音統一會議。會議後留北京，在北京大學任教，兼清史館編修。袁世凱稱帝時，辭去編修，專任北大教授，嗣升任中國文學系史學系主任。一九二〇年底，與鄭振鐸等發起成立文學研究會。一九二三年夏，應陝西督軍劉鎮華之請，入關中講學，摹拓漢唐石刻。一九二六年夏，改任清華、輔仁兩大學教授。一九二八年重返北大，任史學系主任，並發起成立中國史學會。一九三〇年入中央研究院，任研究員。一九三二年十月，廣東中山大學延聘為文史研究所主任。一九三四年返南京，任中央大學史學系主任；同年任古物保管委員會主任。一九三五年、一九三六年，任高等考試典試委員。一九三七年十一月，赴四川。一九三九年、一九四〇年任高等考試典試委員。一九四〇年二月，任國史館籌備委員會總幹事，同年三月，辭國史館職，任考試院考選委員會委員。一九四四年七月五日病逝於巴中。著有《明季史籍題跋》、《偽楚錄輯補》、《偽齊錄校補》、《偽齊國志長編》、《汲塚書考》、《戰國史年表》、《新梁書藝文志》、《楊幺事迹考證》等。

朱東潤（一八九六至一八八八）原名世溱，江蘇泰興人。一九一三年留學英國倫敦西南學院。一九一六年回國，先後任武漢大學、中央大學、齊魯大學教授。一九四九年後，任復旦大學教授、國務院學位委員會文學評議組成員。著有《中國文學批評史大綱》、《中國文學批評論集》、《張居正大傳》、《陸游傳》、《梅堯臣集編年校注》等。

朱謙之（一八九九至一九七二）字情牽，筆名閩狂、古愚等，福建福州人。一九二四年畢業於北京大學哲學系，任教於福建廈門大學。一九二九年赴日本留學。一九三一年回國後任上海暨南大學教授。一九三二至一九五二年執教於中山大學，歷任歷史系主任、哲學系主任、文學院院長、研究院文科研究所主任、歷史學部主任等。一九五二年調爲北京大學哲學系執教。一九六四年改中國科學院世界宗教研究所研究員。生平致力於歷史哲學、中國少數民族哲學史，中外思想交流史與日本哲學史的研究。著有《歷史哲學大綱》、《中國思想對於歐洲文化之影響》、《扶桑國考證》、《日本哲學史》等。

伍東白（一九〇二至一九六一）廣東梅縣人。畢業於汕頭華英學校、私立廣州嶺南大學、德國 Dyesden Braunchweig 大學。僑居泰國，歷任泰國華僑客屬總會理事長，中華總商會監委，客屬公立醫院董事長，華僑救國聯合總會理事，中華總商會執行委員，全泰華僑救濟祖國糧荒委員會委員，泰國華僑體育總會理事，暹羅紅十字會醫院、天華醫院、報德善堂董事等。熱心慈善公益事業，捐款泰幣百萬銖。因增進『中泰』友誼而獲泰皇先後頒授勛章。一九五五年，應美國國務院邀請，赴美考察，後復赴西德、英、法、西班牙、意大利等國考察。一九六一年三月，曾應臺灣當局邀請，參加陽明山第一次會談。一九六一年十月三日逝世。

多賀秋五郎（Taga Akingoro，一九一二至一九九〇）日本人。文學博士。歷任日本私立中央大學文學部教授，教育史學會常任理事，東方學會會員。曾獲文部省科學研究費研究中國教育史，獲中央大學科學研究獎勵金進行中國古代家族制度史研究。一九七一年至一九七三年任學術振興會《近代中國教育史資料》主编。著有《唐代教育史——日本學校教育的源流》、《近代日本教育史》、《宗譜的研究——資料篇》、《近代亞洲教育史研究》、《近代中國教育史資料——清末篇》、《中國宗譜研究》等。

七畫

克蘭慕賓（一作克蘭默·賓，Cranmen—Byng John L，一九一九至？）英國人。畢業於康橋大學，獲學士、碩士學位，一九五一年獲中文專業證書。歷任皇家海軍學院歷史講師，香港中文大學講師、高級講師，多倫多大學史學副教授、教授。著有《出使中國：乾隆朝英使馬嘎特尼爵士使華日記，一七九三～一七九四年》、《一七九三年馬嘎特尼爵士的出使北京》、《中國對外關係的態度》、《對文化衝突的實例研究：一七九三年馬嘎特尼爵士出使中國時的科學機構》、《亞洲之見：對中國藝術和文化的解釋》等。

杜樂華（Prof Thrower，Lyle Boyce）澳洲人。曾應聘來港任香港大學生物系講師、高級講師、系主任、教授，一九六九年爲代校長。後改任香港中文大學生物系講座教授。退休後返澳洲。

芮陶菴（Andrea T. Roy 一九〇三至？）美國人。畢業於賓夕法尼亞大學，獲哲學博士學位。後來華任南京金陵女子大學哲學系教授。一九五〇年返美國。後應聘來港，任崇基學院神學系教授、副校長。退休後，返美居住，並任紐約基督大學基金會代表。著有 *Never a Dull Moment：A Memoir of Family，China，and Hong Kong*，及《渴慕史保》詩集（盧龍光主編、葉樹慧盛譯）等。

李濟（一八九六至一九七九）原字受之，後改字濟之，湖北鍾祥人。一九一八年夏畢業於公立清華學校；同年秋赴美國留學，入克拉克大學。一九一九年，獲心理學學士學位。一九二〇年夏，獲碩士學位；同年，入哈佛大學研究院人類學研究所。一九二三年夏，獲人類學博士學位；同年秋返國，任私立南開大學講師。一九二五年夏，任公立清華學校國學研究院講師。一九二九年春，任國立中央研究院歷史語言研究所考古組主任。一九三二年春，任河南古迹研究會委員兼工作主任。一九三四年七月，任國立中央博物院籌備處主任。一九三五年四月，任故宮博物院南京分院工程委員會委員。一九三六年八月，任吳越史地研究會評議。一九三七年一月，赴英國講學；六月回國。抗日戰爭爆發後，隨中央研究院西遷。一九四一年十一月，兼中央博物院秘書。一九四三年二月，與傅斯年等在重慶發起組織中國史學會。一九四六年一月，隨中央研究院遷回南京，旋以專家身份參加中國駐日代表團，前往日本各地調查並接收戰時日軍從中國劫走之古物。一九四八年三月，任中央研究院院士；同年冬，去臺灣。歷任臺灣大學歷史系教授、臺灣大學古人類學系教授兼系主任，『中央』、『故宮』博物院共同理事會理事、常務理事，清點『中央』、『故宮』博物院在臺文物委員會委員，任『中央』研究院歷史語言研究所所長，臺北故宮博物院管理委員會常務委員。一九七九年八月一日，於臺北逝世。著有《西陰村史前的遺存》、《陶器》上輯（《殷墟器物》甲編）、《安陽發掘史》（英文）、《感舊錄》等。譯有《甘肅史前人種說略》、《周口店儲積中一荷謨形的下臼齒》等。

李少峰（一九一九至二〇〇七）陝西高陵人。出身於虔誠天主教家庭，家中八兄弟姊妹，七人修道成爲神甫、修女。一九四六年爲鳳翔區神甫，翌年進方濟各會，旋遷往澳門。一九五一年受邀加入香港思高聖經學會翻譯小組。二十世紀六〇年代遷臺灣傳道，加入臺南教區。一九六九年爲鹽水天主堂主任司鐸。一九九二年退休，獨居臺南學甲鎮天主堂。二〇〇六年轉到方濟各會過會院生活。翌年五月十三日病逝。編著有《蒙高味諾總主教紀念錄》等。

李約瑟（一譯尼達姆、尼德漢。Joseph Needham，一九〇〇至一九九五）一九二一年畢業於劍橋大學，一九二四年獲該校博士學位。曾任劍橋大學岡維爾—凱斯學院院士委員會主席、院長，聯合國科教文組織自然科學部首任主任，英中瞭解協會首屆會長等。英國皇家學會會員、英國學術院院士、中國科學院外籍院士。一九四三年曾作爲英中科學合作館館長來華援助抗日戰爭。一生中八次訪華，實地考察、研究中國古代科技史料，所著《中國科學技術史》（七卷二十四分册），指出中國古代科學技術曾極大地影響世界文明進程，爲全人類作出過巨大貢獻。由其建立之劍橋東亞科技圖書館、李約瑟研究所，爲世界研究中國科技文化中心。另著有《化學胚胎學》、《生物化學與形態發生》、《四海之内》等。

李崇寧（Sung—Nyong Lee）韓國人。韓國國立漢城大學文學院院長、東亞研究所所長，韓國筆會會長、東亞學人聯席會議成員。

李景康（一八九二至一九六〇）字風坡，廣東南海人。一九一五年畢業於香港大學。一九一七年任廣東省保衛團總局參議，後任家鄉的中學及師範學校校長。一九二四年任香港漢、英文視學官。一九二六年後歷任香港漢文中學及漢文師範學校校長、廣東省教育會評議員、南海石門中學校董，香港大學中文學院起草委員。香港大學中文學會名譽會員、香港大學歷屆考試委員，並倡建香港大學馮平山圖書館。擅詩文，著有《披雲樓詩草》、《七言律法舉隅》等。

車柱環（一九二〇至）字德民，號簡堂。生於韓國江原道春川市。一九五二年畢業於漢城大學校文理科大學中國語言文學系；一九五四年、一九六八年分獲漢城大學校中國語言文學系碩士學位、博士學位。歷任漢語大學校中國語言文學系講師、助教授、副教授、教授，漢城大學東亞文化研究所所長、韓國中語中文學會會長、韓國中國學會會長、韓國學術院會員、韓國道教思想研究會會長、韓國敦煌學會會長、韓國東方文化比較研究會會長等。一九八六年退休，爲檀國大學校大學院教授兼東洋學研究所勤務、講座教授、東洋學研究所所長，大韓民國學術院副院長，香港大學訪問教授，漢城大學名譽教授。著有《中國文學史》、《鍾嶸詩品校正》、《孔子》、《唐樂研究》、《韓國道教思想研究》等，譯著有《中國文字的起源》、《孟子》等。

吳宓（一八九四至一九七八）字雨僧，又作雨生，筆名餘生，陝西涇陽人。早年就讀於清華大學。一九一七年赴美國留學，獲哈佛大學文學碩士學位，後赴英國牛津大學研究。一九二一年回國，歷任國立東南大學西洋文學教授，奉天國立東北大學英文教授。一九二五年任清華學校國學研究室主任，國立清華大學外國文學系教授，燕京大學英文學系講師。一九三二年任國立北京師範大學外國語文系講師。一九三六年任國立北京大學英文系講師。抗日戰爭爆發後，任西南聯大、武漢大學教授、系主任。曾主編《學衡》雜誌、《大公報》文學副刊。一九四九年後，任西南師範學院教授。一九七八年逝世。著有《白璧德与人文主義》、《吳宓詩集》。

吴康（一八九七至一九七六）字敬軒，自號唯我室主，廣東平遠人。一九二〇年畢業於北京大學。後曾任廣東大學教授兼圖書館主任，文學院院長。一九二五年冬赴法留學，獲巴黎大學哲學博士學位。一九三一年返國後，任廣東高等師範學校教授，中山大學教授兼文學院院長，研究院文科研究所所長。一九三六年赴歐洲講學，曾被聘爲巴黎大學客座教授、捷克國家科學院通訊會員。翌年回國，仍執教於中山大學。一九四二年創辦中華文化學院。一九四九年至香港。一九五一年轉赴臺灣，歷任臺灣大學、臺灣師範大學教授，臺灣政治大學文學院院長。一九七六年在臺灣病逝。著有《周易大綱》、《西洋哲學史》、《比較文學》等。出版有《吴康先生全集》。

吴文藻（一九〇一至一九八五）江蘇江陰人。一九二三年赴美留學，獲社會學博士學位。一九二九年回國，在燕京大學先後任教授、社會學系主任、文學院院長。一九三七年後，在雲南大學創辦社會學系並任主任、文學院院長。一九五三年起歷任中央民族學院教授、圖書館館長、顧問，並爲第二、三、四、五、六届全國政協委員，民進中央常委。著有《民族與國家》等。

吴宗慈（一八七九至一九五一）字藹林，江西南豐人。一九〇九年己酉科優貢。歷任廣東饒平初級師範學堂監督，潮州府中學堂監督，韓山師範學堂監督，兩廣隨官學堂教員，廣東學務公所會計課課長，江西建昌府中學監督，江西學務公所省視學官。曾赴日本考察學務。嘗兼任上海《警鐘報》名譽撰著員，廣東汕頭《曉鐘報》、上海《民呼日報》撰述員。復於江西接辦《自治日報》，在京主辦《醒華報》館。一九一三年，當選為眾議院議員，嗣被選為憲法起草委員。一九一四年，國會解散後，被任為四川政務廳廳長，旋代行四川巡按使職務，兼任四川全省警備隊總司令官及四川陸軍第三師司令部軍法處處長。一九一六年，國會恢復，仍為眾議院議員，江西省通誌館館長。著有《清史稿檢校記》、《中華民國憲法史》、《廬山古今遊記叢鈔》、《廬山誌》等。

吴達元（一九〇五—一九七六）原籍香山（今中山），生於上海。一九三〇年畢業於清華大學外語系獲文學學士學位。同年赴法國巴黎大學、里昂大學留學。一九三四年回國後，任清華大學外文系教授。抗戰期間，在昆明西南聯大任教。抗戰勝利後，回北平清華大學任教。一九五二年任北京大學西語系教授兼系副主任。並兼任雲南大學醫學院、昆明中法大學、廣州中山大學、北京外語學院教授。著有《法國文學史》、《法語語法》，譯有《博馬舍戲劇二種》，參加主編《歐洲文學史》等。

呂炯（一九〇八至一九八五）江蘇無錫人。一九二二年入南京東南大學地學系就讀。一九二八年考入中央研究院氣象研究所，在竺可楨指導下從事科學研究工作。一九三〇年受派遣赴德國深造，在柏林大學、漢堡大學攻讀氣候學、海洋學、地質學及農業氣象學等，一九三四年學成回國。回國后在中央研究院任研究員。其間被選爲該院評議員，并代理中央研究院氣象研究所所長，還曾參加我國第一次黄、渤海海洋調查，負責海洋氣象觀測。一九三五年起，先后兼任中央大學、浙江大學教授，并發表了《渤海鹽分之分布與海水之運行》和《中國沿海島嶼上雨量稀少之原因》等我國最早有關海洋學和海洋氣象學的學術論文。一九三六至一九四〇年間與竺可楨、張寶堃共同編者了《中國之温度》一書，爲新中國成立前最完備的中國氣温資料圖集。一九四三至一九四九年，任中央氣象局局長，兼任國際氣象組織執行委員會委員和國際海洋氣象專門委員會委員，并『任中國科學工作者協會』理事。一九四九年五月上海解放，從香港回到上海參加接管后的中央研究院氣象研究所工作。一九五〇年該所改組爲中國科學院地球物理研究所，任研究員。一九五三年，地球物理研究所遷到北京與華北農業科學研究所合作成立農業氣象研究組，任主任。一九五七年三月中國農業科學院成立，農業氣象研究組擴建爲獨立的農業氣象研究室，任主任。后調回中國科學院地球物理研究所任研究員兼氣候研究室主任，一九八五年病逝於北京。

岑仲勉（一八八五至一九六一）原名汝懋，號銘恕，廣東順德人。其早年就讀於兩廣大學堂、兩廣遊學預備科及北京高等專門稅務學校。後在財政、稅務、郵政等機關任職，並潛心研讀史書。一九三七年由陳垣介紹任中央研究院歷史語言研究所研究員。一九四八年後，長期任中山大學歷史系教授。畢生致力於史學研究，在先秦史，隋唐史、中外交通史、民族史、史地學等方面有較高的造詣，主張西周封建說。一九六一年十月在廣州病逝。著有《元和姓纂四校記》、《西周社會制度問題》、《隋唐史》、《突厥集史》、《黃河變遷史》等。

利維爾（Winston Lewie）美國華盛頓大學教授。

何浩天（一九二〇至 ）浙江諸暨人。留學美國紐約聖若大學亞洲學院。一九五五年參與臺北歷史博物館之創建，歷任主任、代館長、館長，一九八五年榮休。還歷任行政院文化建設委員會臺灣省各縣市文化中心輔導委員，臺灣省立美術館、臺北故宮博物院、太平洋文化基金會、中國書法學會、中華書道學會、中國標準草書學會顧問，黃君璧美術獎助文教基金董事長，臺北輔仁大學副教授。曾獲韓國漢城明治大學授予榮譽文學博士學位。著有《漢畫與漢代社會生活》、《明史大事年表》、《北京人》、《古代陶瓷修復報告》、《黃君璧傳》、《中華瑰寶知多少》等。

佘雪曼（一九〇九至一九九三）名仁杰、漪寧，字雪曼，號蓮裔，四川巴縣人。畢業於中央大學。歷任四川大學、中山大學、南洋大學教授、系主任、院長等。一九四九年寓香港，創辦雪曼藝文院。著有《李後主詞欣賞》、《中國文學欣賞》、《文藝論集》、《佘雪曼書集》、《佘雪曼詩文書畫集》等。

亨廷頓（Huntington，Samuel P. 一九二七至 ）美國人。早年就讀於耶魯大學，後在芝加哥大學與哈佛大學獲碩士與博士學位。歷任哈佛大學政府學講座教授、國際事務中心主任、政府學系主任，曾參與創辦《外交政策》雜誌，擔任過美國國防部等部門的顧問，一九七七至一九七八年任美國國家安全委員會安全計劃小組的負責人。一九八七年因在比較政治學領域中的貢獻當選爲美國政治學會主席。

著有《變革社會中的政治秩序》、《現代社會中的專制政治》、《民主的危機》等。

冷定庵 名雋，字定庵，安徽壽縣人。畢業於復旦大學，獲文學學士學位。旋負笈倫敦大學，爲政經學院研究員。後留學美國楊伯翰大學，獲社會學碩士學位。歷任香港崇基學院社會系教授、香港中文大學新亞書院商學及社會科學院院長兼社會學系主任、美國楊布立根大學研究員。著有《社會主義思想史》、《文化的研究》、《英國工運近況》、《中國文化對越南之影響》等。

汪宗衍（一九〇八至一九九三）字孝博，廣東番禺人。汪兆鏞第六子。辛亥革命後，隨父避地澳門，日侍父活動於文史界，於文史、書畫諸學皆得嫡傳而學養淵博，尤善於考據、鑒定辨訛，屢爲名人、圖書館、文物館之顧問。著有《嶺南畫人疑年錄》、《廣州西村大刀山晉磚記》、《陳東塾（澧）先生年譜》、《讀清史稿劄記》、《廣東書畫徵獻錄》、《廣東文物叢談》等。

八畫

林天蔚（一九二七至二〇〇五）廣東茂名人。一九四九年畢業於廣東省立文理學院史地系。曾先後執教於香港中文大學崇基學院及香港大學，任講師、高級講師。一九六六年前往美國哈佛燕京學社作訪問學者。一九七二年於法國巴黎第七大學作訪問研究。一九八五年受聘爲臺灣『行政院國家科學委員會』研究正教授。一九八八年任臺灣政治大學歷史研究所教授。一九八九年應美國楊伯翰大學之聘，任客座教授。後受聘加拿大英屬哥倫比亞大學亞洲研究中心研究員。二〇〇五年十一月二十五日在加拿大溫哥華逝世。著有《宋代香藥貿易史稿》、《隋唐史新編》、《宋史試析》、《香港前代史論集》（合作）、《宋代史事質疑》、《地方文獻研究與分論》等。

林仰山（Frederick seguier Drake，一八九二至一九七四）英國人。出生於中國山東。稍長返英，肄業於伊頓書院及倫敦大學，專治神學及東方學，獲倫敦大學文學學士學位，及地理考古，教育美術專業文憑。歷任齊魯大學教授、神學院院長。一九五二年改聘香港大學中文系講座教授，兼系主任。一九六四年榮休返英。著有《教會史》、《創造教的偉人》、《新約時代的教會史綱》、《林仰山教授中文存》（羅香林輯），主編《東方文化》、《中國文選》。

杭立武（一九〇三至一九九一）安徽滁縣人。畢業於私立金陵大學，獲文學學士學位。後赴美國威斯康辛大學留學，獲碩士學位。又赴英國倫敦大學留學，獲博士學位。一九二九年回國，任國民政府考試院編撰。一九三〇年，任考試院考選委員會編纂主任兼私立金陵大學教授。一九三一年，任國立中央大學政治系教授、系主任，兼國立中央研究院特約研究員。一九三二年，任行政院中英庚款董事會總幹事。一九三八年後，任第一、二、三屆國民參政會參政員，三民主義青年團中央幹事會幹事。一九四四年十二月，任教育部常務次長。一九四六年十月，任教育部政務次長。一九四七年五月，任中英文教基金董事會董事；九月，任出席聯合國教育科學文化會議第二屆大會代表團總代表。一九四八年，當選為行憲國民大會代表。一九四九年三月，任教育部部長。旋去臺灣，歷任『國大代表』，『總統府』顧問，駐泰國、老撾、菲律賓、希臘『大使』，國際關係研究中心主任，『亞洲人民反共聯盟』秘書長，『中國政治學會』理事長，『中泰文化經濟協會』理事長，《亞洲與世界》雜誌社發行人兼社長等。後為中國國民黨中央委員會評議員。一九九一年二月十六日，逝世於臺北。著有《今日臺灣》（英文）等。

范長峰　廣東人，新加坡僑領。嘗助胡文虎，湯湘霖、鄧振卿籌創南洋客屬公會。一九三七的，抗戰間，受胡氏等命與駐辦丘潔夫遍訪全馬，宣傳推動各地建立客屬公會，翌年馬來亞、馬六甲、野新、文律、沙撈越、印尼等各地先後成立會五十三個，於華僑團結絡與聲援抗戰，貢獻匪少。

邵可侶（Jacques Reculus，一八九四至一九八四）法國人。法國遠東學院畢業。一九三〇年來華，歷任上海勞動大學、北京大學、雲南大學、燕京大學法語教授。一九四〇年，與吳宓、張起鈞創辦中法（友仁）難童學校。一九五一年攜眷返法國，從事教育研究。

牧田諦亮（Makita Tairy，一九一二至）日本人。文學博士，國立京都大學人文科學研究所教授及名譽研究員。一九四六年，自東亞同文書院轉入東方文化研究所，與塚本善隆從事中國佛教史研究。一九五〇年入京都大學人文科學研究所，歷任助教、教授，《弘明集》研究組組長、東方部副教授。一九七六年榮休，任所名譽研究員。翌年任私立聖德學園岐阜教育大學教育部教授。還曾任東方學會會員，日本中國學會會員。《人現代世界百科事典》（二〇卷本）編輯顧問。著有《中國近世佛教史研究》、《六朝古逸觀世音應驗記的研究》、《五代宗教史研究》、《策彥入明記的研究》、《弘明集研究》、《梁高僧傳索引》等。

金岳霖（一八九五至一九八四）字龍蓀，湖南長沙人。一九一四年畢業於清華學校。一九一五年留學美國，入賓夕法尼亞大學學習政治，一九一七年獲理學學士學位。繼升讀哥倫比亞大學，獲哲學博士學位。一九二六年回國，任清華大學哲學系教授兼系主任。抗戰期間執教西南聯大，任哲學心理學系哲學組教授兼清華哲學系主任。一九四六年回北京清華大學任教。一九四八年當選爲國立中央研究院第一屆院士。後任清華大學文學院院長、哲學系主任。一九五五年調任哲學研究所副所長。曾任中國科學院哲學社會學學部委員、常務委員，民盟中央學習委員，中國邏輯學會會長。著有《邏輯》、《羅素哲學》、《論道》、《知識論》、《形式邏輯》（主編）等。

冼玉清（一八九四至一九六五）別署瑯玕館主，廣東南海人。幼居澳門，後去香港，隨名儒陳榮衮習文史，繼入香港聖士提反女校習英文。又師從名畫家李鳳廷。一九一七年入嶺南大學。一九二三年畢業後任嶺南大學附中文史教員。一九二七年後轉任嶺南大學國文系講師、教授，兼任博物館主任。且悉心研究古代玉器，赴北平習考古學。學成歸粵，兼勷勤大學教席。又應廣東修誌局之聘，任分纂，助修廣東地方誌。抗日戰爭時期。隨嶺南大學遷校香港，任香港廣東文物展覽會籌備委員。一九四一年冬香港淪陷後，隨嶺南大學遷粵北曲江。抗戰勝利後，任嶺南大學文科教授。一九四九年任廣東文獻委員會委員、中山大學教授、廣東文史研究館副館長。一九六五年十月病逝於廣州。著有《趙松雪書畫考》、《粵東印譜考》、《廣東叢帖敘錄》、《廣東藝文志題解》、《廣東女子藝文考》、《嶺南掌故錄》、《更生記》等。

波多野太郎（Hatano Taro，一九一二至？）日本人。畢業於大東文化學院中國文學研究科，獲文學博士學位。一九三七年任東北帝國大學助教，一九四六年創辦中國研究所並任大東文化學院教授。一九四九年後歷任日本大學文學部講師，橫濱市立大學文理學部副教授、教授、兼學報編委。一九七六年退休，任東洋大學文學部教授。還曾任私立聖心女子大學和日本大學大學院講師，日本道教學會理事，亞非作家協會日本協定會委員，日本中國學會、現代中國學會、東方學會會員，中國語學研究會關東支部幹事，日本科學家會議成員。參與《亞洲歷史事典》（一〇卷本）、《中國語學辭典》、《中國的語言與文學》、《萬有百科大事典》（二四卷本）的編纂。著有《老子王注校正》、《中國地方誌所錄方言彙編》、《中國文言語法》、《中國歷史概要》、《中國小說戲曲詞彙研究辭典》、《遊仙窟新考》等。

官熙光　廣東興寧人。著有《中國醫理》（英文本）。

九畫

胡毅生（一八八三至一九五七）名毅，號隋齋，原籍番禺，生於電白。胡漢民堂弟。早年入讀兩廣大學堂。因提倡革命，被開除。遂赴日留學，結識孫中山。一九〇五年同盟會成立，奉孫中山命，與法籍武官自上海赴江蘇、江西、廣東、廣西、貴州、四川等地，密查清廷虛實及其軍事佈署。一九一一年廣州黃花崗之役前任儲運課長，嗣任第四路隊長，起義失敗後逃亡香港。廣東光復後，任都督府軍務處長，轄巡防水師與民軍。一九一四年加入中華革命黨，協助朱執信在廣東進行反袁討龍（濟光）運動。一九一七年隨孫中山南下護法。一九二一年任大元帥大本營參軍，復改任糧食處處長。一九二四年國共合作後，與胡公璧等創《國民新聞》日報，宣揚反共。一九二五年涉嫌廖仲愷被刺案而逃亡香港。抗日戰爭爆發後，隨國民黨政府撤入四川，任國民政府委員。一九四六年任制憲國大代表。復任總統府顧問，繼去香港。一九五一年由香港去臺灣，任「總統府」國策顧問。一九五七年病逝。擅詩畫、書法。著有《絕塵想室詩草》、《集易林》。

胡仙（一九三二至）原籍福建永安，生於緬甸仰光。畢業於香港聖士提反女校。一九五四年起主持香港《星島日報》、《星島晚報》及英文《虎報》，任香港星系報業有限公司總經理。一九五七年赴美國西北大學進修新聞學。一九六八年當選爲世界中文報業協會會長。

一九七〇年任國際新聞協會主席。一九七二年五月星系報業有限公司改組爲星島報業有限公司，任董事長。並於同年六月上市。後又創辦星島地産有限公司，並兼營印刷、造紙、旅遊、音像製作、製藥與投資控股等。一九八二年捐款浸會學院興建『星島傳理中心』，推動新聞教育。一九六八年被委任爲太平紳士。獲OBE勛銜、香港中文大學榮譽法學博士學位、美國俄亥俄州大學卡爾・範・安達大獎。

胡適（一八九一至一九六二）字適之，安徽績溪人。早歲就讀於上海梅溪學堂、澄衷學堂及中國公學。一九一〇年留學美國，先後入康奈爾大學和哥倫比亞大學研究院，分别獲得文學學士及哲學博士學位。一九一七年一月，發表《文學改良芻議》於《新青年》。同年七月回國，任北京大學教授，參加編輯《新青年》、參與創辦《每周評論》，爲新文化運動著名人物之一。五四運動後期提出『多研究些問題，少談些主義』。後和丁文江等創辦《努力》周報、《獨立評論》，並與徐志摩等創辦《新月》雜誌。歷任中國公學校長、北京大學文學院院長等。抗戰時期曾任國民政府駐美大使。勝利後，任北京大學校長、中央研究院院士、國民大會主席。一九四八年赴美國。曾任聯合國文教組世界人類科學文化史編委委員。一九五八年任臺灣中央研究院院長等。著有《中國哲學史大綱》、《白話文學史》、《胡適文存》等。

胡先驌（一八九四至一九六八）名步曾，字先驌，號懺庵，以字行，江西新建人。留學美國哈佛大學，獲科學博士學位。歷任廬山森林局局長、中國科學院生物研究所植物部主任、静生生物調查所所長、中國植物學會會長、國際科學社副社長、北京博物學會會長、江西省農業院理事、東南大學農植系主任兼教授、北京大學生物系名譽研究導師。一九四九年後任中國科學院植物研究所研究員。生平潛心植物學，也工詩。早年參加南社，後與吳宓辦《學衡》雜誌。著有《中國植物圖譜》、《經濟植物學》、《世界植物地理》、《中國植物新種研究》、《中國森林樹木圖誌》等。

胡耐安（一八九九—一九七七）原名有祉，改名有慶，以字行，別號逐園、逐翁、樂翁、樂山。抗戰前出版有《先秦諸子學説》。後在臺灣出版有《先秦諸子學説儒道墨三家評介》、《中華民族誌》、《新湘軍誌》等。

胡肇椿（一九〇四至？）廣東人。畢業於燕京大學文學系，赴日本入京都大學研究院，獲碩士學位。歷任中山大學副教授，暨南大學教授兼文學院院長、圖書館主任、出版科主任。廣州黄花考古學社主任研究員兼《考古學》雜誌總輯、廣州市立博物院考古發掘專員、立法院立法委員。譯著有《古物的修復和保存》、《考古發掘方法論》、《考古概説》等。

柳存仁（一九　七至　）筆名柳雨生、彤齋予亦，原籍廣東南海，生於北京。一九三五年考入北京大學國文系，獲文學學士學位；後獲倫敦大學榮譽文學學士、哲學博士及文學博士學位。曾任澳大利亞國立大學講座教授、亞洲研究學院院長、名譽教授。曾當選澳大利亞人文科學院院士，並被聘爲英國及北愛爾蘭皇家亞洲學會會員。一九六六年至一九八九年間，擔任哈佛燕京學社、哥倫比亞大學、夏威夷大學、巴黎大學、香港中文大學中國文化研究所、馬來亞大學、日本早稻田大學、新加坡大學、新西蘭渥克蘭大學訪問教授。一九七四年後曾多次回國參觀訪問與進行學術交流。長期致力於道教史、明清小説及中國古籍研究。著有英文著作《佛道教影響中國小説考》、《倫敦圖書館的中國大衆小説》、《和風堂論文選集》及其《續集》，中文著作《和風堂文集》等。

香翰屏（一八九〇至一九七八）字墨林，廣東合浦（今屬廣西）人。一九一二年入讀廣州法政學校，加入國民黨。一九一六年任廣東海防司令部文員。一九一九年入廣東護國軍第五軍軍官講武堂。畢業後漸次升至團長。一九二七年參加阻擊南昌起義部隊的湯坑之戰。一九二八年任第十二師師長，第六十二師師長。一九三一年任第一集團軍第二軍軍長兼廣州公安局局長，第四屆國民黨中央監察委員。一九三二年任國民黨廣東中區綏靖委員。一九三四年因與陳濟棠政見不合，辭職還鄉。一九三六年陳濟棠兵變失敗後，出任第四路軍副總司令。抗日戰爭爆發後，任第九集團軍代總司令，轉戰淞滬蘇浙等地。一九二九年返粵，任第四路軍副總司令、第九集團軍副總司令兼第四戰區挺進縱隊東江指揮所主任。次年調任閩粵贛邊區總司令。抗戰勝利後，歷任廣州行轅副主任、廣州綏靖公署副主任，『國大』代表。一九四九年移居香港，一九七八年八月病卒。

倫明（一八七五至一九四四）字哲如，廣東東莞人。一九〇一年中舉人。翌年入京師大學堂。一九〇七年畢業，復得舉人銜，廣西候補知縣，同年返粵，任教於兩廣方言學堂等校。民國初年曾任粵省視學官。一九一五年遷居北京後，歷任參議院秘書，河南道清鐵路秘書長、奉天通誌館協修以及北京大學、輔仁大學等校教授。一九三〇年應邀至日本東京鑒定『斯文會』所藏古籍。一九三七年返穗，曾任嶺南大學教授。旋避居東莞等地。一生好藏書，其『續書樓』藏書數百萬卷。曾擬重修《四庫全書》，續修《四庫全書提要》。工詩文，精版本目錄學。一九四四年在邑病逝。所藏書入庋北平圖書館。著有《續書樓藏書記》、《續修四庫全書芻議》、《辛亥以來藏書紀事詩》等。

俞叔文（一八七四至一九五九）名安鼎，字叔文，號彌遯老人，以字行，廣東番禺人。早年負笈譯學館，研求經世之學。辛亥革命後，遯迹香江，設塾課徒。一九三二年與賴際熙等創辦學海書樓，被推爲司理，廣羅古籍，編印書目。著有《古文評注辨正》、《俞叔文文存》。

姚枏（一作楠，一九一二至一九九六）字梓良，筆名施平、南遷、史耀南等，上海人。一九二九年從事研究南亞史地、中外交通。一九四〇年於新加坡與許雲樵、張禮千創辦南洋學會，當選首任會長，籌刊《南洋學報》。歷任《星洲日報》主任編輯、東方語文專科學校校長，上海譯文出版社編審，並兼任北京大學、廈門大學、復旦大學，華東師範大學教授及香港中文大學特約編審，另爲中國東南亞研究會、中外關係史學會、華僑歷史學會、海外交通史研究會顧問。著有《馬來亞華僑史綱要》、《中南半島華僑史綱要》、《星雲椰雨集》、《古代南洋史地叢考》（合著）、《檳榔嶼誌略》（合著）等。主編《東南亞歷史詞典》等。

姚從吾（一八九四至一九七〇）原名士鰲，字占卿，別號從吾、存吾，河南襄城人。一九二〇年畢業於國立北京大學文科史學門，又考入北大文科研究所國學門為研究生。一九二二年十二月，赴德國留學。一九二三年二月，入柏林大學，習蒙古史及史學方法論。一九二九年，應德國波昂大學之聘任東方研究所漢文講師。一九三一年秋，轉任柏林大學研究所講師。一九三四年夏，返國受聘為國立北平大學歷史系教授。一九三六年夏，兼歷史學系系主任。一九三七年，抗日戰爭爆發後，旋隨校遷至長沙、昆明，改聘為國立西南聯大史學系教授兼系主任。並負責組織該校中國國民黨支部暨青年團支部。發起組織中日抗戰史料徵輯委員會，徵輯抗戰史料。一九四一年十一月，當選為三民主義青年團中央幹事會幹事。一九四三年二月，當選為三民主義青年團第一屆中央幹事會幹事。一九四六年春，隨北大返回北平，任歷史系教授兼系主任。一九四七年七月，任國立河南大學校長。一九四八年，任行憲國民大會代表；十月，受聘為故宮博物院文獻館長。一九四九年一月，押運故宮古物去臺灣，任『國大代表』。旋受聘臺灣大學教授。一九五二年，受聘為『教育部』學術審議委員會委員。一九五八年四月，當選為『中央研究院』人文組院士。並歷任該院評議會評議員。一九五九年，被『國家科學委員會』聘為研究教授。一九六〇年，受聘為『國家長期發展科學委員會國家講座』教授。一九六一年四月，任『中國歷史學會』理事、理事長。一九六二年，任中國國民黨中央評議委員。一九七〇年四月十五日，病逝於臺北。出版有《姚從吾先生全集》。

洪業（一八九三至一九八〇）原名業，譜名正繼，字鹿岑，號煨蓮，福建閩侯人。一九一五年赴美留學，一九一七年畢業於俄亥俄韋斯良大學，獲文學學士學位。一九一九年獲哥倫比亞大學文學碩士學位，一九二〇年獲紐約協和神學院神學學士學位。一九二二年回國。一九二三年起任燕京大學教授。其間於一九二四年受命與哈佛大學共創哈佛燕京學社，並兼任大學文理科學長、歷史系主任、大學圖書館館長和引得編纂處總編。一九二八年至一九三〇年任哈佛大學客座教授。一九三〇年再度回國後，除繼續任燕京大學歷史系教授外，兼任大學研究院文科主任和導師。一九四六年赴美國哈佛大學講學。一九四七年至一九四八年任夏威夷大學和哈佛大學客座教授。一九四八年起任哈佛燕京學社研究員。一九六三年退休。一九八〇年病逝於美國。著有《中國最偉大的詩人杜甫》、《杜甫注解補遺》、《〈蒙古秘史〉一書的流傳》、《錢大昕詠〈元史〉詩三首》、《評戴維斯著〈杜甫〉》、《洪業論學集》等，主編引得六十四種。

十畫

馬鑑（一八八三至一九五九）字季明，祖籍浙江鄞縣，生於蘇州。畢業於南洋公學，任教於浙江兩級師範學堂、北京協和醫學院。一九二五年獲醫院羅氏基金會資助，赴美國哥倫比亞大學留學。翌年獲文學碩士學位。十一月歸國，歷任燕京大學國文系教授、系主任。一九三六年以香港大學中文系教授兼系主任許地山之薦執教港大。日軍佔港，港大停辦，攜家及二十多名學生自澳門經廣州灣到桂林、成都，爲蓉城燕京大學文學院院長兼國文系主任。一九四六年燕大復校北返，即回香港大學復職，尋升爲中文系主任，一九五〇年擢教授。翌年榮休。撰有《紀念蔡子民先生》、《許地山先生對於香港教育之貢獻》等。

馬幼垣（一九四〇至）原籍廣東番禺，生於香港。畢業於香港大學，師事於羅香林教授，獲文學學士學位。後負笈美國耶魯大學，一九七一年獲中國文學博士學位。曾任夏威夷大學助理教授、副教授、教授，一九八六年退休，改終身榮譽教授。曾任現代語言協會會員、美國東方學會會員、亞洲研究協會會員、漢語教師協會會員，臺灣大學、清華大學、東海大學、斯坦福大學、香港大學客座教授，嶺南大學中國文學講座教授。著有《插增本簡本水滸傳存文輯校》、《水滸二論》、《水滸論衡》、《中國小說史集稿》、《明代公案小說的文學傳統：龍圖公案研究》、《龍圖公案中的主題和人物塑造》、《韓愈的散文作品和傳記文學》等。

馬來亞各地真空教各道堂教長　按：此函乃羅香林先生爲撰寫《流行於贛閩粵及馬來亞之真空教》一書期間，發函託友人向馬來亞真空教各分支徵求文獻、圖片以資參考者。

馬楚堅（一九四七至）字惟材，號拙堂，原籍廣東潮陽，長於香港。師事於羅香林教授，於珠海文史研究所獲文學碩士學位，進而獲香港大學哲學碩士、哲學博士學位。歷任香港大學亞洲研究中心研究助理，專上院校講師、副教授、教授。現爲港大榮譽助理教授、香港公開大學客座教授、嘉應大學榮譽教授、江萬里研究總會學術顧問、深圳市江萬里研究會學術顧問、中國文獻研究會禮學研究中心研究員、潮汕歷史文化研究中心特約研究員；國家清史纂修工程《典誌組驛遞篇》項目主持人。著有《明清邊政與治亂》、《明清人物史事析論》、《中國古代郵驛》、《世道肩承——宋季史探索錄》、《世道肩承——宋季四相合譜》、《翁萬達考證》、《羅香林先生學述》、《南明史事鏡窺錄》。

連橫（一八七八至一九三六）字武公，號雅堂，臺灣臺南人。少時讀《臺灣府志》，感其簡陋，遂立志重撰。自一八九七年至一九三三年，先後五次回到大陸。第一次來到上海、南京求學，不久回臺完婚，任《臺南新報》漢文部記者。一九〇五年日俄戰爭爆發，攜眷來廈門，辦《福建日日新報》，鼓吹排滿，旋遭封閉。又返臺，主《臺南新報》、《臺灣新聞》漢文部，並開始撰寫《臺灣通史》。辛亥革命後，取道日本到上海，歷時三載，遍遊祖國各地。並主編上海《華僑雜誌》，供職《新吉林報》，入清史館。一九一四年回臺奔母喪，潛心著述《臺灣通史》，至一九一八年完成。一九二四年創刊《臺灣詩萃》。一九三一年舉家定居上海。另著有《臺灣語典》、《臺灣詩乘》、《大陸遊記》等。

袁同禮（一八九五至一九六五）字守和，河北徐水人。北京大學畢業，留學美國攻圖書館學。一九二四年回國，任嶺南大學圖書館館長。次年改任北京大學目錄學教授兼圖書館館長，后歷任北京圖書館協會會長、中華圖書館協會董事等。一九二九年起任國立北平圖書館副館長、館長。七七事變后，其選擇館藏善本書二千八百種，運往美國國會圖書館庋存。一九四八年赴美國，先后受聘於美國國會圖書館及斯坦福大學研究所工作。病逝於美國。著有《西文漢學書目》及重校王重民《國會圖書館藏中國善本書目》等。

夏亞加（Condelia L' Haagen）。待考。美國密歇根大學圖書館館長，教授。

華羅庚（一九一〇至一九八五）江蘇金壇人。一九二四年初中畢業後入上海中華職業學校，因家貧一年後輟學當學徒。業餘時間自學數學，所撰《蘇家駒之代數五次方程式解法不能成立的理由》論文，受清華大學數學系主任熊慶來教授重視，於一九三一年被推薦到清華大學工作。一九三六年至一九三八年去英國康橋大學做訪問學者。一九三八年回國，在西南聯大任教授，著《堆壘素數論》。一九四六年赴美國普林斯頓大學、伊利諾伊大學任教授。一九五〇年回國，先後任清華大學教授，中國科學院數學研究所所長，中國科學院數理化學部副主任，中國科技大學數學系主任、副校長，中國科學院應用數學研究所所長，副院長，中國數學會理事長，中國科協副主席，中國優選法統籌法與經濟數學研究會會長等職。是中國解析數論、典型論、矩陣幾何學、自守函數論與多復函數論等理論數學研究的創始人與開拓者。論文《典型域上的多元複變數函數論》，在數學領域內做了開拓性的工作，獲中國科學院首次頒發的自然科學一等獎。撰寫二百餘篇學術論文，十部專著和十餘部科普作品。曾被選爲中國科學院學部委員（院士，一九五五）、美國科學院外籍院士、第三世界科學院院士、前聯邦德國巴伐利亞科學院院士。曾獲法國南德大學、美國伊利諾伊大學、香港中文大學榮譽博士學位。曾任第一至六屆全國人大常委會委員、第六屆全國政協副主席、中國民主同盟副主席、中國科協副主席。

徐甘棠（一八七四至？）廣東花縣人。早年，赴美國留學，入國立西北大學，獲算學碩士學位。回國後，曾任國立廣東大學理科學院學長，兼圖書館主任。一九二八年十一月，任國民政府立法院秘書處秘書。一九三〇年八月，任廣州第二中學校校長，一九三一年十二月，任廣州市政府教育局局長。

徐信符（一八七九至一九四八）名紹棨，原籍廣東番禺，生於廣東英德。早年師從陶福祥，肄業於學海堂、菊坡精舍。曾任教於廣東高等學堂、廣東高等師範、中山大學、廣州大學，並兼任廣東省圖書館委員，廣中編印局委員等。一九一八年創辦廣雅印行所，並編輯刊印《廣雅叢書》等。一九二八年建造南州書樓，私人藏書達六百餘萬卷。抗日戰爭時期，曾將部分藏書寄存港澳。抗戰勝利後運返廣州。戰後曾任廣東省文獻委員會委員、省立圖書館顧問。一九四八年在廣州病逝。著有《中國文學史》、《中國詩學史》、《版本學》、《書目學》、《廣東藏書紀事詩》等。

翁鈐（一九一七至一九九七）字瑞堂，臺灣桃源人。歷任世界客屬總會理事長、臺灣省民政廳廳長、省政府委員等。一九七三年世界客屬第二次懇親大會在臺北舉行，任籌備會主任委員。次年參與創辦世界客屬總會，任世事長。

高本漢（Kias Bernhard Johannes Kargren，一八八九至一九七八）瑞典雲雪平人。畢業於烏普薩拉大學，師事方言學家龍代爾（J. A. Lundall），得其方言注音字母之學，而踏入實驗語言學、比較語言學與方言研究之門，並於一九一〇年至一九一一年赴中國北京、太原等地實習，搜集二十四種方言材料（後增至三十三種）作爲其後從事音韵學研究基礎。一九一二年元月返歐，從查瓦尼斯（Ed-ouardChavannes）教授研究比較語言學。一九一五年返瑞，以《中國音韵學研究》獲烏普薩拉大學博士學位。後歷任哥德堡大學東亞文化系教授、遠東文物博物館館長。一九四〇年，研究領域從語言學拓展至中國古代文化領域，研究《詩》、《書》，並以英文注釋分卷出版。一九四五年爲斯德哥大學創立漢學系，並爲第一任系主任兼教授。著有《口漢分析字典》、《藏語與漢語》，《詩經研究》、《老子韻考》、《漢語詞類》、《頌詩韻考》等。

高德利（Comillo Conte—Real）美國人。待考。

高蘭德（Charles˙J˙Grant）英國人。一九六〇年以 *The Geography of the Soil and Agricalfure of Hong Kong* 獲蘇格蘭愛丁堡大學博士學位。後來港任香港大學地理系講師、高級講師、教授。著有 *The Soils and Agricalfure of Hong kong˙Permeabilty Study: Lam Tsuen and Tolo Harbour Areas* 等。

凌鴻勛（一八九四至一九八一）字竹銘，原籍江蘇常熟，生於廣州。早年就讀於郵傳部上海高等實業學堂。一九一五年畢業後即赴美實習，並入哥倫比亞大學深造。一九一八年返國後，歷任交通部路政司考工科副科長，京漢鐵路工程師，交通大學教授、校長，隴海鐵路工程局局長。一九三二年任粵漢鐵路株韶工程局局長兼總工程師，主持修建株洲至韶州間鐵路。後歷任湘桂鐵路工程局局長、西北公路管理局局長。一九四五年任交通部常務次長。一九五〇年至臺灣，歷任臺灣大學土木系教授、臺灣中國石油公司董事長。一九八一年八月在臺北病逝。著有《中國鐵路誌》、《詹天佑先生年譜》、《七十年來中東鐵路》等。

唐鉞（一八九一至一九八七）字擘黃，號躄齋、躄園、躄園居士，福建閩侯（今福州）人。清華學校畢業，留學美國，先後獲康乃爾大學學士、哈佛大學哲學博士學位。曾任北京大學心理學教授，上海商務印書館編譯所哲學教育部主任，清華大學心理學系系主任、教授，中央研究院心理研究所研究員兼所長等。一九四九年後，任北京大學心理系教授，中國心理學會北京分會理事長，《中國大百科全書・心理學卷》顧問，全國政協委員。一九八七年病逝於北京。著有《唐鉞文存》、《國故新探》、《中國史的新頁》、《修辭格》、《考證注釋紫玉釵劇本》，譯有《邏輯底原理》等。

容媛（一八九九至一九九六）女。廣東東莞人。早年曾就讀於家塾和廣州國民政府創辦的中央婦女部學校。一九二八年在中山大學旁聽文史課程。一九二九年到北京，任燕京大學哈佛燕京學社秘書及《燕京學報》學術界消息編輯。一九三四年參加考古學社。一九四三年隨燕京大學南遷四川，任成都燕京大學國文系兼歷史系助教及圖書館編目員，重慶中央文史雜誌社總幹事。一九四六年任哈佛燕京學社及《燕京學報》社秘書。一九五二年任北京大學歷史系講師。著有《漢故穀城蕩陰令張遷表頌集釋》和《漢郎中鄭固碑集釋》等。編有《金石書錄目》和《1900—1949年中國考古學文獻目錄》（未刊）。

容啓東（一九〇八至一九八七）廣東香山南屏鄉（今屬珠海）人。一九二九年畢業於清華大學，留校任教。一九三五年留學美國芝加哥大學，研究植物形態學。一九三七年獲哲學博士學位。回國後，歷任西北大學教授，嶺南大學教授、生物系主任，教務長，理學院代院長。一九四四年赴美講學。一九五一年任香港大學植物系高級講師、系主任。一九六〇年任香港崇基學院院長。一九六三年任香港中文大學第一副校長。一九六四年任香港政府議員、太平紳士。一九六六年獲英國女王頒授O.B.E勛銜。一九八七年在港逝世。

陸丹林（一八九六至一九七二）字自在，號非素、長老，別署楓園等，廣東三水人。早年肄業廣州達立學堂，後入培英學校。一九一一年參加同盟會。民國初年客居上海，加入南社。一九一八年曾任職於廣州護法軍政府，事後工作於上海中華全國道路協會。任浙江捲煙統稅局駐滬辦事處主任，武漢市政府秘書、主任等；並曾先後任《大光報》、《中國時報》、《和平日報》主筆。一九三五年後致力文藝、美術工作，曾任上海中國藝術專科學校、重慶國立藝術專科學校教授，主編《逸經》半月刊。抗日戰爭時期，擔任國民黨港澳總支部文化設計委員會委員和中華全國文藝界抗敵協會香港分會常務理事，並在香港主編《大風》旬刊、《文化界》周刊。香港淪陷後，返粵北坪石，讀書寫作。生平能書善畫，喜集文物。一九七二年夏病逝。著有《革命史譚》、《革命史話》、《當代人物誌》等。

陸懋德（一八八三至一九六五）名詠沂，字用儀，山東歷城人。早年留學美國，先後入威斯康辛大學、俄亥俄大學，獲政治學學士和教育學碩士學位。回國後，歷任大總統府禮官，教育部視學，華盛頓會議中國代表團隨員，北京法政專校教授，清華學校歷史系主任。

一九二七年後，任北京師範大學、北平女子師範大學、輔仁大學、西北師範學院教授等。著有《周秦哲學史》、《史學方法大綱》等。

陳達（一八九二至一九七五）字通夫，浙江餘杭人。一九一六年由清華學校畢業後留美。一九二三年從哥倫比亞大學研究院畢業後回國。長期任清華大學教授、系主任等。抗戰期間任教西南聯大。一九四九年後，歷任中央財經學院、中國人民大學、勞動幹部學校任教，並任勞動部保護司副司長、全國政協委員等。著有《近八年來國內罷工的分析》、《人口問題》、《中國勞工問題》、《解放區的工人生活狀況》、《抗日戰爭和解放戰爭時期工人運動史》等。

陳槃（一九〇五至一九九〇）字槃庵，號澗莊，廣東五華人。畢業於中山大學文學院國文系。歷任中央研究院歷史語言研究所助理員、研究員。後避地臺灣，任臺灣大學教授，當選爲『中央研究院』院士。一九七〇年兼史語所第一組主任。著有《漢晉遺簡識》、《春秋大事表列國爵姓及存滅表譔異》、《左氏春秋義例辨》等。

陳璋（一九三七至）字伯玉，廣東潮州人。畢業於香港大學，一九六一年獲文學學士學位，一九六三年獲文學碩士學位。曾任教香港大學校外課程部、新加坡大學，廖寶珊書院校長。著有《明代中國與南洋之外交及貿易等關係研究》等。後因家族所牽，從事銀行金融業。晚年以健康原因隱居。

陳大齊（一八八七至一九八三）字百年、伯年，浙江海鹽人。畢業於日本帝國大學，獲文學學士學位。一九一二年起，歷任浙江省立高等學校校長，浙江法政專門學校、北京法政專門學校教授。一九二一年赴德國柏林大學研究西洋哲學。翌年回國，歷任北京大學哲學系主任、教務長、代理校長，國民政府考選委員會委員長等。一九四九年去臺灣，歷任臺灣大學、臺灣師範學院教授，臺灣政治大學教授和校長等。一九六一年獲香港大學名譽文學博士學位。著有《心理學大綱》、《哲學概論》、《迷信與心理》、《印度理則學》、《現代心理學》等。

陳孝威（一八九三至一九七四）原名增榮，別號向園，別字向元，後改名孝威，福建閩侯人。福州陸軍武備學堂、南京陸軍第四中學、北京清河陸軍第一預備學校畢業。一九一一年辛亥革命爆發後，返回福建策動新軍統領孫道仁起義，福建光復後再返上海，任鎮江都督（林述慶）署衛隊連連長，率部參加攻佔南京之役。一九一二年十月辭職，考入北京清河陸軍第一預備學校學習，繼入保定軍校學習，一九一六年五月畢業，先任保定軍校校長辦公處參謀，後返回福建陸軍服務。歷任福建省防軍第二師步兵團營長，福建陸軍暫編第四旅步兵第八團團長，後任閩軍援湘軍總指揮部參謀等。一九二三年十二月任福建陸軍獨立第一旅旅長，被北京政府陸軍部授予陸軍少將軍銜。一九二六年一月任福建泰寧鎮守使，兼任獨立第一旅旅長，被福建總督署陸軍處授予陸軍中將軍銜。一九二六年十二月所部被閩軍張貞部擊敗，後隱居上海。一九三六年春赴香港從事報業，創辦香港《天文臺報》，任總編輯兼社長等。抗日戰爭爆發後，在香港參與進行『國民外交』活動，一九四一年十二月香港淪陷後，所辦《天文臺報》停刊。抗日戰爭勝利後，在上海與香港從事實業，因經營不當蝕本。一九四六年十一月當選爲制憲國民大會代表，一九四七年三月被聘任國民大會憲政實施促進委員會常務委員。一九五一年春在香港將《天文臺報》復刊，仍任社長，不久因病停辦。一九五九年十月參與編輯《吳佩孚先生集》，任編纂委員會委員。一九六五年夏參與香港各界紀念孫中山百年誕辰活動，任紀念孫總理百年誕辰籌備委員會常務委員、永久性紀念事物籌建委員會委員等。一九七四年三月二十四日在香港病逝。著有《論蘇德戰爭》、《會師東京回憶》、《太平洋鼓吹集》、《美國將帥與中國抗戰》、《抗戰軍事紀略》、《孝威抗戰論文選集》等。

陳和銑　世界文化合作中國協會籌辦委員會辦事處總幹事。

陳知白　字世講。廣東番禺人。曾執教於廣東省立文理學院史學系，教授中國近代史。與陳篤陶著有《丁亥珠舵唱和草》，且爲書畫收藏家。

陳承寬　廣東惠陽人。香港承寬有限公司創辦人。香港崇正總會會員，自第二屆（一九二三）至十五屆（一九五四）歷任該會值理、會董、副會長、名譽會長、司庫、董事、理事長（一九四八）、常務理事、名譽會長、副理事長。一九三八年任救濟難民委員會副主任委員。

陳祚龍　湖北監利人。先後獲英國牛津大學文學學士、印度大學文學碩士、法國巴黎大學文學博士學位。任法國國立遠東學術院院士，專究敦煌學。著有《悟真研究》、《敦煌真贊研究》、《敦煌學海探珠》、《敦煌文物隨筆》、《敦煌簡策訂存》、《敦煌資料考屑》等。

陳寅恪（一八九〇至一九六九）原籍江西義寧（今修水），生於湖南長沙。自幼接受良好的國學教育。後遊學歐美，曾入德國柏林大學、瑞士蘇黎世大學、法國巴黎高等政治學校、美國哈佛大學攻讀語言文字，通曉多種東方古代語言、佛教經典和西方近代社會科學研究方法。一九二五年回國，歷任清華國學研究院導師，清華大學、西南聯合大學、香港大學、嶺南大學等校教授。一九三〇年後，兼任中央研究院理事、歷史語言研究所研究員兼第一組主任、故宮博物院理事、清代檔案編委會委員等。一九四九年後，歷任中山大學教授、中央文史館副館長、中國科學院哲學社會科學部委員、第三屆全國政協常委等。生平勤於治學，著述豐富，在隋唐史、蒙古史、佛學、梵文、突厥文諸領域，均有精湛研究。一九六九年在廣州病逝。主要著作有《隋唐制度淵源略論稿》、《唐代政治史述論稿》、《元白詩箋證稿》、《柳如是別傳》等。出版有《陳寅恪文集》。

陳參盛（Chinn，Thomas W. 一九〇九至？）生於美國俄勒岡州，一九一九年畢業後移居舊金山。畢業於加利福尼亞大學聖弗朗亚分校，專攻商業管理、新聞學。好運動，得獎無數，一九三六年奪取中國網球單打、雙打冠軍，一九三五年創立 Chinese Digest（中華文摘），一九三七年設立 Chinn Linotype，尋創辦 Chinese news（中華新聞）等事業，一九八〇年退休。個人事業外，一九六三年創立美國三藩市華人歷史學會（Conference Chai Man Chinese Histovical Scciety of America），被任爲第一至第五屆主席。一九六三年至一九八〇年創立會刊（月刊），任主編與撰稿人。一九六九年與麥禮謙、胡垣坤合編 *A history of the Chiness in California-asyllabu*，自著則 *Bridge The Pacific*：*San Francisco Chinatown and its people* 於一九八九年由美國華人歷史學會出版，其創作有多種著作。一九七五任美國土著與少數民族委員會會員，一九七五年任弗朗西斯大學第一、二屆，美國華人國際研討會主席。一九七〇、一九七二、一九七八、一九八七四年獲美國歷史學會、美國華人歷史學會、加利福尼亞州歷史學會及美國州與地方歷史協會頒發之優秀獎，以表揚其對美華人研究之貢獻。

陳慈訓（一九〇一至一九九一）字叔諒，浙江慈溪人。一九二四年畢業於東南大學歷史系，歷任寧波效實中學、省立第四中學、省立第一中學教員，中央大學歷史系、浙江大學史地系教授、龍泉分校主任兼教務長，浙江省立圖書館館長，考試院考選委員會委員，白沙女子師範學院教授、教育部史地教育委員會委員，文瀾閣四庫全書保管委員會常務委員，中央文物清理委員副主任委員、浙江省文管會委員兼省文管會圖書資料室主任，省博物館圖書資料室主任。著有《近代歐洲革命史》、《世界大戰史》、《中國近代史》、《五卅事件》及論文數十篇，合著有《柳翼謀先生紀念文集》、《萬斯同年譜》，合作校點節編《王元宇集》，整理出版陳屺懷之《天嬰詩輯》、《晚山人集》，主編及刊行《浙江省立圖書館館刊》、《圖書展望》、《文瀾學報》等。

陳福霖（一九三八至）字伯蔭，原籍廣東南海，生於香港。畢業於香港大學，獲文學學士學位，復師事於羅香林教授，獲文學學士、文學碩士學位。後赴美國哥倫比亞大學東亞研究所深造，一九七五年獲博士學位。歷任香港中文大學聯合書院助理講師、美國珀杜大學客座講師，邁阿密大學講師、助理教授、副教授、東亞史教授兼系主任，香港珠海書院文學院院長、香港教育學院社會系首席講師兼系主任等。現爲香港大學名譽教授。並爲美國亞洲研究協會會員。著有 *Sin Kiang Under Sheng Shih—ts'ai*，1933—1944A. D、《孫中山廖仲愷與中國革命》、*China at the Crossroads*：*Nationalists and Communists*，1927—1949、*China in the 1920*'5：*Nationalism and Revolution*、*China's Reuification and the Taiwan Guestion*、*Chinese Communist Politics*：*Selected Studies* 等。

陳榮捷（一九〇一至一九九五）廣東開平人。嶺南大學文學學士，美國哈佛大學哲學博士。歷任嶺南大學教務長，美國夏威夷大學、達慕斯大學、徹含慕大學、哥倫比亞大學教授、講座教授，美國慕斯大學榮譽人文博士，臺北中央研究院院士。著有《近代中國宗教趨向》、《中國哲學資料書》、《朱學論集》、《朱子門人》、《王陽明與禪》，譯著有《近思錄》、《傳習錄》、《通書》等。

陳漢標（一九〇六至一九八二）字寒剖，廣東興寧人。一九二六年考入廈門大學理學院。次年轉入清華大學心理學系。一九三一年畢業後，留校任教。一九三七年執教於昆明西南聯合大學。一九四〇年留學美國依阿華大學，獲心理學博士學位。曾參加美國心理學會、美國科學促進會、美國兒童研究會等。一九四六年回國，任嶺南大學教授。一九四九年後，歷任華南師範學院教授、心理學教研室主任，中國心理學會理事，廣東心理學會理事長，全國政協委員等。發表有《中文橫直讀研究的總檢討》、《在簡單推理中的兩性差異》、《試論人的心理的特質》等論文。

陳學霖（一九三八至）字伯溥，原籍廣東新會，生於香港。畢業於香港大學，師事於羅香林教授，獲文學學士、碩士學位。後赴美國普林斯頓大學留學，獲哲學博士學位。歷任美國哥倫比亞大學《明史名人傳》編纂處研究員、紐西蘭渥倫大學歷史系高級講師、澳洲國立大學遠東史系研究員、臺灣大學歷史系客座教授、美國華盛頓大學傑克遜國際學院及歷史系教授、香港中文大學歷史系講座教授兼系主任。著有 *Li Chih*，*Legitimation in Imperial China*，*In the Service of the Khan*（*Coauthon*），*The Fall of the Jurchen Chin*《宋史論集》、《劉伯溫與哪吒城》、《明代人物與傳記》等。

陳綸緒（Albert Chan，一九一五至二〇〇五）其父爲華人，母爲秘魯人，出生於秘魯。二十世紀三十年代加入香港耶穌會，負笈馬尼拉，獲得聖心書院（Sacred Heart College）學士、碩士學位。旋赴愛爾蘭都柏林大學研究神學，尋赴美國哈佛大學研讀中國歷史，一九五四年以《明代的興亡》獲得哲學博士學位。精通拉丁文、法文、英文、西班牙文、秘魯文、日文、德文、中文，於明清之際中外交通尤有心得。一九六九至一九七六年赴里斯本、馬德里研究檔案；並受耶穌會會長邀返羅馬編纂總會所藏中籍目錄。一九七六年回香港，歷任九龍華仁書院教員、校監，香港大學利瑪竇宿舍舍監。一九九五年轉爲美國三藩市大學利瑪竇研究中心高級研究院士，整理耶穌會所庋有關十六至十七世紀中外交通之珍籍七萬伍仟種，著有《明代的興亡》（*The Gbry and Fall of the Ming Dynasty*）等。

陳鐵凡（一九一二至一九九二）寶應人。畢業於廈門大學中文系，任江蘇師範學院助教。抗戰勝利后受聘爲臺灣師範學院講師，副教授，一九六〇年升任臺灣師範大學教授，一九六三年移教南洋大學，后受聘爲馬來亞大學中文系教授。著有《祖甲卜辭選釋》、《敦煌本商書校證》、《孝經鄭注校證》、《敦煌本論語異文彙考》、《敦煌本鄭注論語疏證》、《敦煌本尚書述要》等。

孫科（一八九一至一九七三）字哲生。廣東香山（今中山）人。孫中山先生之子。早年就讀於美國加利福尼亞大學與哥倫比亞大學，獲經濟學碩士學位。一九一七年回國，歷任軍政府外交部秘書。翌年任英文《廣州時報》副主編。一九二一年任廣州市市長。一九二三年十月任國民黨臨時中央執委會委員，參與國民黨改組活動。嗣任廣州國民政府委員、國民黨中央執委、廣東建設廳廳長、廣東代理省長、交通部部長、國民黨青年部部長等。一九二七年七月寧漢合流後，歷任國民政府建設部部長、鐵道部部長、考試院副院長。一九三一年參加廣州非常會議。任廣州反蔣派國民政府常委。嗣任南京政府行政院院長、立法院院長，主持起草『五五憲草』。抗日戰爭時期，隨國民政府西遷重慶，續任立法院院長。曾以蔣介石特使身份赴莫斯科與蘇聯談判，簽訂《中蘇互不侵犯條約》、《中蘇商務條約》。一九四七年任國民政府副主席。一九四八年競選副總統失敗後改任行政院院長，反對李宗仁所爲。一九四九年二月將行政院遷至廣州，旋辭職居香港。一九五一年去法國。次年轉赴美國。一九六四年回臺灣，被聘爲『總統府』資政，復任『考試院』院長。一九七三年在臺北病卒。

十一畫

梅貽琦（一八八九至一九六二）號月涵，天津人。一九〇四年，入天津私立敬業學堂就讀。一九〇八年，入保定高等學堂。一九〇九年，考取第一批庚款留美；十一月，赴美國入沃斯特工科大學攻讀電機工程。一九一四年畢業，獲工學學士學位回國。翌年，入公立清華學校任教。一九二一年八月，赴美國進修。次年七月返校，任物理系主任。一九二六年，兼任教務長。一九二八年九月，清華改名國立清華大學；十一月，赴美任清華留學生監督。一九三一年十二月，任國立清華大學校長。一九三七年，抗日戰爭爆發後，清華大學、北京大學、南開大學三校在長沙合組國立長沙臨時大學，與蔣夢麟、張伯苓任校務委員會常務委員。一九三八年，長沙臨時大學復遷昆明，改稱國立西南聯合大學，兼任國立西南聯合大學校務委員會常委兼主席。一九三九年九月，任三民主義青年團中央監察會監察。一九四〇年，接受美國沃斯特工科大學贈送工科博士學位。一九四五年五月，當選為中國國民黨第六屆中央執行委員。一九四六年五月，回北平主持國立清華大學。一九四八年，當選為行憲國民大會代表；同年十二月，任國民政府教育部部長，未就職，由陳雪屏代理部務。一九四九年六月，去巴黎參加聯教組織科學會議；九月，參加聯教組織大會，任中國代表團首席代表。一九五〇年，任『華美協進社』常務董事。一九五一年，組清華大學在美文化事業顧問委員會，以清華基金利息協助在美學人研究。一九五五年十一月，去臺灣，籌辦清華原子科學研究所。翌年，在新竹籌建原子爐，招考清華首屆原子科學研究生。並恢復『國立』清華大學。一九五八年，任『教育部』部長。一九五九年，兼任『國家長期發展科學委員會』副主任，仍兼清華大學校長。一九六一年二月，辭『教育部』部長，仍兼『行政院』原子能委員會主任委員。一九六二年二月，當選為『中央研究院』院士；五月十九日，病逝於臺北。

黃少強（一九〇一至一九四二）名宜仕，號止翁、止廬，廣東南海人。事自幼好畫，曾先後師從高奇峰，高劍父等。一九二七年後任教於佛山美術學院，南海師範學校、廣州市立美術學校等，並參加創辦嶺南藝苑、民間畫館、民間畫會。抗日戰爭時期舉辦抗日畫展，捐款抗日。一九三八年在香港創辦香港美學院。後在廣州閉戶課徒。一九四二年在邑病逝。著有《止廬題畫詩鈔》、《黃少強畫集》等。

黃六平（一九一五至一九九七）江西宜黃人。畢業於東吳大學，初從事文化事業，編輯刊物，後任教於南洋大學、香港大學中文系。一九七七年於港大中文系退休。一九八五年末移居美國加尼福利亞州。著有《漢語文言語法綱要》、《說文解字敘講疏》、《說文解字部首講疏》、《急就集》、《急就二集》、《段玉裁詩經小學補說》等。

黃仲琴（一八八四至一九四二）名嵩年，號嵩園，原籍廣東潮安，生於福建龍溪。早年曾就讀平和教官署和江蘇法政學堂。歷任中山大學教授、國立中央研究院語言歷史研究所編輯。工詩，尤精考據。著有《嵩園詩草》、《湖邊文存》、《木棉庵誌》等。

黃凌霜（一八九七至一九八二）原名文山、如山，學名天俊，筆名兼生，廣東新寧（今臺山）人。早年入讀北京大學哲學系，一九二一年獲文學學士學位。曾在北京、上海組織實社、進化社，鼓吹無政府主義。一九二二年留學美國哥倫比亞大學。一九二八年獲碩士學位。其間，曾任紐約《民氣日報》和舊金山《民國日報》總編輯。一九二九年返國，任上海勞動大學教務長。後歷任國立暨南大學、北京大學、北平範師大學、中山大學，中央大學等校教授，國民黨廣州市黨部委員，廣州市立一中校長等。抗日戰爭爆發後，任《廣州日報》社社長，並創辦《更生評論》，組織中國文化研究會，出版《民族文化月刊》。廣州淪陷後赴重慶，歷任國民黨中央黨部訓練委員會第三處處長，兼國民政府政治設計部設計委員、編審主任，立法院立法委員等。其間，一度任中山大學法學院院長。抗戰勝利後返粵，任廣東省政府委員、省立法商學院院長、廣東省僑資事業指導委員會主任委員。『國大』代表、國民黨中央監察委員等。一九四九年冬赴香港，旋轉赴美國。歷任紐約新社會科學院教授，華美文化學院院長，臺灣大學、香港中文大學教授等。一九八二年在洛杉磯病逝。畢生致力於文化學的研究，著述甚富。主要著有《黃文山學術論叢》、《黃文山文集》、《文化學體系》、《文化學導論》等，並譯有《哲學問題》、《今日社會學學說》等。

黃蔭普（一九〇〇至一九八六）字雨亭，廣東番禺人。一九二二年畢業於清華大學。嗣以官費留學英美，專攻商業會計。一九二七年學成回國。歷任中山大學教授。廣州商務印書館經理兼商務駐港辦事處協理、商務西南辦事處主任等。一九五一年任商務印書館香港辦事處總編輯。後曾任廣東省政協委員、暨南大學校董。生平致力於廣東文獻的搜集和整理。曾將所藏大批圖書捐贈給廣東省中山圖書館和暨南大學。著有《廣東紙幣史》、《廣州工人家庭研究》、《廣東文獻書目知見錄》等。

黃錫凌（一九〇八至一九五九）廣東人。畢業於嶺南大學，後留校任教。一九四九年赴倫敦大學亞非學院深造，專攻西方語言研究方法。一九五一年受聘香港大學，時林仰山教授創立東方研究院，港大改遠東研究院爲「語言學校」而撥隸之，遂以黃氏爲講師兼校長。著有《粵音韻彙：廣州標準音之研究》、《梵唄之研究》等。另爲教學需要而專編 *Cantonese Conversation Grammer* 及 *Intemeclate Cantonese Conversation* 作爲教科書，分別於一九六三年、一九六七年由香港政府印務局出版。

麥理浩（Murray MacLehose，一九一七至　）英國人。曾入牛津大學修讀歷史。一九三九年參加殖民地文職人員工作，派駐馬來亞爲官學生。一九四一年被派往福建廈門學習語言。後入皇家海軍志願後備團任上尉。曾任福州署理領事。一九四七年調入英外交部工作，尋派赴湖北漢口，歷任署理領事、署理總領事、第一秘書。一九五〇年至一九五四年改派駐捷克布拉格任商務秘書及領事。一九五四年後，歷任英國駐惠靈頓（新西蘭）高級專員，駐巴黎商務秘書，參贊等。一九六三年任英國外交部遠東司司長。一九六七年任英國駐越南大使。一九六九年任駐丹麥大使。一九七一年十一月任第二十五任香港總督。一九七二年宣佈十年建屋計劃，推行「居者有其屋」計劃，並實行高地價政策，使港府財政收入大爲增加。一九七四年成立廉政專員公署。嗣重組行政局、立法局。一九八〇年設立工業發展委員會、消費者委員會、香港訓練局。次年通過地方行政計劃，進行地方行政改革，並實施新市鎮發展計劃；開通海底隧道、地鐵；增設港府醫院及輔助醫院至二十三間；推行九年免費義務教育。一九七九年、一九八〇年兩次訪問中國內地，提出『經濟合作，雙方受益』之主張。一九八二年四月退休離港。曾獲GBE、MBE、KCMG、CMG、KCVO、LP等勛銜，一九八二年受封爲終身貴族。

偉寧（Herold J. Wiense）夏威夷大學教授。

許舒（一作赫伊斯；James Hayes，一九三〇至　）英國人。畢業於倫敦大學，獲博士學位。曾任香港政府荃灣理民兼市鎮專員，香港皇家學會會長及會刊主編，獲政府頒授太平紳士。平素關注及收藏地方文獻，故蔡志祥、劉志偉、馬木池、黃永豪分別輯有《許舒博士所輯廣東宗族契據彙錄》、《許舒博士所藏商業及土地契約文書・乾泰隆文書》、《許舒博士所藏土地及商業文書・張聲和家族文書》、《陳文紳所藏地契及屋契》、《北海貞泰號・1893—1936年結簿》、《北海貞泰號・商業往來文書》等。自著有《滄海桑田話荃灣》、《大廟灣天后廟及刻石》、*Chinese Clan Genealogies and Family Histories*：*Chinese Genealogies as Local and Family History* 等。

許雲樵（一九〇五至一九八一）原名鈺，字雲樵，號夢飛，一號希夷室主，江蘇無錫人。曾就讀於私立蘇州東吳大學和私立上海中國公學大學部。一九三一年赴新加坡，曾任靜芬女子師範學校教員。一九三六年，任暹羅北大年中華學校主校務，三年改國立商科學校英文講師。一九四〇年，與關楚璞、郁達夫、張禮千、姚枏、劉士長、李長傅等發起創辦南洋學會，出任理事並兼任會刊《南洋學報》

主編。一九四二年日軍佔領星、馬，改行經營土產出入口生意。一九四五年九月日本投降，與友人合組華僑出版社，編印《華僑生活》、《華僑經濟》等周刊。一九四六年應南洋編譯所聘，主編《馬來亞少年》、《南洋雜誌》等刊物。一九四七年，任皇家亞洲學會馬來亞分會理事。一九五〇年，馬來亞大學創設中文系，任委員。一九五二年，兼任《南洋商報》編輯，主撰《華僑編》。一九五四年，應聘爲籌辦新加坡南洋大學設計委員會委員。一九五六年，任皇家亞洲學會馬來亞分會副會長。次年，任南洋大學史地系副教授兼南洋研究室主任。一九六四年，任新加坡義安學院院長室秘書兼史學教授，並負責編輯院刊。一九六六年，任臺灣中國文化學院南洋研究所名譽教授及中華學術院院士、中華史學協會國外會員。一九七〇年，受聘南洋大學特約研究員。著有《馬來亞叢談》、《馬來亞地理》、《馬來亞近代史》、《馬來記年》、《文史通論》《希夷寶詩文集》等。

商承祚（一九〇二至一九九一）字錫永，號駑剛，願盦、契齋等，廣東番禺水口營（今屬花都）人。幼承家學，酷愛古器物及古文字。一九二一年赴天津師從羅振玉學古文字學。次年出版《殷墟文字類編》，一舉成名，遂爲馬衡薦入北京大學研究所國學考古研究室研究生。一九二四年未及畢業已被聘爲南京東南大學講師。後歷任北平女子師範大學、清華大學、北京大學、金陵大學教授。一九四八年後任教於中山大學。一九四九年後，歷任民盟中央參議委員會委員、國務院古籍整理規劃小組顧問、中國古文字研究會理事、中國考古學會名譽理事、中國書法家協會理事等。一九八一年爲漢語文字學首批博士生導師。畢生致力於古文字學研究。亦擅書法，尤精金文。一九九一年五月十二日逝世於廣州。著有《殷契佚存》、《十二家吉金圖錄》、《石刻篆文編》等。

淑寶力德國漢學家，漢堡大學教授，第十屆國際漢學會議組織會秘書長。

梁季典，名士訏，以字行，廣東三水人。廣九鐵路總辦，梁士詒之四弟，爲文人與實業家及廣東銀行創辦人之一。

梁寒操（一八九九—一九七五）原名翰藻，號君默，均默，原籍廣東高要，生於廣東三水。一九一六年加入中華革命黨，參加討袁。一九一八年入廣東高等師範學校。一九二三年加入國民黨，歷任國民黨廣州東山區分部常委兼廣州市黨部青年部幹事，武漢國民政府交通部秘書，國民黨中央黨部秘書長，南京國民政府財政部參事，國民政府鐵道部主任秘書，參事，總務司長。一九二八年在上海參與創辦《再造》旬刊。一九三一年任國民黨中央執委兼宣傳委員會委員。一九三三年爲立法委員兼立法院秘書長。一九三六年兼任國民黨中央政治委員會委員。抗日戰爭爆發後，歷任國民政府軍委會委員長桂林行營政治部中將主任、軍委會政治部中將副部長、入緬中國遠征軍政治部主任、三青團中央團部常務幹事、國民黨中央宣傳部長、三民主義叢書編纂委員會主任委員、國防最高委員會副秘書長等。一九四七年任國民黨中央理論研究會主任委員。一九四九年秋遷往香港，任教培正中學、新亞書院。一九五四年受聘爲臺灣『中國廣播公司』董事長復歷任國民黨中央評議委員、《廣東文獻》季刊主編、『中美文化經濟協會』會長、『總統府』國策顧問、東吳大學教授等。工詩文，善書法。一九七五年春在臺病逝。著有《三民主義理論之探討》、《國父學說之研究》、《西行亂唱》、《梁寒操先生文集》。

張瑄（一九〇八至？）字伯珩。香港大學東方文化研究院研究員，兼任教於新亞書院，專治古物、文字之學，擅刻印。一九五八年移居美國。著有《向匋圖說》、《中文常用三千字形義釋》等。

張花谷（一八七八至一九六六）名毅谷，別字警鏞，又號南村老人，廣東興寧人。早年在邑興民學堂執教，加入同盟會。一九〇七年參加饒平黃岡起義。武昌起義後，與蕭惠長等率領民軍起義，光復興寧。嘗於增城、陽春縣任職。一九一四年在興寧、平遠等縣組織討袁軍，後爲龍濟光通緝而蹈海南洋。旋回國，歷任潮汕衛戍司令部、第八路軍總指揮部、汕頭市政府秘書。一九三〇年辭職，任教於興寧縣立一中。一九四九年後，曾任興寧縣副縣長。擅書法、工詩詞。著有《甯水雜詩百首》。

張君勱（一八八七至一九六九）原名嘉森，字君勱，江蘇寶山（今屬上海市）人。一九〇三年以秀才入南京高等學堂，因參加拒俄義勇隊，被強令退學。此後，曾在長沙明德學校、常德師範任教。一九〇六年留學日本，入早稻田大學政治經濟科，與梁啓超等組織政聞社，創辦《憲政雜誌》。一九一〇年得政治學學士學位。回國後應試得授翰林院庶吉士。辛亥革命後，返回寶山，任縣議會會長，與湯化龍等組織共和建設討論會，後與共和統一黨等聯合組成爲民主黨。一九一三年留學德國柏林大學。一九一六年回國任浙江交涉署長、上海《時事新報》總編。隨後赴京任段祺瑞內閣國際政務評議會書記長、馮國璋總統府秘書長。一九一七年後長期從事唯心論哲學教育和研究工作。曾任北京大學教授，上海國立自治學院院長、國立政治大學校長、大夏大學董事長、燕京大學教授。一九三三年與張東蓀等組織中國國家社會黨，任中央總務委員兼總秘書。在此前後，創辦過《新路雜誌》、《再生》月刊，在廣州創辦學海書院，在香港創辦《宇宙周刊》。抗戰時期，任國民參政會參政員、雲南大理中國民族文化書院院長，與黃炎培等組織中國民主同盟，歷任常委（一九四六年十二月退出）。抗戰勝利後，國社黨與民主黨合併爲中國民主社會黨，任主席，參加制憲國民大會。一九四八年任總統府諮政。一九四九年後，遊歷印度、美、德、日、意、英等國。卒於美國舊金山。著有《省制條議》、《國憲議》、《人生觀問題》（合作）、《明日之中國文化》、《史達林治下之蘇俄》、《中國民主社會黨的任務》等。

張其昀（一九〇一至一九八五）字曉峰，浙江鄞縣人。南京高等師範畢業。歷任中央大學教授，浙江大學史地系主任、史地研究所所長、文學院院長。一九四三年去美國哈佛大學講學兩年。一九四九年去臺灣後，任國民黨中央宣傳部長、教育部長及陽明山國防研究院主任等。著有《中國民族誌》、《中國歷代大教育家史略》、《中華五千年史》，主編《中華民國地圖集》、《文物精華》、《中文大辭典》等。

張星烺（一八八八至一九五一）字亮塵，江蘇泗陽人。早年先後在上海南洋公學、天津北洋大學就讀。後被選赴美國留學，入哈佛大學化學系，一九〇九年畢業。後轉往德國，在哈雷大學研究多肽合成。一九一二年回國。先在漢陽兵工廠、南京省公署實業司從事技術工作，後在北京大學執教。一九一七年應北京大學校長蔡元培聘請，為國史特別纂輯員，並派去日本調查民國史資料。回國後，任長沙工業學院化學系主任，後又任膠濟鐵路青島四方機車廠化驗室主任。一九二六年受廈門大學之聘，任國學研究所所長。一九二七年任輔仁大學歷史系教授兼系主任，並兼任北京大學、北京師範大學、燕京大學、清華大學課程，參加編輯《輔仁學誌》、《燕京學報》、《清華週刊》、《華裔學誌》、《禹貢》、《中德學誌》等。一九五〇年被選為輔仁大學校委會委員，並應邀參加中國人民政治協商會議。一九五一年七月病逝。著有《中西交通史料匯編》、《中國科學技術史》、《歐化東漸史》、《泗陽張沌谷居士年譜》，譯著有《馬可波羅遊記》、《歷史之地理基礎》、《地軸移地說》、《泉州訪古記》、《唐代西域碎葉城及西遼都城地考》等。

張起鈞（一九一六至一九八六）湖北枝江人。畢業於北京大學政治系。旋與張翰書創辦《時衡》雜誌，並任《益世報·國際政治》副刊主編。次年，與邵可侶、吳宓等創辦中法難童學校。一九四一年後歷任教重慶軍需學校，湖北教育學院兼湖北工學院訓導長，北平中國大學教授。一九四七年創辦《正論》雜誌，兼天津《益世報》主筆。一九四九年與張佛泉創辦《自由中國》雜誌，旋與黃金鼇接辦臺中師範學校，任訓導主任。後歷任臺灣省立行政專科學校、夏威夷大學、臺灣師範大學教授。著有《老子哲學》、《老子》、《周秦諸子》、《文化與哲學》、《中國的未來》、《大漢心聲》、《道家智慧與現代文明》等。

張厲生（一九〇一至一九七一）字少武，河北樂亭人。早年赴法國留學，入巴黎大學。一九二四年返國，任王天培軍政治部主任。北伐後，任南京衛戍司令部秘書，旋調升國民黨中央組織部秘書。一九三一年兼任豫鄂皖三省「剿匪」總司令部黨政委員會黨務處長；同年五月，當選為國民會議代表；十一月當選為國民黨第四屆候補中央委員。十二月任河北省政府委員。一九三四年十一月，任河北省建設廳廳長。一九三五年十一月，當選為國民黨第五屆中央執行委員；十二月任國民黨中央組織部部長。抗日戰爭爆發後，兼國民政府軍事委員會政治部秘書長，旋辭組織部部長職，調黨政工作考核委員會秘書長。一九四一年十一月，選派為三民主義青年團中央幹事會幹事。一九四二年十二月，任行政院秘書長。一九四三年二月，當選為三民主義青年團第一屆中央幹事會幹事；八月任高等考試及格人員縣長挑選委員會委員。一九四四年二月，任高等考試及格人員縣長挑選第一次定年挑選及第二次考後挑選委員會委員；同年七月，兼任國家總動員會議秘書長；十一月任內政部部長；同月任稽察委員會委員。一九四五年五月，當選為國民黨第六屆中央執行委員；六月免行政院秘書長職。一九四六年一月，任中國政治協商會議代表；三月任國民大會代表選舉總事務所主任，旋改為副主任，又任制憲國民大會籌備委員會委員，國民大會遼寧、遼北、吉林、安東、松江、合江、黑龍江、嫩江、興安、熱河十省及自由職業團體代表選舉總監；十月任行政院綏靖區政務委員會委員；十一月當選為出席制憲國民大會代表，並為主席團成員。一九四七年初，任行政院副院長；四月行政院改組，任行政院政務委員兼内政部部長；六月任國民大會代表，立法委員選舉總事務所委員會委員，並指定為主席；十一月任制憲國民大會籌備委員會委員。一九四八年五月，任行政院政務委員兼内政部部長；六月任行政院副院長；十二月免行政院副院長，任行政院政務委員。一九四九年去臺灣，任『行政院』副院長。一九五四年任國民黨中央委員會秘書長。一九五九年三月至一九六三年九月，任駐日本『大使』。一九七一年四月二十日病逝於臺北。

張鳳子 廣東惠陽人。著有《宋詞紀事》。待考。

張禮千（一八九七至一九五四）江蘇南匯人。畢業於吳淞水産專科學校、英國某劍橋大學數學科。後赴馬六甲任教培風學校，一九三二年出長新加坡南洋華僑中學，旋以華中風潮返國。一九三九年再赴新加坡，任《星洲日報》社《星洲十年》專任編輯，後改《南洋經濟》副刊主編。一九四〇年與許雲樵、姚枏發起創辦『南洋學會』，出版《南洋學報》。後回中國任職於僑務委員會。嗣爲重慶南洋研究所研究員兼秘書長。一九四五年後歷任中國國立東方語文專科學校教務主任、代校長，北京大學東方語文系教授。著有《東西洋考之針路》、《中南半島》、《馬六甲史》、《馬來亞歷史概要》、《英屬馬來亞》、《雷佛士傳》、《檳榔嶼誌略》（合著）等。

張馥蕊（一九一五至）山西運城人。早年畢業於中法大學中文系。後在法國巴黎大學和法國高級研究院深造，分別獲文學博士和經濟學博士學位。歷任巴黎大學講師、副教授和教授，『宋史研究計劃』成員兼秘書。一九八〇年，調任法國高級研究院教授。著有《宋代職官尊號索引》、《夷堅志論》、《夷堅志通檢》、《宋代社會》、《中國戰史》、《五四運動中》等。

張競生（一八八八至一九七〇）字公室，廣東饒平人。一九〇七年入黃埔陸軍小學。一九〇九年至新加坡謁見孫中山，旋奉派往北京參加京津同盟會。曾參與謀刺攝政王載灃的行動，復設法營救汪精衛。辛亥革命後南北議和，任南方議和團秘書。一九一二年公費赴法留學。一九一九年獲里昂大學哲學博士學位。次年回國後，任潮州金山中學校長、北京大學哲學教授。一九二七年任上海開明書店總編輯，並與人合辦美的書店，出版《美的叢書》。後再度赴法從事譯述，譯有盧梭之《懺悔錄》等。一九三三年回國，任廣東省實業督辦，主編《廣東經濟建設》。旋回邑開公路，置苗圃，辦農校。後任廣東省參議員、廣州經濟委員。抗日戰爭爆發後，任饒平縣抗日統率委員會副主任。一九四六年赴滬，擬組建中國農民黨，未成。後曾出訪東南亞。一九四九年後，任廣東省農林廳技正、省文史館館員。著有《性史》、《美的社會組織法》、《浮生漫談》、《愛情定則》、《哲學系統》等。

十二畫

葉恭綽（一八八一至一九六八）字譽虎，號遐庵，廣東番禺人。畢業於京師大學堂仕學館。初任湖北農學堂及兩湖總師範學堂教習。一九〇六年入郵傳部供職，旋升盧漢鐵路（即京漢鐵路）督辦。民國成立後，歷任交通部路政司司長、交通部次長、總長兼交通銀行總理。一九一五年參與袁世凱稱帝，任大典籌備處委員。帝制失敗後被免職。一九一七年七月張勳復辟，任段祺瑞討逆軍總司部交通處長。旋任交通部次長，兼鐵路督辦、郵政總局局長。一九二〇年後歷任靳雲鵬、梁士詒、顏惠慶內閣交通總長，爲交通系骨幹之一。一九二二年任廣東軍政府財政部部長。一九二四年任段祺瑞執政府交通總長。南京國民政府成立後，任鐵道部部長，北京圖書館館長等。曾組織中國營造學社，中國文化協進會，並編印《廣東叢書》。一九四九年後，由香港返內地，歷任中央人民政府政務院文化教育委員，中國文字改革委員會常委、全國政協常委、文史館副館長、北京中國畫院院長。一九六八年八月在京病逝。著有《遐庵彙稿》、《交通救國論》、《歷代藏經考略》等，輯有《全清詞鈔》。

董作賓（一八九五至一九六三）原名作仁，字彥堂，雁堂，號平廬，河南南陽人。早年先後就讀於縣立師範講習所、河南育才館。一九二三年入北京大學研究所國學門，習甲骨文。歷任協和大學、中州大學、中山大學副教授等職。一九二八年後，專職於中央研究院歷史語言研究所，任研究員等職。曾主持殷墟發掘工作。一九四七年，應美國芝加哥大學之聘，任中國考古學客座教授。一九四八年，當選爲國立中央研究院院士。一九四九年去臺灣，曾任臺灣大學文學院教授、中央研究院歷史語言研究所所長等。創辦《大陸雜誌》。又曾任香港大學東方文化研究院研究員及香港大學榮譽史學教授等。一九六三年病逝於臺大醫院。著有《中國年曆總譜》、《小屯》、《中國歷史參考圖譜》、《殷曆譜》及《董作賓先生全集》等。

雲高巴（Hans Nordewin von Koerber）。待考。美國南加州大學亞洲研究部教授。

鄂爾頓（Tohn W. Orton）一九七四年前任美國猶他州家譜學會研究部主任。

景復朗（King，Frank Henrg Haviland）美國人。畢業於哈佛大學、牛津大學，專治經濟學，獲博士學位。一九六八年應聘任香港大學亞洲研究中心首任主任。退休後，爲學校授予『資深榮譽講座教授』（Emeritus Professor）。著有 *The Monetary System of Hong Kong*、*The Bank of China is Dead*、*Asian Policy*，*History and Development: Collected Essays*、*The Hong Kong Band in the Period of Development and Nationalism*，1941—1984: *from Regional Bank to Mu* 等五十餘種。

程曦（一九二〇至二〇〇五）字仲炎，河北文安人。畢業於燕京大學中國文學系，留校任助教。後轉任廣州嶺南大學中文系助教。

尋負笈英國康橋大學東方研究院。歸國後任職中央研究院史語所。一九五〇年遷香港，曾任教於香港大學東方文化研究院所屬語言學校導師，後歷任康橋大學、倫敦大學、馬來西亞大學、華盛頓州大學、艾奧華州大學教授。著有《程氏新禪語設問錄》、《中國書的根本精神》、《燕山詞》、《靈潮軒雜劇三種》、《中文四百字》、《木扉藏書考評》等。

傅雷（一九〇八至一九六六）字怒庵、怒安，又名傅汝霖，筆名小青、風、迅雨等，江蘇南匯（今屬上海市）人。肄業於上海持志大學。一九二七年，隨表兄顧倫布留學法國，先後就讀於巴黎大學及盧佛美術中學校，專攻美術理論和藝術批評。一九三一年回國，任上海美專教授。與劉海粟、倪貽德等合編《藝術旬刊》。一九三四年辭去教席，與人合辦《時事彙報》周刊，任總編輯。次年，任南京中央古物保管委員會編審科科長。抗戰期間在上海從事文學翻譯工作。曾主編《大陸》月刊。抗戰勝利後，與馬敘倫等成立中國民主促進會。又發行《新語》半月刊。一九四九年後，任作協上海分會理事、書記處書記，上海市政協委員等，又爲法國巴爾扎克研究協會會員。生平翻譯外國名著三十餘部，有《約翰·克利斯朵夫》、《高老頭》、《託爾斯泰傳》、《貝多芬傳》、《藝術哲學》及《傅雷譯文集》等，著有《傅雷家書》。

傅吾康（Wolfgang Franke，一九一二至二〇〇七）德國人。德國漢堡大學首任漢學講座教授。一九三五年以《康有爲及其變法派》獲得漢堡大學博士學位。歷任北京大學西語系德語教授、漢堡大學中國語文化研究所所長兼教授，德國東亞學會主席，亞洲學會副主席，創建以研究中國與東亞爲重點之漢堡大學亞洲研究所。退休後，轉爲馬來亞大學中文系教授。著有《中國近代革命史（一八五一至一九四九）》、《中國與西方》、《明代史籍彙考》等。

傅海波（又作赫把德·傅蘭克、福赫伯，Herbert Franke，一九一四至）德國科隆人。畢業於柏林大學，獲法學學士及法律博士學位；一九三六年獲柏林大學東方語言研究所中文專業文憑，次年又完成中文專業獲哲學博士學位。一九五二年繼名漢學家海尼士（Frich Haenisch）爲慕尼黑大學東亞文化及語言知識研究所第二任漢學講座教授。一八六四年爲華盛頓大學講座教授。一九七九年榮休。並任德國東方學會主席、國際東方學會聯盟秘書長、美國西雅圖華盛頓大學客座教授、德國科協副主席、巴伐利亞科學院院長。著有《南宋戰爭史的研究與文獻》、《蒙古人統治下的中國貨幣與經濟》、《蒙古人統治下的中國文化論文集》、《中國墨的文化史》、《關於中國中世紀的軍事刑法》、《德國大學中的中國學》等。

傅斯年（一八九六至一九五〇）初字夢簪，改字孟真，山東聊城人。一九一九年畢業於北京大學。在校時積極參加五四運動，與同學羅家倫、毛子水等組織新潮社，編印《新潮》月刊。畢業後公費留學英國，先後入愛丁堡大學、倫敦大學。一九二三年由英赴德，入柏林大學哲學院研究哲學。一九二六年任中山大學教授，兼國文、歷史系主任。嗣兼文學院長，創立語言歷史研究所。一九二八年後專任該所研究員兼所長。在任期間，先後兼北大教授、社會科學研究所所長、國立中央博物院籌備主任、國民參政院參政、中央研究院總幹事、北大代理校長及立法委員等。去臺灣後，任臺灣大學校長。病逝於臺灣。著有《東北史綱》（合著）、《古代之東北》、《性命古訓辨證》、《傅孟真先生集》等。

鄒魯（一八八五至一九五四）原名澄生，字海濱，號澄廬主人，廣東大埔人。曾入讀潮州韓山書院。一九〇五年加入同盟會。後考入廣州法政學堂。一九一一年參與創辦《可報》，宣傳革命；同年參加黃花崗之役，失敗後逃亡香港。廣東光復後回廣州參與組織北伐軍，任兵站總監。民國成立後回廣東任官錢局總辦。次年任國會衆議院議員。二次革命失敗後亡命日本，入早稻田大學。一九一四年加入中華革命黨，任《民國》雜志編輯。不久回香港開展反袁鬥爭，並往南洋各地籌款。一九一六年國會重開，復任議員。翌年任護法軍政府財政次長。一九二〇年任兩廣鹽運使。一九二二年奉孫中山命，策動桂系討伐陳炯明。越年任廣東省財政廳廳長，廣東高等師範學校校長。一九二四年一月在國民黨一大上被選爲中央執委、青年部長；六月任廣東大學校長。次年在北京西山碧雲寺與謝持等召開國民黨一屆四中全會，爲西山會議派主要成員，一九二七年九月任國民黨中央特別委員會委員。次年一月出國。回國後編寫《中國國民黨史稿》。一九三一年夏赴廣州爲國民政府委員。嗣任國民黨中央黨部西南執行部委員、西南政務委員會委員。一九三三年任廣州中山大學校長。一九三五年底任國民黨第五屆中央常委、國府委員。一九三九年任國防最高委員會常委。一九四五年被選爲國民黨第六屆中央常委。一九四九年徙臺灣。曾任國民黨中央評議委員。一九五四年二月一三月在臺灣病逝。所著有《回顧錄》、《鄒魯文存》等。

鄒文海（一九〇八至一九七〇）字景蘇，江蘇無錫人。一九二九年清華大學畢業後，留校任助教五年。一九三五年留學英國，入倫敦政治經濟學院。一九三七年抗戰爆發前回國，歷任上海滬青中學校長、湖南大學教授、江蘇省立江蘇學院政治學系主任兼教務主任、廈門大學教授、暨南大學教務長及法學院院長。一九四九年去臺灣，歷任政治大學教授、教務長、系主任、法學院院長等。一九七〇年病逝於臺北。著有《自由與權力》、《代議政治》、《各國政府與政治》、《比較憲法》等。

馮友蘭（一八九五至一九九〇）字芝生，河南唐河人。一九一八年北京大學畢業，留學美國哥倫比亞大學研究院，一九二三年，獲哲學博士學位。回國後，歷任中州大學、中山大學、燕京大學、清華大學教授。抗戰期間，任西南聯大哲學教授兼文學院院長。一九四七年，任清華大學校務會議主席。一九五〇年改任北京大學教授、中國社會科學院哲學社會科學部委員。曾被選爲全國政協委員、全國人大代表。著有《中國哲學史》、《中國哲學史論文集》、《中國哲學史史料學初稿》及《新理學》等。

溫廷敬（一八七九至一九五四）字丹銘，號止齋，晚號堅白老人，廣東大埔人。早年失意科場，後結識丘逢甲，篤志新學。一九〇二年在汕頭參與創辦嶺東同文學堂，傳播新學，曾主持汕頭《嶺東日報》，任《公言日報》筆政，並歷任惠潮嘉師範學校校長、吉林省調查局編輯科科長等。一九二八年至一九三九年總纂完成《大埔縣志》。其間嘗任廣東通誌館主任兼總纂。一九四六年又爲《潮州新志》顧問，兼負責編寫潮州人物傳。畢生勤奮治學，著作共七十多種，有《補讀書樓文集》、《經史金文證補》、《金文正郭訂釋》、《舊五代史校補》、《潮州詩萃》、《明季潮州忠逸傳》等。

曾舉直（一八九四至一九八一）原名紀鉞，字天聲，廣東嘉應（今梅縣）人。於縣東山中學畢業後，入雲南講武堂第十三期炮科。一九二〇年畢業返粵，投身軍旅。一九二九年任陸軍第四師第十二旅參謀長。一九三〇年任第四軍第十二師第三十四團營長。一九三一年任第一集團軍獨立第一師參謀長。曾於梅縣地區主持『清剿工作』。一九三六年任陸軍第四軍少將參謀長，旋改任陸軍第一五八師參謀長。繼任滇黔綏靖副主任薛岳部高參、參謀長。一九三九年任第九戰區司令部高參。次年任第九戰區經濟委員會副主任委員，旋調任第九戰區中將兵站總監。一九四四年冬調任第四戰區司令長官部高參，百色軍警督察處處長、百色警備司令。一九四五年任南寧警備司令兼軍警督察處處長。抗戰勝利後，任軍委會參議、閩粵贛邊區『清剿』委員會主任委員等。一九四六年冬任廣東省第六區行政督察專員兼保安司令，第六『清剿』區司令官，閩粵贛邊區『清剿』副指揮。後移居香港。一九五一年徙臺灣。一九八一年二月在臺病逝。

曾鏡涵（一八九四至一九五四）廣東南海人。一九一八年畢業於香港大學，獲文學學士學位。次年，赴美國哥倫比亞大學留學，獲政治經濟學碩士學位。回國後，任廣東省交涉處科長，兼南海中學英文教師。一九二二年，任南海中學校長。一九三八年因日軍侵粵而停辦南海中學，避難香港。一九四〇年，任第十二集團軍軍官訓練組組長、第七戰區幹訓團政治部主任。一九四三年至一九四六年，先後任廣東省立文理學院教務長、政治系主任、歷史系主任和教授。一九四七年復辦南海中學，任校長並兼廣東省立文理學院、勷勤學院教授和外文系主任。一九五一年『鎮反』運動中被判刑三年。一九五四年獲釋後自殺身卒。著有《美國都市財政大綱》、《美國第三黨運動史》、《政治學綱要》、《國際政治概述》、《英文發音學》等。

富路特（又作古德里奇、傅路德，Luther Carrington，一八九四至一九八六）美國人，生於北京。一九一七年獲威廉斯學院文學士。歷任洛克菲勒基金會中國醫藥委員會助理研究主任、北京協和醫學校教師、哥倫比亞大學講師、斯特雷特研究員、北京華語學校及夏威夷大學特邀講師。一九四六年任美國東方學會會長。一九五六年任亞洲研究協會會長，一九五九年獲威廉斯學院榮譽文學博士後，任澳大利亞國立大學富布賴特講師、哥倫比亞大學副教授。一九六二年起爲迪安·倫格講座中文名譽教授、美國學術團體理事會《美國學者名錄》顧問委員會委員、日本國際基督大學丹福思客座教師。一九六二至一九七六年爲亞洲研究協會與哥倫比亞大學主持《明史人物傳記辭典》規劃總輯。一九七六年在哥倫比亞大學榮休後爲中文榮譽教授。著有《乾隆朝的文字獄》、《中華民族簡史》、《中國同亞洲其他地方最早期的接觸》、《印刷：關於一個新發現的開場白》、《大約一五〇〇年前北京的監獄》等。

費立斯（John G. Phillips； 一九三三至一九八七）英國人。以中學成績優異獲獎學金升讀利物浦大學（University of Liverpool）動物學。一九五七年入讀耶魯大學研究院。後受聘爲香港大學動物系系主任，歷任理學院院長，校長助理、代校長。一九六七年改任英國赫爾大學（University of Hill）動物系教授。晚年應聘爲英國羅浮堡大學（一作拉夫伯勒，Loughborough University）副校長，一九八七年逝於任上。曾於英國創辦分泌學會、老化研究學會，並任會長，還任倫敦動物公園秘書、赫爾地方健康醫務局顧問等。編著有 *Fundamentals of Comparative Vertebrate Endocrinology* 等。

賀麟（一九〇二至一九九二）字子詔，四川金堂人。一九二六年畢業於清華留美預備學堂，曾任《清華周刊》總編。一九二六年赴美留學，一九二九年獲哈佛大學碩士學位，后赴德國柏林大學研究西方古典哲學。一九三一年回國，任教於北京大學。一九五五年調中國社會科學院哲學所研究員。曾任民盟中央委員。著譯有《五十年來的德國哲學》、《黑格爾》、《倫理學》、《小邏輯》、《黑格爾辯證法和哲學一般的批判》等。

賀光中 湖北蒲圻人。畢業於上海震旦大學，旋留學比利時魯文大學，專攻生物化學，獲化學博士學位。繼遊學法國、德國，精通英、法、德、日語文。返國後，任教於南京大學、東方藝專、金陵大學，並從歐陽竟無研究法相宗於支那內學院。抗戰起後，?於香江。一九五〇年，遇倫敦大學中文部主任西門到香港考察，得推薦入香港大學中文系任教。一九五二年辭教席，赴澳州大學圖書館任中文部主任。次年應馬來亞大學之聘，任中文系系主任。著有《心理衛生與儒家倫理觀點》、《光中詞選》、《論清詞》、《僧官制度考》等。譯著有《佛教唯心論》（日本村上專精著）。

十三畫

楊振聲（一八九〇至一九五六）字今甫、金甫，號畝甫，山東蓬萊人。畢業於北京大學，留學美國哈佛大學、哥倫比亞大學。歷任中山大學、武漢大學、燕京大學、清華大學教授，兼清華大學文學院院長、教務長，一九二九年任青島大學（後爲山東大學）校長。抗戰時期任西南聯合大學敘永分校主任、第一至四屆國民參政會參政員、三民主義青年中央監察會監察。抗戰勝利後任北京大學教授兼中文系主任。一九四六年當選制憲國民大會代表。一九五二年調任東北人民大學教授兼文學教研室主任。著有《玉君》、《和平鴿旅行團》等。

楊壽昌（一八六六至一九三八）字果庵，廣東歸善（今惠陽）人。早年就讀於豐湖書院、端溪書院、廣雅書院，師從梁鼎芬等。一八九四年中舉人。一九〇二年任惠州勸學所所長兼惠州師範學堂校長。旋任教於兩廣武備學堂、兩廣高等學堂和存古學堂。廣東光復後，任省教育部副部長，並受聘爲兩廣陸軍學校、兩廣高等師範教員。一九二一年任惠陽縣縣長，力主禁賭。後辭職，任廣東大學教授。一九二六年任嶺南大學教授、國文系主任。一九三八年日軍侵粵，避地北遷，病逝於陽山。生平治學精勤，尤邃經學。著有《果庵學說》、《孟子文學研究》、《讀經問題專論》等。

楊蔭渭 江蘇無錫人，楊蔭溥、楊蔭瀏之弟，從事文史工作，教授。

楊樹達（一八八五至一九五六）字遇夫，號積微，晚號耐林翁、積微翁，湖南長沙人。一九〇五年赴日本留學，入東京宏文書院大塚分校。一九〇八年，考入東京第一高等學校預科，一九〇九年，預科畢業，派入京都第三高等學校。一九一一年，武昌起義回國；十一月，湖南光復，任湖南教育司科長。一九一二年，改任湖南圖書館編譯局編輯兼楚怡工業學校英文教員。一九一三年，任長沙湖南省立第四師範學校國文教員。一九一六年，任湖南省立第一女子師範學校教員。驅張（敬堯）運動時，被推為教員代表。一九二〇年十一月赴北京，在北京政府教育部任職，旋任私立中國大學教授。一九二一年九月，任國立北京高等師範學校教授。一九二四年，任國立北京師範大學國文系代主任。一九二六年，改任公立清華大學中國文學系教授。一九三七年五月回長沙，任國立湖南大學教授、中文系主任及文學院院長。一九三八年十月，隨校遷往辰谿，與友人組織五谿詩社。一九四五年，抗戰勝利，隨校返長沙。一九四八年三月，當選國立中央研究院第一屆院士；十一月赴廣州，任國立中山大學中文系教授。一九四九年五月，返湖南，重任國立湖南大學文科教授。一九五三年，改任湖南師範學院教授；十二月，任中國人民政治協商會議第二屆全國委員會委員、中國科學院哲學社會科學部委員。一九五六年二月十四日逝世。著有《高等國文法》、《中國語法綱要》、《古書疑義舉例續補》、《中國修辭學》、《詞詮》、《積微居金文說》、《古聲韻討論集》等。

楊聯陞（一九一四至一九九〇）又名蓮生，原籍浙江紹興，生於河北保定。一九三七年畢業於清華大學經濟系。後赴美國留學，一九四二年獲哈佛大學碩士學位，一九四六年獲博士學位。次年任哈佛大學助理教授，一九五一年任遠東語言系（後改稱東亞語言及文學系）副教授，一九五八年任教授。一九五九年當選爲臺灣『中央研究院』院士。一九八一年在巴黎法蘭西學院及日本京都大學講學。一九七〇年及一九七六年先後獲美國聖路易大學及香港中文大學名譽文學博士學位。還曾任《哈佛亞洲學報》編委會編委及新竹《清華學報》主編。一九六五年獲哈佛燕京中國歷史講座教授稱號。一九七四年獲法國碑銘與古文學科學院德盧恩獎（Drouin Prize）。一九八〇年以名譽教授退休。著有英文論著《中國史專題講授提綱》、《中國貨幣及信貸簡史》、《中國制度史研究》、《漢學散策》、《漢學論評集》。中文著作有《國史探微》、《楊聯陞論文集》等。

詹安泰（一九〇二至一九六七）字名祝南，號無盦，廣東饒平人。一九二一年至一九二六年在廣東高等師範和廣東大學中文系讀書。一九二五年開始在《新民周報》發表小說。畢業後在廣東韓山師範執教，兼任金山中學教員，並開始研究及寫作舊體詩詞。復受聘於省立文理學院、中山大學教授，中文系主任兼研究院文科研究所中國語言文字部指導教授、中國作家協會會員、廣東省政協委員。畢生從事古典文學研究及教學工作，尤精於詩詞之創作及研究，且擅書法，著有《無盦詞》、《詹安泰詞學論稿》、《離騷箋疏》、《宋詞散論》等。

十四畫

趙令揚（一九三七至）字伯聞，祖籍廣東澄海，生於上海。畢業於香港大學，師事於羅香林教授，獲文學學士、碩士學位。旋被澳洲悉尼大學聘爲講師。一九六八年獲悉尼大學頒授哲學博士學位。尋返港，執教於香港大學中文系，一九七三年晉高級講師，一九八四年爲文學院院長，校董會校董，兼任日文系系主任，一九八七年任中文系系主任，尋爲中文講座教授。二〇〇一年榮休。著有《關於歷代正統問題之爭論》、《明史論集》等。

趙尊嶽（一八九六至一九六五）字叔雍，江蘇武進人。幼承庭訓，爲學甚篤，尤擅於詩詞。畢業於交通部專門學校。歷任上海《申報》秘書，鐵道部參事、政務次長，上海市政府秘書長、財務委員會委員長，中央政治委員會副秘書長、秘書長；最高國防會議秘書長，宣傳部長等。後遷香港、新加坡、馬來亞，從事教育。著有《高梧軒詩全部》、《珍重閣詞集》、《惜陰堂辛亥革命記》、《和小山詞》，輯有《明辭彙刊》，與饒宗頤合編有《詞樂叢刊》第一集，譯著有《重臣傾國記》等。

趙景深（一九〇二至一九八五）字旭初，原籍四川宜賓，生於浙江麗水。一九二二年天津棉業專門學校紡織科畢業後，入《新民意報》社，任文學副刊編輯，並爲綠波社社長，編輯《微波》等。次年加入文學研究會。後任湖南第一師範、上海大學、藝術大學等校教職。一九二七年進開明書店任編輯。一九三〇年起任復旦大學教授至終。同時兼任北新書局總編到一九五一年。著有《中國文學史新編》、《小說戲曲新考》、《文學概論講話》、《中國小說叢考》、《讀曲隨筆》等，又譯有《安徒生童話集》、《柴霍甫短篇小說集》等。

趙萬里（一九〇五至一九八〇）字斐雲，飛雲，浙江海寧人。一九二一年考入東南大學，從吳梅研究詞曲。一九二五年到京，拜王國維爲師，後在清華學校國學研究院任助教，並在王師指導下勤奮刻苦學習。一九二八年到北海圖書館工作，又在徐森玉指導下，從事版本目錄學研究。後又在北京人學、清華大學、輔仁大學、中國大學、北京大學等校講授目錄、校勘、版本等專門課程。北海圖書館改建爲北京圖書館後，嘗任編纂委員、善本部主任、圖書館研究員兼善本特藏部主任。編著有《海寧王靜安先生遺書》（整理編輯）、校輯《宋金元人詞》、《北平圖書館善本書目》（主輯）、《漢魏南北朝墓誌集釋》、《北京圖書館善本書目》（主編）、《中國版刻圖錄》（主編）等。

趙鐵寒（一九〇八至一九七六）名金鋒，字鐵寒，以字行，河北青縣人。畢業於河北省立二中，繼考入北京大學史學系，後轉民國大學肄業。後獲沈兼士贊助深造於北大研究院國學門。九一八變起，投軍從戎，任三十二軍秘書，駐防邢臺。一九三六年調任陝西省第四區行政督察專員公署第二科科長。翌年抗戰爆發，改河北民軍政訓處處長。一九四一年改中央幹訓團高級政治教官。次年任國立西北農學院教授兼代訓導長。一九四四年任國立第五中學校長。抗戰勝利後，當選爲行憲國民大會代表。一九四八年任國立察蒙師範學校校長，兼教育部熱察綏青年輔導處主任。一九四九年遷臺。歷任臺灣師範大學、政治大學、東吳大學、東海大學教授。一九五〇年創辦《大陸雜誌》，任主編。一九六三年與姚從吾、方豪、宋晞創『宋史座談會』，每月定期舉行專題演講，及刊專集，其志踐延續至今。著有《火藥的發明》、《古史考述》。編有《宋史資料萃編》。

榎一雄（一九一三至一九八九）日本神戶人。畢業於東京大學。歷任東京帝國大學文學部講師、助教授及文學部勤務，九州大學非常勤講師，東京大學教授及文學部勤務，東京大學人文科學研究科東洋史學課程主任兼研究科學委員會委員，國際研究學校教授，東洋文庫研究部長，東方學研究日本委員會主理委員，東京大學圖書行政商議會委員。一九七四年於東京大學榮休，改任國立國會圖書館支部東洋文庫長、東洋文庫圖書部長、事務理事兼研究部長，東京大學名譽教授等。著有《榎一雄著作集》十二卷，論文二百餘篇。

蔣彝（一九〇三至一九七七）字仲雅，又作重啞，筆名啞行者，江西九江人。一九二二年，入省立東南大學化學系。一九二六年夏，獲科學學士學位；秋，任江蘇海州第十一中學理化教員。一九二七年春，返九江任教，十一月，任江西省教育委員會委員，旋隨國民革命軍第七軍白崇禧部至金華。一九二七年二月，隨軍入杭州；三月，隨軍入上海，後駐蘇州；稍後重返上海，任國立暨南大學化學系講師。一九二八年，任安徽省蕪湖縣縣長。一九二九年夏，調任安徽省當塗縣長。一九三〇年五月，任江西省九江縣縣長。一九三一年，因德士古石油公司買地事，受到懲戒、申斥。一九三二年辭職。一九三三年六月，隻身赴法國；同月赴倫敦，先潛修英文，後經前香港輔政司駱克爵士推薦，任倫敦大學東方學院中文教授。一九三九年九月，任英國情報局翻譯。一九四〇年，任中國筆會出席國際筆會代表。一九四五年，移居牛津，以著書繪畫為生。一九五五年，應美國哥倫比亞大學之聘，任中國語文教授。後加入美國籍。一九五六年，受聘為哈佛大學講座教授。一九五八年，任哈佛大學愛默生特約客座教授。一九八六年，被舉為英國皇家藝術學會會員、美國科學藝術學院院士、夏威夷大學東西方文化中心高級專家。一九七一年六月，自哥倫比亞大學退休，哥倫比亞大學授予終身教授榮銜；

同年，獲賀富斯屈拉大學名譽理學博士學位。一九七二年一月至六月，任香港中文大學客座教授；九月，澳大利亞堪培拉大學贈予名譽理學博士學位，旋應聘為堪培拉大學客座教授，任期一年。一九七五年四月十五日，返廣州，在中國大陸旅遊六十日。返紐約後，撰有《重訪中國》一書。一九七六年二月，香港大學贈予名譽理學博士學位。一九七七年初，再度回國旅遊，於十月十七日病逝於北京。著有《中國繪畫》、《中國書法》、《巴黎畫記》、《紐約畫記》、《日本畫記》等。

蔣介石（一八八七至一九七五）乳名瑞元，譜名周廣，學名志清，後改名中正，字介石，浙江奉化人。一九〇七年保定陸軍速成學堂肄業。次年去日本學習軍事並加入同盟會。一九一〇年畢業於日本振武學校。一九一一年辛亥革命後回國，在滬軍都督陳其美屬下任滬軍團長。後加入中華革命黨，參與護國戰爭。一九二三年爲孫中山大元帥府大本營參謀長。同年八月赴蘇聯考察。一九二四年國民黨改組後任黃埔軍校校長、廣州警備司令、國民革命軍第一軍軍長。一九二六年以中山艦事件及整理黨務案而當選國民黨中央執行委員會常委會主席、組織部長，國民政府軍事委員會主席，國民革命軍總司令等職。一九二七年在上海發動四一二政變，實行『清黨』。南京國民政府成立後，歷任軍事委員會委員長、中央政治會議主席、行政院長和政府主席兼陸海空三軍司令。九一八事變後，對日本帝國主義的武裝侵略實行退守四川依地險抵抗政策。一九三六年西安事變後，接受第二次國共合作。抗戰時期，任國民黨總裁，同盟國中國戰區最高統帥。一九四三年九月再次出任國民政府主席。抗戰勝利後，於一九四六年命令向解放區發動進攻，同時操縱召開『國民大會』，通過『憲法』。一九四八年任『總統』。一九四九年內戰失敗後去臺灣。任臺灣當局『總統』和國民黨總裁。一九七五年四月五日在臺北病逝。著作有《西安半月記》、《中國之命運》、《蔣總統集》等。

蔣復璁（一八九八至一九九〇）字慰堂，浙江海寧人。畢業於國立北京大學哲學系，後赴德國留學，入柏林大學圖書館學院，畢業後歸國。歷任清華大學講師，國立北平圖書館編纂，國立北京大學講師，德國普魯士邦立圖書館客座館員，國立編譯館編審，國立中央圖書館籌備處主任，國立中央圖書館館長，國立中央大學教授；三民主義青年團第一屆中央團部評議員。一九四九年去臺灣，任臺灣大學、師範大學暨私立文化大學、輔仁大學兼任教授，『國立』故宮博物院院長。後任臺灣『中華文化復興運動推行委員會』常務委員，『行政院』文化建設委員會委員，中國國民黨中央評議委員，『中央研究院』院士，『國立』故宮博物院管理委員會常務委員，『總統府』國策顧問。著有《圖書館管理法》、《圖書與圖書館》、《宋史新探》、《中華文化復興運動與國立故宮博物院》等。曾參加主編《徐志摩全集》、《蔣百里先生全集》。

裴達禮（Hugh D' R' Boker）倫敦大學東方研究院遠東部教授，名漢學家 TWITHETT 之高足。

裴藹克（Edger N. Pike）美國人。一九六六年任亞洲協會（The Asia Foundation）秘書長，三藩市謝拉伯（T. D. ZELLER-BACK）文庫策劃建設人。

漥德忠（Kubo Noritada，一九一三至　）日本人。一九三四年入東京帝國大學文學部東洋史學科學習，翌年兼任東洋文庫庫員。一九四二年後歷任東方文化研究所研究員、東京大學東京文化研究所副教授。一九六一年以《庚申信仰的研究——日中宗教文化交涉史》獲文學博士學位。歷任東洋文化研究所教授、東洋文獻中心主任、所長、日本民族學會會長、東洋學會理事長等。一九七四年退休，獲頒名譽教授。曾參加《東洋歷史大辭典》（九卷本）、《世界大百科事典》（三三卷本）、《亞洲歷史事典》（一〇卷本）、《中國文化叢書》（一〇卷本）、《社會科學大事典》（二〇卷本）的編寫。著有《道教與中國社會》、《庚申信仰》、《庚申信仰研究——年譜篇》、《庚申信仰研究——島嶼篇》、《中國的信仰改革——全真教的建立》、《道教史》等。

賓板橋（又作賓厄姆，Bin Gham，Woodbridge，一九〇一—？）美國麻塞諸塞州坎頁奇人。一九二四年畢業於耶魯大學，即任教中國長沙雅禮學校。一九二九年獲哈佛大學碩士，一九三四年獲伯克利加利福尼亞大學歷史學博士。歷任伯克利加利福尼亞大學歷史研究員、講師、助理教授、副教授、東亞研究所所長、教授、名譽教授。一九三九年至一九四一年任新倫敦初級學院理事。一九四七年至一九四九年爲美國學術團體理事會遠東研究委員會委員。一九五五年至一九五七年爲凱瑟·布朗遜中學理事會理事。一九六七年起爲美中關係全國委員會成員，美國東方學會、亞洲研究會、美國歷史協會會員。一九七〇年至一九七一年爲香港大學亞洲研究中心客座教授。著有《唐代的建立——隋亡唐興初探》、《亞洲史》（合著）。

鄭子瑜（一九一六至　）福建龍溪人。早年就讀龍溪縣立第二小學和省立第八中學（後改名龍溪中學）。曾任小學教師，並與友人創辦《漣漪文藝月刊》、《九流文史月刊》。後到廈門大學旁聽教授講課。一九三九年秋到北婆羅洲之山打根中華中學教書，課餘兼做話劇、歌詠等抗日宣傳工作。日本佔領時期，隱居詩巫鄉間務農。戰後到古晉中華中學任教。一九五四年轉到新加坡華僑中學任教。一九六二年因研究黃遵憲爲日本學術界所重視，應邀赴日本各大學、研究所和漢學會等作學術報告，並被聘爲東洋研究所研究員。一九六四年應聘任早稻田大學研究院客座教授，兼語言學教育研究所研究員。一九七一年應邀發表論文於英國牛津大學舉辦世界漢學家會議。一九七三年應邀到美國作短期講學。一九八四年應聘任香港中文大學中國文化研究所高級研究員。歷任新加坡南洋學會理事兼《南洋學報》編輯主任、新加坡教育部教科書委員會中國語文與文學科顧問、中國修辭學會名譽理事等。一九八六年後受聘爲上海復旦大學顧問教授及廈門大學和北京大學客座教授等。著有《中國修辭學的變遷》、《人境廬叢考》、《黃遵憲與日本友人筆談遺稿》（與實藤惠秀合編）、《中國修辭學史稿》、《鄭子瑜選集》、《詩論與詩記》等。

鄭德坤（一九〇七至）福建廈門人。早年畢業於燕京大學。後赴美國哈佛大學留學，一九三一年獲博士學位。歸國後任廈門大學和華西大學教授，兼圖書館館長。一九五〇年起受聘爲英國劍橋大學皇家學院教授。一九七五年任香港中文大學副校長兼中國文化研究所所長。編、著有《水經注版本考》、《水經注引書考》、《水經注故事鈔》、《中國歷史地理論文集》、《水經注研究史料彙編》、《水經注書目録》、《水經注引得》等。

鄧慕韓（一八八一至一九五三）廣東三水人。一九〇四年留學日本東京弘文學院。次年加入同盟會。一九〇七年參加惠州七女湖起義。翌年協助孫中山成立同盟會南洋支部，曾任新加坡《中興日報》經理、廣州《平民日報》主編。後參加黃花崗之役及光復廣東。嗣任廣東咨議會臨時主席兼書記、國民黨廣東支部交際科科長。二次革命時，利用《平民日報》進行反袁宣傳。失敗後逃往日本，參加中華革命黨，繼續進行反袁鬥爭。袁世凱死後回廣州。歷任廣三鐵路局局長、國民黨廣東支部宣傳科科長、大本營廣東宣傳局局長、廣州特別市黨部常委。一九一九年奉命赴南洋徵集革命史料。次年返國後，任國民黨黨史編纂委員會委員兼廣州辦事處主任，並任教於中山大學、國民大學等。抗日戰爭時期，曾任國民黨廣州特別市黨部委員。抗戰勝利後，任國民黨黨史編纂委員、三水縣臨時參議長。一九五二年被扣爲右派被抨判刑十二年，旋以中央電釋，出獄，次年在邑病逝。著有《孫中山先生年表》、《孫中山先生逸事》等。

熊振宗（一九一三至一九六二）字一塵，廣東廣州人。專治阿拉伯語、歷史文化、宗教。歷任廣東省立文理學院、廣州中華文化學院研究部教授，教授『南洋及近東史研究』、『阿拉伯文及回教之發展』。一九四九年遷港，主編《正道月刊》；尋應聘赴臺灣爲清真寺教長、政治大學東語系教授兼系主任。著有《穆罕默德傳》等。

十五畫

德效騫（又作德和美、達布斯；Dubs，Homer Hasenpflug；一八九二至一九六九）字閔卿。美國東方學會、亞洲研究會、皇家亞洲學會、倫敦中國學會會員。畢業於耶魯大學、哥倫比亞大學，一九一六年獲碩士學位。翌年獲紐約協和神學院學士學位。一九一八年來華。一九二五年以《〈荀子〉英譯批註》獲哥倫比亞大學哲學博士學位，即任明尼蘇達大學講師。一九二七年後歷任馬歇爾學院哲學教授、美國學術團體理事會中國研究委員會中國近代史翻譯主任、杜克大學哲學代理教授、哥倫比亞大學中文客座教授、哈特福神學校基金會甘乃迪差會學院中國研究教授。一九四七年獲牛津大學碩士學位。一九五八年獲牛津大學文學博士學位，任牛津大學中文教授，夏威夷大學客座教授。著有《古代中國的一個羅馬城市》、《中國天文學的發端》、《中國古代哲學的有神論和自然主義》、《荀子的著作》，譯有《前漢書》等。

劉百閔（一八九八至一九六八）名莊，字百閔，以字行，浙江黄巖人。畢業於日本東京法政大學。九一八事變後，主日本研究會，主編《日本評論》。當出任參政員，兼理文化服務社，當選南京市區立法委員。歷任教於中央政治學校、中央大學、大夏大學。遷港後協助錢穆創設新亞書院，一九五一年受聘香港大學，與羅香林輔弼林仰山主任發展中文系。一九六五年退休。譯著《日本政治制度》、《中日條約彙釋》、《中國行政學論》、《儒家對於德國政治思想之影響》、《經學道論》、《周易釋義》、《經子肄言》、《周易事理學序論》、《周易事理通義》。

劉殿爵（一九二一至）原籍番禺，生於香港。香港詞人劉百端之幼子。畢業於皇仁書院、香港大學中文系，師從許地山教授。後赴蘇格蘭大學，專治邏輯，獲碩士學位，留校服務一年。翌年，轉職倫敦大學東方暨非洲研究學院教授東方哲學。一九六五年晉升新設之中國哲學教授。一九七〇年爲該校首席講座教授，被香港大學授予名譽文學博士學位。一九七八年受聘來香港中文大學爲中國語言及文學系講座教授、研究院中文部主任。一九八九年退休，爲榮譽教授。英文譯著有《老子道德經》、《論語》、《孟子》、《淮南子》、《呂氏春秋》、《爾雅》等，皆成爲中國典籍英譯典範之作，其經典研究方面，創獲尤多，皆散見於其英譯諸作前之導論諸言中，論文則有《孟子和荀子的人性論》等百餘篇。二〇〇四年香港中文大學編輯出版《採掇英華——劉殿爵教授論著中譯集》。

魯實先（一九一三至一九七七）名右昌、佑昌，字實先，以字行，晚號靜廬，湖南寧鄉人，早年肄業於長沙明德中學。後自學歷史，赴杭州博覽文瀾閣藏書。一九三三年去北平讀書。一九三八年入川，任復旦大學教授。抗日勝利後去江西泰和，任教於中正大學。一九四九年去香港。後往臺灣，歷任東海大學、臺灣師範大學教授。著有《史記會注考證駁議》、《殷曆譜糾謬》、《十四史曆誌疏證》、《殷契新詮》等。

十六畫

橋本萬太郎（Hashimoto Mantar，一九三二至一九八七）日本人。一九六一年畢業於東京大學大學院人文科學研究科，獲中國語學文學博士學位，歷任亞細亞大學助教、大阪外語大學副教授，普林斯頓大學、東京外國語大學亞非語言文化研究所教授，爲東方學會會員，日本中國學會會員，中國語學研究會關東支部幹事。主持《清末下江官話的綜合研究》、《轉換生成語法運用的研究》，參與《中國語辭典》、《亞洲歷史事典》、《中國語學辭典》、《江上波夫教授古稀紀念論集》編寫。著有《現代中國語語法的研究》等。

蕭漢夫（？至一九三九）廣東興寧人。留學日本東京帝國大學，專攻農林。歸國後，歷任江蘇省立農業學校、國立農科大學、中山大學、廣西大學農學院教授。一九三九年七月因公至柳州推行農林建設，於羅池公園遇日機轟炸而遇難。

賴世和（也作賴肖爾、賴紹華；Edwin O' Reischauen，一九一〇至一九九〇）美國人，出生於日本。十六歲回美國讀書，一九三一年畢業於俄亥俄州奥伯林學院（Oberlin College），以主修歷史、輔修政治等，獲藝術學學士；次年獲哈佛大學碩士學位。一九三三年至一九三八年獲哈佛燕京社獎學金，赴法、日、中研究歷史、語言及搜集史料，一九三九年遂以之成論文而獲哈佛大學哲學博士學位。嗣留校任教，與費正清（John Kirg Fairbard）共同開設東亞文明課程。一九四三年至一九四五年被政府徵聘爲陸軍部解讀日本電訊密碼主持人。戰後返哈佛，歷任遠東語言系主任、哈佛燕京學社第二任社長。一九六一年至一九六六年奉調爲美國駐日大使，期滿後返哈佛大學任教授。一九七三年創辦哈佛大學日本研究所（一九八五年更名『賴世和日本研究所』）。一九八一年榮休。著有《近代日本新觀》、《偉大的中國革命》，與費正清合著《東亞文明史》卷一、卷二《中國：傳統與變革》等。

賴廉士（Lindsay Ride，一八九八至一九七七）澳洲維多利亞人。畢業於墨爾本大學醫學院，後深造於牛津大學，並於倫敦Guy'S醫院實習。一九三六年以*The Application of Genetics to the Practice of Medicine*獲醫學博士學位。一九四九年任香港大學副校長。一九六四年退休。

衛挺生（一八九〇至一九七七）字琛甫，亦作中父，湖北棗陽人。一九〇五年夏赴日本留學，入東京大成中學校日本語文補習班。一九〇六年歸國，入武昌文華書院，一九〇八年畢業，考入兩湖高等礦業學堂。一九一〇年，獲錄取清華學校第一班。一九一一年夏赴美國，初入密歇根大學學習普通課程。次年，轉至哈佛大學，主修政治經濟，副修歷史學，獲哈佛大學經濟學碩士學位。一九二〇年秋返國，歷任國立高等師範學校、北京交通大學、鹽務學校、燕京大學、朝陽大學教授，北京中國銀行總管理處秘書，國民政府財政部科長，國定稅則委員會委員，代理關稅處處長，關稅署科長。一九二八年十一月起，任立法院立法委員，並先後兼任中央大學、中央政治學校、軍需學校教授，中央政治委員會經濟專門委員，國民政府主計處顧問，高等考試財政會計主任典試委員。一九三八年六月，任湖北省政府委員。一九四四年棄政，致力於歷史研究工作。一九四六年十一月，當選為『制憲國民大會』代表。一九四八年底去香港，研究徐福東渡與日本先史問題。曾赴臺灣，在臺灣大學圖書館等處搜求史料。一九五六年赴美國定居。一九七七年五月九日在美國逝世。著有《日本神武天皇開國考》、《燕昭王之鉅燕考》、《穆天子傳今考》、《鄒衍子今考》、《山海經地圖考》、《歐戰中英法美之金融》等。

衛海樓（又作海陶瑋、海托華；Hightower，James Rober；一九一五至？）出生於美國俄克拉荷馬州。畢業於哈佛大學，一九四〇年獲哈佛文學碩士學位，一九四六年獲遠東語言博士學位。歷任哈佛大學講師、副教授、中國文學教授，一九八二年爲榮譽退休教授。

期間曾爲牛津大學客座教授、古根海姆研究員、夏威夷及漢堡大學客座教授、不列顛哥倫比亞大學高級研究員。美國科學和藝術科學院成員、亞洲研究協會會員。著有《韓詩外傳》、《陶潛的賦》、《駢文的若干特徵》、《中國文學的題材》、《陶潛的飲酒詩》、《周邦彦的詞》等。

衛聚賢（一八九九至一九八九）字懷彬，別號介山，又號衛大法師，山西萬泉人。畢業於山西省立高等專門學校、清華大學研究院。曾任暨南大學、中國公學、持志大學教授，南京古物保存所所長，國民政府教育部編審，中央銀行協纂及秘書，西北大學文學院院長。編輯出版《說文月刊》。晚年任香港、珠海、聯合、聯大、光夏、遠東、華夏等書院教授，香港大學東方文化研究院研究員，臺灣輔仁大學教授。著有《古史研究》、《中國考古學史》、《山西票號史》、《古錢年號索引》、《中國社會史》、《古器物學》等。

錢穆（一八九五至一九九〇）字賓四，江蘇無錫人。中學畢業後，因家貧輟學，任小學教員。一九二三年後任教集美師範、無錫師範、蘇州中學。一九三〇年後，歷任燕京大學、北京大學、清華大學、西南聯大、華西大學、浙江大學、齊魯大學講師和教授。一九五〇年到香港創辦新亞書院。一九六七年遷臺定居。爲臺灣『中央研究院』院士，任中國文化學院歷史研究所博士班主任。一九九〇年八月三十日逝世。著有《惠施公孫龍》、《論語要略》、《國學概論》、《先秦諸子繫年考辨》、《中國近三百年學術史》、《國史大綱》等。

錢存訓（一九一〇至）字公垂，江蘇泰縣人。一九二八年入金陵大學學習，同時在金陵女子大學圖書館工作，由編目員升至代理館長。一九三二年畢業後，曾任上海交通大學圖書館副館長、南京工程參考圖書館（即北平圖書館南京分館）主任，北平圖書館上海辦事處主任。一九四七年赴美，在芝加哥大學工作、學習，先後於一九五二年和一九五七年獲碩士和博士學位。曾用十年的工夫，於一九五七年將芝加哥大學十萬冊中文藏書整編完畢。一九四九年起任芝加哥大學遠東圖書館館長、東方語言文化系和圖書館學院教授、遠東圖書館學研究所所長。一九七八年退休後，繼續擔任芝加哥大學遠東語言文化系和圖書館學院榮譽教授、遠東圖書館榮譽館長。是美國東方學學會、亞洲研究協會、美國圖書館協會、國際東方圖書館協會會員，一九六七年至一九六九年任亞洲研究協會東亞圖書館委員會主席。曾獲美國學術團體理事會研究獎金，全國科學基金會、全國人文科學基金會研究獎，亞洲研究協會東亞圖書館委員會、美國圖書館協會所屬『華人圖書館協會』傑出服務獎。致力於圖書館學、歷史學研究。著述百餘種。主要著作有：《西方通過翻譯對中國的影響》、《書與竹帛》、《中國書誌分類史》、《中國：書目提要》、《紙和印刷》、《中國印刷術》等。

錢稻孫（一八八七至一九六二）字介眉，別號泉壽，浙江吳興人。早年留學日本，後赴意大利，畢業於羅馬大學。一九一二年任教育部主事，後兼京師圖書館分館主任，改任視學、僉事，並任北京大學東方文學系講師。一九二七年後歷任清華大學講師，國立北京美專圖書館主任兼講師，北京法政學院、朝陽大學、民國大學講師，北京圖書館輿圖部主任，清華大學外文系教授兼圖書館館長。抗戰時期任僞北京大學秘書長、東亞文化協會評議員等。譯有《慧超往五天竺國傳箋釋》、《西域文明史概論》、《從考古學上觀察中日古文化之關係》、《神曲一臠》、《造型美術》等。

十七畫

戴季陶（一八九〇至一九四九）名傳賢，號天仇，浙江吳興（今湖州）人。早年留學日本，參加同盟會。辛亥革命後在上海經營交易所。後投奔孫中山。一九二〇年曾參加籌建上海共産主義小組。後退出。一九二四年任國民黨中央宣傳部長。一九二五年參加西山會議派活動，並發表《國民革命與中國國民黨》、《孫文主義之哲學基礎》等。爲蔣介石發動反革命政變製造輿論。一九二七年南京國民政府成立後，曾任考試院院長。一九四八年任國史館館長。後以易幟而於廣州自殺。

戴密微（Paul Demiéville，一八九四至一九七九）法國人。一九二四年畢業於安南河内法國遠東學院，同年赴中國厦門大學教授梵文。一九二六年受聘日本東京日法會館駐館研究員。一九三〇年返巴黎國立東方語文學校爲中文教授。一九四五年爲法蘭西學院教授。一九六四年退休。著有《彌隣陀問經》、《法寶義林》、《佛學辭典》第一册、續編（並列梵、中、日、法四國文字）、《大正藏書目》（五卷）、《拉薩之會：第八世紀中印兩國的佛教徒對於禪定的争論》、《敦煌曲：八至十世紀之唱本》、《漢學論文集》等。

藍蒡洲（一九〇八至一九九八）字曉瀾，廣東大埔人。一九二六年起，歷任革命軍北伐東路准尉宣傳員、兼文書，福建省晉江縣政府秘書，惠陽專保公署科長，第四戰區戰地失學失業青年招致委員會主任秘書兼戰區軍官訓練政治部少將主任，博羅、豐順、澄海縣長，粤省府顧問，兼主任秘書及設計考核委員，廣東第六區行政督察專員兼保安司令、國防部政工處少將專員。一九四九年還臺，歷任臺灣警備總司令部政工處少將副處長、國防部少將參議，臺灣省倉庫公司部經理等。一九六四年籌組臺北市大埔同鄉會，一九六六年任理事長。一九七三年任世界客屬第二次懇親大會籌備副主任委員兼秘書長。次年參與創立世界客屬總會，任秘書長。

謝扶雅（一八九二至一九九一）字乃任，浙江紹興人。早年留學日本東京高等師範學校、立教大學，嗣赴美留學，先入芝加哥大學，後畢業於哈佛大學研究院。一九二七年回國，任中華基督教青年會全國協會幹事、嶺南大學哲學系教授、主任，《嶺南學報》主編與中山大學教授。一九三七年後任職於河北中華平民教育促進會及該會設在湖南、成都之華中與華西實驗中心。一九四〇年後歷任香港私立嶺南大學教授訓導長、廣西省教育研究所實驗組主任、曲江中山大學教授兼文學院院長及東吳大學教授、藍田國立師範學院公民訓育系主任、重慶私立鄉村建設育才院社會教育主任。一九四六年任金陵大學教授、國立編譯館兼職編纂。一九四九年赴香港，任華僑大學教育主任、浸信學院教授。一九五八年移居美國，曾任紐約金陵神學院記事部屬下基督教歷代名著集成編輯所編譯員，《自由中華》和《再造》雜誌主編。著有《人格教育論》、《宗教哲學》、《基督教與現代思想》、《倫理學》、《中國倫理思想述要》、《中國政治思想史綱》等。

謝英伯（一八八二至一九三九）原名華國，號抱香居士，廣東嘉應（今梅縣）人。十七歲入學香港皇仁書院。二十一歲即任《亞洲日報》總編輯，評論時政，倡導女權。此後任職於《中國日報》、《少年中國報》、《民國日報》等報社。曾先後任教於南武公學、梧州中華學堂、聖約翰學校、保羅書院、檀香山華文學堂等。一九〇七年加入同盟會，後參加廣州新軍起義、黃花崗之役籌劃工作。繼在港參與組建『支那暗殺團』，並籌建同盟會澳門分會。一九一〇年秋赴檀香山，參加《自由新報》對保皇黨筆戰。武昌起義後返粵，任同盟會粵支部部長，廣東都督府高級顧問。二次革命失敗後，亡命美洲。一九一六年返國。次年參加護法運動，任大元帥府秘書、衆議院議員。一九二四年參加國民黨一大。曾參與西山會議。後任國民黨中央監察委員，並先後在上海、廣州執律師業，兼主持廣州市立博物院及黃花考古學院。一九三六年出任廣東高等法院首席檢察官。廣州淪陷後移駐廣寧。一九三九年八月在廣寧病故。著有《人海航程》等。

謝和耐（Jacques Gernet—Le，一九二一至）法國殖民地阿爾及爾人。畢業於阿爾及利亞大學。一九四二年入伍參加反抗德國法西斯戰爭。一九四五年赴巴黎國立東方現代語言學院深造，一九四九年轉越南法蘭西遠東學院深造。一九五一年出任國立科研中心助理研究員，一九五五年升高等實驗學院研究導師，一九五七年兼任巴黎大學文學院教授，一九六九年爲巴黎第七大學教授，一九九二年爲法蘭西學院漢學教授，主持中國社會與文化史講座。著有《荷譯神會禪師（668—730）語錄》、《中國和基督教》、《蒙古人侵入前夕之中國日常生活（1256—1276）》、《中國的世界》（十冊）等。並於一九七六年至一九九二年與荷蘭萊敦大學漢學研究院之前任院長許理和（E. Züncher）共主編《通報》；一九八〇年至一九九二年爲日佛會館主編《法寶義林》。

十八畫

簡又文（一八九六至一九七九）字永真，號馭繁，筆名大華烈士，廣東新會人。一九一七年畢業於廣州嶺南學堂。後赴美留學，獲美國歐伯林大學文學學士學位，芝加哥大學宗教教育科碩士學位。一九二一年回國後，曾任廣州市教育局長，燕京大學教授，國民革命軍第二集團軍總司部交通處處長、前敵政治部主任。一九三三年春任立法院立法委員。一九三六年在上海創辦《逸經》半月刊，任社長兼主編。抗日戰爭爆發後，在港主持文化工作。一九三八年創辦《大風》旬刊，任社長兼主編。香港淪陷後，輾轉至桂林。一九四二年任廣東省政府顧問。次年復任立法委員。抗戰勝利後，任中山大學教授、廣東文獻館主任。一九四九年移居香港，任香港大學東方文化研究院研究員、名譽研究員。一九六〇年後任清史編纂委員會委員，臺灣中國文化學院通訊教授。一九六四年任美國耶魯大學研究院研究專員。返港後，任香港大學亞洲研究中心名譽院士、香港中文大學名譽研究員。一九七九年十月病逝於香港。著有《太平天國軍廣西首義史》、《太平天國雜記》、《金田之遊》、《洪秀全傳記》、《太平天國革命運動史》等。

十九畫

羅文（一九三八至）原籍廣東興寧，生於廣州。羅香林先生長子。畢業於香港大學，獲文學學士學位，旋負笈美國哈佛大學，一九七〇年獲歷史和遠東語言博士學位。歷任佛羅里達州立大學歷史系助理教授、副教授、教授，中國文化大學客座教授、香港大學亞洲研究中心研究員。著有《葉適的牛平和思想》、《王安石和儒家『修身』的理想》，編著有《日本的故事》，輯有《明清實錄中之西藏史料》（合輯）等。

羅卓英（一八九六至一九六一）字尤青，別號慈威，廣東大埔人。一九二二年畢業於保定軍官學校第八期。翌年加入粤軍，及參加東征、北伐，以功升至團長。一九二七年後歷任第十一師師長、第十八軍軍長，第三路軍第五縱隊副指揮官，第三路軍副總指揮等，參加『圍剿』江西工農紅軍。抗日戰爭爆發後，任廣州行營參謀長，並負責粤漢鐵路警衛工作。旋任第十五兵團司令，北上參加淞滬抗戰。繼受命衛戍南京。一九三八年起，任武漢警備總司令兼第十九路集團軍總司令、第九戰區副司令長官，參加武漢保衛戰及南潯線抗戰等。一九四二年任遠征軍司令長官，入緬作戰。一九四三年任軍委會軍令部次長、訓練團教育長，訓練總監。一九四四年改任青年軍總監。一九四五年當選爲國民黨第六届中央執委，任廣東省政府主席。一九四六年被授予陸軍上將銜。一九四七年任東北行轅副主任、『國大』代表。一九四九年任東南軍政副長官。同年到臺灣，歷任『總統府』戰略顧問、『國防研究院』副主任等。一九六一年十一月病卒於臺北。著有《正氣歌注》、《呼江吸海樓詩集》等。

羅則桓（一八七七至一九四三）名榮經，字則桓，廣東興寧人。早年受業於羅獻修先生學館，中秀才。受聘爲興民學堂學監。後出任廣西桂平及廣東南雄縣知事。一九一一年卸任返鄉，創辦羅族樹木公司。一九二九年任縣立一中國文教員。翌年，籌創龍蟠中學，出任校長。退休後，築白石山房，設館授徒，侍遊者甚衆。

羅根澤（一九〇三至一九六〇）字雨亭，號漱冰，河北深縣人。畢業於清華大學、燕京大學研究院，歷任河南大學、天津女子師範、河北大學、中國大學、北京師大、安徽大學、西北聯大、中央大學教授等。一九四九年後，任南京大學中文系教授。爲中國作協會會員、中國科學院文學研究所客席研究員。著有《樂府文學史》、《管子探源》、《孟子傳論》、《中國古典文學論叢》及《中國文學批評史》等。

羅倬漢（一八九八至一九八五）別名孟瑋、幹青。廣東興寧人。一九一九年考入北京大學哲學系。畢業後曾任教於北京、興寧、廣州諸中學，一度任興寧縣縣長。一九三三年留學日本東京帝國大學研究院，攻讀歷史和哲學。抗日戰爭爆發後回國，先後任桂林師專、中山大學、南京金陵大學、廣東省立文理學院教授。一九四九年後，任廣東省立文理學院、華南師範學院教授兼歷史系主任。著有《詩樂論》、《史記十二諸侯年表考證》等。

羅家倫（一八九七至一九六九）字志希，原籍浙江紹興，生於江西進賢。北京大學畢業。在校期間與他人成立新潮社，參加五四運動。一九二〇年秋出國，先後在哥倫比亞大學、倫敦大學、柏林大學、巴黎大學求學。一九二六年回國後參加北伐軍，任國民革命軍總司令部參議等。南京國民政府成立後，歷任中央黨務學校副主任，戰地政務委員，教育處處長，清華大學校長，武漢大學教授，中央政治學校教育長，中央大學校長，新疆監察使，國民黨中央黨史編纂委員會副主任委員，駐印度大使。一九四九年十二月赴臺灣，任國民黨中央黨史編纂委員會主任委員。著有《中山先生倫敦蒙難史料考訂》、《科學與玄學》、《新人生觀》、《逝者如斯集》等。

羅梓材（一八九二至一九六五）字博己，別號子材，廣東興寧人。廣東黃埔陸軍小學堂、日本陸軍步兵學校畢業。一九一九年三月保定軍校畢業，分發廣東陸軍服務。歷任援閩粵軍總司令部參謀，副官等。一九二二年春任粵軍東路討賊軍第一軍第一路軍游擊營連長、營長，建國粵軍第一師司令部參謀，參加討伐陳炯明部粵軍之作戰。一九二四年十二月任廣東警衛軍第一師第三團團長。一九二五年十月廣東警衛軍改編爲國民革命軍總司令獨立第一師，仍任第三團團長，奉命留守廣東。一九二八年十二月任國民革命軍廣東第八路軍總指揮部第二師獨立旅副旅長。一九二九年任廣東第八路軍第六十二師獨立第一旅旅長，率部參加與張（發奎）桂（桂系部隊）聯軍在湘粵作戰之軍事行動。一九三一年秋起任廣東第一集團軍總司令部高級參謀，第一軍司令部參謀處處長、參謀長。一九三六年一月任陸軍少將，一九三六年十一月被授予四等雲麾勳章。一九三七年初任廣東第四路軍總指揮部代理參謀長，兼任第四路軍總指揮部軍官教育團教育長。抗日戰爭爆發後，任第四路軍總指揮部教導旅旅長，第四戰區第十二集團軍總司令部副參謀長。一九三九年十月任第四戰區第三十五集團軍總司令部參謀長，兼任第三十五集團軍軍官教導團教育長。一九四二年十一月返回粵北，任第七戰區司令長官部戰時幹部訓練團教育長，兼任軍官高級班主任。一九四五年十月任粵漢鐵路警備司令部司令。一九四六年七月退爲預備役，後創辦廣東興寧中學，並任董事會董事長。一九四九年夏後回廣州出任廣東省政府水利處副處長、中南行政委員會水利局副局長、廣東省手工業管理局局長、廣東省工業廳副廳長、廣東省手工業管理局局長等；政協廣東省第二屆、第三屆委員會常務委員。一九六五年五月十一日在廣州病逝。

羅策群（一八九三至一九三七）號宇澄，廣東興寧人。廣東黃埔陸軍速成學堂第三期畢業。一九一七年初入保定陸軍軍官學校第六期工兵科，一九一九年春畢業。歷任黃埔軍校潮州分校中校教官，北伐東路軍第二師參謀、營長，潮汕守備指揮部參謀長。一九三二年，任廣東第一集團軍第三師少將參謀長。一九三七年八月，任陸軍第六十六軍第一五九師第四七五旅旅長，受命率部參加淞滬會戰；九月，開抵劉行，與日軍激戰。楊木橋一戰，指揮所部擊潰日軍勁旅久留米師團，遂因功晉升為該師副師長；十二月，參加南京保衛戰，受命在湯山阻擊從京杭公路北上之日軍；同月十二日，南京淪陷，率部經太平門衝殺突圍，中彈殉國。

羅慷烈（一九一八至）廣東合浦（今屬廣西）人。畢業於中山大學文學院中文系。長期從事教育。遷港後，任教培正中學、羅富國教育學院。一九六六年移席香港大學中文系，一九八三年榮退，兼任香港大學中文系、澳門東亞大學客座教授。著有《北小令文學字譜》、《話柳永》、《元曲三百首箋》、《校刊明孤本傳奇淩雲記》、《周邦彥清真集箋》、《詞曲論稿》等。

羅爾綱（一九〇七至一九九七）廣西貴縣人。一九三〇年，畢業於私立上海中國公學大學部文史學系。一九三四年，在北平發起成立史學研究會，曾任國立北平大學研究院助教。一九三六年任國立中央研究院社會研究所助理研究員，一九三九年升任副研究員，一九四七年任研究員。一九四九年後，任中國科學院歷史研究所第三所南京史料整理處研究員。後調北京，任中國科學院近代史研究所研究員。一九九七年，逝世於北京。著有《太平天國史綱》、《太平天國史叢考》、《太平天國史考證集》等。

羅獻修（一八五六至一九四二）字黼月、孝博，廣東興寧人。一八八五年膺選拔貢。復入廣雅書院，其才爲張之洞所器重。歷任廉州味經書院山長、廣東咨議局議員、京師大學堂教習。民國成立後返鄉設教。一九三二年出任中山大學教授。旋返鄉任興寧修誌局總纂。著有《三禮講義》、《尚書大義述》、《周禮學》、《修身學》、《螺莊詩稿》等。

譚其驤（一九一一至一九九二）字季龍，浙江嘉興人。一九三〇年上海暨南大學畢業後，到北平燕京大學歷史系攻讀研究生。後歷任教於輔仁大學、北平圖書館館員，與顧頡剛主編《禹貢》雜誌，又任教於廣州學海書院及燕京大學、清華大學。一九四〇年後任浙江大學副教授、教授。一九五〇年任復旦大學歷史系教授，一九五七年後兼系主任、歷史地理研究室研究所所長，中國科學院地學部委員。主編《中國歷史地圖集》、《辭海》（歷史地理部分）、《中國歷史大辭典》。編、著有《北平圖書館方誌目錄》、《長水集》。

懷特（Berye R’ Wright）待考。

二十畫

饒宗頤（一九一七至）字固庵，號選堂，廣東潮安人。幼承家訓，自學文史成材。二十歲應聘爲中山大學廣東通誌館纂修。完成《楚辭地理考》。協助王雲五編《中山大詞典》，協助葉恭綽編《全清詞鈔》，並任教於嶺英中學。香港淪陷後，返內地，任無錫國專教授。抗戰勝利後，任《潮州志》總編纂兼汕頭南華大學文史系主任。一九四九年赴港商議《潮州志》資助金。后居港，一九五二應聘爲香港大學助理講師、講師、副教授。一九七三年以假赴印度班達伽（Bandarkar）東方研究所研究。一九六八至一九七三年出任新加坡國立大學中文系首任講座教授，一九七三至一九七八年任香港中文大學中文系教授。一九七八年退休後，先後任法國高等實驗研究院、日本京都大學客座教授、香港中文大學中文系榮休講座教授、泰國華僑崇聖大學顧問暨該校中華文化研究院院長。香港大學中文學院林伯欣中國文化講座教授。學術研究涉及領域廣泛，包括文學之詩詞、書畫、史學，甲骨學、敦煌學等方面，著有《殷代貞卜人物通考》、《敦煌本老子想爾注校箋》、《饒宗頤二十世紀學術文集》等。

二十一畫

鐵爾福（Ted A. Telfor）一九七四年後任美國猶他州家譜學會研究部主任。

顧秉修 中國人。早年由臺灣負笈巴黎大學，獲博士學位，臺灣師範大學教授。

顧毓琇（一九〇二至二〇〇二）字一樵，號古樵，江蘇無錫人。一九二三年從清華大學畢業後公費赴美留學，先後獲得麻省理工學院電機工程學士、碩士和博士學位。一九二九年學成歸國，任浙江大學電機科主任、教授。一九三一年出任中央大學工學院院長。一九三三年清華大學工學院成立，出任首任院長，同時在北京大學物理系兼課。曾任國民政府教育部長、國立中央大學校長、上海市教育局長、國立政治大學校長等。一九四九年赴香港。一九五〇年定居美國，先後任麻省理工大學和賓夕法尼亞大學客籍教授。一九五四年被賓夕法尼亞大學任命爲終身教授。在電機工程研究方面造詣頗深，發表過多篇論文及出版有專著。一九五九年當選臺灣『中央研究院』院士，次年獲該院金質學術獎章。一九七二年獲美國電機及電子工程師學會頒授的蘭姆金質獎章，爲獲此獎項的第一位華人。自幼愛好文藝，十六歲始即翻譯及創作文學作品，曾出版《顧一樵全集》十二冊，包括劇本、小說、散文、詩歌和各種研究專著與譯著，以及《顧毓琇詩選》、《顧毓琇詞選》、《顧毓琇戲劇選》。

顧頡剛（一八九三至一九八〇）原名誦坤，字誠吾，號銘堅，江蘇吳縣人。一九二〇年北京大學畢業。曾先後參加新潮社和文學研究會。歷任北京大學、廈門大學、中山大學、燕京大學教授，以及史學研究員等職。曾主編《文史》等刊物。抗戰時期任參政員。一九四九年后，歷任中國科學院哲學社會科學部研究員，全國政協委員，中國民主促進會中央委員，中國史學會理事等。編著有《古史辨》、《當代中國史學》，《史林雜識》等，點校《資治通鑒》等。

羅香林先生對漢學橋梁之築導及其麗澤

馬楚堅

一、導　言

漢學橋者，中國與海外漢學研究之交流橋梁人物也。所謂漢學者，『西方學人加諸中國學術文化之總稱也。』① 自有明中葉羅馬傳教東來佈道，兼習漢文，接觸中國文明，初以通訊方式，介紹中國之典章制度與地理歷史，寖將中國文籍，擇要譯述，歐西學者相爲傳習，加以探討，迄於海禁大開，交通頻仍，名族故家之典冊舊藏，流傳海外，益增進其研究之興味，循是學以聚之，問以辨之，蔚然成爲專門名家之業，遂有所云之漢學研究。而法國諸漢學家之爲巨擘，初則冀爲參稽致用，繼則期於研幾致知。會值清季，邊政不修，而歐西學者，方務爲中西與中國西北之考古探險，因於新疆與甘肅及内蒙等地，發現漢晉簡牘，與自晉至唐之無數寫卷，及其他文物，擅載而去。研討之資料既豐，學術之闡揚自易。而日本與美國諸學者，又復競爲擴張斯學。而國際之研究漢學，遂成爲今世顯學之一焉。吾國學者於中國文史藝諸學，其根植與所依文籍及其他憑藉，自視外國學者爲易博厚，然亦以所操方法之不同，與新獲資料豐嗇之有異，其造詣自屬各有所長②。

先生認爲世界日趨於會同，學術文化範圍，亦日擴展，固不以歐美與東方而有所軒輊也③。漢學既於中國典籍藉舊傳之豐美，有無窮之增益，於中國文化已往之輝光，亦有無限之發展，則漢學研究，自有其可久可大之成就，與其應有之價值④。職是，先生主張國人固應先縱觀史乘，明乎漢學之興廢，與漢族之存亡，關係至深切處，民族大義，立國精神，治人治事之高蹤芳躅，崇王道，賤霸功，興亡繼

① 王韶生：《送羅香林饒宗頤兩教授赴巴黎出席漢學會議序》（《乙堂函牘》，第七十一冊，第二十五項）。
② 羅香林：《法國漢學論集跋》（《香港時報》一九七五年一月十一日）。
③ 羅香林：《香港大學歷史學會年刊・序》（香港大學歷史學會，一九六〇年，第一期）。
④ 羅香林：《第九屆國際漢學會議與歐美漢學研究之趨勢》。

絶，中國文明胎息深厚，有助於建立世界和平秩序者。然後觀摩海外漢學之成果、治學方法，抑進之，窺西方文化特長，須互爲取利，以裨我研究治學之開拓新運，及現代化治道①。爲此，先生坐言起行，於治史以通古今之變外，力冀達世界之郵爲極軌，不執迷於門戶，地無中外，以文會友於天下深思好學之士，相求相應以弘道也。益以先生崇禮重道，樂朋自遠方來，以道義相交處，故舉凡國際學者蒞港訪問，必親臨機場迎接，設宴款待，約同志學人共席，餐而論道，相與切劘、交流，以激起學術火花，以互通雙方近況及研究發展，并將香港學術、中國文化藉以向國際推廣。若：法國名宿戴密微教授②，美國哲學名家白雅德博士③，漢學家海陶璋④、賓板橋教授⑤，英國杜希德教授⑥，日本塚本善隆⑦、牧田諦亮、滋賀野洲教授⑧等是。

海氏等『對港大中文系之教授方法、課程範圍，詢問甚詳，并細閱該系學生之學士、碩士、博士論文，對各生之研究成績，備極稱贊』⑨。從而使香港學術傳薪相繼之業績見重於國際。而其本人更與之互贈新著，解答與討論學術問題。據示謂每日爲此寫信，少則二三，多則十餘，每超一小時以上，卻樂此不疲。蓋先生欲開拓香港爲中國學術文化與海外漢學家交流橋梁，此乃鑒於國內易代及政治動亂，影響學術文化客觀研究⑩，及鎖關自絶交流於國外之際，此其一；且國民政府重建政、經於臺灣，學術亦受影響未有長足發展之際⑪，此其二。爲此欲承先哲盛業續命於此，綿延文化使命之責於中國否極待濟未濟之刻——五六十年代，並鼓勵門生、師友共『發揚中國學術，溝通中外文化爲職志』⑫，戮力同心，觀摩當代中西研究中國學術之業績、方法，相尚切磋於會文，中西交貫以擴新領野，爲現世治

① 羅香林：《史學方法》（珠研講義），第一講。參見：羅香林：《中西文化交流與香港學術研究之發展》，羅香林：《香港的漢學研究》。
② 《星島日報》一九六六年四月十日，《法國名宿戴密微教授蒞港 羅香林教授設宴歡迎》。
③ 《華僑日報》一九六一年三月二十三日，《加州大學哲學系教授白雅德博士由臺抵港》。
④ 《華僑日報》一九六五年九月四日，《哈佛大學教授海陶璋訪問港大中文系》。
⑤ 《香港時報》一九六五年十二月八日，《港大東方研究院邀請賓板橋教授明演講》。
⑥ 杜希德，由日本來港，先生嘗與當局同迎於機場。後始知其來爲其升任講座事有關。事詳見一九六五年四月七日《致林仰山教授函》。
⑦ 《華僑日報》一九六三年三月二十九日，《日本京都國立博物館館長：塚本善隆博士經港考察佛教，今在港大文學院宣講佛法》。
⑧ 《華僑日報》一九六三年四月三日，《日本京都大學教授：牧田諦亮訪港，搜集佛教史料》。
⑨ 《華僑日報》一九六五年九月四日，《哈佛大學海陶璋訪問港大中文系》。
⑩ 陸鍵東：《陳寅恪的最後二十年》（北京：三聯書店，一九九五年），頁一至五二九。餘參見中國社會科學出版社《劍橋中華人民共和國史》等相關者。
⑪ 張朋量：《回想量宇師》，頁九六至一〇〇。餘參見中國社會科出版社《劍橋中華民國史》等相關者。北京：一九五八年七月五日《致羅香林先生書》（《乙堂函牘》，第二十一冊，第二項第七通）。
⑫ 羅香林：《乙堂叢書第九種香港之中國學術新發展自述》（《海日樓叢稿》，第四項）。羅香林：《香港大學歷史學會年刊序》（《香港大學歷史學會年刊》，一九六〇年第一期，卷首）。

道盡其能，以裨於世界學術文化之創造，使中國學術文化於全球文化中顯其應有之作用及地位，使之生生不息①。故力籲之，並躬行光踐，建交流橋梁於南中國之窗——香港，樹立交貫嚮導大幟②。

試觀先生所藏《乙堂函牘》一〇五冊及散見、其《省盧翰海》、《乙堂手稿》、《所藏函牘》、《海日樓叢稿》諸件，可窺其交遊之廣，人物於海內外學者數不勝數，皆爲名家，或故交門生，所談凡國家民族事、家事、天下事，莫不有之，其中論道談學者尤多，而外國及本港漢學家談學者更多，茲就中分外籍及本國學人二類，引其論學叩道，交流實例爲舉隅，以見其開拓千古之心胸，推倒一時豪傑，足爲後學式者言之。

二、外籍學人之問學論道

先生寢饋經史，尤深於考訂，其文亦淵懿樸茂，得中華學術之神髓，致發明良多，其開拓之心得，爲一時學術豪傑所重，國際漢學家叩學論道解惑之所趨，致無聲之澤，無屆不至。茲舉隅一二以見其貢獻也。

（一）香港史地之推諸世界

先生《香港前代史》、《香港與中西文化之交流》及各相關文章之出，漢學名宿戴密微、白樂日、費正清（J. K. Fairbank）、崔瑞德（Dennis Twitchett）、德效騫、榎一雄教授等，華裔名宿洪業、楊聯陞氏等莫不予以重視此昔爲荒島，今爲影響中國學術文化之重鎮，己及師友門生之有及此中疑難，文獻、今已運作中之計劃，或新擬研究計劃之初，莫不以先生爲巨擘而函請正之。若英國斐達禮氏（Hugh D. R. Baker）致先生札③曰：

關於上水廖族本是客家，後改爲本地，你所提的緣故，我都以爲然。在元朝來新安的族，若本來不是本地人，沒有法子不改

① 羅香林：《法國漢學論集跋》（李璜《法國漢學論集》，頁二二二至二二四。香港：珠海書院，一九七五年）；羅香林：《珠海書院中國文學歷史研究所概覽》（一九七二年，手稿），頁一；羅香林：《珠海書院中國文史研究所首屆畢業同學録·序》（香港：珠海文史研究所同學會，一九七一年），頁二。

② 黃康顯：《羅香林教授與中西文化交流》（《羅香林教授紀念集》，頁一八六至一八七。

③ 斐達禮：一九六五年九月六日《致羅香林教授函》；（《乙堂函牘》，第八十九冊，第二項第三通）。

變，不知新界的『五大族』（即鄧、文、侯、彭、廖族）之內，另外有無本來是客家人的傳説？聽説新田、泰坑的文族可能是，然不知是否？上水廖族雖然改了本地爲本地人，但還有幾句上水話同本地話差很多，然而又不像客家話，不知是爲的什麽緣故？……

斐氏，倫敦大學亞非學院教授，崔瑞德先生及門弟子，研究香港客家之專家。又有函言嘗來港寄寓上水鄉蒲上村，該村全姓廖，傳聞該祖初來寶安時，即爲客家人。就此反思，向先生提出：『這個故事是真的是假的沒有人知道？可是，我以爲真，若真有許多問題，譬如幾時變了本地？爲何變？我自己以爲改變不是一日的事情，大概先需要多少傳世，才漸漸變了。爲的此問題，我覺得客家人的事，很有趣味，所以請求先生寄自己的有名書給我看』，以資參考等。先生復以香港上水廖氏，據族譜所載，其先乃自八閩遷徙來港新界上水開發，發展至今，其族風俗，語言傳統漸變，殆至元代已演爲單獨族群。於其所編《客家史料匯篇》中《廖氏家譜》等譜牒史料，於新界客族發展、語言文化、遷徙原因，開發活動區域，自成家風之史實，皆有足資印證者，並代購寄所需資料論著，以助斐氏研究與探索①。

若葡萄牙天主教主教史密夫（Bishop Smith）致函請益：馬丁阿煥梳提米路（Martin Afonoso）嘗抵香港之所在爲何處？先生答以所在爲香港屯門與伶仃洋之地。又復所詢一八一九年王崇熙纂《新安縣誌》外之最早版本爲現庋北平圖書館之康熙二十七年刻本，並附摘《新安縣誌》英譯大要，並告以中葡最早接觸史實與史料，可參見所著《香港前代史》，並將其中英文刊本各一冊，及其門人郭永亮修士之《葡萄牙人初到達中國的地點及人物探索》寄與備用，以助史氏研究中葡關係早期來華天主教教士史也②。

若復加拿大多倫多大學東亞系克蘭賓教授所詢香港九龍問題，明確告以九龍於清季已置巡按檢司，其前則稱爲官富（瞜）習，新安縣則稱寶安縣，治在南頭，遂爲克氏解決《新安縣誌》中所存在內容及版本諸問題，並糾正其所英譯『San-On』一詞，應作『Sun-on，Canton Dialect』爲貼切，大裨其研討、撰述之完美性③。

若復香港大學地理系高蘭博士請教：屯門至元朗，何時有船舶等問題？答以元朗之名雖難以稽考其始，然其形成市集，則始於錦田鄧文蔚於一六六九年創立元朗墟之時，其爲港口，當始於此時也④，以協助其研究香港史地。

若復香港皇家學會季刊主編許舒（James Hayes）博士所問，爲其糾正宋學鵬爲港督金文泰委任政府顧問之謬，告以宋氏於金督

① 斐達禮：一九六五年九月六日、十月十日《致羅香林教授函》《乙堂函牘，第八十九冊，第二項第二通》，羅香林：一九六五年十二月十日《致斐達禮先生函》。又見先生於斐氏一九六五年九月六日及七月十八日來函末所書復語（《乙堂函牘，第八十九冊，第二項第三、四通》）。

② 羅香林：To Prof. Ronald Bishop Smith 2εth February 1973. 又 25th Feb. 1973.（《乙堂函牘》，第一〇五冊 第十五項 a 第二通）。Ronald Bishop：『To Prof Lo Hsiang—lin』，3rd June，1973.（《乙堂通牘》，第一〇五冊，第十五項第三通）。

③ 羅香林：一九七一年九月十七日《與多倫多大學克蘭賓教授書》（《與歐美學者論學麥東》，頁六、香港大學《中文學會會刊》一九七一至一九七四年度）。

④ 羅香林：To Dr. C. J. Grant，9Th. Apr. 1968.（《乙堂函牘》，第一〇四冊，第五十八項第 通）。

『對中國文書或文學方面之提供有關意見，非即牽涉於中國之外交事務也。』實乃中國師生坐而論道之傳統，蓋宋爲金之華文師傅。再而爲撰《宋學鵬與香港的關係》係一文，並英譯以飧之、道之①，於許氏之成爲日後香港史專家，自有其裨焉。

若復美國哈佛大學地理系威爾士（Herold J. Wiens）教授所談早期華人移民香港之檔案、資料及寄影資料，以助其研究所需②。若與日本東京大學教授榎一雄論香港文化交流及中國文化問題，促進參預墨西哥尼爾大學（The University of Colrgio de Mexico）開拓研究中國、日本學術文化史，日本創立東亞文化研究中心（The Centre For East Cultural Studies）與香港大學相互寄贈有關香港史、中國歷史、語言研究書刊，及參予以港大代表中國共盟日、墨三地學術研究計劃；③於先生推動中，香港遂成立研究小組，以探究東西文化交流與東方諸國接受西方文化之歷史問題。時成員各擬從事研究之範疇，若陳學霖之容閎年譜研究，蘇宗仁之鄭和下西洋研究、馬幼垣之清季海軍研究等是。並籲東亞中心籌辦『東亞諸國接受西方文化之歷史背景國際研討會』計劃（An International Research on the Historical Background of the East Asian Counteries Acceptance of Western Civilization）；獲同意開辦，受邀爲主題演講嘉賓之一，惟先生因政務羈身，致不能成行，於是先生遣蘇宗仁出席斯會；而先生《香港與中西文化之交流》英譯本，亦爲該中心所出版以作世之參考範本焉④，自後遂爲日本學術界公認爲既博通且專精之『大學者』（agreat scholar），並請其與東亞中心建立東亞史研究計劃⑤。先生爲之構思，並成功申請東亞學術研究補助與亞洲基金會學術資助，以資己研究之需外，並及資助趙令揚、陳學霖、陳福霖、陳璋先生等輯錄中國文籍中東南亞史料，遂成《明實錄中之東南亞史料》一書；及助林天蔚先生研究《宋代香藥貿易史稿》及出版⑥；且以亞洲研究中心與該中心合作編纂《香港學術界人名錄》⑦，於香港學術之研究，平添生意。

論學之外，亦有請其發表香港於文化上之地位一類之文章，以爲東方學復興者式，若南斯拉夫大學拉巴斯（Kamil Seubeclich）先

---

① 羅香林：一九七二年四月二十一日《與香港皇家學會季刊編者許舒博士書》；及《宋學鵬與香港的關係》（《乙堂函牘》，第一〇五冊，第十三項第一、二通）。

② Herold J. Wiens：To Prof. Lo，20th，Sep. 1968；To Dr. Lo Hsiang-lin，18，Nov. 1968；羅香林：一九六九年一月十五日《復威氏書》（《乙堂函牘》，第九十一冊，第二十九項）。按：威爾士，一作韋爾、韋士、威士。

③ 榎一雄：To Prof. Lo Hsiang-ling，2nd Mar，1961.（《乙堂函牘》，第八十八冊，第二十一項第四通）。

④ 榎一雄：To Prof，Lo Hsiang-lin，29th May，1962（《乙堂函牘》，第八十八冊，第二十一項第六通）。羅香林：一九六六年八月十二日《與港大代理副校長費立斯教授：述東亞文化研究中心召集會議會》（《乙堂存稿》，第四冊，第三十項，《論學書柬》，第四通）。

⑤ 榎一雄：To Prof，Lo Hsiang-lin，23rd Nov，1962（《乙堂函牘》，第八十八冊，第二十一項第一通）。

⑥ 羅香林：一九六〇年七月十五日《致賴世和教授第二書》（《乙堂手稿》甲、五十八項）。據趙令揚先生示：初擬人選尚有陳福霖，惟陳氏因故推辭，乃由其三人請香老補上羅文，仍符四子之數。

⑦ 陳綸緒：一九六八年三月十八日《致羅香林先生書》（《乙堂函牘》，第十八冊，第七項第二通）。

生之致函冀先生發表《香港在新文化運動中之角色》（The Role of Hong Kong in China's new Culture Movement）是①。

（二）嶺南史地及民族史

先生於廣東學術、歷史、地理、百粵文化、民族史、人口問題等均皆有專著，且見譽於時，而就中請教者衆：若高蘭博士之請教：廣東三水縣與沙田何來？先生告以三水乃西江、北江、綏江交匯處而得名；沙田之名，則得自珠江口出海處沖積沙泥所形成田地，中以東莞、中山二縣歷代堆積之沙田爲多，且皆撥爲衆有，由各姓宗祠管理收租，以作讀書人之膏資②。大裨文風，關係廣東學術文化與科舉人才至巨。

若一九六〇年，復法國中法大學漢學家邵可侶教授請教漢民族體質、語言、社會諸特徵，中國人口問題之癥結，及所需研究相關書籍，並爲寄贈許士廉、牛鼐鶚撰《關於中國人口墾殖種族諸問題中英文書目》、香港大學出版社目錄、己之專著二種，以供其參考③，致邵氏之研究有成焉。

若德國學人（SUDASIEN-INSTITUT DER UNIVERSITAT HEIDELBERG）潘尼達（Gernot Prunner）氏致函請益，並詢『百粵源流與文化』諸南中國問題。先生以己之研究成果，肇潘氏『於中國南方民族之研究，用力最勤，興趣最富』，而『曷勝景佩』而叩學，先生乃一一予以回答後，告以『關於此類問題，除己《百粵源流與文化》及《客家研究導論》外，昔歲曾編印《粵東之風》一書，於客家歌謠，曾作系統之研究與記錄（一九三六年北新書出版），去年曾出版《西婆羅洲羅芳伯等所建共和國考》一書（香港中國學社出版），亦與客家民族海外發展有關。此外則有《客家史料匯篇》一書，則正在整理付印中，大約於明年八月即可出版』。潘氏獲復，即函請影印《粵東之風》及寄所提供二書，並及《考古》、林惠祥民族研究，與德國當代研究漢學者，且查詢丁文江、徐松石、楊成志等之消息④，先生皆予復之以解其惑。

---

① 巴拉克：To Prof，Lo Hsiang-lin，22rd Oct，1957（《乙堂函牘》，第九十一冊，第十三項第一通）。

② 羅香林：一九六八年四月九日《與港大地理係高蘭博士論珠江口冲積關係書》（《乙堂函牘》，第一〇四冊，第五十八項作英文函，To Dr. C. J. Grant）。

③ 邵可侶：一九六〇年三月三十一日《致羅香林函一》（臺灣《書目季刊》，第八卷第一期，頁一〇，《歐夫漢學家書柬》）。羅香林：一九六〇年五月二十二日《與法籍邵可侶教授書》（香港《人生》半月刊，第二五七期，頁二九，羅香林《論學書簡》。一九六一年十月十六日）。

④ 潘尼達：To Peof. Lo Hsiang-lin，Nov. 6, 1963；20Mar，1964；7th Aril，1964；15，Oct，1964（《乙堂函牘》，第九十九冊，第二十七項各通）。

（三）客家學之遠播寰宇

客家研究，世尊爲鼻祖，故與此相關者，必以先生爲問學之嚮導者，先生亦必爲解惑及提供所需，以玉成之：若復日本京都大學橋本萬太郎（Mantaro J. Hashimoto）所詢，就明清二代客人遷移問題，予以答復及提供資料、與客家古今移民圖，並允借《客家研究導論》中之圖片，以便其研究客家方言與歷史①，橋本氏後出任美國普林斯頓大學中國語言研究計劃專任調查員（Principal Investigator of The Chinese Linguistics Project）於客家語言文化之開拓，與有力焉。

若印度尼西亞大學東亞語文系講師黃鑽良（Oey Soan Nio）一九六七年已致函力稱，有意研究客家印尼客人活動，請教先生。蓋其一九七三年赴美進修博士學位，承哈佛楊聯陞授面教：『關於客家之變遷及來源，羅香林先生是你最後惟一的導師』之道，乃致函請益：客家新移民於南方之歷程，並請爲導師；尋來港登門叩學。先生亦予助之，並將其所需族譜資料，張其昀《中國民族誌》、林惠祥《中國民族誌》等資料寄與，助其完成《陳元光與中國南方漢化的關係》之博士論文②。

助研究生完成論文，提供研究海外華人地方史與客家學之指引、書目者尚多，若協助澳洲蒙阿爾大學人文及社會學系研究生完成《泰爾村客家生活研究》（The Local History of The Hakka Chinese in Titi Village）之博士論文是③。

至若研究討論及提供資料，則若復哈佛地理系威爾士（Herold J. Wiens）教授之詢華人遷移來港，及『客家模式』（The Pattern of Hakka）等之需求④。

若復普林斯大學東亞語言中心橋本萬太郎、潘文（Pittman）氏之詢關於以客家語翻譯之《新約聖經路加福音》（附呈別本）文字，如何可窺客家民族生活語言（Living Language of the Hakka People）之原貌，並及未受教育者，能否閱讀此種《聖經》問題⑤。皆得其點撥，自是遂使該校所藏一九一三、一九二四、一九三一年《客語聖經》之價值，獲二氏於該中心推行研究計劃之成功而爲研究資料之

① 橋本萬太郎：To Prof. Lo Hsiang-lin，20th Oct，1971；12 Nov，1971（《乙堂函牘》，第八十八冊，第六項；第一〇五冊，第八項）。

② 黃鑽良：To Prof. Lo Hsiang-lin，20th，Aug，1967（名信片）；28th Dec，1973；9 Jan，1974；5，Feb，1974；12，June，1974（《乙堂函牘》，第八十九，第六項各通）。

③ 佚名：To Prof Lo Hsiang-lin，28th April，1973. 按：來函者姓名地址存信封，箋欠致者名，封今佚，致者名亦佚。

④ 威爾士：To Dr. Lo Hsiang-lin 20th，Sep，1968；18，Nov，1968. 羅香林：『To Prof. Herold J. Wiens』Nov. 15 1968（《乙堂函牘》，第九十一冊，第二十九項；第一〇四，第六十三項）。

⑤ 橋本萬太郎：To Prof. Lo Hsing-Lin，20nd dec，1974（《乙堂函牘》，第九十冊，第六項）。

寶，促使客語於聖經移譯傳播中之作用，貢獻重光於世，爲客家語言學、宗教史闢一新徑。

若復日本慶應大學東亞史研究室主任松本信廣（Matsumoto Nobuhiro）教授仰其先生爲客家學開山人而函詢客家文化研究問題，並就松本氏要求先生代表中國參預中日文化圈研究計劃作出適當回應與發展①，大裨日本學術界有關客家研究與先生於香港大學亞洲研究中心所擬香港客家文化村等問題之拓展。

時先生以『香港新界之居民，分本地、客家，與漁民等三類，各有其來源與特徵。其居地分佈，與鄉村組織各有不同。其歷史語言與文化向來鮮人爲作綜合研究，故其關係每爲世人所忽略。茲擬就新界之本地、客家、漁民之類，各選擇其最具代表性之鄉村，調查其社會景況，與歷史發展，及其語言與文化，再近而爲作深入研究，而闡明其關係。』因此於一九六六年七月至一九七六年六月有『香港新界之民居及其歷史與語言文化』研究計劃之推行，參加研究人員除先生外，有林蓮仙、李獻璋、韓炎聯、潘鎮球四人，並獲亞研補助調查及研究費②。東亞即約合作，乃將其中客家一項擴大而爲『香港客家村之歷史語言文化』研究計劃而行之③。

若與域多利亞大學地理系教授黎全恩論『譚公』爲客家人之保護神，致遷居海外，有築『譚公廟』以祀之，香港有之，海外客僑聚居核心地亦多有之，從中可究客人信仰與遷移之歷史④。

（四）語言與曆法等輔助學科之推廣

先生雖爲史學巨擘，然其於中國學術卻本精深與博大併行取向之均衡發展，故其學養，尤通淹識，致其言語言之本質、構成、發達、變遷、分佈等考察與研究問題皆有其獨見，若於一九六六年七月主持香港大學第一屆中國語言會議開禮講辭及一九七三年影印《客方言》爲該作者羅藹其教授撰《傳》，一九七三年爲林蓮仙博士《潮讀反切音標兩用正音表》撰《序》，就考察與研究語言之旨皆有所精深卓見之發揮，提出各種語言本身研究外，尚須注重各種語言教學之方法與經驗，及翻譯方法與經驗之研究、傳播。提倡標音、分析與歸納須有嚴密方法，以解決隋唐以來尚存在問題，從而揭櫫『統一讀音與推廣國語』及方言之調查尚今學者應予重視、闡發之方向。

先生所言，從其翼佐、主鐸東方文化研究院、中文系、珠海中國文史研究所中之中國文化課程、研究計劃發展藍圖；所論，無不符其所言教育與文化觀點，可謂言行合一。中山大學、香港大學與珠海書院中國文史研究所之本科生、研究生不少即從先生處獲啓發與指

① 松本信廣： Tp Prof. Lo Hsiang-lin 18th Sep. 1967（《乙堂函牘》，第八十八册，第十六項 a. b.）。

② 羅香林： 一九六六年一月二十五日『香港新界之居民及其歷史與語言文化研究計劃』（手稿，一日，馮香港大學平山圖書館藏，羅字，散頁宗卷，未編碼）。

③ 先生嘗面告與松本合作，研究調查《香港客家村之歷史與語言文化》。

④ 黎全恩： 一九七二年十月十八日，致《羅香林教授函》（《乙堂函牘》，第九十一册，第一項第一頁）

示而於古文字學、聲韻、修辭、語法等中專心致志，完成畢業論文或專篇論文或高等學位論文。至若先生雖無語言學專著問世，惟於研究中國文化、民族文化、客家文化、民俗學中，自有其通博獨到之心得，試看其於《百粵文化與民族》中之輕描談筆，表達語言之特色；於《粵東之風》、《客家研究導論》、《崇正總會三十周年》紀念專號所闢語言專章之高妙；香港大學五十週年紀念研討會發表《撒尼人擇日曆法與十二生肖問題》所示創見者，莫不令國際漢學家敬佩，涉及客家語言問道者，於前已嘗舉隅，而拓及客族以外之語言、與涉及曆法風俗者亦有之，茲舉各一以見之：若有蒲寧博士（Dr. David H. C. Purnell）與先生論猺民語言①云：

弟爲語言學家，在泰國北部，研究猺人語言習慣。近讀廖大先生著《沉默一群》，列先生爲客家研究權威。今冒昧求教。

弟除研究猺人文法外，亦深入研究其民歌語言及禮儀文字，搜集近萬頁民歌及禮儀書籍副本，用了不少時間錄音，到此爲至，據鄙見，大概其禮儀語言，及禮節文句，似借用中國某地方言，近廣府話，深受道教影響。民歌言語，似近廣東、廣西、湖南一帶方言，甚似廣府話，離客語稍遠；然而不少人認爲其中受客家話影響者亦有相當分量。山歌的體裁，何時傳入猺族？弟深感興趣，可能由中國士人入猺族傳授中文及中國文化時，一併傳入。

弟希望探訪在南越的猺人，又希望今年六月下旬一遊香港，如有機會，希望能與先生商討各問題，以搜集的資料，呈先生閱讀，以待先生之意見。……

先生爲此有函復之，而言己之見，與之榷揚焉。

又若加拿大克理大衛（David H. Kelly）教授與先生論十二生肖與曆環等問題②，云：

拜讀閣下所撰《撒尼人擇日曆法與十二生肖問題》一文，至感興趣。敝門人史釗域君，正攻讀博士學位，其論文爲研究有關歐亞及中美洲曆環，尤著重於序環方面。此類研究，不佞亦甚感興趣。惟是資料方面，極爲困難，因是等資料，有多種説法，原始資料及第二手資料，記事不同，使人有無適從之概。據不佞所知，以西語撰著論文者，有沙畹氏之《土耳其的十二動物序環》，其所述與閣下所引述之佛經，略有差異。其所引用者爲公元一四七至一八九年間，以中文翻譯之《大集經》（Mahasamnipata），不佞欲知道該經經名是否即爲大作所引之Kacyapaparivarta《大集經虛空目分》之另一書名？抑爲兩本不同經典之名稱？閣下所引用傳運森先生之資料，有無英文譯本？本人缺乏敍述十二生肖序環之印度典籍，僅有敍述二十七種動物之資料。表面顯示有關十二生肖序環之印度資料，只從中文譯本獲得。……抑不佞有若干類此問題，希閣下允予幫助，而獲得解答。

閣下曾聞十二地支之序表而演爲卡拉族人以六十日爲一循環之出處乎？不佞欲知新羅圓盤分爲十二部分之代表物，似與動物序

① 蒲寧：一九七四年五月十五日《與羅香林教授論泰國猺民語言書》（一九七四年六月十五日《香港時報·筆會》，第一六六期）。

② 克理大衛：一九七四年《與羅香林教授論十二生肖與曆環等問題》（三月九日《香港時報》筆薈》，第二〇五期）。

環及星座，並其歷史演變之過程有關。中文本《鐵板神數》現仍可訪求否？其中有甲型圖之表示否？譬如謂，其人像『鼠』，因其生於『鼠』日？如有，則與《吠陀經》典所述之使用法有關。據那薩達所指示某人之生日，而認爲某人應改取何一名字。……茲再言不佞關於新羅圓盤之問題，蓋猶未能盡明其關係也。閣下所提説明，曾謂：『占算者會表示某人的星座是在第一部位。』不佞甚欲獲知，有何圓盤模型（圖），爲與此等星座爲相符者？

先生於此，皆有所尋章擇句以解其等所詢疑難及指示所需資料，或寄與之。

至若風俗文化，則先生久隨顧頡剛教授治民俗學，並有《民俗學論叢》之結集，故學者於斯之景仰而請益者匪少，若復法國漢學家高德利（Corte-Real）詢『利市封』於中國起源及其流行問題，告以『封錢賜人，而稱利市，其俗起源自宋代』，宋人《東京夢華錄》有載，足資證明，惟演至近代始化爲已婚者派紅包之風俗矣①。

（五）宗教史、哲學之弘揚

先生出入儒、道、釋、耶、回五教，於各教皆有獨見之文章與專著研究，爲當時國際漢學名流所推重，視爲開拓當代學者對各宗教史研究新領域之開路人，致譽滿寰宇，研究中國宗教史者皆樂與先生聯絡，論學交流者衆，先生亦以誠與之論交、弘道解惑，及提供所需以助叩者之研究，以弘揚文化史。若復美國加州大學東方語言學系史嘉法（Edward H. Schafer）教授所論，並允助其研討南中國佛教史所需資料及南華佛寺（Hui-neng）圖片②之搜集與寄往備用。

若日本京都大學佛學權威牧田諦亮教授與先生之論唐代桂林之摩崖佛像、廣州光孝寺與中印交通之關係，並詢及香港佛學研究。先生復稱香港佛教徒雖多取向齋戒興福之道，然天臺宗倓虛大師之研講《楞嚴經》則具精心獨特風格，另己之門人羅時憲於《瑜伽師論》、《唯識論》亦有研究，造詣頗深，每月受邀講佛學於東蓮覺院，並編印有《佛經講述》，特奉贈此書，以資交流③，且介紹香港佛寺建築等特色。此番交流遂促使牧田氏擬研究東南亞佛教史之計劃因先生《唐代廣州光孝寺與中印交通之關係》及《唐代桂林之摩崖佛像》二書之贈及推介而擴及香港、嶺南，並肇其於一九六三年三月末旬糾京都大學國立圖書館館長、佛學專家塚本善隆博士，京都大學教授、人

① 羅香林：一九六八年三月七日《復高德利述利市封由來書》（《乙堂手稿》，第一冊，第六項，《與歐美學人論學小柬》。

② 史嘉法：To Prof. Lo Hsiang-lin，20. April，1966；12th May，1966（《乙堂函牘》，第九十一冊，第十項）。羅香林：To Edward H. Schafer，May. 9. 1966（《乙堂函牘》，第一〇四冊，第三十三項）。

③ 牧田諦亮：一九六〇年十二月二十三日《致羅香林教授書》；一九六三年二月一日（《乙堂函牘》，第八十八冊，第九項第一、二通）。羅香林：一九六二年四月十日《致京都大學牧田諦亮教授書》（《乙堂手稿》，第五十七項）。

文科學研究員滋賀野洲博士數人來港曾晤先生面談佛學問題，搜集史料，並由先生導之參觀香港佛教寺廟，共瞻究其建築特色，與訪諸大德，暢論佛理及佛教史①。

先生並請塚本氏於三月二十九日在香港大學主講『鳩摩羅什佛教流傳南方情況』，以裨益學子及公眾聽者②。牧田等返日後，再函論學，索先生《玄奘法師年代考》一文，並寄贈其編輯之《慧遠文集》，及研究慧遠之論文，與《塚本博士頌壽紀念佛教史學論集》、美國芝加哥大學宗教系北村三夫教授撰《研究中國最新宗教狀態》、東洋文庫所庋日本德川時代與唐代三教講論相關資料、明代遊華日僧日記，以供先生參考，並懇請先生多賜教其研究關於明代佛教、社會史問題③。先生亦以心得作答以去其惑。

若比利時魯文大學漢學系系主任、遠東研究所所長、佛學名家史接雲先生（Robert，Shih Tsieh-yun）尤敬佩先生而時函請教佛學上問題，如一九六七年十二月二十七日，有函④云：

……茲有懇者：《泥洹經》一辭，『洹』字是huan『還』音，還是yuan『袁』音。hi-yiran ching？hi-huan ching？務請臺端早日指教爲盼。

先生接函即復，史氏爲之回謝再論⑤。又與論『馮承鈞所著《歷代求法翻經録》錯誤百出，不但所示之年代不確，即梵文之應用，亦多有錯誤』⑥；又與論所譯《高僧傳》及爲注解上，與《大藏經》所收《高僧傳》中所存在錯誤須覓證據正謬；並談慧皎《高僧傳》所引《唐僧合傳》與原文不合等，並互相切磋，誠示對方著作中少瑕，以互勉。且請先生爲其《高僧傳》撰書評。此外有關中國文學、古銅器等問題皆有所交流⑦，不贅。

復有法國蒲樂道（John Blofeld）教授與先生論佛教淨土宗等是否曾受景教影響⑧，云：

西教士賴世諦（Rev. Reichelt）於一九二〇年間，撰著《有關中國佛教》一書，稱景教及拜太陽教影響於佛教之淨土宗者頗大，可能並涉及密宗等。就我而言，這些佛教宗派多秉承印度佛學。中日佛教，只在枝節上更改，或轉重心。除道教外，異教似未能影響其主流教理。雖然見解不同，弟仍求再讀賴氏之著作，惜已絶版。不然的話，可重溫賴氏論點也。可能其論點有深入研究之

---

① 牧田諦亮：一九六二年六月二十九日《致羅香林教授書》；又一九六二年十二月四日《書》；一九六三年一月一日《書》（《乙堂函牘》，第八十八册，第九項）。
② 《華僑日報》，一九六三年二月二十九日《日本京都國立博物館館長塚本善隆博士經港考察佛教今在港大文學院宣講佛法》。
③ 牧田諦亮：一九六三年七月二十三日《致羅香林教授書》；一九六三年十月二十八日同前（《乙堂函牘》，第八十八册，第九項第五、六通）。
④ 史接雲：一九六七年十二月二十七日《致羅香林先生書》（《乙堂函牘》，第六十五册，第五項第四通）。
⑤ 史接雲：一九六八年三月十四《致羅香林教授書》（《乙堂函牘》，第六十五册，第五項第五通）。
⑥ 史接云：一九六八年三月二十六日《致羅香林教授書》（《乙堂函牘》，第六十五册，第五項第一通）。
⑦ 羅香林：《乙堂函牘》，第六十五册，第五項各通。
⑧ 蒲樂道：一九七五年五月十二日《與羅香林教授論教淨土宗等是否曾受景教影響書》（一九七五年六月八日，《香港時報·筆薈》，第二〇二一期）。

必然。未知教授曾否聽聞此見解？是否不值慎重探討呢？中東之宗教，有否機會以流迻影響於中國佛學？……

先生對之有論權而復之，以相交流也。

若復懷特（Beryi B. Wright）先生『論《道德經》三十三章之優劣及其存在問題』，明確指出西方翻譯家韋里（Arthur Waley），將經文『知人者智，自知者明，勝人者有力，自助者强』句，翻譯爲 To understand others is to have knowledge；To understand oneself is to be illuminated. To conguer others needs stregth；To conguer oreself is harder s il. 有失原意，蓋原文『者』乃明指第三人稱，故林語堂先生著 *The Wisdom of China* 一書第四十九頁譯此句爲：He who knows others is learned；He who knows himself is wise；He who conguers others has power of musedes；He who conguers himself is strong. 『鄙意林先生所譯，似更爲密合也。』① 而爲其作明燈焉。

若日本中國道教史權威窪德忠教授亦有與討教道教問題，並邀請先生參加於日本召開之道教史研究討會②。先生《敦煌石室所發現詢老子化胡經試深》③，部分初稿即爲此會而草。

若復南斯拉夫大學拉巴斯教授之意大利傳教士維拉（B' Valle）之問，及其一九四八年編《華意大辭典》於港仍可購得等事④。

若復香港大學亞洲研中心景復朗（King K. Frank）教授請教邁士達（P' M' Mastin）撰《聖經分析》（An Analyst of Bible）問題，並告以此書今當藏於英國劍橋大學圖書館（Thomas Wade's Collection）⑤。

（六）中外交通及華僑史之播於寰球學界

先生自肄業清華、燕京以還，承張星烺、梁啓超、陳寅恪、朱希祖、顧頡剛、洪業諸巨匠學緒以還，著述益勤，蓄養益宏，主講中外交通史、中西文化交流、華僑史諸課程之餘，廣爲蒐集史料，日爲研究，遂開拓細密可證之式，結合中外文獻與實物考察之研究路向，研究成果累累，若唐人打毬、唐元二代之景教、桂林佛像、廣州光孝寺與中印交通、景教徒阿羅憾等爲武則天營造頌德樞、唐代三教講

① 羅香林：一九七六年四月六日《復懷特先生論道德經三十三章譯文之優劣書》（《乙堂函牘》，第一〇四冊，第四十七項第二通）。

② 窪德忠：一九七〇年十月《邀請函》等（《乙堂函牘》第八十八冊，第五項第一通）。

③ 羅香林：《敦煌石室所發現老子化胡經試探》（《珠海學報》，第十一卷，頁一至十三。民國六十九年）。

④ 拉巴斯 To Prof Lo Hsing-lin，30th May，1957.（《乙堂函牘》，第九十一冊，第十三項第1通）。羅香林 To Mr. Seuberlich 7th May，1959.（《乙堂函牘》，第一〇四冊，第七項）。

⑤ 羅香林：一九七二年二月一日《與港大亞洲研究中心主任景復朗教授書》（香港大學《中文學會會刊》，一九七一年至七四年度，頁六，《與歐美學者論學書柬》）。

論、唐玄奘年代考、蒲壽庚與松齡研究、香港與中西文化之交流、婆羅洲及羅芳伯等建共和國考等，莫不爲國際漢學名宿戴密微、白樂日、石田幹之助、富路特、邵可侶、德效騫、牧田諦亮、榎一雄、李約瑟先生等所推譽於世界。戴密微先生於欣賞桂林摩崖佛像、羅芳伯研究成果爲『十分稀珍』之餘，更介紹其認爲『法國，甚至或全歐洲，對印尼學最有研究』，精通印尼、阿拉伯、荷蘭、西班牙、梵、中國語等之耶加達東醫學院之達文斯（M. Louis-Charles Domain）先生與之認識，以相切磋而推進關於中國南方海上交通之新領域①。

英國漢學家李約瑟（J. Needham）博士，即嘗因李珣及其《海藥本草》，及景教徒阿羅憾等爲武則天營造頌德天樞等問題致函先生，以求確切之證明。先生論復，以其於人文、社會科學之學養，及旁通淹識之輔助學科爲其解答李珣生平及所著《海藥本草》於中外交流中之貢獻，並論天樞爲銅鐵所鑄成，重達二十萬斤，其下雕刻有麒麟，其上則刻四龍，一糾博士，樞爲鐵鑄，大樞上下雕皆龍之謬闕，並寄著述贈之。李氏爲之致謝，並言將於《中國科學與文明》第二版時，將先生研究成果附入以糾已謬②。

若法國巴黎大學中國學院漢學家白樂日（Efienne Balazs）教授致函與討論蒲壽庚家族、宋史、澳洲華僑等問題，並請予以啓迪，告以相關研究成果，及索先生所著述，以助其開拓也。先生無不許之，並先後寄贈資料，及已之《百越源流與文化》、《唐代文化史》、《蒲壽庚傳》，聚賢《中國人發現澳洲》，林天蔚《宋代香藥貿易史稿》等。白氏因其有助於研究，特函謝之③。

若慕尼黑大學漢學家范倫克（Herbert Franke）與先生論中外交流等各問題，先生亦與之言，並贈聚賢、林天蔚先生等書以推廣文化交流④。

若復哈佛威爾士之論東南亞華僑之南遷入住非漢族區域中逢撞之文化、政治，及泰、寮族人生活等問題。威氏亦奉上所著《一九五四年漢民族在南中國擴張史》（Han Chinese Expansion in South China），以告其研究成果，以作交流焉⑤。

若復日本漢學家松本信廣（Nobuhiro Matsumoto）論東南亞種田及西利伯島望加錫之僚族人民生活等問題，並及松本所著《印度中國研究：東南亞種米種族之研究》—（*Indo-Chinese Studies*: *Synthetic Research of Culture of Rice-Cultivating Races in Southeast A-*

① 蘇穎睿等譯：《法蘭西學院戴密微教授致羅香林教授書》（香港《當代文藝》，第三十八期，頁十五。一九六五年一月）。

② 羅香林：To Prof. J. Needham，11. Nov，1968.（《乙堂函牘》，第一〇四冊，第六十二項）。李約瑟：To Prof. Lo Hsiang-ling 8，Oct，1968（收到《海藥本草》文章銘謝咭）李約瑟：To Prof. Lo Hsiang-ling 12 Dec，1968.《羅香林教授所藏函牘》，第三十七項第一第二通）。

③ 白樂日：To Prof Lo Hsiang-lin，27，Dec，1956；23，Sep，1957；7 Nov，1958.（《羅香林教授所藏函牘》，第四十六項）。白樂日：To Lo Hsiang-lin 25th Oct，1960（《乙堂函牘》，第八十九冊，第三項第二通）。

④ 傅海波：To Prof Lo Hsiang-lin 20，Mar，1957；23，Mar，1957；20，Dec，1968.（《羅香林教授所藏函牘》，第四十八項）。

⑤ 威爾士：To Prof. Lo Hsiang-lin Sep，20，1968；18th Nov，1968。（《乙堂函牘》，第九十一冊，第二十九項）。羅香林：To Prof. Herold J. Wiens Nov，15，1968（《乙堂函牘》，第一〇四冊，第六十三項）。

sian Countries（1））之贈送①。

若哥倫比亞大學富路特教授與先生討論『波羅毬』於漢末發明於中國，後傳經帕提亞，而波斯；及蒲壽庚姪蒲和日名稱，朝聖問題②。富氏並請先生與其共籌辦『明代人物傳記計劃』（The Dictionary of Ming Biography Project）於香港。富氏於一九六一年十二月親蒞香港與先生共催生此項國際合作計劃會議③，並公推先生爲港方主持人，爲此計劃草擬研究明代人物名單④，尋富氏返美後與楊聯陞先生據之列聘撰傳作者名單，並請先生繼就計劃中增列應擬『非漢人』、『宦官』、『僧侶』名單⑤。既擬，計劃遂行，參與進行撰傳及索引之牟潤孫、陳綸緒、余秉權、趙令揚、陳學霖先生等，皆先生引介，遂使香港與國際學術交流之作用正面樹於寰宇，並推動香港明史研究蔚然成風。

若復就讀法國巴黎大學博士學位研究生西蒙（Cl. Lombard Samon）所詢印尼華僑文學及目錄編纂問題，導其啓向首閱印尼文書之中國章回小説，從而考索中印文化交契之實以示於世。並據所知十九世紀間，雅加達已有印尼文撰關於劉永福黑旗軍史蹟之小説，其一爲《劉大將軍平倭戰記》，其封面有『Soe Sie Tong』之書於書名之下，上海圖書館藏有乙未年（一八九五）刊本，爲世之孤本；一曰《劉將軍臺戰實記》，附地圖，一八九五年刊本，日軍據臺時之譯文，另一則尚待覓跡。代查究推『Soe Sie Tong』當爲作者『蘇世棟』之譯音，或與閩音有關，此則尚須待考⑥。職是大裨其研究。

（七）族譜學之交流與世界性蒐集研究之感召

先生承家學，得王、梁、陳、顧、朱、張諸公之法乳，尤受陳門『不古不今之學』，朱門『不直今古文家門戶之見』，『既濟未濟之道，無窮遞進』之旨以治學，以延命國族史脉文化更新於淑世，著述以裨於經世，弘揚民族氣節，光復故物，推陳出新以助於革命與抗

① 羅香林：To Prof. Nobuhiro Matsumoto，Feb，24，1968。（《乙堂函牘》，第一〇四冊，第三十項）。

② 富路特：To Prof，Lo Hsiang-lin，July 28，1959；Feb，18，1960.（《羅香林教授所藏函牘》，第一十八項第一第二通）。羅香林：一九五九年十一月四日《與紐約富路特教授論波羅毬之創始書》（《與歐美學者論學書柬》，頁六。香港大學《中文學會會刊》，一九七一至一九七四年度）。

③ 富路時：To Prof. Lo Hsiang-lin Dec，12，1961；Dec，20，1961；Jan，15，1962；Sep. 5，1962。《羅香林教授所藏函牘》，第三十九項第一第三第四第五通）。羅香林：一九六一年十二月二十二日《復富路特教授函》。

④ 富路特：To Prof. Lo Hsiang-lin，26th Jan，1964。（《乙堂函牘》，第九十冊，第六項）。

⑤ 富路特：To Prof. Lo Hsiang-lin 15 May，1962；20th June，1962；十六 Dec，1962.（《乙堂函牘》，第九十冊，第六項）。

⑥ 西蒙：一九七五年一月十六日《致羅香林先生書》。李孟晉：一九七五年二月二十八日《致羅元一教授書》。（《乙堂函牘》，第九十二冊，第五十六、五十七項）。

戰爲使命①所啓迪，自立預流於學術，雖際離亂走難中，仍堅誌馭形骸於物外，足蹟、法眼、口訪所遍及，勤劬蒐集史料，讀行篋中典籍，以嚴謹科學之法，巨視細察之方，考據實證之則，比照參稽之妙用以發掘新領域，故早歲土治唐史則卓然成家，治客家則域內外尊爲開山人，晚年承昔歲一九二七年以還之累積及新獲治譜牒之學，中外無人能企及，其《中國族譜研究》之諸多創見，鞭闢近里，發前人未發之復，創以譜牒證史補闕之新蹊徑，被譽爲一代宗師。國際學人就此與之論學，及其肇全球化蒐集族譜，文獻流傳之風則迄今猶然。是其著，固爲學養淵廣，方法精進之成果，亦爲嘉惠學術界，嚮導新徑之作，而其延續民族文化之心曲使之發揚光大之活動，寄意之深遠，於前所論及，與下所舉隅可見。

若與日本學者多賀秋五郎論譜牒中客家宗族、教育與考試、修譜體例之史料與研究相關問題，共同切磋②。後贈以資料，貽所著《客家研究導論》、《客家史料彙篇》、《香港前代史》、《乙堂文存》，促使多氏興起探索九龍宗族之心，並於一九六八年來港登門論學，並由先生導之考察元朗鄧氏、新田文氏、上水廖氏、大德堂彭氏、粉嶺崇謙堂村，使其研究得助，所撰《宗譜研究——研究篇》遂能定稿付梓，迨問世，將之與《資料篇》等，即寄先生高覽③。又與論日本學術研究族譜概況及謝告知日本國會圖書館、東洋文庫、支那文庫、東京大學東洋史研究室、靜嘉堂文庫、嘉慶大學中國文史研究室庋有中國族譜之線索④。後一九六三年八月至九月間，先生即因是赴日訪問，遍閱各館藏善本如《蒲松齡族譜》、《淄川畢氏世譜》、《昆陵沙氏族譜》、《淄川高氏族譜》、《永定侯氏初譜》、《西林岑氏族譜》等，於先生譜學研究之開拓，大有裨益；並訪高瞻遠矚之學人石田幹之助、榎一雄、李獻璋、梁嘉彬、岡田英弘、松本信廣、前嶋信次等論學交流研究訊息⑤，而對多賀秋五郎氏《宗譜研究——資料篇》所收資料，推譽有加⑥。

若與美國富路特教授交流美國、日本各圖書館館藏中國族譜之況⑦，並得其訊息安排赴日本後再赴美國紐約哥倫比亞大學⑧，遍覽該

① 馬楚堅：一九七七年十二月一日《呈羅香林夫子書》。（《乙堂函牘》，第六十一冊，第五項第二通）。
② 羅香林：一九六一年三月十八日《與多賀秋五郎教授論譜牒中客家宗族及中國教育考試等史料暨研究問題書》（《乙堂手稿》，甲、第六十七項）。
③ 多賀秋五郎：一九六九年八月十二日《致羅香林先生書》；一九六九年十一月三十日，同前（《乙堂函牘》，第八十八冊，第八項）。
④ 羅香林：一九六二年六月六日《與多賀秋五郎教授論日本研究族譜及所藏譜牒書》（《乙堂手稿》，甲、第六十九項）。
⑤ 羅香林：《日本游訪及觀書記》（《書目季刊》，第七卷第三期，頁三九至四八。一九七三年）。
⑥ 羅香林：《中國族譜研究》（《書目季刊》，第一卷第二期，頁三至一一，一九六六年）。
⑦ 富路特：To Prof Lo Hsiang-lin 19 June，1963.（《乙堂函牘》，第九十冊，第六項。羅香林：To Prof. L. Carrington Goodrich 14th June，1963；21st Aug，1963.（《乙堂函牘》，第一〇四冊，第十三項，第十九項）。
⑧ 羅香林：To Prof. L. Carrington Goodrich 14th June，1963. 羅香林：To Sir Lindsay T. Ride，Vice-Chancellor 18th Nov，1963.（《乙堂函牘》，第一四冊，第十三項、第二十項）。

所藏九百卷之譜牒，後撰爲《哈佛燕京學社漢和圖書館所藏族譜錄》①；且順道觀書耶魯、普林斯頓大學，及與學者李書華、何淬廉、夏志清、房兆楹、楊聯陞、鄧嗣禹、吳伯益、狄別瑞、韋慕庭、何四維、胡昌度、周法高、牟復禮、富路特諸先生論學，交流心得；又數爲講演，弘揚文化於域外②。

若與美國猶他家譜學會（The Genealogical Society of utah）東亞部主席鄂爾頓（John W. Orton）博士論訪哥大，限於時間，致所得族譜資料雖不多，然已發現其中頗多與中國東南地區移民有關，因用之與方誌等典籍之互用研究，撰成該區人口移動問題，其成果見諸港大出版《中國族譜研究》中。並答所詢，告以其自一九二七年即從事研究譜族及方誌，志趣持續至今，研究領域涉及：客家道德、歷史、文化，史料蒐集，孫逸仙博士家世，洪秀全事蹟，皆有專題專著創獲。並表示很重視該會專爲收藏族譜之大型圖書館，請告其詳，有何印刷新著，樂於交流③。

先是，該會爲耶穌基督末世聖徒教會（The Church of Jesus Christ of Latter Day Saints）創於一八九四年，初限於收教區記事錄、族譜及其他一切關於人事有關之資料，以供教內會員、信徒尋根之用，後擴大而收，遂成藏西方族譜最豐富之重鎮，並於一九六五年，將資料製成顯微膠卷收藏在新建於鹽湖城郊外二十公里之崗巖洞庫中，庋量號百萬卷，惟該會不知中國族譜內容及體例之殊於西方，而西文學界亦有所不知，致所庋者眾，卻無有知及如何研究。既仰聞先生研究精深之令名，乃修書請教，以授其不足④。致有一九六七年十二月十四日之函，進而聘先生爲族譜研究計劃委員以資顧問，遂使其會研究部研究及庋藏方向漸轉型，申諸中西交貫之旨。

一九六八年十一月六日由布頓博士函請惟一非會員學者及首名華人專家之先生參加指導該會將於一九六九年八月五日在猶他州召開七十五週年紀念之首次國際族譜會議——世界載籍會議。先生允之，並與論研究專題等問題⑤。大會因之闢東亞組有『中國族譜之學術的運用』爲主題之討論會。十二月十三日鄂氏函告美國艾伯華（Wolfram Eberhard）教授有所建議，欲請先生講述『中國族譜所見之中國歷史』（History and set-up of Chinese Genealogies）。翌年一月十七日又與論艾伯華建議先生兼講『中國譜籍之留傳與保存』（The Extent and Preservation of Geneological Records in China），尤冀評介一九四九年後華人史學界對於中國族譜研究概況⑥。

一九六九年二月四日先生復之，與論大會『世界載籍會議』關於『中國族譜之學術的運用』（Scholaslic Application of the Chinese

① 羅香林：《哈佛燕京學社漢和圖書館所藏中國族譜目錄》（《國立中央圖書館館刊》，第二十四期，民國五十八年四月）。
② 羅香林：《紐約觀書記》（《書目季刊》，第七卷第一期，頁六一至七二。一九七二年）。按：狄別瑞，William Theodore de Bary，一作狄百瑞。
③ 羅香林：To Mr. John W. Orton Dec，28，1967.（《乙堂函牘》，第一〇四，第五十三項）。
④ 鄂爾頓：To Prof. Lo Hsiang-lin 19 June，1969.（《乙堂函牘》，第九十冊，第二十五項第一通）。
⑤ 羅香林：To Mr. John W. Orton 3rd Der，1968.（《乙堂函牘》，第一〇四冊，第六十五項）。
⑥ 鄂爾頓：To Mr. Lo Hsiang-lin 17 Jan. 1969.（《乙堂函牘》，第九十冊，第二十五項第三通）。

Clan Genealogies）討論會之籌備與安排，於《留傳與保存》一題，建議『論述地區自當包括大陸與臺灣及香港等地。惟講述族譜而並及於地方誌書，則恐範圍過廣，難以周詳。鄙意此題大要仍當以族譜爲主，惟論及大陸對族譜情形一段，自可將方誌一併提述。主講述人員，則目前或可先行訪求，如無人願意擔任，則委由本人承乏，亦無不可。』又以己『拙於英語』爲由，提議大會邀請少壯學者陳學霖、蘇宗仁、羅文出席①，其掖人之義深矣。

鄂爾頓因之蒞港，與之會晤論學於二月二十八日，得先生允講二論題，而先生《中國族譜研究》英譯本以澤西方學術界亦肇於斯②。世界載籍會議如期舉行，先生二論題之演講，一新西方學術界對中國族譜於史料重要性上啓向新發現理念，及於人類社會學方法外，別有精進研究法之運用所創獲豐碩成果之啓示，遂爲西方學術界導向收集兼運用於學術研究中之新領域。艾伯華、鄂爾頓等皆以此次會議因有先生之參預而令大會生色不已，令西方學界了解中國族譜內容、體例、功用及運用新蹊徑，於先生族譜學之奠立，譽爲『宗師』。並函謝於會後③。

赴美問，先生未行之先已與美國國會圖書館東方研究組負責人吳光清先生（K. T. Wu）論該館館藏④，並順道往覽閱中國族譜，其經臺北，亦讀譜於中央圖書館。凡讀必作提要，尋將先後所得，發表爲《中美著名圖書館所藏中國明代屬於善本類之族譜敍錄》⑤，以示導於後學。

猶他學會研究部專家鐵爾福（Ted A. Telford）博士有意保存世界諸類族譜之發展，受先生啓發，大會後即負責對中國族譜正式展開蒐集之策劃，並以先生爲『族譜研究會』委員，請與之論現存之官私所藏譜，分類介紹以便其循之整理。一九七三年繼鄂爾頓主理家譜、學會，尤欲使該計劃擴大，擬蒐集分階段，首先『進行對美國及日本所藏中國族譜之製作顯微膠卷』，並及香港。又且以先生著述提及『中國戶籍冊及明清兩代之黃冊與保甲冊』，及科舉考試卷等亦『擬爲收集與研究』，惟其等於此皆無所知與未嘗覽及，故請教先生如何著手以開展工作。

先生與之論，教以直接聯繫三方核心人物：日本爲東洋文庫榎一雄，美爲哥大東亞圖書館唐德剛（Dr. T. K. Tong）館長，香港

① 羅香林：To Dr. John W. Orton 4Feb. 1969.（《乙堂函牘》，第一〇四冊，第六十六項）。案：中文原稿，收《乙堂手稿》，乙，第五十二項，一九六九年一月二十八日。

② 羅香林：To Dr. John W. Ortor 11th June 1969.（《乙堂函牘》，第一〇四冊，第六十七項）。

③ 鄂爾頓：To Prof. Hsiang-lin Lo 30 Sep. 1969.（《乙堂函牘》，第九十冊，第二十五項第二通）。餘參見本書《中國譜族研究》勾玄舉要等相關各節。

④ 吳光清：To Prof. Lo Hsiang-lin July 31, 1969.（《乙堂函牘》，第九十一冊，第三十二項）。

⑤ 羅香林：《中華著名圖書館所藏中國明代屬於善本類之族譜敍錄》（《書目季刊》，第六卷第一期，頁三一九。民國五十五年九月）。

則香港大學圖書館賴鼎（Mr. H. A. Rydings），『詢商一切，彼必能詳爲答復，與盡力協助也。』① 函附三者地址。

自此該會遂突破會員，教徒界限，開拓新局，自猶他州而美國各州，而日本及香港，進而東南亞，而中國大陸，使中國族譜得以因膠卷而集中於交流，其風迄今不息而全球化，於中西文化交流，其爲個中首要之一大者，而其肇始、中介，則先生之力焉，亦爲其建築漢學橋梁之一大賢勞也。

鐵爾福爲促成該誌，親來港登門請益於一九七四年四月九日②。翌年二月十八日、三月十四日與論各方合作初步洽妥，臺灣與香港亦經先生中介而成功；四月二十四日又來港造門羅府，論該會聘先生爲『顧問』，助籌東亞全球蒐集事宜，並該會與香港大學亞洲研究中心合作在港搜集及製作顯微膠卷計劃，請先生主持其事，並由該會資助先生聘兩位研究助理整理與蒐集，職是先生爲之組織數位學員參預此領域之展開③。

族譜蒐集，爲先生自一九二七年以降之終身職志，私人蒐庋外，掌廣東廣州市立中山圖書館，即展開收集戰後歸省立圖，及身所得與原藏凡一八一種；移席於香港大學，亦極力促使馮平山圖書館蒐集族譜，迨其《中國族譜研究》稿成時，館藏已由小數拓至一〇五種。既獲猶他家譜學會資助，除首聘何廣棪、唐玉麟爲助理研究以協其整理，搜集香港及新界各姓族譜。並協助該會製作微卷事宜外組學員進行研究。該會除將其館藏重複之族譜資料從先生之請而贈香港大學馮平山圖書館外，而新收得於香港製膠卷後之譜牒則庋亞洲研究中心，並將於其圖書館所藏廣東族譜四十多卷六十多種贈香港大學馮平山圖書館，以廣流傳，一九七九年亞洲研究中心亦將所藏交馮平山圖書館編目庋藏。

一九七八年，先生病逝，其所珍藏族譜八十七、家譜二十八、譜牒資料三十，譜牒研究論著二十一、宗親及同鄉會刊物四十種，凡二百〇六種、二五一冊中遺留未逸者，其嗣羅文、羅康、羅瑜等概贈香港大學，中珍本族譜共六十一種，於推動香江學者研究尤有裨焉。先生既殂，其計劃由中文系林天蔚先生以門生賡續其業。

一九八一年接替鐵氏主理者沙其敏（Melvin P. Thatcher）先生將東南亞辦事處遷香港，加强與港大合作，並於一九八一年五月十八日公開推行第二次向九龍新界之元朗與屯門區之蒐集活動。於香港大學亞洲研究中心助理研究員蕭國鈞、蕭國健、曾一民、李德超、

① 鐵爾福：To Prof Lo Hsiang-lin 11 Oct，1973.（《乙堂函牘》，第九十一冊，第二十一項第二通）。羅香林：To Dr. Ted A. Telford（《乙堂函牘》，第一〇五冊，第十七項第一通）。案：中文稿作《與鐵爾福博士書》，一九七四年二月十日。見《乙堂手稿》，乙堂第八十八冊）。

② 鐵爾福：To Prof. Lo Hsiang-lin 15 Feb，1974. 羅香林：To Dr. Ted A. Telford 3rd March，1974（《乙堂函牘》，第九十一冊，第二十一項第一通）；第一〇五冊，第十七項第二通）。

③ 鐵爾福：To Prof. Lo Hsiang-lin 18 Feb，1975；14 March 1975. 羅香林：To Dr. Ted A. Telford 7th March，1975（《乙堂函牘》，第九十一冊，第二十項第三第五通；第一〇五冊，第二十三項，案此項來函，先生眉書鐵爾福來訪時間，聘請大要。）

馬楚堅氏等率領及該會秘書郭文玉氏之協助，與十六名調查員爲期兩月之努力，經馬楚堅氏統計，共得族譜二十九、家譜七、宗譜簡史三、碑記四等不一。

後來蕭、馬等五人仍於林氏領導中，繼續據先生所制之方計發展，『至一九八二年九月底止，共蒐得族譜二百餘種』，使馮平山圖書館至十月所藏總數達三七三種，共一〇三姓①，經相關者之繼業，截止於一九九七年六月四日，共三七四種②，複本及非純族譜類，新增叢類譜書不計在內。此種圖籍固爲保存，亦爲研究中國歷史文化、社會史、移民、人口等專題供珍貴資料，而先生肇風氣之先，並將其研究意義、方法宣示於世，於是在香港感召本地學者研究及利用港大所藏於學術發揚助益大矣；在庠育人，則感召門人承其學而傳之，促使本地學人參與海外研究工作；對海外則感召猶他家譜學會由收藏資料，提供資料與教友、會員之服務，擴展爲世界性蒐集與研究工作，亦因而掀起西人『尋根追源』之熱潮，臺灣、東南亞學界重視族譜之風，繼而各有譜學會類之成立小組收集族譜，尤以臺北國學文獻館之召開『亞洲族譜學研討會』影響最巨③。

先生門人林天蔚先生亦以學專被邀參加一九八〇年十二日猶他學會於鹽湖城舉行之第二屆『世界載籍會議』；林氏並與議將其會議精神延於香港，遂有亞洲研究中心與該會合辦在香港大學召開『區域性研討會』於一九八二年十二月二日及三日④。自後猶他學會以香港大學爲中介站，向中國大陸展開蒐集、與製作顯微膠卷，首營運於中國第一歷史檔案館、中國社科院、山西省社科院等，國內學人並受族譜學新知之感召而在國內組『中國譜牒學研究會』，且由武新立主編《譜牒學研究》，以資弘揚，於今已刊至第五輯；馮爾康先生等則編《中國族譜綜錄》，進而上海圖書館聯絡先生另一傳人馬泰來先生等籌備編全球《中國族譜目録》；於臺灣，譜系學會不少，由陳捷先主持之『亞洲族譜學術研討會』，凡七屆，皆於會後編爲論文集；第八屆則景仰先生感召所在地，請先生傳人、香港大學中文系講座教授兼系主任之趙令揚先生召集舉辦於香港大學中文系，由該國學文獻館協辦，推之爲國際性會議於一九九四年十二月十二日至十三日，成爲一時學林盛事，而羅門肇開風氣，提出典範成績，學脉傳承以賡續其業緒之義亦彰焉。

---

① 鐵爾福：To Prof. Lo Hsiang-lin 18 Sep. 1974；18 Feb. 1975.（《乙堂函牘》），第九十冊，第二十一項第五第四通）。馬楚堅：《從香港大學蒐集族譜之計劃談中國姓氏之意義》（《香港時報》，一九八一年七月二日）。蕭國鈞、蕭國健：《族譜與香港地方史研究》（香港：顯朝書室，一九八二年），頁一至二〇。林天蔚：《論香港地區的族譜與方誌及其記載的眷字》。吳業立：《馮平山圖書館所藏族譜資料介紹》（《地方史資料研究論文集》（香港：香港大學亞洲研究中心，一九八五年），頁一三四至一三九；頁一七七至一八三。

② 承馮平山圖書館參考書組組長張慕貞女史所示。

③ 馬楚堅：《從香港大學蒐集族譜之計劃談中國姓氏之意義》。臺灣亞洲族譜會議，其理念與踐行，據該召集人陳捷先教授談及，肇自羅教授也。

④ 林天蔚編：《地方史資料研究論之集》，卷首，沙其敏《序》；卷末，林天蔚《編後語》。

（八）國史抉微與互通資源弘學術

先生學養承自王、梁、顧、陳、張、朱諸巨擘及家學淵源，盡得各家治學之法，交貫融會，終生矢志響應師言『預流』，『發前人未發之復』，致創獲豐碩於五六十年代之特殊局勢中，獨樹一幟於香江，弘教化，昭中國學術，廣交當世之士，推動國際漢學之交流於斯。學林於其治學、淵博識見，覓用材料，考據實證，闢徑創見之研究成果，莫不景仰，視爲『史學大師』。國際漢學家研究中國歷史，遇難，不少直接或間接致函請教，或登門面領教益；研究中國學之研究生亦不少因師示而請教。先生亦謙謹因應而循循然善誘人啓向其的，爲其解惑，或提供資料即予完成論文所需，大裨學術『預流』之行於四海也。

若復美國加州大學賓板橋（Woodridge Bingham）教授所詢初唐史事，並爲提示史料取向，寄予唐儒溫大雅《大唐創業起居注》等資料，助其初唐史研究之破突①，並時通信談論共同喜好之學術，賓氏且贈以巴克萊（Berkeley）著、東亞研究中心譯刊《中國中古歷史叢書》四種，其中《蘇綽傳譯注》、《黄巢傳譯注》，先生論爲『關係於中古文之闡發者尤巨』，且力邀賓氏於一九六五年十二月九日赴香港大學東方研究院演講，以一新眾人於日本中部八幡（Yawoto）之風土，事蹟，藝術製作，及唐時中日有關之資料路向②。

若復隨蕭公權教授學史，將獲華盛頓大學博士學位返澳洲任教之路未士（Winston G. Lewis）論唐代《大唐創業起居注》與其他相關史籍之淵源、使用取向，並寄資料，及李宗桐《唐史考辨》等以供參考，以糾其於高祖、建成太子、太宗與對貞觀政要、原田種成、魏徵等史事之謬③。

若與域外學者論宋史，大裨新領域之開拓，而爲法國人文社會科學院聘爲研究計劃委員，共爲中外宋史拓展，而香港之宋史研究亦因此橋樑與明史等一同參與及創新成果④。

若復加拿大學者積珍妮花（Jay Jennifer）請益唐代『甘露事變』問題及史料運用取向，且贈《胡輯甘露事類》三卷及己《跋》以供

---

① 賓板橋：一九三七年四月三日《致羅香林先生書》；To Prof. Hsiang-lin Lo Oct，16，1937.（《乙堂函牘》，第八十九册，第六項第四第七通）。羅香林：一九五六年三月廿二日《與美國賓板橋教授書》（《乙堂函牘》，甲、第七十四項）。

② 蘇穎睿譯：《加利福尼亞賓板橋教授與羅香林教授書》一至三（羅香林《歐美漢學家書柬》，頁六八至六九，臺北《書目季刊》，第八卷第一期，民國六十三年六月）。羅香林：《與加州賓板橋教授論所寄古史譯叢書》（《與歐美學者論學書柬》，頁六。香港大學《中文學會會刊》一九七一至七四年度）。

③ 路未士：To Prof. Lo Hsiang-lin，25th April，1967；21st June，1967.（《乙堂函牘》，第九十冊，第十九項第一第二通）。羅香林：To Mr. Wington Lewis April 17，1967.（《乙堂函牘》，第一〇四册，第四十八項）。

④ 羅香林：To The Directors Projet Song June 22，1965.（《乙堂函牘》，第一〇四册，第二一五項）。

其論文運用之需①。

若復美國富路特教授之與論明季遼東努爾哈赤之起，與魏忠賢、西藏宗喀巴、日本雪舟和尚等事蹟②，皆有所建白。若有『德籍學生論文以明墨爲題』求教於先生。先生不單爲其指道取向，且致函異地友儕中對此有專長者助提供資料、目録，以玉成後學之論文③。

若復美國猶他州學者鐵爾福（Ted A. Telford）博士，論明清二代黄冊書、戶籍、保甲、科舉考試等資料問題，遂啓兩地合作展開蒐集活動④。

若日本漢學家波多野太郎教授不單自己走訪香港大學謁先生，交流後，自言：『得聽教言，蒙賜大著學識博洽，才語蟬嫣，心醉無已。回國以後，披卷瀏覽，恍恍巨篇，頗擴管見，欣幸奚如！』後且命門下橘生來港『登門肄業』，獲先生『諄諄啓迪，多方指教，方得畢業。』波多氏爲之致函銘謝⑤。由此，可見其於『預流』之推廣，非僅限於同儕，且兼重掖後學以作綿延積籽之志在。

若復邵可侶教授之論太平天國，及介紹有關資料，與簡又文先生太平天國之研究成果⑥，以助其所撰太平天國專著之定稿。

若復美國近代史專家，威尼斯大學柯文（Paul A. Cohen）討論王韜，於一八七四至一八八四年間之事蹟與史料，以《弢園文錄外編》所載欠明文出版日期，可查勘於王氏《蘅華館日記》，惟該版本於臺北『中研院』史語所圖書有藏，或閱縮微卷本；並及參檢《循環日報》，該報香港大學有庋，惟有所殘缺，完備者或日本京都大學，次則美國國會圖書館有藏，建議往之覓閱，以裨其王韜改革思想之研究⑦。

若復近代外交史學人希斯（Michael Hunt），與論晚清一九〇二年至一九一一年間中美外交及梁誠外交作用，史料問題，皆爲其解其不能解者。希斯尤於一九六九年自臺北來港，登門問學，獲得其於晚清外交史與中國外交政策研究所需，然後返羅馬研撰其論著⑧。

---

① 羅香林：To Miss Jiss Jay Jennifer 缺年日。（《乙堂手稿》，甲、第八十九項）。
② 富路特：To Prof. Lo Hsiang-lin June 20，1962.（《乙堂函牘》，第九十冊，第六十項十通）。
③ 王壯爲：一九六五年一月一日《致羅元一先生書》（《乙堂函牘》，第九十二冊，第五十二項）。
④ 鐵爾福：To Prof. Lo Hsing-lin 11 October 1973．羅香林：To Tecl' A. Telford 12th Feb. 1974．（《乙堂函牘》，第九十一冊，第二十一項第二通；第一〇五冊，第十項第一通）。
⑤ 波多野太郎：缺年日《致羅香林先生書》；一九七六年九月十二日《致羅博士香林教授書》（《乙堂函牘》，第八十八冊，第七項第三第四通）。
⑥ 馬泰來譯：《前中法大學邵可侶教授與羅香林教授書》（《歐美漢學家書柬》三，頁七〇。臺北《書目季刊》，第八卷第一期）。
⑦ 柯文：To Prof. Lo Hsiang-lin 9th Aprol，1966．羅香林：To Paul A. Cohen 8th July，1966．（《乙堂函牘》，第九十五冊，第九項）。
⑧ 希斯：To Prof. Lo Hsiang-lin 6 Sep. 1969；10 Nov，1969；8 Jan，1970.（《乙堂函牘》，第九十冊，第十一項）。

若與日本治外交史權威蒲地典子（Noriko Kamachi）教授論晚清外交官梁誠、傅秉常及中國外交史問題，致其登門造訪①，詳論外交史上種種研究困難問題，使其於與美國學者之外，首與華人論交談學，大裨外交史探索之開拓。

若日本學者今堀誠二（Seiji Imahori）教授與先生論學，得先生於香港提供資料及指點，致解決其於學術上之疑難②。

若復研究民國學生運動之易勞逸（John Isreal）論民初學運問題，致易氏與登門請益，以裨其博士論文之撰作③。

若復皇仁書院校長斯鶴士（John Stokes），與論孫中山先生一九一〇年二月寄其姪孫日書，及唐紹儀、謝鑽泰事蹟，香港廈村文物等④。

若與來訪美國《時報》（Times）與《生活雜誌》（Life）出版人路斯（M' Luce）先生論香港大學中文系發展及中國二十年來變化之由來，尤告以中國歷史治亂，乃『曲線形之進也。但前一治與後一治，非全同者，而前一亂與後一亂亦非全同者。』今日大陸非已成定局，『仍在變中，不能長見如此現象也。』⑤以今證昔，則先生治亂相因之説，驗矣。據學者指示，路斯嘗將來討論之言發爲文章，登於其刊物，使宇內皆知香港大學中文系於新中國鎖局時之作用，令世知香港有效隋代王通講學心之漢學家——羅香林等⑥。而先生治亂説所帶出示於淑世之信訊，自有令世人於中國之希望得以寄諸《易》緼『既濟未濟』中。下若問道或親來謁拜見，問研究上古、唐史、近代、現代史、國學、文哲、搜尋資料，求釋論明德格物之學者，若林百德（L. Dwards）、史維祥（Samuel T·H·Chan）者尚多；至若與日本詞宗水原琴窗論詞學聲律並及水原之子渭江，兩代交遊互詠雅唱之佳事，則另見拙著《羅香林先生學述》，不贅。

三、與中外本國學人之交遊論學

先生函件，先則大陸時期之前輩師友，次爲移席香港時之故交新雨，今就後者觀之，不少爲與中外本國學人之書札，其中類似上節

① 蒲地典子：To Prof. And Mrs. Lo Hsian-lin Sep，9，1973.

② 今掘誠二：To Prof. Lo Hsiang-lin July 2?，1967.（《乙堂函牘》，第八十八册，第十七項）。

③ 易勞逸：To Prof. Lo Hsiang-lin 7 Aug，1959.（《乙堂函牘》，第九十册，第十二項）。

④ 羅香林：To Mr. John Stoks 20th Aug，1964；May 9，1966.（《乙堂函牘》，第一〇四册，第二十一項，第三十四、三十五項）。斯鶴士：To Mr. Lo Hsaing-lin 25 Sep 一九六四.（《乙堂函牘》，第九十一册，第十九項）。

⑤ 羅香林：《乙堂隨筆》一，頁九至十，一九六四年《美國時報與生活雜誌創辦人路斯來訪記》。

⑥ 嘗聞於陳綸緒、方豪神甫於一九七九年『羅香林教授逝世一周年追悼會』上講演。

外籍人士之問道者衆，先生皆一一爲之解惑以嚮導之，亦有涉及文史哲各層次，與論及當代研究，或主動致書述意，暢言學林盛事、學生往訪、贈書致意者，今略將一二勾出，庶幾可見大時代之學人風範及學術發展之一斑。

（一）甲骨古文字

乙堂先生有《尚書名義考》、《釋歲》、《釋氏》、《禹娶塗山辛壬癸甲釋》之著發表於民國二十八年、三十年間①，世具法眼之學人莫不知先生既明經學，且通甲骨古文字，故先生與治此中學問之名家董作賓、魯實先、余鎬堂諸先生皆有論學講道藝、談家事、說治病、覓書蒐資料等事。就余氏而言，中山舊友，著有《楚簡》、《殷籀》二書稿，嘗託先生推薦與諸貝爾委員會②，另函與論甲骨卜辭中有秘文，『乃傳自夏代殷籀』，請助其寫出此書③；又致函並付上《史記》之《趙佗傳注》，論對佗事務所考定以就正於先生④。又告曰：

> 欲賈其餘勇，草成《夏殷貞卜秘文考釋》。甲骨玉簡秘文資料皆已蒐集，可稱美事俱備，只欠東風。故敢瀆陳管見，良以此秘文今惟僕治甲骨文後方知古有其體，今亦惟僕能抉而通之，倘僕身死則此曲成廣陵散，後世更無能知之者矣。……倘荷垂念舊誼，如前函所云玉成鄙願，僕即……⑤

其稿終因先生之助而殺青於一九六五年，自序外凡目十二，抄目以示並許如需要參考即奉抄本全文⑥，復函云：

> 乙堂先生左右：
>
> 屢荷鼎力支援，感戴無言可喻……所治古文字，自信可以信今傳後，譬如色戲之戲亦可作義，箕子實乃荄茲之誤，太甲居桐之桐，甲骨作童，踐奄之奄，甲骨作盦，凡此皆僕獨運正心冥會元古，足一洗經史相承之誤者。……今有懇者，聞饒君宗頤，與足下同事，彼治甲骨文甚劬，然未能脫許君《說文》窠臼，故其近作《貞卜人物事輯》，僅臚列諸辭，真贋併出，既無考釋，亦無斷制，此我個私人言。容氏寶蘊樓亦言之如此也。敢請足下婉商饒氏，僕願以《夏殷秘文考》手稿讓諸貴校，俾得互相觀摩，共同促進，而僕之三年別館十載辛勤不至長閟，世界文明，亦得進步，現代人亦得完成歷史任務。然足下知我不敢發此狂言也，如何之處，乞

① 羅香林：《乙堂文存》（廣州：希山書藏，民國三十五年），頁一至四。
② 余鎬堂：一九六三年十一月十四日，致《乙堂兄》函（《乙堂函牘》，第八十冊，第四項第一通）。
③ 余鎬堂：一九六四年十月十六日，致《乙堂先生函》（《乙堂函牘》，第四項第四通）。
④ 余鎬堂：一九六四年十月十六日，致《乙堂先生函》（《乙堂函牘》，第四項，第六通）。
⑤ 余鎬堂：一九六四年十一月二十二日，致《乙堂先生函》（《乙堂函牘》，第四項，第七通）。
⑥ 余鎬堂：一九六五年三月十五日，致《乙堂先生函》（《乙堂函牘》，第四項，第八通）。

面諭……便得。①

公器之心坦蕩蕩，於是先生遂因與論學之便，爲學校增一學術秘本矣。而《貞人人物事輯》後有否參考觀摩余《稿》，則非鄙學後進所能目睹耳聞矣。而余氏承先生意，亦爲搜集『僮族風俗歷史故事材料』以助之所需。②

余鎬堂又與先生論『楚威王爲晚周深明詩禮博學宏通之人』，其壙中遺物——遣策竹冊，『允爲禮家參教，取證經傳』；越裳劍，『周時字作郕鍋，鍋亦作鍴，從金旁以表貴，後世降爲常體』；繞車輪鐵，『乃當日白雉之獻，司南車之賜，確有其事』。余氏將所得整理，經十年而成《楚簡》定稿，請先生代爲薦刊於商務，或讓與港大馮平山圖書『藏此份寫稿供參考，亦名山藏之之義。』③聞該稿④後果爲先生請購爲珍籍焉。

若湖南魯實先教授，於一九四九年南渡寓香港之赤柱，聞乙堂在港，屢函共論《史記》、曆法、甲骨古文字甚至學人動態，生活瑣談，工作謀生，並請代爲發表主持刊物中。先生初獲魯牘，即復之曰：

實先先生道席：曩在重慶，於《東方雜誌》得 先生大文，又聞 先生建議改定孔子誕辰紀念日期，而深景仰。頃奉 手教，及尊作序文，並陳子展君《龜曆歌》，拜讀敬佩。彥堂《殷曆譜》，弟初聞其作書，即如其難免穿鑿，今得 先生爲之更正，所爲裨益，於年曆學者，貢獻甚大。容當前趨謁教也。尊文已實交星島，但『文史』常不及依期刊出耳，先此奉復。⑤

後，先生又函告於一九五二年元月十二日上午與饒宗頤先生同訪魯氏，並介紹曰：

饒兄聰穎力學，十九歲時即著《潮州藝文誌》，驚動粤中名宿，十餘年來，亦頗治甲骨文字及古地理之學。關於殷曆及古代天文問題，欲有所請教也。⑥

是先生介紹饒氏外，並欲當面討論殷曆及古代天文問題，時先生任教港大中文系，此固爲其教研所之，而介紹饒氏，則饒、魯於甲骨學之交流與作品觀摩、借閱以拓視野，則於饒氏甲骨學當有所異常之啓迪焉。惟魯氏嘗借甲骨文論文稿《殷曆譜糾謬》與饒氏參考多年，則見諸魯氏赴臺講學後致函與先生論學通候之函牘中，並請其代向饒氏取回寄臺備用者，⑦據此可見魯氏與饒氏於甲骨學交流原委之

① 余鎬堂：一九六五年五月五日，致《乙堂先生函》（《乙堂函牘》，第四項，第十通）。
② 余鎬堂：一九六五年十月十二日，致《乙堂先生函》（《乙堂函牘》，第四項，第十一通）。
③ 余鎬堂：一九六五年三月二十九日，致《乙堂先生函》（《乙堂函牘》，第八十冊，第四項第十七通）。
④ 該稿《楚簡》，正名《戰國楚威王遣策竹書考釋》。見於第十七通函附件。
⑤ 羅香林：一九四九年十月十四日，致《實先先生》函（《魯實先先生珍藏書札》，頁九〇。臺北『中央研究院』文哲所，一九九九年）。
⑥ 羅香林：一九五一年一月二日，致《實先先生函》（《魯實先先生珍藏書札》，頁九一）。
⑦ 魯實先：?年三月二十二日、?年二月二日，?年二月五日《致香林先生三函》（《乙堂函牘》第八十六冊，第三項第一通，第四十九項、第五十一項）。

實。

若中央研究院民族學研究所凌純聲氏亦有與論學，交換意見，先生並將己所珍藏『漢磚樓船照片』依所囑代爲『放大十二吋，再描下繪圖』以供凌氏著作之用。按此『漢磚已爲日本劫去』①，故先生所藏照片實屬珍貴，然卻能因凌氏所需而出示寄與，是其學術公器之心於此可見一斑矣。

（二）古代經史

先生於經、史、子、集皆有所得，時於有所觸悟，必將相關資料無不博蒐廣徵，以備後之於精心探究立言，或施教、或供門下碩士、博士專題研究之參考用。爲此時有取之與摯友論之及請助傭書、拍印。若與中研院史語所陳槃教授論『動植物變怪之説』、『火精宋無忌』者，陳氏爲之復此讖諱之説及火種外來之見②。陳氏與先生之書函，現存凡六十通以上，所交流非僅學問而已，且及他者不贅。

若名哲學兼教育家謝扶雅教授嘗以撰《中國倫理政治史》書稿之際，特明『中』字之起源於結繩之時，以爲『夏尚忠』之忠必系其關注而主張之『男女諧合之「中」，因「臣忠君義」及「忠恕」諸道總名，甚爲後出，夏代決無此類高美倫理觀念等，並與論『中』道於三代之演變，先生於是就其『結繩「中」字系圖像男女性官調和有所評正』，令謝氏『至爲感佩』焉。③

若香港崇基學院院長容啓東教授，與先生爲清華同窗，素知其淵博，目爲活字典，每有所惑，或外國學人向其問道而已有所不足者，必致函詢之。如其未曉五谷病害與饑饉史料之深者，乃專函次咨先生，先生爲之復焉，云：

> 啓東學長道席：前奉手教，承示美方學者函詢吾國歷代關於因五穀病害而發生之饑饉紀錄。牽於賤務，未及早日奉復，爲歉！弟目學無多，於吾國歷代關於五穀之種植與病害等問題，鮮所研究，無以奉答吾兄殷殷垂詢盛意，至以爲愧！惟吾國自昔以農爲立國根本，於五穀病害與饑饉等關係，自亦爲史家所最注意。孔子作《春秋》，即嘗列舉害稼之螽蝝等災。如書宣公十五年『秋螽』，十七年『冬，蝝生，饑』，是其顯例。螽爲漢以後所稱之蝗蟲，蝝則劉向以爲即飛蟻之屬。《漢書》卷二十七《五行志》中，謂『宣無熟歲』，即指此也。自是各家與各代所修正史（即二十四史之屬），其本紀皆依春秋紀年之法，於害稼之蟲災，多爲依例紀錄。而各史《五行誌》與《食貨誌》等，於五穀病害與饑饉災異，亦每加闡述。雖其所釋詞句，多與科學知識相違，然其所含

① 凌純聲：?年四月八日，《致元一先生函》（《乙堂函牘》，第五十冊，第十一項第一通）。
② 陳槃：一九五〇年七月十日，《致元一先生函》（《乙堂函牘》，第八十八冊，第三十七項）。
③ 謝扶雅：?年五月二十四日，《致香林先生函》（《乙堂函牘》，第八十六冊，第五十四項）。

史實，亦可藉是而歸納也。特迄今尚未有將此類資料爲之彙編爲一專書者耳。容尚請爲翻查各有關雜誌，與前人所作農書之什，如有更具體意見，當再爲奉告也。專復，並請教安！

弟羅香林敬復。民國四十八年三月九日。①

容氏得之，轉告垂詢學人，該人自後以此爲圭臬，參考相關文獻。後於容氏轉介，時加直接問道於先生，據而一一爲之考定而編研成一論著焉。②

（三）隋唐宋史

先生學術研究，撰作勤劬，成就多方，而卓犖特出者，隋唐宋史即其一也，凡以其論著，率皆覃思入微，徵引詳博，獨抒胸臆，理榷稽實，創獲殊多，致有疑團乃向之請教。而每有問道以求，必得徑焉，故來者迭然。

若巴黎大學王聯曾教授，爲戴密微、白樂日諸漢學名家之友，時透過其與先生交流學術及互贈書籍之事，王氏與先生私誼亦深，時相講道談藝，相切磋解惑。一九五六年，先生即有因王氏之叩道，乃復之云：

聯曾吾兄先生有道：前在巴黎，迭聆鴻教，景慕至極；重承引導，得兄開迪，益深感佩！別後於九月廿四日，安抵香港，即返港大授課，以學校已開課一星期也。自是忙於課務，與清理積欠文債，致不及早日奉書叩謝，僅於上月中旬曾將拙作《國父與歐美之友好》，及《百越源流與文化》各一册，先爲奉呈請正，諒經上達。疏謬無似，倘乞諒宥。前承示音韻學上之蕭該問題，頃見王先謙《漢書補注》序例，亦曾提及，謂『蕭該，蘭陵人，隋國子博士，山陰縣公，著《漢書音義》，引見官本』。至切韻作者陸法言事蹟，則據陳援庵先生（垣）《切韻與鮮卑》一文，（見北平圖書館編印《圖書季刊》三卷三期，民國二十五年九月出版），謂「切韻」撰者注者，均屬鮮卑，實爲奇蹟』。此類論述，想兄早經閱及。近日有何更新發明，得便乞賜示知，俾資探索。又國父當年諸法籍友好，有駐漢口總領事羅氏，關係於辛亥革命者甚巨，事蹟略見拙書《國父與歐美之友好》第一一八頁。惟中國方面，失載其名。巴黎方面，如有較詳文書，乞代蒐集爲禱！漸寒諸乞珍衛，即請著安！

民國四十五年十二月三日。③

① 羅香林：《與容啓東學長述中國問題於五谷病害與饑饉之史料書》（《乙堂手稿》，第六十五通）。

② 容校長嘗告於先生出殯之日。美國友人失其名。

③ 羅香林：《與王聯曾論切韻等問題書》（《乙堂手稿》，第六十三項）。

先生之謙如此，既告知對方所需，且顧及對方顏面，並順道請代查漢口總領事羅氏之資料及名字。而其隋唐宋史中厥推唐史之造詣獨步於時，師友尤所推尊，雖爲師尊之洪業先生亦與之論焉。時洪氏在美國哈佛有函與論臣瓚姓名，先生以爲所言尚可榷，故復之曰：

煨蓮教授吾師道席：前奉一月八日大諭，敬譒起居萬福，爲慰。關於玄奘法師年代與臣瓚姓氏等問題，諸承指示闡釋，所以獎掖而教督之者，爲惠甚厚。恭讀再三，感慕無已。先外舅朱逖先先生《臣瓚姓氏考》原作，香港竟不可見。伯商兄處（在南京）又不便通訊。是以遲遲，無以報命。鄙意臣瓚問題，如無新得確證，仍以吾師所示之傳瓚當之爲宜。容擬試就顔氏所引瓚注各條，歸納探討，先求內證，再爲旁證。不知能得若干裨益否？大諭因友人皆欲傳讀，經由此間《自由人》三日刊發表。冒昧之罪，仍乞亮宥。另奉上拙作《太平天國典制通考序》，並乞教正，爲禱。專此奉復，並叩道安！

受業羅香林敬上。一九五八年二月廿二日。①

吾師者，當指洪業先生，並提研究方法。一九六二年，先生終獲朱著《臣瓚姓氏考》，鈔本送美供洪氏參考，洪氏大喜即復之，與之再論朱氏所探索之得失，並贊同先生『論胡適之先生所言薛瓚之説，似亦未能論定』之見爲是。洪氏遂因而撰《再論臣瓚》一稿，寄投《清華學報》，甚望適之先生更正示教』焉。②

若巴黎大學張馥蕊教授，專於文史，爲法國漢學名宿鐸爾錳、白樂日、戴密微教授之友，數人且時請其代與先生聯絡。張氏嘗因《中國詩選》譯著與之論正，得益匪淺，故書稿成，欲拓新境之初，即致函先生，曰：

香林先生：在法多承指示，獲益良多，《中國歷代詩選》業已譯畢。弟現整理《宋史》，乞時予指針，專此……

先生接函，感其誠，乃復之曰：

馥蕊吾兄先生道席：去秋以出席漢學會議之便，得承鴻教，敬佩無似！返港後，復蒙於十二月廿七日，惠書關注，謝謝！承示已將《中國歷代詩選》，翻譯完畢，並悉力從事宋史整理，曷勝景慕。宋代立國，與憂患相終始，其對外關係，雖遠不若漢唐之巨，然以其帝王，歷世以優待士子與勵行文治爲政策，故於士子之發展，則非漢唐與明清所可及。惜元人脱脱所修之《宋史》，與清人自《永樂大典》所輯出之《宋會要》，皆草率過甚。而宋人著作，又視前代爲繁，欲爲徹底研究，正亦不易。中國邇來鮮治宋史之專家，即是故也。今貴學院對中國歷史之研究，獨能以整理宋史爲中心計劃，卓識宏規，非特可爲開擴漢學研究之領域，且亦可補今日中國史學界之偏蔽也。昔年弟外舅朱逷先（希祖）先生，雖以明史爲研究中心，然於宋史，亦頗喜探討，曾撰《僞齊録校補》，《僞楚録輯校》，及《楊么事蹟考》等三書。兹先寄上《僞楚録輯校》一册，或於研究張邦昌事蹟時，不無可參考處。又併

① 羅香林：《與洪煨蓮教授論臣瓚姓氏問題書》（《乙堂手稿》，第七十一項）。

② 洪業：《致羅香林先生函》（《乙堂函牘》，第二十册，第五項）。

寄上拙著《唐代文化史》與《百越源流與文化》各一冊，則請代贈與白樂日教授，並乞其指正，爲禱！專此奉復，並請著安。

弟羅香林敬上。一九五七年三月廿五日①

二人之切磋，非止於此，故於法國宋史之發展，有其裨益。惟單以此即可窺港法交流之隅例矣，餘不舉焉。

門人李少峰司鐸因發現耶路撒冷宋代錢幣，專函請益，先生復曰：

少峰司鐸吾兄有道：迭奉自埃及、羅馬，與耶路撒冷等處來片及長函，敬悉吾兄此行，於聖教史蹟，考察至富，於聖地遺範，感發特深，曷勝景佩！弟自入春以來，以校閱港大應屆畢業各生之中國歷史論文，並趕印拙作《香港與中西文化之交流》一書，忙迫殊甚，致未及早日奉復，歉甚，罪甚。承示：於耶路撒冷，見當地人士，於荒野發現東方古錢，中有『元祐通寶』、『洪化通寶』、及『寬永通寶』等目，此誠爲昔年中西交通與貿易發展之絕好旁證。元祐爲宋哲宗年號，該錢誠如來書所云，當爲自一〇八六至一〇九三年之遺物。惟『元祐通寶』，其銅錢，實分大小二類：小平錢，分行書與篆書二色，以行書並背面有一小圈者爲首品；大錢亦分行書與篆書二色，通稱折二錢，蓋以一枚當二枚者也。以行書及背面鑄一『陝』字者爲最貴。惟此外復有鐵錢，亦有大小二類。茲試摹繪錢樣於另紙，俾與耶路撒冷所出者，比對辨別。至『洪化通寶』，則爲清康熙十七年（一六七八年），吳三桂據雲南反清，自稱周帝，尋卒，由其孫世璠繼立，改元洪化，所鑄造流通者。其錢，文字楷書，惟背面鑄一『戶』字，爲特色耳。至『寬永通寶』，則誠如來書所云，乃日本昔年之通用銅錢。考日本寬永元年，當明天啓元年，亦即西元一六二一年。惟日本寬永錢，亦猶唐代開元錢，累世未嘗斷鑄，故流佈甚多，未能斷定其爲即一六二一年所鑄造也。宋時阿剌伯商人，多至廣州、泉州等地貿易。明自正德九年（一五一四年），葡萄牙人首自馬六甲，發船至今日香港新界之屯門市易。其後歷於浙江福建沿海貿易，終乃佔據澳門，與中國之交通更盛。而早期之耶穌會士，亦多經澳門，而至中國傳教。『元祐通寶』、『洪化通寶』、與『寬永通寶』等，殆即由阿剌伯人，與葡萄牙人，或耶穌會士等，所攜返於西土者也。鄙見如此，不知可備吾兄於撰擬該古錢說明書時，爲萬一之助否？港大本歲適爲創校五十週年紀念。三月十七日，中國歷史班一年級學生六十餘人，曾至佛堂門及馬灣島，與大嶼山東涌等地，考察史蹟。茲挾上照片四帙，亦以報吾兄每至一地，輒以其勝蹟影片惠贈留念之雅意也。天氣尚寒，諸乞珍衛，即請旅安！

羅香林敬復。一九六一年四月二十五日。②

李氏得之，乃得如針線一貫散錢，終成其說明書而有譽於時焉。

① 羅香林：《與張馥蕊論治宋史書》（《乙堂手稿》，第六十四項）。

② 羅香林：《與門人李少峰司鐸論耶路撒冷發現宋代等錢幣書》（《乙堂手稿》，第四十八項）。

(四)明清史

先生雖以客家、唐史爲研究中心，而於明清亦有所精研，故師友亦時有函與之研討。若前東海大學教授，後於一九七四年移美之梁容若，爲研究張岱，而函先生與查資料曰：

> 逖師曾藏有山陰張岱著《石匱書》二百二（楚堅按：應作『六』）十二卷，爲鳳嬉堂原稿本。此書下落如何？賴臺端定有所知。《石匱後集》六十三卷（江蘇省立圖書館藏），一九五八年上海中華書局曾印出，臺灣亦曾翻印。前書，弟迄未見及，《郘亭知見書目》所記，謝國禎《晚明史籍考》所記，及《續四庫提要》四冊二八一頁所記，均已見及。逖師對此書解説評論，及其他評序文字，有可以見告者乎？涉及張岱之文獻均望見示，弟多年欲爲此人寫一文，而寡聞淺見，迄未能成篇，盼多有以教之。①

然先生接函後久未復，梁氏再將此事致詢於羅夫人朱倓②，所詢，透露朱希祖先生庋藏有鳳嬉堂原稿本《石匱書》前集二六二卷事，並另函致先生曰：

> 去年曾託梁仲森君轉上一函，不知曾否到達？弟有《張岱著作考》一文，致力多年，急待定稿，《石匱書》前集二六二卷，昔年爲逖先師所藏，謝剛主曾據以作提要，《晚明史籍考》及《續四庫提要》所收文字約略相同。鄭振鐸《劫中得書記》稱此書『幾得而復失之』，不知其所謂係別一本或即逖師當時所藏之書，又莫友芝《郘亭知見書目》中所記《石匱書》是否即逖師本或另一本？查《中國文化綜合研究》一書，兄所作先師《傳》屬於明史者，《明史叢考》及《明季史籍題跋》一書，《目錄》中，均無涉及《石匱書》之文，伏祈示知此書下落，逖師有無未發表涉及此書稿件，至所盼禱！③

此一書牘，將此在於明代罕見史書庋佚原委重揭於世。此書之重要，先生嘗於課餘因命楚堅多關注南明史時，稱友人有函問及此書，談及是書於其來港前，在廣州時，已着人久覓之不見，大抵流佚於朱公逝後之戰亂中，後爲鄭振鐸訪而得之。先生如何復梁氏，雖未見其牘，然以此推之，則思路之轍亦當如斯云。今《續修四庫全書》中收有鳳嬉堂稿本《石匱書》，則朱、鄭二公於文獻之功，可謂不虛矣。而梁氏之作後亦出版，是先生於其所問必有所答以解其疑所致也。

先生雖非以明清史爲研究中心，然以師出朱希祖先生之門，又以子婿承其緒，故於此中亦有論文發表，而爲世所重，益以足蹟所致，

---

① 梁容若：一九七六年？月卅日，《致香林先生函》（《乙堂函牘》，第四十九冊，第四項第一通）。
② 梁容若：一九七七年四月廿二日，《致仲嫻學姊函》（《乙堂函牘》，第四十九冊，第四項第二通）。
③ 梁容若：一九七七年元月卅日，《致香林先生函》（《乙堂函牘》，第四十九冊，第三通）。

必探蒐史料，故於明清文獻亦嫻熟，因此亦爲此中學人叩道論學之偶像。

若南洋史學名家鄭雲樵教授與先生亦相論明代鄭和出身，滇人所傳『爲賽典赤贍思丁之六世孫』之謬，及鄭和於回教信仰不堅，致有祀天后、佛寺行香之舉爲華化所然者①，以就正先生。先生復以論之，並以所指導蘇宗仁博士論文中所得以應之。

臺灣學人徐玉虎知先生工於三寶太監下西洋事，特函求教數事，曰：

一、泉州行香碑，高寬尺寸及石質如何？

二、民國廿五年鄭鶴聲氏於南京下關靜海寺覓得有關鄭和事蹟一碑，先生處有此材料否？鄭氏曾否發表，香港可否購得？

三、南京天妃御製弘仁普濟天妃宮碑，先生可否告以尺寸、石質如何？

四、有關鄭和航海全圖考釋，中西先進有否從事此項工作者？先生可否指示有關之參考書籍？②

後據徐教授贈其名著《鄭和》研究時稱頗得先生多次復示，啓發良多，是知先生白復以解其惑也。

若本港學界陳崇興先生亦因明崇禎帝謚號有三，何者爲是。南明李定國與許定國爲同名不同姓，是兩人抑同爲一人？唐王兄弟之名何爲實？③先生有所復，而令其後之撰《中國歷史》時，於此有所依而得其正也。

若巴黎大學顧秉修先生因研究所需，仰先生擅通清代文獻，願爲學生而請王聯曾教授函介請教曾國藩文集版本問題。先生拈來即復曰：

秉修先生賜鑒：頃奉四月廿五日來信，並友人王聯曾先生介函，敬審臺端深治曾侯家書，曷勝忻佩。承詢《曾文正公家書》版本問題，此間所見，港大馮平山圖書館，有光緒五年已卯（一八七九）傳忠書局本刻《曾文正公全集》，内有家書四十卷，起道光二十年，終同治十年，分訂十冊，裏封面題『板存黎家坡遐齡庵』，半頁十行，行二十四字，書品尚佳。按曾氏歿於同治十一年壬申（一八七二），距此《全集》刊行，僅隔七年。則此光緒五年刻本《曾文正公家書》，殆爲最早通行之仿刻本矣。此外有光緒三十一年乙巳（一九〇五）上海商務印書館鑄板《曾文正公四種》小字巾箱本（家書）四冊，雖甚便携帶，然不若傳忠書局本之精美也。又民國初年，上海錦章圖書公司亦有石印本《曾文正公家書》十卷，則爲印稍近苟且，恐須稍加校勘，始便於引用。又上海啓智書局，曾於民國二十三年（一九三四）刊行新式標點本《曾國藩家書》，究爲何種板本耳？專爲奉復，並請撰祺。

---

① 許雲樵：？年七月二十一日，《致香林先生函》（《乙堂函牘》，第八十六冊，第九項）

② 徐玉虎：一九五六年三月廿六日，《致羅香林教授函》（《乙堂函牘》，第九十四冊，第十七項第一通）。

③ 陳崇興：一九六〇年三月廿九日，《致香林教授函》（《乙堂函牘》，第九十四冊，第八項第一通）。

羅香林敬復。一九七二年五月十九日。①

此中提供，於顧氏研索大有裨益。

若梁銘氏嘗與先生論『就史言史，就學術言學術，深慨士林中難見全才，求對史學素養，道義觀念與科學頭腦三者兼備，更屬罕覯』。② 然自其拜讀先生所著『《中國民族史》、《歷史之認識》諸書，益覺宏論卓見，自成體系，非同泛泛，彌增敬仰』，③ 因致書稱其家『久藏有清代咸同年間中興諸名賢將吏致書曾文正公手札真蹟凡九八四頁，另批牘三七頁，致書者凡一三六人，內容多半屬軍政、社會、外交、教案、學潮、餉械、捐稅等性質，史料珍秘豐富，堪供近代史考證之大用。』以先生爲伯樂，願將此千里馬讓與之。④

按此批史料，梁氏雖曾三上書推介與林仰山教授，皆不復，然給先生，先生果知其珍也，經聯絡，數月即令高足陸君往接洽，梁氏索價三萬元折作六折出讓此經裝裱之二六冊珍籍。⑤ 聞後終以四折成交以割與大學圖書館，以公開供學者參考研究之用，是先生於文獻之功，有其賢勞也，此亦爲香港成爲重鎮基因之一者。

（五）近現代史

先生精於資料之蒐集及考證，於近現代之著作豐贍，而以國父家世之研究爲最具代表性，爲其早歲成名寰宇學林之作，國際漢學界漸因其後諸作之迭問世，莫不推譽其立論之卓爾不凡，與夫史料運用，考證互稽，敷説詳贍，創見繁多，而推爲漢學權威，香港學術界山斗，從而成爲中外問學論道對象。

若出身牛津大學得碩士學位，歷任香港教育官、漢文視學官⑥，曾掌香港『漢文中學之後身，爲教育司初期之惟一官立中文中學』——金文泰之梁世華校長⑦，因其子『逸民在港大受業時，曾述及我老，素仰盛名』，⑧ 雖未趨拜訪，卻致函請益，與之討論清季駐美國公使梁誠之事蹟、撰寫方法、材料運用。先生『以多年在港大中文系講授中國歷史，於香港與中西文化交流的史實，自不能不多爲

① 羅香林：《與巴黎大學顧秉修君書論〈曾文正公家書〉之版本》（《香港時報》，一九七四年四月十二日《論學書簡四題》之四）。
② 梁銘：一九五六年元月十三日，《致香林教授函》（《乙堂函牘》，第九十四冊，第二通）。
③ 梁銘：一九五五年八月十二日，《致香林教授函》（《乙堂函牘》，第四十九冊，第五項第一通）。
④ 《乙堂函牘》第二通。
⑤ 《乙堂函牘》第二通及所附《呈羅教授暨各位先生指教》之《致書人名表》。
⑥ 羅香林：《梁誠的出使美國》（香港大學亞洲研究中心，一九七七年），頁二五，注一〇。
⑦ 梁世華：一九七五年十二月二十八日，《致香林教授函》（《乙堂函牘》，第四十九冊，第六項第二通）。
⑧ 梁世華：一九七四年十二月二十日，《致香林教授函》（《乙堂函牘》，第三通）。

闡釋。而梁氏晚年，曾住香港，故對梁（誠）氏向美國交涉退回庚子賠款的超額部分，以遣送學生赴美（國）留學的關係，亦自不能不連帶解釋。』① 並感召中文系聽其講授《中西交通史》課之學生潘康盛，『有見於梁誠在晚清對外交涉的關係重要，特以此撰《梁誠其人其事》作爲一九六二年『畢業論文』。② 故梁氏來咨，先生復之，事無不如數家珍，撰寫則以潘君之文爲例，無一語不觸動梁氏心弦，尤對子女爲父祖撰傳未必全客觀，雖全客觀論述，世人對之，難弭親諱觀念而評值自降；復論及其重視譜牒與梁誠生前直接資料之難得，與族譜可互稽梁誠行誼及貢獻之重要性③，梁氏聞之深有同感，爲之函曰：

每念及先父事蹟，亦常有將其一生對於祖國近代社會之影響筆之於書之桅，不佞竊念身爲人子，若將親父歷史記述，無論作爲表揚，或批評，均將貽笑大雅。④

自是時相交換意見而成爲摯交，梁氏之母大壽，先生且貽文以賀，並贈《中國族譜研究》、《傳秉常與近代中國》以資研究之參考；梁世華亦因受教蒐集番禺黃埔《梁氏族譜》，美國人近著其先人《傳略》等資料或送或借之閱覽，⑤ 進而『出示梁氏昔年出使美國時期的各種文件，如奏稿、函札、電報等』，先生以之『足之以印證梁氏在中美關係與教育發展上的貢獻』，乃就『梁誠出使美國的關係，作爲綜合的闡發』，⑥ 遂有《梁誠的向美交涉收回與築粵漢鐵路各權益與由保路會所促成的武漢起義及民國創立》、《以庚款遣送學生留美及發展清華大學的成效》、《由美國退款所促成的别國退款與有關的學術文化事業》、《梁誠的晚年與其家屬及所遺文件》之撰，構成《梁誠的出使美國》一書。按先生與人論學，多爲成人之美，助人成就存續文化於學術發明上，而於梁世華先生之論學談史，卻衍成助人終助己，竟發展爲先生晚年最後一冊名山之作，此德之饋也乎。

先生既究心梁誠，於資料及搜集方面亦多方展開，至其書之探索時取材淵博，抉摘拔微，爲史學研究又拓一新境界，如其致書凌鴻勛先生是，其書曰：

鴻勛先生道席：久仰先生於中國現代之建設事業，貢獻至巨，早擬恭謁請教，以未獲顯達介紹，且復道遠，未敢冒昧趨謁，良以爲憾。香林自民國四十年秋，移席香港大學，主講中國歷史、五十四年起，接任中文系講座教授、碌碌無似，甚自愧恥。然每念吾粵，自清季容閎以還，英偉之士，即多從事於新中國之建設大業。若得就此類史實，撰作專書，則發潛闡幽，於現代學術，不

① 羅香林：《梁誠的出使美國》，頁三。
② 羅香林：《梁誠的出使美國》：頁二四，注九。
③ 嘗獲委爲協校初稿部分工作及交通梁氏互校資料時，梁氏嘗出示該復函，經目後所憶及。
④ 梁世華：一九七五年五月廿二日，《致香林教授函》（《乙堂函牘》，第一通）。
⑤ 《乙堂函牘》：一九七五年五月廿二日第一通、一九七五年十二月二十三日，第二通、一九七四年十一月二十日第三通，一九七五年九月廿五日第四通。
⑥ 羅香林：《第九屆國際漢學會議與歐美漢學研究之趨勢》頁三。

無裨益。因於七年前，撰作《香港與中西文化之交流》一書，就容閎及其有關各問題，曾加闡述，越年，承日本東亞文化研究中心，商請譯爲英文，旋讀先生所著《詹天佑年譜》，翔實精審，彌深敬佩。因悔拙書以出版前，未及先請先生指正，致其中所論詹天佑一節，仍多漏略。頃香林復以幸獲梁誠任出使美國大臣時辦理退回庚子賠款之有關資料，及回國後任粵漢鐵路總辦時之少許公文，頗欲另撰《梁誠清季之洋務建設》一書，以補前作《香港與中西文化之交流》之未備，不知先生處可有與梁誠有關各資料否？抑對梁誠與粵漢鐵路等關係，應如何研究，與注意何點？倘蒙指示，俾有遵循，則感激更無盡也。奉上前述《香港與中西文化之交流》一冊，乞盼指正。謹此奉懇，並請道安。

後學羅香林敬上。五十七年四月一日。①

凌先生時在臺北，接函即復云：

香林先生大鑒：久仰山斗，恨未識荊。昨接惠書，敬承一是。弟自來臺以後，以職務較簡，稍事研究我國近代交通史，知其中有關中國近百年來國運興替與世升治亂之關鍵，至足供今日之參考，只以學殖荒疏，且未習史學，雖偶有所致力而力總不從心也。承詢關於梁誠氏與鐵路有關之事項，以弟所知，只有兩事或足供參考：

（一）光緒二十四年（一八九八）盛宣懷氏在其督辦鐵路大臣任內，曾請准清廷與美商合興公司（American China Develep-ment Company）訂立建築粵漢鐵路合約（由廣州至武漢全線），此約係於該年二月廿四（一八九八、四、十一）由中國駐美公使伍廷芳與合興代理人在華盛頓所簽訂，因美國不久與西班牙交戰，延至光緒二十七年才開始在廣州動工。翌年（一九〇二）合興公司逐漸將底股三分之二轉售與比、法兩公司，我方認爲比、法加入，於大局不利，湖廣總督張之洞首倡廢約之議，因恐牽涉太大，改爲贖路，委託駐美公使梁誠在美與合興公司交涉，議定贖路償款及其他細節，始將原合同各項權利收回，光緒三十一年（一九〇五、八、廿九）由梁氏代表我方與合興簽訂贖路合同。

（二）粵漢自贖回後，鄂湘兩省境內路工由盛宣懷另行借款修築，而廣東省境內則由特准粵商集股自辦，稱廣東粵漢鐵路公司，初推舉鄭官應爲總辦，光緒三十三年改稱總理，推選梁誠爲總理（楚堅按：『誠』字上眉批：又查梁氏於光緒三十三年卸駐美使職，宣統二年又由清廷派爲駐德使臣）。宣統二年改選詹天佑爲總理。計梁氏任職期間是否果常在廣州及對粵漢鐵路有何重要措施，則載籍不詳。粵漢路工却無甚進展。弟編有《中國鐵路誌》，現由世界書局再版發行，又曾編有《七十年中東鐵路變遷》一書，對中俄關係，特別是抗戰以後之局勢，不無參考價值，茲將《中東》一書連同詹氏《年譜》一同寄請教正，承寄尊著《香港與中西文化交流》，至感！此外，《唐代光孝寺與中印交通之關係》，如承賜閲，更所感幸！專此候頌 著祺。

① 羅香林：《與凌鴻勛先生論梁誠與清季洋務建設書》（《乙堂手稿》，第七十九項）。

弟鴻勛拜啓。五七、四、四。①

先生得其啓示，鑽研之，結合史料互證，遂將凌氏之存疑，一抉幽而大白於《梁誠的出使美國》一書中，此即切磋問道之利也，足以見先達高風所在。

若夏威夷大學從郭穎頤氏研究撰寫論文之梁文金，嘗致函請益，曰：

生現時論文，擬寫《章炳麟之研究》。吾師於近代中國學人，素所熟稔，而朱逷先先生希祖，更爲章氏門下高等弟子，吾師對此問題，高見當在不少，望不以文金之不肖，賜教一二，示寫作研究時，著力點之所在，則感激不盡也。②

先生接書，即有所復以導之，故梁氏回信云：

師九月二十一日來信敬悉，承指導《章炳麟研究》之寫作計劃，有如黑暗中一線光明，甚感激也。章先生著作，夏大圖書館惟得《章氏叢書》初編及續編，至於《章氏叢書》三編及《自定年譜》二種，至於暑假期內至美國各大圖書館研究時，亦遍尋不獲，不知吾師有藏此二書否？……生之獎學金，明年六月將告完結，現時瞻望前途，實有何所去從之感？吾師於此問題有何高見？望能加以指示一二。③

翌年梁氏有函於先生云：

文金前時蒙吾師推薦，現已獲得加拿大之職，現於UNIVERSITY OF SASKATCHEWAN爲研究員、兼授中國文化制度史。④

就此觀之，梁氏獎學金期滿後去向，先生有所關懷予以意見及協掖，至若論文所需資料，當亦如是，否則其學位焉何獲得。而其後亦於勉進中而有裨其博士學位之成而爲學者焉。

若一代地理學家兼教育家張其昀先生時與通函論學、論國際漢學、臺港學風、黨政、學術書籍互贈，先生亦就所知而與言，言且及做人、謀生、出版、研究新向諸學績。其《中國民族史》出版前擬名《中國歷史綱要》，因與張氏論及此乃其於民國三十一年假重慶學術會議演講之專題積稿，及經相論命名而改現名爲貼切，故出版時因張氏之議而更名。張氏致先生函，現存凡二十二通收於《乙堂函牘》第二冊，另有散見者數通。而先生復函，則多散佚，有者惟張氏尚庋藏遺存者，現存臺北中國文化大學張氏紀念館中，數約十五，先生擬稿則僅存一、二通，其一乃因中山先生誕生日期，世有歧見，而專函辨之以糾世之謬也。函曰：

① 凌鴻勛：一九六八年四月四日，《致香林先生函》（《乙堂函牘》，第九十三冊，第十三項第一通）。
② 梁文金：一九六四年八月二十七日，《致香林夫子函》（《乙堂函牘》，第四十九冊，第十四項第四通）。
③ 梁文金：一九六四年十一月九日，《致香林夫子函》（《乙堂函牘》，第五通）。
④ 梁文金：一九六五年十一月二十八日，《致香林夫子函》（《乙堂函牘》，第七通）。

曉峰秘書長勛鑒：久疏箋候，遖維政機餘裕，增履萬吉。頃見《改造》第三十期，載眭雲章君所作《關於總理生辰的研究》一文，略謂總理生辰，當以總理於倫敦蒙難後所作《自傳》，所云生於一千八百六十六年，華曆十月十六日爲據。依陰陽曆對照，則爲是年陽曆十一月二十二日。而於中央歷年所出書刊，及鄒海濱先生所著《黨史稿》，所謂總理誕辰爲十一月十二者爲實屬武斷。云云。當此艱難之際，眭君關心史實，於國父誕辰，能細加分析，自可敬佩。惟所云中央所出《總理年譜》，及鄒先生所著《黨史稿》等，關於十一月十二日總理誕辰之説爲武斷，則似言之過甚，仍未能目爲定論。弟昔年曾至國父故里往復巡禮，蒐集各種資料，謁見國父胞姊妙西，即世所稱爲姑老太太者，獲見國父家藏《孫氏列祖生殁紀念簿》，自十二世祖連昌公，以至十八世即國父各世名諱與生卒年月日時，皆有詳記，而於國父生卒年代一條，明書十八世祖德明，生同治丙寅年十月初六日寅時，卒民國十四年二月十八日巳時，壽六十歲，此爲國父家中明確載籍，每年即依以團聚紀念。當日粤中同志，知國父確實生日者實不乏人，非依汪氏所記孫先生軼事而始爲推算也。

故於中央歷年所出書刊關於十一月十二日國父誕辰之記載，未嘗有所置疑。至十一月十二日與國父《自傳》所云華曆十月十六日，陰陽曆對照不符者，乃國父於旅居倫敦之際，未得書坊所出曆書對照表爲根據，故由陽曆回推陰曆，偶有未符耳，不能於旅中所推日數，而疑及其家中歷年舉行之生辰紀念也。竊謂十一月十二日之國父誕辰乃爲客觀史實，無可疑者。眭君所云，一定要照總理自書生《傳》之十月十六日，而改正之之説，雖可存備研究，然無須遽爲過早之提出也，不知高明以爲然否？漸寒，諸維珍重，即候勛安。

弟羅香林敬上。民國四十一年十二月二日。①

有關中山先生生辰至今仍以十一月十二日爲確，相信與此力證不無關係。

存於臺北之先生致張氏函，中有因張氏贈所著《黨史綱要》，對第四冊第四章《新學風的倡導》，有感於其中禮樂之見，而曰：

猶憶三十二年春季，弟以總裁召見，曾建議徵召薄通古今之士撰作《中華民國通禮》，俟呈復核定後即頒行全國。總裁韙之，因請議戴（季陶）院長。於是，乃於北温泉召集『禮制討論會』。弟代表黨部出席，當時由大會先決定原則，由出席代表（約兩人）依吉、凶、軍、賓、嘉等五禮，分别撰擬條文。弟與列席秘書段君天炯總爲起草（印有《北温泉禮錄》），後請戴院長呈復審核，徵聞以所議喪期未善（當時大會採用汪東之議，仍主用三年之喪），致留中不發，亦足見總裁對禮樂制度之重視。如將當日總裁致戴院長之手令電令，撮要敘述，亦可明示總裁對於禮樂之意見也。②

① 羅香林：《與張曉峰秘書長論國父誕生日期》（《乙堂手稿》，第五十四項）。
② 羅香林：？年三月十四日，《致張曉峰先生函》（轉引自羅敬之《曉公與羅香林先生》。編委會《張其昀先生百年誕辰紀念文集》，頁五三二至五五二。臺北：中國文化大學，民國八十九年）。

按此函約發於民國四十一或四十二年（一九五二至一九五三）『三月十四日』。文中，抒其對新禮樂之見及蔣中正先生對其所倡《中華民國禮制》之重視，終格而不行，今觀張著，不禁有所感慨而揭出史實，或不無蘊有補蔣氏新著所漏者焉。

名學者及教育家羅家倫，因修訂《國父年譜》第二稿，有感中山先生『與曾夫人離婚之時間與手續問題』，『似係雙方協議離婚』，以先生『對孫先生世系，研究甚深』而請正之，以便其修訂。① 今臺刊修訂本中所載孫曾離異事，即參先生之見也。

若中國文化學院華僑研究所教授梁子衡，新任教於斯，以先生『望重士林，史學宏茂，向爲國內外人士所敬佩』，而專函向之取經求教，祈能使『後輩青年學子，間接得沐春風』。② 又以一九七八年『爲胡展堂先生百年誕辰紀念』，其裔胡木蘭與秦孝儀先生發起『編印展堂先生傳記、年譜、墨寶等冊籍』以作爲紀念項目，請梁氏專函代請先生助查輯『胡公遺墨及資料』於香港。③ 先生無不助之以成其美，蓋香港大學所藏有關者甚多也。按：胡木蘭於一九五八年已假黄麟書先生函介謁『先生借予《國父年譜》一冊，以爲編纂其叔父毅生先生史略之參考史料』④，並得先生多方指點而成事，故既整理父書，乃先請梁氏代爲請焉，而後復親書致焉。

名學先人衛挺生先生因學術交心，時有論心得互勉督進之爲，迨其編史創例，即首詢於先生，求取尺度坐標以資參考，並及擬與港大東方文化研究院合作探索日本先史，先生因與論《民國人物傳》編纂、合作問題，曰：

申甫教授吾兄道席：前奉二月十二日手教，以適值爲港大趕授中國歷史課程，忙迫殊甚，致未及早日奉復，歉甚！承示事宜，經與有關方面言之，惟未蒙採納，良用愧悚！僕意關於日本先史之實地闡發，亦關係甚巨，然必經由日本考古學界提議協助，始易爲力。否則，雖有經費亦必難以進行。特不知尊意以爲如何耳。前見足下致《自由人》編者各書，敬悉擬集中資料，纂述民國歷史，卓見至佩！鄙意現代史範圍甚廣，牽連至大，寫定殊難，最好仿恒慕義效法清代人物傳》（Eminent Chinese of the Ching Period）體例，先爲撰述《民國人物傳》一書時期限至民國三十五年日軍投降時止，除現存人不録外，總計可得五百人度，只須三年，即可完成。此事若在中國，以中文版發表或仍窒礙尚多，若在美國，以英文版發表，則阻力較小，且易以銷行，甚望足下肯兼向此等方面邁進也。天氣尚寒，諸維珍重，即請道安！

弟羅香林敬復。
民國四十八年三月八日。⑤

① 羅家倫：民國五十四年五月六日，《致羅香林教授函》（《乙堂函牘》，第六十冊，第二一九項第二通）。
② 梁子衡：一九七七年二月九日，《致香林教授函》（《乙堂函牘》，第四十九冊，第七項第一通）。
③ 梁子衡：一九七七年十一月十日、十二月十九日，《致香林教授函》（《乙堂函牘》，第四十九冊，第七項第二通、第三通）。
④ 黄麟書：一九五八年二月二日，《致香林先生函》（《乙堂函牘》，第三十二冊，第十三項第一通）。
⑤ 羅香林：《與衛挺生先生論纂述民國人物傳書》（《乙堂手稿》，第六十八項）。

此非衛大法師聚賢，而是另一位湖北人嘗任燕京、朝陽、中央大學之教授。

有關武昌起義時漢口法領羅君何名，先生以中籍失載，無法可核，故不論以書函、親口詢於中外學友，於是問張復蕊、李書華諸人是。友人無不感其誠，轉輾疊詢相知，終不負其心而有所得，李書華教授因自紐約遞告曰：

> 香林先生賜鑒：
>
> 前函諒達。數年前先生與弟在哥大圖書館書庫中談及辛亥武昌起義時，漢口領團開會，法領羅君贊助民軍，遂得領團同意認民、清兩軍爲交戰團體。彼時先生囑弟注意調查羅君原姓名，弟至今未忘！只以弟近年患高血壓症，又以法國與中華民國斷外交關係，遂未得順利進行。前者李石曾先生過紐轉赴南美烏國孟都，弟曾向石曾先生談及此問題。石曾先生謂可函託旅居巴黎之趙明德君（中法大學畢業生，法國國立里昂大學醫學院醫學博士，曾任雲南大學醫學院教授）轉託前法國某外交官轉向法外交部調查。弟當即照此辦理。茲得明德復信稱前法國某外交官住址不明，彼已轉託留法研究生陳三井君代查。陳君在法國外交檔案（已開放至一九一四年）《Annuaie diplomatione et Consulaire，1911》查出羅君名『Réav（Lilysse-Raphael），一九七二年五月十七日，法學碩士（licencieen droit），法國東方語言學校（Ecole des Langues Orientales Vivawtes）畢業，一九一〇年代理漢口法領館務，一九一一年二月廿二日任該館領事（二級領事）云云。陳君此一發現，足以補足五十七年以來革命史中之一缺欠，特此奉聞。……羅君辛亥革命時贊助民軍之故事，弟亦曾在某書中見過。頃在手下所有各書，如《革命文獻》、《中華民國開國五十年文獻》、《辛亥革命》（大陸出版）等書，均未找到此段故事。此段故事，究爲何書所載？便請費神示知爲感。匆此敬請雙安。
>
> 弟李書華敬啓。
>
> 一九六八、三、一四①

先生接此大喜，蓋多年尋尋覓覓無所得，今終以李氏之轉轉請陳三井先生而得此，焉得不鵲躍，可謂一償求知之願，而李氏一諾千金之風範，足爲吾等之楷模焉。

（六）族譜學

先生之研究每一人物，必博採相關資料，如研究容閎，必向容族徵集資料、譜牒，凡關『容閎先生言行身世』者，無不須要。友人

---

① 李書華：一九六八年三月十四日，《致香林先生函》（《乙堂函牘》，第九十五册，第十五項第一通）。

亦受感召而助其多方求取，終由容啓東透過宗人士謙而令謙摯友容康寧爲之感動，而爲檢出《容氏譜牒》中有容閎事蹟抄送贈予。① 此對先生研究關於最初出國留學之容閎有莫大之裨助。

其他之蒐集譜牒資料亦無不隨其足蹟所至而邁開不息，或隨其書札而展開於國際間。按先生之治斯學，始自民國十九年（一九三〇），故經目譜牒，遍及國内而日本、美國各名大學圖書館，世無出其右，然蒐集及與友論之者，死而後，於其書牘中枚不勝舉。若史語所陳槃院士復所論曰：

元一吾兄有道：三月十二日手教奉悉，承近擬譜牒研究，甚善。敝圖書館所藏此類材料至缺乏……向來無人注意也。……②

信中舉僅收有吴翊麟《吴氏家譜彙編》，所藏有臺灣陳氏大宗祠《德星堂重修紀念特刊》。因先生博蒐廣徵，精心結構，故書成問世，陳氏以爲乃『鑿通萬千載之大書』③，世以其『族譜學』之創立，乃『爲我國之史學拓殖一新境界』④。學界友儕亦時有以譜學與之論，或叩探祖源所自。若王伯元先生之問，先生乃有《與王伯元先生論王氏源書》，告以王氏原分七系，王伯元一系於宋高宗南下慈溪，屬太原一系。紐約哥倫比亞大學根德堂東亞圖書館所藏王氏族譜凡四十餘種，慈溪《王氏宗譜》凡十三冊，爲光緒二十四年所修之木刻本，並介紹其往該館訪王鴻益先生助之⑤。於是慈溪王氏之源爲王伯元繫解其蒙，啓垂編新譜以綿延之門。又若下列，尤可見先生之爲問道者指點，使其王姓知祖源而得以發展爲宗親會之精神所在焉。

若陳孝威先生以先生爲族譜學名家，特函請教姚虞陳胡田五姓同源問題，先生復之爲解惑曰：

孝威先生道席：頃奉大教，敬審著述日富，道履綏和，曷勝景仰。承示旅菲僑胞姚、虞、陳、胡、田等五姓人士，所創嬀汭五姓聯宗會，以編印二十週年紀念特刊，函請撰序，以揚麻烈，擬稽考有關資料，以備撰述，等由，至佩。弟於譜學，雖頗嘗措意，然以所藏各書，悉未攜出，於舜族等五姓，隋唐以還之相互關係，深愧手頭無適宜資料，可爲奉告。惟其最早得姓受封之史實，及其同出一源之關係，則鄭樵《通誌》卷二十五至三十《氏族略》，已爲扼要撰述。雖鄭《誌》所言，亦間有穿鑿，或迹近附會處，然今世各姓族譜，其關於隋唐以前之事蹟，亦多半取材於此，要不失爲重要資料也。鄭《誌》坊間尚可訪求（九通本，及單行本，均有）。港大平山圖書館，亦收藏數部，倘蒙移玉閱覽，該館當甚爲歡迎也。專此奉復，並請著安。

① 容康寧：一九五五年三月廿日，《致士謙宗兄函》（《乙堂函牘》，第九十四冊，第十九項第一通）。
② 陳槃：民國五十二年三月廿五日，《致元一先生函》（《乙堂函牘》，第十七冊，第一項第一通）。
③ 陳槃：一九七一年十一月十三日，《致元一先生函》（《乙堂函牘》第十七冊，第二十九通）。
④ 廖崇聖：一九七二年五月二日，《致羅香林教授函》（《乙堂函牘》第四十八冊，第十七項第一通）。
⑤ 羅香林：《乙堂手稿》（香港大學馮平山圖書館皮乙編第一五五項，一九七四年七月十五日《與王伯元先生論王氏源流書》）。

弟羅香林敬上。
民國四十三年九月一日。①

世與之論族譜者，於《乙堂函牘》中數不勝數，若潘重規教授與論韓國奎章閣圖書館等所藏世譜、族譜『多言先世來自中華』，嘗借閱朱錫晏編《新安朱氏世譜》總卷一，冊首有朱錫晃疏本，云『臣之三十世祖，即晦庵之公也，而臣之二十七世祖清溪公潛，即文公之第二子』埜之孫也，鉅之第三子也。嘉定十七年，『携子及陰人葉公濟、趙昶、陳祖舜、周世顯、劉應奎、杜行秀、陶成河七學士浮海而東泊於金羅道錦城，時即高麗高宗十一年甲申也（西元一二二四）』。② 潘公與之論，先生告以史實，後亦多方找友人將譜抄回研究。至若其與他人或問道者尚多，不贅。

（七）客家學

先生於一九三六年以《粵東之風》問世，繼之有《客家研究導論》之出，遂爲學術創立客家學之領域，世推爲一代宗師，故中外皆有因應客家研究問題而或函或親謁問焉。

若日本早稻田大學研究生羅古鴻研究《客家民族變遷史》，因仰先生令名，特函請教，指導其完成論之《嶺南地方の客家族の發展につご》，又記早大前輩來中文大學歷史系客座之中原道子於訪拜時替其請教。③ 先生感其誠而復之道之，故氏於『先生錫與各種寶貴的指示』，函稱『一定會遵照尊意來繼續研究』。繼稱缺圖籍，及一橋大學東洋史講師中川學於《一橋論叢》五七卷六號發表《華南客家導論》中論及《客家研究導論》第五章《客家之文教》上所載，『客家民族意識特强』問題；對《客家史料彙篇》頁三五四《始興盧氏五修族譜》中盧光稠傳有所商榷焉。④

若赴美留學加州大學之廖加恩於蒐集有關客家人之資料，雖獲臺版《中原文化叢書》及郭壽華《客族源流新誌》，卻以『乏有系統之資料』，乃景仰先生『爲客家研究之權威，著《客家研究導論》（一九三三、廣州）及《客家史料彙編》（一九六五、香港）等書』，於美無法得之，乃來函請教⑤，又另有請教研究之法。先生因其需而寄書以供其研究之便，並予以指導研究之法。廖氏爲此復信，並暢論己見

① 羅香林：《答陳孝威先生論姚虞陳胡田五姓同源關係》（《乙堂函牘》，第五十三項）。
② 潘重規：丙寅年九月廿八日，《致香林教授函》（《乙堂函牘》，第六十二冊，第四領第一通）。
③ 羅古鴻：一九六七年九月十一日，《致羅香林教授函》（《乙堂函牘》，第六十冊，第五項第一通）。
④ 羅古鴻：一九六七年十一月二十八日，《致羅香林先生函》（《乙堂函牘》，第六十冊，第二通）。
⑤ 廖加恩（David Liao）：一九六八年十二月十二日《致香林教授》（《乙堂函牘》，第四十八冊，第十七項第二通）。

及欲就正者曰：

香林教授尊鑒：前奉大札，諸蒙指教，至所感激！昨復由郵收到擲下四書，檢視之下，如獲至寶，對客家研究之工作大爲獲益，可惜晚日文程度較差，《導論》一書未克詳細領悟，但見到過去所閱有關客族書中之材料，原來大多採自尊著耳。晚係基督教傳道人員，故所研究亦以偏重傳道方面爲主，尤以對臺灣客族同胞之傳道工作爲研究重心，但在一般民族學、民俗學上自示當多多注意，由《中原文化叢書》（謝樹新編，臺灣苗栗，一九六七）第二輯中見先生尊見，關於客族之定義：應以宋代起由閩西汀州地區遷往粵東北之嘉應州地區（包括惠州及潮州之一部分）爲限，此爲狹義之客人，廣義之客人，則範圍當擴於贛南、湘之東部，粵之北江等地區，甚至閩西汀州以外之地區（他們所操語言與客語極相近）。此種分法，使晚頓開茅塞，對客家之定義有確切之認識。晚故鄉爲福建邵武縣南郊，居該處只九世，始祖係由將樂遷來，再上則不知矣，但推想可能亦源自寧化及江西寧都。

閩西北之語言頗複雜，但大別分二系：一爲崇安、建陽、建甌以東，爲閩系語言，漸融入福州語，邵武、順昌、南平以西則均類似客語，俗稱土官話，漸融入江西，此種分界相當明顯，誠爲古時人口大遷徙之遺蹟，殊堪玩味。惟有一事不解者，當時『流人』均時客家（『客家』之名稱由東晉起至唐宋仍沿用），但以後則均成爲本地人，即上述廣義客家地區中，人並不自稱『客人』，但爲何獨有汀遷梅（嘉應）之一支，至今仍自稱客家？

晚參考若干西書或文獻，對此點均不能解釋，或有認爲『客家』一詞不過爲同音之借用字，或誤認客家爲秦時存在於山東之一族，歷經播遷始定居粵東，甚至以猶太人、吉布賽、印度賤民等相比，殊爲荒謬可笑，但『客家』之名稱，不但外人用之，即客家人自己亦用之，並無異議，可見此名並無侮辱之含義。由此，晚大膽作一推論，即由汀遷梅之一支所以保留『客家』名稱之原因，可說是由於二次特殊之文化衝突，第一次係初遷梅州時（宋初至宋末），當地土著畬人頗爲强盛，汀州移民雖少，但文化較高，故以『客家』之名自傲，此種情況可能有三四百年，至元代畬民絕跡梅州，梅人本來即變爲『本地人』，但恰遇第二次之文化衝突，即與廣府人相遇，因客人不纏足之故，被廣府人指爲閩省畬傜（有意或無意），以致激起梅人之族感，並堅持『客家』之名，以示與畬人有別，乃道地之漢人，中原冠帶之裔，此種推論，不知先生以爲然否？

另關於客人不纏足一事，未知是自始未纏，或逃難入汀時始不纏，或入梢後受畬人之影響而不纏？按纏足始自唐代宮闈，似不可能於唐末五季時即普及於江西一帶，故可能入汀時纏，但以後纏足之風遍及全國時，在汀之移民有否隨此俗，或拒絕之？此點晚甚不能解，望先生不吝指點。

由《目錄》中見先生著作豐富淵博，至所欽佩，《書目》所列，美不勝收，他日當繼續研究，惟目前則因忙於寫作，只能就已

有各書先予吸收……①

先生於此中皆有所解答，以助其研究於有成。至於其餘之論學，《乙堂函牘》中亦道不勝道，姑且舉此以見其概，餘則不引爲例焉。

（八）宗教與哲學

先生專著唐代佛教，成就之大，世所共仰，推爲一絕，因而引起友人共同關注及相與論，若著名文人葉靈鳳致函云：

香林先生：

久未晤教，繫念良深。啓者，弟近日獲得友人見贈杭州聖因寺舊藏貫休十六羅漢像石刻拓本全帙，特與吾兄大著《唐代桂林之摩崖佛像》內所述，及本港青山清涼法苑所藏者相較，尊著第八十八面所錄題記，有□□□甚多，想係拓本漫漶不清，弟現在所得者題記完整無缺，且多異文，特爲另紙録出，以供尊著他日再版時參考。再者，桂林華蓋庵羅漢拓本，弟亦藏有五幅，亦較吾兄書中所用以製板之拓本爲精好，惜不全耳。舊拓日稀，得此叢殘，亦頗自喜，素稔吾兄有同好，故不嫌瑣碎奉告也。②

葉靈鳳先生之提供，先生喜甚，告以再版必銘之，惜未竟其再版之志而卒焉，惜哉！

美國哥倫比亞大學教授蔣彝教授，嘗以《胡適文存》談禪宗事中討於六祖慧能有無其人，並以神秀爲五祖之繼，又盡量發揚神會③者與先生相論；又論慧能南行，開宗曹溪；又相榷『曹溪法乳』之義，何以中華僧侶始有『戒疤』④之者。先生皆之論而證其原委。

楚堅於昔年嘗上書稱讀夫子書佊所見，曰：

油然思中華文化，源遠流長，爲全球之冠；中華民族之移殖演變，頗有得而説者，唐武后時陳（元光）氏之開闢粵東、漳州，其部之於閩漳居之寒殖，隨之移殖潮州，遂使潮州之人，與文化爲之一變，是陳氏之開發，爲吾潮升降之轉捩點；而大顛之與韓文公、李生思想之交流，而激發醞釀出理學先河，是潮州於中華文化之發展，自有其淵源與作用在。憶前先生示以所撰陳氏、大顛二題，尚有可跟進於另留心陳氏著作之真僞、大顛文集之蒐集，並應關注潮州氏族遷徙與歷代人文俱傳之蹟、宗教發展，在在可作專題研究，以作如同客家學般作『潮州學』之追求。吾師明訓，生當銘之，時至機達，當爲此地域史盡其所能也。然尚祈嘉賜教言爲荷。耑此　敬候儷安！

① 廖加恩：一九六八年元年廿八日《致香林教授函》，（《乙堂函牘》，第十七項，第十七項第一通）。
② 葉靈鳳：一九六二年十月四日，《致香林先生函》（《乙堂函牘》，第九十四冊，第四項第一通）。
③ 蔣彝：一九六五年二月卅日，《致香林教授函》（《乙堂函牘》，第十冊，第三項第十七通）。
④ 蔣彝：一九六五年四月廿四日、一九六六年二月六日致《香林教授》兩函（《乙堂函牘》，第十冊，第二十四通，第二十六通）。

生楚堅頓首。

一九七二年六月三日。①

先生復以同意『潮州學』之名，認爲可從禪之南熏潮州靈山，三平繼而推至彰南，個中與韓公關系應加留意；陳氏之闢潮可從族譜中求之，上推則非賴考古難以突破，蓋元人入潮，古籍盡毁，今不妨先由明清入手，繼而借《永樂大典》所載以上溯之，或參稽唐宋人之著而討論探索之。自是楚堅乃以研究明而兼顧及潮州學中之明清兩代矣，於今不覺半甲子，惜雖有明師之棒喝，拙頓之徒卻未見有何突破，能不慨然！

若學人馬國維先生因著《關於纂修廣東通誌故事》，蒙先生指示多節，獲益良多，故後時相就教，尋以發願將所新收資料『整理擬草《明季粵高僧傳》一書』，『惟是此書雖言佛言，而涉及明季忠貞之士至多，空隱獨禪師門下抗清死之士，除金正希、黃端伯、黎遂球、梁朝宗、博羅韓氏一門以外，要待查之人名尚多，又天然是弟子除見各縣《誌》及《海雲禪藻集》之一百二十餘人外，要查之人尚更多』，故要自擬此書義例始可成書，因問『關於是書，吾師有何意見，請詳示之。』後，馬氏之作成，序及先生之見乃其成書之藥引，是知先生得其札而有所嚮導焉。②

先生於中國哲學亦有專論而爲世所重，故每於儒家類之文獻亦爲問道之人。若美國學人陳榮捷教授，於編譯《中國哲學資料》時，務求所引句皆有確實出處，然其中尚有不能知者，知先生閑熟經傳文獻，乃專録列出請教其出於何書何典者凡十九：一、『曰事親孝，事兄弟，乃物恕。』二、『又曰，孔子則生而知也，孟子則學而知也。』三、『故曰，顏子之與聖人相去一息。』四、『割股』。五、『楊氏所謂一篇之體要。』六、『天將降非常之禍於此世，必預出非常之人以擬之。』七……③

先生一一爲挑溯其源以助其成也。

又若天主教名鐸巨儒、臺灣大學方豪教授即時與論學言藝，互匡可久之道，二人以函論道、講學術動態等無所不談，始於國內而繁於海外港臺，就中舉一例以見其交流之一斑，如一九七六年函云：

元一教授吾兄史席：今日收到天蔚兄寄下書一包，內有《廣東文徵》二册，甚謝！《廣東文徵》第二册二七三頁：陳恭尹八十老祝石書，稱子□先生足下』按其人字子堅，蘭溪人，乃吾教教友，拙著《天主教史人物傳》第二册一二〇頁有《傳》。據弟推測，祝當生於萬曆三十年（一一六二），八十歲時，當即康熙二十年（一六八一），而陳恭尹生於崇禎四年（一六三一）小祝不三十

① 馬楚堅：一九七二年六月三日，《致香林先生函》（《乙堂函牘》，第六十一册，第五項第一通）。
② 馬國維：一九六二年二月十四日，《致香林我師函》（《乙堂函牘》，第九十四册，第十一項第一通）。
③ 陳榮捷：一九六一年七月二十五日，《致香林先生函》（《乙堂函牘》，第九十四册，第二十二項第一通）。

歲，祝在八十歲時，恭尹亦五十矣。恭尹卒於康熙三十九年（一七〇〇），亦七十矣。恭尹爲順德人，有行狀、有傳，弟皆未寓目，兄粵人，必有以教我。此次在港小住數日，承兄招待，得與飽學衛道之士相晤，並暢聆時憂，曷勝榮幸。①

神甫好學及史學觸覺之超常如此，而乙堂先生亦有以應而復之所辨，與寄陳傳，行狀以供神甫之需。先生亦嘗與論及門下李少峰於聖經學會在其指導下漢譯經典與研究，並及清人吳漁山等資料。神甫復以『李少峰等聖經學會努力在漢譯，略爲可觀，前此則殊無少稱述。康熙間吳漁山、郭父吾若干詩皆作於澳門，頗可玩味，除此以外，以弟漏陋，實無所聞，數年前兄也下問一次，弟正以此爲吾教努力也。』② 神甫致先生函繁多，所及事範圍非少，現存函牘，先生遺下所庋二十一通於第二十一冊，餘尚有散見於他者，不贅。

李少峰司鐸於先生，時有請益，以俾益其於公教之著述，若擬於朝聖耶路撒冷前，編印《聖教來華憶當年紀念集》，即數叩道於先生，以糾其不足。先生爲之復曰：

少峰司鐸有道：迭奉大函，敦悉將於本年八月，赴歐旅行，轉往耶路撒冷，考察聖蹟。曷勝欣慕。承示擬於赴歐前，刊印《聖教來華憶當年紀念集》一書。鄙意此書以命名《蒙高味諾總主教來華開教紀念錄》，爲較易使讀者有明確觀念。其內容則可分上下二篇：上篇以尊譯蒙總主教致教皇信爲第一目，並酌加按語，體例與張亮丞先生（星烺）《中西交通史料彙篇》，於蒙總主教來華事蹟後，所附按語，可略相仿。次則以元代各帝致教皇書札爲第二目，亦略加按語。又次則以時賢所作與蒙總主教有關之論文爲第三目。（可查北平圖書館所編《國學論文索引》，如提及有關論文，則找出原刊書報，將論文鈔出編入）。下篇則當以尊作《聖教來華憶當年》劇本爲第一目，以去冬演出該劇各紀錄及照片爲第二目。如此則系統完整，於紀念蒙總主教，最爲相宜。此外則當乞在港有關主教或西籍教友，撰作拉丁文或英文序文一二篇，俾外籍人士，亦得略窺梗概。至弟等論文，則以勿登爲宜，以不易恰合分際也。月來諸事忙迫，奉復稽時，仍乞諒宥。前吳冰兄借去日文本《元代景教西行二大德傳》，乞囑其早日寄回，因弟前歲曾將該書重要部分譯爲華文，刻擬略加校注，付印流通也。專此奉復，並候道祺。

羅香林敬復。一九六〇年五月五日。③

李氏因先生之教，果得其正而發凡創例，撰編成爲一學術水準頗高之公教名著好書焉。

先生於宗教之研究，詳徵博引，探隱鈎玄之創見，名家謝扶雅對之，推爲『環顧海外，而在天主教方面，臺北方豪（人杰）司鐸，

① 方豪：一九七六年十月十七日，《致元一教授函》（《乙堂函牘》，第二十一冊，第二頁第十四通）。
② 方豪：一九六六年二月五日，《致元一教授函》（《乙堂函牘》，第二十冊，第二通）。
③ 羅香林：《與門人李少峰司鐸論編纂〈蒙高味諾總主教紀念錄〉書》（《乙堂手稿》，第六十二項）。

堪以代表，新教方面推』先生『一人足膺此任而已，美國洪煨蓮教授最爲合宜。』① 是先生之成就，與方神甫併，且與師長同席，當可謂世之俊傑矣，亦因此，輩尊年長之謝氏視爲同道而時與論學相勉進，若論『爲文考證陳援庵領洗入教，解此此一疑案』；『五四時代，吾教對時而貢獻不鮮，但當代史學家幾無一能及此，今後益將湮沒不彰』②；又説『《譯基督教名著集成》的最後一卷（主後二世紀教會文獻）』，『此爲我生平最後之絶筆。在宣教方面的寫作，近年多從基督觀點來闡明中國經了古學，並主張《中華聖經》應由四部構成，除於《新約全書》而外，加添「儒經集萃」、「道佛舉隅」，以佐「舊約摘學」。餘時亦時撰爲有關近代我國基督教的史學，俾補政府史館之不逮。』去年撰《我生與神蹟》，自編《紫藤軒詩選》三集。③ 此中固展示謝氏晚年隱居美國孜孜於學術心路歷程，亦有就正於先生者，先生亦有復以其暢導其所導。

先生於佛、耶學之外，自老子而導教旁及其支衍之真空教，積蒐集多年有關資料，圖爲撰其創始及影響，然猶以南洋方面有所不足，乃多方關注。一九六二年先生爲探索真空教作最後總結，因致書馬來亞各地教堂，與論資料諸問題，曰：

諸位道長先生賜鑒：竊香林，自二三十年前，於廣州、上海、南京等處大學教授中國歷史，即已習聞貴真空教，以得諸位道長，大力宣揚，早經風行於贛粵閩湘與南洋等地。十餘年來，香林更以移席香港大學講授中國歷史與中西交通史等，益信貴真空教之創立與發展，實爲中國之近代一大業績，不應無專門著述以資闡發。乃決意爲編著一書，名曰《流行於贛粵與馬來亞之真空教》，俾世界人士，知其重要精神，與貢獻所在。刻已將廖祖師在贛創教史蹟，及各種經卷，蒐羅就緒。惟關於馬來亞各埠之真空教道掌，則以香林迄未及遊歷南洋，見聞甚少。茲以友人范又新先生南行觀察其公司業務之便，特託其前來拜訪。倘蒙將貴道堂創立經過，與傳道情況及一切有關文件與照片等，惠交轉寄，俾爲參證，則謹當於拙書，特闢專章，詳爲敘述，且於貴教之發揚，亦不無裨益也。如何，乞多賜示協助爲禱。又香林三十年來，所著關於一般歷史與客家源流之專書，如貴道堂需要閱覽，亦乞示知，俾寄上請正。相去路遠，晤面無由，語不盡意，即請道安。

一九六二年四月二十七日，羅香林敬啓。

通訊：香港，香港大學，中文系，羅香林（Lo Hsiang-lin，Dept. of Chinese，University of Hong kong，Hong Hong）④。

按在此之前，先生時託范氏赴洋之便代爲向相熟友人問道，結果天不負有心人，范氏因友人導至吉隆坡天虛道堂，訪得鄭仁文教中

① 謝扶雅：一九七三年四月三日，《致元一同道函》（《乙堂函牘》，第二十四冊下，第七項第六通）
② 謝扶雅：一九七三年四月三日，《致元一同道函》（《乙堂函牘》，第二十四冊下，第七項第六通）
③ 謝扶雅：一九七三年冬至，《致香林先生函》（《乙堂函牘》，第二十四冊丁，第八通）。
④ 羅香林：《致馬來亞各地真空教各道堂教長書》（《乙堂手稿》，第八十六項）。

長老，可代聯絡，將可得此教資料，① 因是有先生四月之函致馬來亞也。

據范又新先生告示，此行頗有收獲，於南洋真空教分佈、發展、歷代創堂之資料多獲該教之臂助，於先生之探索大有俾益，致得全面而完成其書得以問世。該書問世，雖亦有偶因提資料名稱音釋或用詞爲一、二人來函論得失，然先生皆謙而稱將糾正於再版，不贅。先生之於南洋史料之查訪，非止於上述，凡處南洋之師友，無不時相請爲留意，甚至鼓勵學生就地考察，發展爲專著，若劉伯奎之於越地而成《砂朥越之真空教》，並請先生爲之《序》是②，此種共勉同進以發展學術之精神，爲先生論學求道之一尚風。由先生之專書之成，而知蒐集資料，內證外證之論著過程非出於旦夕，可見先生爲學之道在可久可大之所在，從而知探索問題，研究學術忌於急就章，此吾之所體會者。

（九）東南亞史

先生自著《廣東民族概論》後，繼以《客家研究導論》、《客家源流考》，而世目爲漢民族研究之泰斗，又以其兼究百越成《中夏系統中之百越》、《百越源流與文化》之專書，專題論文則《古代越族考》、《越族源於夏民族考》、《古代越族分佈考》、《古代越族文化考》、《古代越族方言考》、《唐代蜒族考》等，立論皆爲世之俊者，遂爲學人與之論學問道於此之巨塔，而其又有《劉永福歷史草》、《羅芳伯所建婆羅洲蘭芳大總制考》、《流行於贛粵與馬來亞之真空教》之著，論文則《吉隆坡開闢者葉來傳》、《婆羅洲與中國交通史實》等篇，故研究東南亞史者，莫不推先生爲一人，於此中逢有疑難，不少人向之問道求鑰鍉。

若美國楊布立根大學（BRIGHAM YOUNG UNIVERSITY）研究員兼中國政治思想史教授冷雋因研究東南亞問題，遇上困難，不得不上書問道，曰：

查定庵所研究者爲『中國文化對越南之影響』，現已搜集若干英法人之著作，但吾國學者對此問題之著述，獨付闕如。竊念吾國文化對越南關係，彼此密切，對此方面應有大量之著述，而定庵亦將以國人之著作爲立説之根據，惟在美各大圖書館搜查此項資料，至感困難。因想先生爲吾國史學界巨子，對此項資料之蒐集，必有寶貴之意見。茲擬奉懇者：一、請介紹國人對於越南歷史、文化、及社會制度之著述，將其書名及書商字號告知。二、請介紹香港方面研究越南問題之專家學者，與定庵通訊。三、請示以研

① 范又新：一九六二年七月十一日，《致香林教授函》（《乙堂函牘》，第二十二册，第一項第二通）。

② 劉伯奎：一九六七年一月一日、一九七〇年十一月二十一日；一九七二年五月十三日及七月三日、一九七六年二月五日，《致香林先生函》（《乙堂函牘》，第四十七册，第二項第七通、第八通、第十通、第九通、第二通）。

究中越文化問題之要點，以備參考。以上三事，務請分別惠予料理。……①

定庵乃冷雋之字，冷氏嘗於崇基學院任社會學教授，故素知先生之成就，致有惑而即忠乙堂之能而上書於一九六一年十二月八日。先生收讀，即將在港專家之陳荊和、黎正甫、趙令揚、裴光嵩四人介紹與之交流通訊②，並爲冷庵解惑復答。冷雋爲之回謝，云：

香林先生有道：拜讀大示，對弟之所詢，見復綦詳，即感且佩。先生爲史學大家，著作如此豐富，所附書目，無一不爲有興趣之題材，恨不能一一持覽之。弟爲一治社會學之人，頗思就社會學觀點，對越南社會之組織結構、功能，及其變遷，作一有系統之研究，弟意非在窮究越南之歷史，惟欲自其歷史發展中，探索若干變化，或變遷之線索，以爲讀者預測越南未來發展之根據耳。（先生有《百越源流與文化》一書，倘能贈弟一冊，以作參考，最爲感激。）弟曾蒐集國人對越南之著作，不下十餘種，大都側重歷史敍述，對越南社會及文化之探刻鈎畫，均嫌不足，蓋此類著者未受社會學之嚴格訓練，以其見不及此也。至於遊記式之著作，更係走馬看花，不著邊際矣。

承示與黎、陳、趙、陳（應爲『裴』之舛筆）諸先生通訊一事，容於得暇時爲之。專函奉謝，敬請教安！

弟冷定庵拜上。二月廿六日。③

二老之坦誠爲學交流，足爲來者之師法。據冷氏後之來港，言及其文之成，承香老就正所然。

冷氏後於一九七二年改任聖約瑟加州州立大學客座教授，並專函介紹『摩門教會素對族譜重視』，特派 Mr. Ted A. Telford 前往遠東各地作實際研究』，因對先生『碩學德望』，仰儀已久，抵港趨謁，先請其美言，請『惠予接見，並協助』，Ted 亦『曾上書請益，可見其誠』。④

先生在此之前，亦嘗因其問而有函復，云：

定庵先生道席：前奉上年十二月八日大教敬審於東南亞問題，研究湛深，曷勝景佩。稽以賤務，未及早日奉復，歉甚罪甚。

承示中國文化對越南影響甚巨，擬於西方學者論著外，更探究中國學者對此問題之著作，而欲有所垂詢。弟目學無多，雖曩年輯校《劉永福歷史草》，及撰著《百越源流與文化》一書時，曾於昔賢有關書籍，略加披覽，而深覺越南因於漢唐盛時嘗爲中國郡縣，故一切政教，皆略仿中國。而又特多華僑聚處，故城市俗習，亦與中國南方近似；然亦以未見有專門著作，爲就此關係，歸納資料，以論定之者，殊愧寡學淺識，無以奉答高深，良以爲憾。惟友人黎正甫君，曩曾撰《郡縣時代之安南》一書，或可略窺其間線索，

① 冷雋：一九六一年十二月八日，致 Prof. Loh Hsiang-lin 函（《乙堂函牘》，第五十冊，第一通第九項）。

② 羅香林教授親筆將此四人姓名書於一九六一年十二月八日來『空郵』外。

③ 冷雋：一九六二年二月廿六日《致香林先生函》，（《乙堂函牘》，第五十冊，第九項第二通）。

④ 冷雋：一九七四年二月六日，《致香林教授院長函》（《乙堂函牘》，第五十冊，第九項第四通）。

近見陳荊和君（前在臺灣大學任教）所作有關越南各論文較能深入。彼年來復受聘赴越南講學，兼整理其地檔案，或於先生所詢問題，曾爲致力。聞彼近已答應此間新亞書院聘請，擬來港計劃南洋研究事宜，或於最近期內，即可至港，屆時當爲介紹與先生通訊討論。又門人趙令揚與陳璋二君，治南洋史地多年（港大畢業現已任事，仍從弟讀碩士學位），尤致力於中南半島歷史，其觀點與先生所言暗合。如先生欲蒐集在港所見與越南有關之資料，或可與之通訊也。去秋港大以金禧紀念，曾舉行各項學術會議，中有『中國南方以至南洋群島之歷史語言文化交通等討論會』，弟曾提論文五篇，出席各專家，有越南籍者數人。第四日所宣讀討論各論文，即多涉及中南半島之歷史與文化者。惟報告書刻仍在編印過程，未能即以奉寄耳。專此奉復，即請著安。

一九六二年二月十四日。①

（十）民間文學

先生早年有《大地勝遊記》、《中國民俗論叢》、《粵東之風》（客家歌謠及研究）以及民國三十年代之報章雜誌中之文章問世，卓然爲時彥朱自清、朱湘、許地山、顧頡剛諸人所推重。亦有受其書文之啓發，而從事類似之研探，若梁培熾撰成九萬多字之《廣東民間講唱文學初探》②後緣至而得立雪羅門，③於先生口授牘導中，以《廣東民歌研究》取得文學碩士；進而遂使成爲民俗學學者，講唱文學專家，並完成《香港大學所藏木魚書叙錄與研究》，獲薦介香港大學亞洲研究中心刊於一九七七年。④此書雖所敘錄與研究局限於港大所藏木魚書，然論者評爲『事實上已爲所有木魚書的整理與研究工作樹立了良好的楷模。此書在木魚書的研究上，不但有超越前人的成績，而且必將成爲後來學者的主要參考資料。』⑤後梁氏携家眷赴美深造於三藩市，乃與先生時通候問學，務將其所學得以延熾於學術生命，並透過先生介紹而與趙民治教授、林炳昌先生聯繫，以了解當地僑情及助『木魚歌之研究』，且時收集資料，⑥課餘『訪問老一輩的華僑』，也曾到『天使島去調查有關早年華工來美的情形』，⑦蓋受教拓木魚歌研究而爲華工矣。

---

① 羅香林：《與冷定庵先生論越南歷史與文化等研究書》（《乙堂手稿》，第五十五項）。

② 梁培熾：一九七一年元月二日，《致羅香林教授函》（《乙堂函牘》，第四十九冊，第十項第三通）。

③ 梁培熾：一九七六年十二月廿九日，《致羅香林教授函》（《乙堂函牘》第四十九冊，第二通）。

④ 吳靄儀：一九七六年十二月十五日，香港大學亞洲研究中心《致梁培熾先生函》（《乙堂函牘》，第四十九冊，第十項第二通一九七六年《致羅香林教授函》附件。

⑤ 吳靄儀：一九七六年十二月十五日，香港大學亞洲研究中心函附件《評〈香港大學所藏木魚書敍錄與研究〉》。

⑥ 梁培熾：一九七六年十二月十八日自美國，《致羅香林教授函》（《乙堂函牘》，第四十九冊，第十項第一通）。

⑦ 梁培熾：一九七六年十二月十八日自美國，第一通。

又若民俗學家婁子匡以受西德基爾大學教授，國際民俗學界老前輩安徒生博士之託蒐集中國民間故事，其中『一《潮州妖精鬼神故事》，丘玉麟採，民（國）十九年中華書局出版；二《婦女雜誌》，七卷七，內載臨沂縣之故事，上海商務印書館出版』，多方訪求不得，深佩先生『搜羅宏精，撰述甚費心計，對學術文化界之貢獻，百稱豐碩』，特此請求助之。① 先生亦盡其能而成好友之事焉。餘於此類者尚多，不贅。

四、結語

先生師承名家明師，治史承『求真』、『求新』、『資鑒』之神髓，致足蹟所至，必於地方史乘作蒐求，考訂古蹟遺石，無時不孳孳然，故所得獨多，立論獨步，闡發國族精神，促進新運，以冀人類社會與世界和平，又能以傳統學術彙貫西方漢學研究，致其所得成績爲中外學林所推重。適逢二十世紀中葉，國民政府退守臺灣，大陸新政府則因政治運動、文化革命而處於鎖國閉關之際，國際通中國之門遂使學人裹足，中外交流遂中斷，漢學家對於中國學術研究之情況不明，問道交流及文獻自皆無從進行。而香港隣兩岸，雖爲英殖民地，卻能極自由許以中國傳統與西方文化並存，而港大爲香港惟一大學，恰有羅先生移席執教其中，並力弘中華文化、中國歷史於香港，進而達於世界，爲二次大戰後首位將本港人文學術帶至國際會議，引致中外驟悟香港可作了解中國學術之最佳窗口，而又以重羅氏學術業績，乃向問道，查文獻，而先生又能爲其解惑，去疑團，助其研究方法之不足，及文獻之交流傳通，是羅先生遂成爲當時築建中外學術橋梁，使香港成爲漢學交流之重鎮，締造香港中國學術地位演爲空前之業績，使中外治學之法、文獻互惠，澤及世界香港與焉。

此種體用聖賢之心，爲文化承肩，弘揚學術於國際，推引中體西用，教敷異域，與名家論道談心，爲後學解惑決疑，勉勵有加，世之文史研求者齊尊巨擘。諾貝爾獎學金委員會爲之推爲惟一提名中國人爲文學獎候選人之推薦學者，以資選人推薦於瑞典。

稽王韶老賀先生榮升講座，有『倘假以時日，從容展佈，則世之研究東方學者，不之東京、巴黎、倫敦、華盛頓，而之香港矣。使非吾兄長才碩學，盛德謙光，出而主持風會，曷克臻此。』② 之語，取之以印上述，可謂確言，雖不中亦不遠矣。是見先生邁德樹聲，沐風化雨於香海，推引中國學術文化之復興，追求香港成爲權威嚮導名地，借諸播道於國際，追求中國現代化，追求世界和平之千秋勳勞，無待青史而可定之爲世之楷範，以策勵來茲。然則，港大之予『終身榮譽教授』，其深意亦本於斯焉。

① 婁子匡：一九六〇年九月十九日，《致香林函》（《乙堂函牘》，第九十四冊，第九項第一通）。

② 王韶生：（一九六五年）乙巳中秋節前三日，《致元一教授函》（《乙堂函牘》第七十一冊，第一項，第二通）。

羅香林伉儷對廣州中山圖書館發展及南中國文化之貢獻

馬楚堅

一、廣州市立中山圖書館創興之淵源

人類所以爲萬物之靈，智識愈衍愈富，其傳授可突破時間空間者，以其有文字與圖書之藏與傳播所然，故古昔聖哲有爲之主、聰明智之士，莫不重視圖書，而博覽圖書，而國家學術教化亦以典藏書策之所爲其發展動力，此吾國王官庋藏之於古昔者。上古勿論，觀老子爲周守藏室之史，司馬遷爲太史令而掌文史星曆，昭明太子建樓選書，可見我國藏書之風，源遠流長矣。嶺南典藏之始，當隨中央政治勢力所被，建置創司而然，倘以書院兼置典籍而論，則唐代於嶺南已有置院，尤以韓文公謫守潮州，刷新書院教化譽溢至今。

若以私藏論，就廣州言之，則肇之南宋寧宗嘉定間（一二〇八至一二二四）梁百揆於廣州學宮後街所創禺山書院。就全廣而言，宋代凡二十五所、元代三十餘所，及至明世宗至神宗嘉萬間（一五二二至一六一九），公私已達二百之所；入清，演至德宗光緒之季（一九〇八），公私凡六百所，皆有典藏，中以粵秀書院藏一五七四冊、端溪書院庋九四八二冊、豐湖書院藏一五一七七冊、廣雅書院蓄蘊四三五五五冊爲冠①。

若以私藏名家言，推明黃佐之寶書樓、東莞陳璉之萬卷堂、順德梁儲之奎翰樓、博羅張萱之西園爲著；南明則梁朝鐘之吼閣、屈大均之四百三十二峰草堂；清則南海吳榮光之筠清館、南海曾釗之面城樓、嘉應吳蘭修之守經堂，潮州丁日昌之持靜齋、南海伍崇曜之粵雅堂、番禺潘仕成之海山仙館、番禺張維屏之聽松廬、香山黃培芳之嶺海樓、番禺陳澧之東塾書樓、順德李文田之太華樓、番禺梁鼎芬之葵霜樓及惠州豐湖書藏；南海孔廣陶之岳雪樓等。清末民國，則以東莞莫天一之五十萬卷樓、番禺徐紹棨之南州書樓、南海潘明訓之寶禮堂、嘉應黃遵憲之人境廬、南海康有爲之萬木草堂、新會梁啓超之飲冰室爲著於時②。

① 劉伯驥：《廣東書院制度沿革》（臺北：國立編譯館中華叢書編審委員會，民國四十七年），頁一三至七四；頁三二一至三二三。

② 徐信符：《廣東藏書紀事詩》（香港：商務印書館，一九六三年）。

中日甲午戰後，朝野競言興學救國，自强者，仰歐美圖書館之對公眾開放之旨，遂倡議建公私藏書樓、圖書館，一破自古以來罕於開放流通書藏之習，並慕其美制，逐步改革爲科學管理與兼藏西籍。於是康梁於光緒二十一年（一八九四）創粵學會，附置書藏，公開對外提供閱覽服務，以宣傳維新思想；雙門底基督堂於□邊街（今吉祥路）創大光觀書樓，由興中會蘇復初主理。

日俄戰後，清皇室爲解受輿論及革命浪潮之脅，頒預備立憲之詔。宣統元年（一九〇九）十二月，學部奏定立憲應分年推行事宜，定各省圖書館於次年一律創辦，遂頒佈《京師及各省圖書館通行章程》及《預備行憲分行籌備宜》①。自此，中國正式有『圖書館』之名。

廣東提學使沈曾桐②，乃遵詔委圖書科科長兼廣雅書局坐辦馮願③，籌改前兩廣總督張之洞、廣東巡撫吳大澂於光緒十三年（一八八七）奏立廣雅書院④，同時建於南園故址之廣雅書局，擴充爲廣東圖書館，令移城西廣雅書院頗富之藏典合書局藏書樓全部作館藏基礎。惜措之『未成，而沈去，繼之者爲秦樹聲，久未成而革命事起。方事之殷也，都督胡漢民慮古籍之散亡，檄馮氏及李茂之保存之。』⑤馮、李『膺茲重任，顧念古今圖籍，皆吾國學之梓也，與其鄭重而保存之，寧普及而教育之，遂請於都督，改爲廣東圖書館。都督曰善。』乃檄馮氏爲總務長、李茂之爲館長。職是，民國成立之元年（一九一二），『而廣東圖書館以其年六月告成』⑥，馮氏並代李氏撰《廣東圖書館開館佈告》於開幕時所需，文收馮氏《涓齋叢鈔》。同年底，順德、香山、三水、陸豐、興寧、合浦、欽州、惠州及梅縣諸府縣皆先後辦有圖書館，凡公立十一、私立一，共十二所⑦。中梁鼎芬將葵霜閣於宣統三年（一九一一）改爲梁祠圖書館，向社會回饋，不僅成爲廣州首家私立公共圖書館，亦爲廣東命名圖書館之先行者。

廣東圖書館，坐落今文德路六十二號，館長李氏於八月八日《廣東公報》刊佈《廣東圖書館閱覽章程》，隨後，馮願編印《廣東圖書館館藏書目》以便學人及讀者之檢索。惜時至民國二年，以軍閥禍亂，館舍爲軍伍所佔，而各地圖書館亦受爭權戰禍所影響，或毀於火，

---

① 《大清宣統政記》（臺北：華文書局，民國五十七年景印本），第一冊，卷二十八，總頁四九八，宣統元年十二月壬辰條。
② 沈曾桐於光緒三十三年十一月以山西平陽知府升廣東提學使；宣統三年三月改調雲南提學使（《清德宗實錄》，卷五八二，總頁七〇二，三十三年十月戊戌條。《清宣統政紀實錄》，卷五〇，總頁八九〇，三年三月己亥條）。
③ 馮願：《廣東圖書館目序》（《廣東省中山圖書館同人文選》（廣州：廣東省中山圖書館，一九九二年），頁二二六。並參馮氏《涓齋叢鈔・梁監督瀾勛薦舉表》。
④ 《清德宗實錄》，卷二四五，總頁二九八，十三年七月庚辰條。劉伯驥：《廣東書院制度》，頁一一一至一一五，《光緒十五年總督張之洞奏請廣雅書院立案折》。案：劉氏所引『十五年』，乃『十三年』之誤。
⑤ 馮願：《涓齋叢鈔・廣東圖書館佈告》。參見：何卜吉：《廣東省圖書館成立日期考證》（廣州《廣東圖書館學刊》，一九八七年第三期，頁三一至三二）。羅屏：《解放前廣東圖書館事業發展概述》（《廣東文史資料》，第四十八輯，頁一四八至一七八。廣州：廣東人民出版社，一九八六年）。
⑥ 馮願：《廣東圖書館目序》。
⑦ 羅屏：《解放前廣東圖書館事業發展概述》。

或避禍搬遷，不少名存實亡，梁祠及新會各地圖書館亦告停辦，於嶺南文化可謂運蹇極矣。

民國六年（一九一七），中山先生於粵領導護法運動，省館得以復開，乃改名廣東省立圖書館，並改館長制爲董事會制。十一年（一九二二）聘圖書館學家杜定友（一八九七至一九六七）爲館長。

民國四年（一九一五），北洋政府頒佈《圖書館規程》及《通俗圖書館規程》，廣東各公立圖書館業始得有所據而行，各縣市之圖書館因而先後恢復。然廣州爲首會之所，省館不足以供應，於是演至民國二十年（一九三一）相繼於石基里、十七甫馬路、河南北帝廟右創辦市第一、二、三通俗圖書館，廿一年於越秀山創設公立（鄧）仲元圖書館（今廣州美術館）①。惟仍有所不夠，雖廣東各縣市亦先後恢復及建有圖書館，若清遠、羅定、潮陽、潮安、揭陽、臺山、陸豐、番禺、順德、新會等縣是，新舊合共七十六所，卻多以書籍每所不過置千百冊，且管理復不善，其內容爲時人評爲無可觀者，各縣市社會教育經濟未嘗有規制，圖書館經費無著，或有亦爲極少，僅可支員工薪火，更無餘□添購書籍②。既設備簡單，陳列皆通俗淺近之圖籍，即使廣州市內幾所通俗圖書館雖爲個中表表者，於欲借圖書館以研究高層次學問者，則尤有所爲憾焉③！

廣州之圖書館既有所不足，識者以爲非有所開擴，否則難以使在學者課餘有進修之處，市民工餘有讀書之所，各行各業人士有深造機會及地方，爲改善廣州文化教育設施，與爲永久紀念中山先生及宣揚文化機構於南中國。職是，廣州市政府委員長林雲陔氏發起興建中山圖書館爲一設備豐富之供應所需之發縱機樞。並經第十次市政府行政會議通過而交市政廳財政、教育、工務三局共籌之。時預算費一百萬圓，半爲建築、半爲設備購置之費，然以國家省、市府經濟拮据，乃發起向海外僑胞募捐。於是市政廳於十六年（一九二七）九月派出專員伍智梅女士赴美，繼聘黃謙益氏協助伍氏爲嚮導，以便向美國、加拿大、墨西哥、古巴募捐，所向獲僑胞樂爲襄助，集得廣銀三十餘萬，即鳩工興築於十八年（一九三九）十二月④，並於翌年五月一日舉行奠基禮，由省主席陳濟棠，市長林雲陔、籌備委員會委員伍智梅演説致詞，揭出建立中圖宗旨⑤。

該館落成於二十二年（一九三三）十月，坐落市區中部北段廣州府學宮內後面段之文德路八十一號（今廣東省中山圖書館北館），佔

---

① 廣州市地方誌編委會：《廣州市誌》（廣州出版社，一九九九年），第十六冊，《文化誌》，頁三八三至三八四，第十六章圖書館。

② 溫仲良：《二十年廣東省圖書事業辦理概況與其計劃》（《廣州大學圖書館季刊》，第一卷第四期）。溫仲良：《廣東省公私圖書館通訊錄》（廣東省教育秘書處，民國二十年）。羅屏：《解放前廣東圖書館事業發展概述》。

③ 楊道玲：《一所華僑資助興建的圖書館——廣州市立中山圖書館的一些情況》（廣州《廣東圖書館》季刊，一九八四年第一期，頁二五至二七、三〇）。

④ 羅香林輯：《廣州市中山圖書館檔》（手稿、油印件合訂爲線裝本。香港大學馮平山圖書館藏。下凡引此書只注書名及冊），第一冊，第二項，《廣州市立中山圖書館概況》，『一、沿革』（油印件）；第三項《廣州市立中山圖書館概況》（手稿）。

⑤ 伍智梅：《伍委員智梅演説詞》（《廣州市立中山圖書館特刊》，民國二十二年。

地一萬八千二百餘方尺，館凡二層，高達五十五尺，横闊一百三十五尺六寸，外廓仿古宮殿式，內部參照現代圖書館設計，中建八角亭禮堂一座，四周爲藏書閲覽辦公等室，前廊墻地用意大利雲石舖砌，禮堂爲穹窿琉璃頂，華燈圓柱，上下層可容千人，館外有廣階，繞以煉化石欄干，遠望層階閣，鳥華翬飛，碧瓦紅墻，規模壯麗，北枕番山，東臨翰墨池，西與崇聖祠接壤，與廣府學宮遥相應和，館前康莊四達，交通便利，館園内林木扶疏，風景清幽，洵爲最適宜之圖書館地址也①。設計出自工務局林克明氏手筆，建築費達三十一萬三千三百餘圓，凡捐達十五圓者，芳名皆泐石於八角亭門旁兩邊墻，以昭紀念。

館既落成，乃開幕於十月十五日，命名『廣州市立中山圖書館』，首任館長爲伍智梅女士，十九日開放，館藏中西書籍共四萬五千餘册。二十三年（一九三四）五月，省教育廳長謝瀛洲以省立圖書館地址（即一九五五年廣東省中山圖書館南館，今已拆）相距不遠，事業性質相同，無重設之須，且以經濟及爲紀念中山先生起見，以豐其藏，使之更趨完備，作爲嶺南文化發縱中心，中國國運文化轉弱爲强之基爲天下倡，經省務會議通過乃撤銷省館，併入中山圖書館，舊館改爲省立編印館，於是市立中山圖書館添增圖書五萬三千五百餘册，中廣雅書院冠冕樓藏書珍籍之一部分、梁節庵葵霜閣藏書二萬餘册，孔氏嶽雪樓《四庫全書》鈔本四百餘種、法官學校移存光孝寺《北藏真經》一萬餘卷，均屬名貴典籍②。

初創伊始，於伍氏悉心經營，編規章，組識工作人員，使中山圖日趨完固，而其釐定書目，尤得任公千金梁思莊女士之助，目録檢索漸成系統，於是林氏等之理想漸達，來館閲覽人士亦日增，而館藏珍籍之公開，尤有與於時，蓋嶺南學者，咸得飽覽珍籍於斯矣。迨伍氏於二十五年（一九三六）調任市政府爲設計委員③，羅香林教授接任爲第二任館長時之八月運作而論，據該館統計，到館閲覽圖書人數共二萬一千六百六十人，平均每日八百零二人，又借書册數共一千五百四十一册，平均每日六十二册之多④，則於流通作用，不言可喻矣。

① 羅香林輯：《廣州市中山圖書館檔》，第一册，第二項，《廣州市立中山圖書館概況》。

② 羅香林輯：《廣州市立中山圖書館檔》，第一册，第二項，《廣州市立中山圖書館概況》；第十項，《市立中山圖書館應收回戰時借與文理學院各圖書之理由》。

③ 羅香林輯：《廣州市中山圖書館檔》，第一册，第一項，廣州市社會局秘書處：民國廿五年八月十九日《致市立中山圖書館館長》牋。

④ 廣州市立中山圖書館總務部編：《廣州市立中山圖書館大事記》（中山圖書館總務部油印綫裝本，民國二十五年十二月），頁一，頁三一，十五年八月十日條；十五日條；十九日條；『新任館長羅香林到館接事，原任伍智梅女士奉廣州市政府令調充市政府設計委員會委員。』又八月廿一日條。

二、羅香林先生之接長市立中山圖書館及其發展之改革

羅香林（一九〇六至一九七八），字元一，號乙堂，廣東省興寧縣東門外俠坡鄉人。清光緒三十年生。幼從兄學，繼肄業植基學校，民國十年（一九二一）升讀興民中學，十三年赴滬入讀承天英文學校。十五年（一九二六）二月入讀吳淞國立政治學校，九月，轉肄業北平清華大學經濟系，旋以性喜史學，及慕名宿王國維、梁啓超、朱希祖、陳寅恪諸先生而改讀歷史系，遂得明師之傳而紹承學緒。十九年，獲文學士學位，直升研究院，從陳寅恪、顧頡剛先生專治唐史與百粵源流問題，尋兼肄業燕京大學研究院，從洪業先生遊，獲獎學金，於二十一年（一九三二）二月，受燕大之託，赴粵調查民系人種。

八月返北平清華大學考試，研究院畢業試後，九月應國立中山大學聘，任校長室秘書，勷助鄒魯校長創立廣東通誌館，起凡立例，並兼爲館纂修。十二月復兼中山大學文史研究所研究員、編輯，主理《研究所月刊》編印工作。翌年（一九三三），著《客家研究導論》，而爲客家學研究闢一新徑，遂名傳學界，並轉職副教授，講授方志研究，爲全國上庠開以方誌學作與學術研究參考資料之第一人，仍兼通誌館事。

二十三年（一九三四），移席南京國立中央大學，兼任暨南大學講席，參謀部教官、考試院襄試員、中央古物保管委員會審核委員、上海市立博物館研究員①。

二十五年（一九三六）五月十二日，胡漢民病逝廣州，兩廣事變，第一軍余漢謀，第二軍李漢魂、空軍黃光鋭等當道，政歸中央，全國統一②。於是廣東政府重組，市立中山圖書館館長伍智梅陞調入市政府爲設計委員，館職既懸，市長曾養甫覓材資於時彥鄒魯、吳敬軒、張雲、黃希聲、陸幼剛、杜定友、張發奎先生等。當時，羅先生恰於七月杪應中山大學急電召返議事③，而在五羊，經衆之口碑，曾

① 羅香林：《乙堂文存續》（香港：中國學社，民國六十六年），卷二，頁七五至八一，《三十五歲自述》。羅香林輯：《廣州市中山圖書館檔》，第二冊，第六項，《履曆表》。

② 蔣祖緣等：《簡明廣東史》（廣州：廣東人民出版社，一九八七年），頁七二〇至七二三，《兩廣事變及其失敗》。

③ 朱楔、朱倓：《朱逖先先生年譜》（臺北：九思出版社，民國七十八年景印本），頁四二九五，二十五年七月二十九日條。

氏力挽先生留穗，並經社局輔委會同意乃親委任爲館長於八月十五日①，令同月十九日接事②。

中山圖書館於全國各省市立者中，歷史雖非長，然其佔地大且設備新，益自省圖亦併入該館，使其插架之豐遂爲南中國諸館中之冠，故於當日交接館職時，特請社會局派員來館監交以昭公正。按當時中山圖書館依制初直隸市政府社會局、教育局、工務局所組之籌備委員會，進而於館開放後，改隸社、教局所重組之『廣州市社會教育事業輔導委員會』，其下置『圖書館組委員會』，會設主任委員。館長，乃由輔導委員會推任之，綜理全館事務，秘書勸助館內一切日常事宜③。然而曾養甫奉省主席黃慕松於八月十日就職，繼劉紀文爲市長；劉石心於十五日就社會局局長職，並將市教育局接收歸併社會局④，於是中山圖書館因而直隸於社會局。勢移驟革，雖身於近側者亦難以窺其新劃分，故羅教授受聘之初，亦不明所自，有事交代請示之始，即直接與曾市長接洽。殆館中呈府文件及請核、監察事宜批回，始知新系統所在，遵市長令直呈社會局核轉，致符新制度之則⑤。及十九日上午十時新舊館長交接禮典之際，劉氏遂函派局預決算股主任司徒欽爲監察員來館監交職務⑥。

當時移交館藏圖書十二萬餘冊清冊⑦，及印章、家俬、案卷、款項等，皆別開列清冊。核實計缺少中文書籍十七本，西文書籍兩本，均列明在案，並咨伍氏及報社會局備案⑧，蓋該書多爲叢書中缺本，有錢難購，故力請設法找出，以保公眾利益及文化資源，終以局令准作伍氏報銷遺失論而結案⑨。而財政方面，亦以清冊交代而雙方簽名作實備案，以保證不浪費公帑及運用於圖書經費以裨益讀者，致後來九月發生美商慎昌洋行來追收舊欠港銀一千八百六十元七角九分，粵幣六百四十二元五角六分，另利息若干之債務時，羅先生得以據交收

---

① 曾養甫：二十五年八月十五日簽發委任狀第五號。（收《乙堂資料》，第二冊，第三十五項。馮平山圖書館藏）。

② 羅香林輯：《廣州市中山圖書館檔》，第二冊，第四項，八月十九日《呈廣州市長曾函》；第七項，八月十九日《廣州市立中山圖書館佈告第一號》。

③ 羅香林輯：《廣州市立中山圖書館檔》，第一冊，第二項，《廣州市立中山圖書館概況》。

④ 廣州市立中山圖書館總務部編：《廣州市立中山圖書館大事記》，頁一，廿五年八月十日，十五日條。

⑤ 羅香林輯：《廣州市立中山圖書館檔》，第二冊，第八項《廣州市立圖書館移交總冊》；第九項，《廣州市立中山圖書館款項收支清冊》；第十項，《伍前任移交缺少書籍清單》；第十一項，社會局局長劉石心，廿五年九月十五日指令：《令市立中山圖書館館長羅香林》；第十二項，羅：二十五年九月九日《咨卸廣州市立中山圖書館館長伍》等各項。

⑥ 羅香林輯：《廣州市立中山圖書館檔》，第一冊，第三十項，伍智梅：二十五年十月五日《復廣州市立中山圖書館館長羅》；第三十一項；羅，廿五年十月六日《呈廣州市社會局局長劉》；第三十二項，廣州市社會局指令（會字第六〇二號）：《令市立中山圖書館館長羅香林》。

⑦ 羅香林輯：《廣州市立中山圖書館檔》，第一冊，第二項、第三項《廣州市立中山圖書館概況》。

⑧ 羅香林輯：《廣州市立中山圖書館檔》，第一冊，第一項；第二冊，第二項，曾養甫：廿五年八月廿五日，廣州市政府指令（人字第五號）：《令市中心圖書館館長羅香林》；第四項，羅：廿五年八日十九日《呈廣州市市長曾》；羅（中山館一號）（中山館二號）：八月十九日《呈廣州市社會局局長劉》。

⑨ 羅香林輯：《廣州市立中山圖書館檔》，第二冊，第一項，廣州市社會局秘書處：廿五年八月十九日《致市立中山圖書館館長》。廣州市立中山圖書館總務組編：《廣州市立中山圖書館大事記》，頁一至二，民國廿五年八月十日、十五日、十九日條。

清冊中未列此債案爲由，函轉伍氏，並呈請當局核未辦理，得允令該賬□由該行直向前任交涉①，致不影響圖書館當時每月經費貳仟圓整之有限經費，使之盡得用於文化發縱之需。是其所見遠，所思周詳所然也。

文化與圖書館典藏之關係，羅教授深有所認識與體會，故曾氏之下顧，遂不惜犧牲其受電召來治中山大學之高職，幾經磋商以兼任開課史學系而獲允專任中山圖書館，蓋欲爲此文化淵藪予以拓展設置與整理，自剝研究時空，投入開擴紀念偶像及播達遺教以促進治道現代化之意義，與弘揚文化於時難將蒞南中國，其高瞻遠矚如此。既掌館政，初仍以伍館長舊規作爲接管後過渡取向，此從其於伍女士手稿《廣州省立中山圖書館組織大綱》中有其墨毫增刪者可知②，進而各有所革新釐正，以資創建與實踐。

館之組識，羅先生以爲當如國之有制，與人材之聘用，館務榮蹇，文化之隆替相爲表裏，如影隨形，不可不作全面考慮，遂以原有所設總務、編徵、閱覽三組③欠周，乃重新規劃爲內設館長一人，幹事、助理事務員、練習員等三十餘人。館長下分設五部：（一）總務部，內分文書、會計、庶務三股；（二）購訂部，內分購訂、登記、交換三股；（三）編目部，內分中文，外國文二股；（四）閱覽部，內分普通閱覽室、雜誌報章室、參考室、研究室、廣東文獻室、善本室、美術陳列室八股；（五）典藏部，內分中山紀念、市政材料、書庫、出納、裝釘五股。視業務之繁簡，每股酌設職員一人或多人，或以一人兼任各部中之數股工作。此外另設有董事會，以指導館務之進行④。

館中原聘任者照舊，另新聘原於大學任教或專業人士，以共襄公益流澤。於是委陳恩威爲編目部西籍編目幹事，梁廷燦爲中籍編目幹事，謝富禮爲典藏部幹事，朱佚爲購訂部幹事，羅雪伯爲閱覽部幹事，羅慧祺爲總務部幹事，鄭子霞、勞兆驥、羅素蘊、王鳳仁、李心田、羅定一、李俊麟、鄧錫朋爲助理員，曾燕德、姚惠芬、陳意端、譚美基、李季誠、黄楚華、黄慧娟爲事務員；經社會局函請黄希聲、譚卓垣、梁冰弦、區聲白、黄文山、何多源、譚祖蔭、黄藝博、崔載陽、張雲、張辰、陳紹賢、麥健曾、張宗海等十四人充任董事⑤。自是人盡其材，職得其選，學有所用；益以編目分類，釐定全面推廣與限期完成，中文圖籍採用杜定友氏圖書分類法，外文採用杜威十進分類法。圖書目錄用卡片式運作，編有《人名目錄》、《書名目錄》、《類名目錄》、《叢書目錄》、《分析目錄》、《書架目錄》等，

① 廣州市立中山圖書館總務部編：《廣州市立中山圖書館大事記》，頁三至五，九月十七日、十月五日、十二月十九日條。羅香林輯：《廣州市立中山圖書館檔》，第三冊，第二項，《經管項下·二經常費》。案：又有『臨時費』之賬，此專爲購書及購書架等設備所用，用前須作預算上呈請批准，以二十四年至二十五年五月份之會計年度爲例，上限達壹萬零壹百玖拾圓零肆毫整。

② 羅香林輯：《廣州市立中山圖書館檔》，第一冊，第一項。

③ 羅香林輯：《廣州市立中山圖書館檔》第一冊，第一項，《廣州市立中山圖書館組織大綱》。

④ 羅香林輯：《廣州市立中山圖書館檔》，第二冊，第二項，《廣州市立中山圖書館概況》。

⑤ 廣州市立中山圖書館總務部編：《廣州市立中山圖書館大事記》，頁一至二，八月十九日、八月三十日、九月二日條。

以便閱覽者檢查索需；閱覽開放時間，亦擴長爲每日上午八時半起至下午十時止，並爲利便閱覽人士起見，星期日及例假仍照常開放①，致圖書館之效應日廣，漸盛於昔日，每日閱覽人數平均約一千二百餘人，貢獻之巨不言可喻。且規定各職員自十月十日起，一律穿著夏季制服，十一月一日起一律穿換冬季藏青制服②，使之更具精神，而中山圖書館之新氣象，遂由斯更新而現矣。

三、館務之弘昌與對南中國學風之貢獻

羅先生深知圖書館之功能，實繫於民族國家之盛衰，人群社會之文野。蓋『民族國家之所由强盛，從其人民物質設置，團體組合，精神教育，與夫智能技術上過人也；人群社會之所由進化，以其人民之不斷追求新知新藝，而經驗閱歷亦與日而俱進也。宇宙之閎，雖不可得遽窮，而物質設置，團體組合，精神教育，智識藝事，經驗閱歷，要必循習而致，由累而起；然苟無圖籍或類似圖籍之工具，以資寄託，則所謂循習累積，亦未由而施；前人之道藝器識，志節精神，既不克傳之後世，激勵來茲，則先緒邈然，斯文斷絕，既無進化，亦無盛衰文野之足云矣！往者官師不分，學在朝貴，政府雖未嘗不儲聚群書，而庶民鮮能窺覽，載籍雖博，無力者不能致。其利不普，民智自塞。歐美各邦知其然也，爰有圖書館之設置，士無間於貧富貴賤，享用惟均，而專研與博覽者各取所需，而智愚賢不肖之所得，適如其分。其意良是。吾國近亦仿行其制，自京師而都邑，莫不有公私圖書館』；而中山圖書館之設，則尤關乎中山『遺教之闡揚，與夫吾國本位文化之建立。用意尤深，鵠的尤遠。』故先生自受曾養甫市長接掌館政後，推展館務，莫不悉力以赴，『兢兢業業，以董以理，以規以策；其有曩已設置，如革命市政兒童普通諸文庫，則擴而充之；其有曩未擬議，或議而未行』③，或未符其理想，皆重籌宏圖而推展舉辦。

十月九日，乃有增設『專門學術研究室』、『日用百科參考室』之舉，移置各種圖書，以供市民研究及參考之用。並擬訂規則懸挂室內，以資遵守。且增設『善本圖書室』，將館藏善本請朱女士兼爲清檢編目，計：元刊本一種、明刊精本七十五種，各家鈔校精本十種，明刊大藏經五千餘卷，孔廣陶精鈔本二千餘卷，移歸室內珍藏。十月廿五日，又將二樓圓廳闢爲『美術陳列室』，蒐集古今名人字、畫及

① 羅香林輯：《廣州市立中山圖書館檔》，第一册，第二項，《廣州市立中山圖書館概況》。
② 廣州市立中山圖書館總務部編：《廣州市立中山圖書館大事記》，頁五、頁七，十月十日條，十月一日條。
③ 羅香林：《廣州學報·發刊詞》（廣州市立中山圖書館，民國二十六年），第一卷第一期。

珍貴圖書，分别陳列，以供眾覽①。次第設『廣東文獻室』、『華僑文獻室』等以作鄉邦文獻，藝術品物，華僑文籍之彙集陳設，在在皆便利市民研究及參考之需，配合其通年日夜開放閲覽新則，社會各界反應頗佳，皆有口碑。

其於圖書之不足者，則更徵求訪購，以期完備。用使閲覽研究諸人士，鼓舞興奮，與日俱增。爲此先生致函八方及公然刊於報章徵之，並於十二月八日，致函本省各藏書家徵求嶺南先烈文獻②，且發《廣州市立中山圖書館徵求本省先賢先烈遺著遺物啓事》③於報刊，云：

敬啓者：竊我粤東，五嶺蟠於北，珠海臨其南，西北東韓各江，交錯奔流，周於四境。靈秀所鍾，人文獨盛，其間潛心學問，鋭意述作，競民族之光譽，爲不朽之大業者；代不乏人，而俗重氣節，士矜義烈，每值國家多故，輒大聲疾呼，不避艱虞，以圖挽救，或見危授命，以完其節，如明末清初義舉復國諸忠逸，其顯例也。海通以來，志士仁人，怵於國亡無日，益奮起籌維，群謀革命，前仆後繼，英聲激天，如黄花岡、紅花岡及欽、廉、惠、潮各役死難諸烈，其尤著者也。往昔印刷之業未盛，名山著述，鐫梓綦難，不得已鈔録成書，以俟後世；其有家藏富裕，力能刊行，亦僅以投贈親友而已，流傳究不廣也；至若舉義忠逸，及革命諸烈，雖生平言行尤足動人，而乃一心宗國之死靡他，縱有造述，未遑刊播。凡此先賢先烈之遺蹟遺著，皆邦國人文思想之所寄，民族精神之所關，若不急謀蒐集珍守，必爲風雨所侵，蟲蟻所蛀，再更百數十年，必遂湮滅殘缺，無可考據矣，豈不滋可懼耶！

本館爲紀念國父之文化教育機關，表揚先澤，責無旁貸，景仰前徽，益思蒐訪。茲擬積極徵求，凡屬本省先賢先烈，以及鄉邦俊彦，墨客騷人，以至閨閣或方外，苟有著述，或書畫墨蹟，及其他遺物，以及行狀影片之什，無論多寡，及已鋟板與否，皆擬蒐集，珍藏紀念；並擬擇要精印，俾廣流傳，永垂不朽，而資矜式。所冀各界耆宿，烈士嗣裔，與夫庋藏之家，賜予贊助，各檢所有，賜贈本館；並轉告親友，按址投寄；其或家藏珍品，未能割愛，亦望鈔録副本，惠然投贈；又或格於情勢，必須售讓，亦乞惠函開列，俾得就商！他日館藏日富，文獻足徵，詩人無不競之嘆，學者有研究之資，風流廣被，蔚爲國光，不亦懿歟！

廣州市立中山圖書館館長羅香林啓

經其大聲疾呼，並首白贈出書籍百餘册，於是外界名宿、中山圖同人亦應之相贈，至二十六年三月五日止，半年間凡一千餘册，中珍品不少；至於雜誌報紙之贈，每月各有百數十種；美術則黄少强、趙少昂、溫克剛、鍾介民、黄家澤諸名家均以傑作及家藏珍别見

① 廣州市立中山圖書館總務部編：《廣州市立中山圖書館大事記》，頁五至六，十月十九日條；十月廿五日條。
② 廣州市立中山圖書館總務部編：《廣州市立中山圖書館大事記》，頁一〇，十二月八日條。
③ 羅香林編：《書林》（廣州市立中山圖書館，民國二十六年），第一卷第一期，頁二九至三〇。

贈，大俾館藏；而由館半年來購入書籍，則爲一千八百餘册[①]。先生雖感各界熱心文化事業，然仍以爲不足，於是繼爲增函登刊『廣州市立中山圖書館徵求圖書啓』[②]以籲於世，云：

逕啓者：竊本館爲紀念總理文化教育機關，開幕以來時經三載，閲覽人士日多一日，而庋藏圖書未能遽臻完備，殊不足以應需求。茲特開列圖書擬目，廣爲徵求。尚望黨政機關、公私社團，及各藏書家、出版界，鼎力贊助，成茲美舉，按照擬目所有，或慨予惠贈，或廉價轉讓，俾館藏圖書日漸豐富，而文化教育，得以普及，同勝盼禱之至！此致

館長羅香林謹啓

附：

廣州市立中山圖書館徵求圖書擬目

一、革命文獻

本館爲闡揚總理遺教，表彰革命先烈，特闢革命文籍室，舉凡關於黨義論者，黨務紀載，及革命理論，革命歷史，革命戰爭圖片，革命先烈傳記等，均擬積極徵求，以期完備，而供紀念。

二、政府公報

各機關出版社公報期刊等，雖屬政府紀錄，不啻現代史書，關係於國家社會或地方人民者，至爲密切，本館亟謀蒐集，以供眾覽。

三、社團刊物

各社團所出刊物，無論何種，一體蒐集，以期完備，而供研討。

四、時人著作

凡時人著作不拘種類，一體徵求，以覘時代文化，以備學者博覽。

五、區域方誌

各地府州縣誌，如承各機關團體或藏書家、刻書家慨然惠贈，至所歡迎。

六、絶版書報

凡已停版之各種書報，本館均擬徵求，如承藏書家割愛惠贈，或各地圖書館有此複本，寄贈一份，尤所歡迎。

① 中山圖書館購訂部：《本館半年來書籍增加狀況》（《書林》，第一卷第一期，頁三一至三二）。

② 羅香林：《書林》，第一卷第二期，頁一九至二〇。

七、內外典籍

內外典籍，不拘新舊，均擬廣爲蒐集，借充館藏，而利研究。

八、藝術作品

凡前賢書畫雕刻，以及近代藝術家一切作品，不拘多寡，均擬徵集，尤歡迎惠贈，借廣流傳，以垂久遠。

九、家譜族譜

家譜族譜，傳狀墓銘，不拘新舊，與鈔本刻本，均願徵集，以資研究。

十、歌謡唱本

歌謡傳說，唱本曲本，不拘雅俗多少，均擬一體徵求，以備採風之資。

以上各目圖書，如承各地方機關團體，或作家、藏書家、出版界，慨然惠贈，均於書面簽署贈者姓名，編目珍藏，以垂紀念，而示感銘。其有一次捐贈圖書至一千種以上，或價值五千元以上者，除書面署名外，並勒石紀念。其有不能免費贈送者，本館亦願備價商講，惟希惠函，以便接洽。

由是，贈者日盛，合以自購，至二十六年冬，館藏已達十三萬餘冊，雜誌報章五百餘種①，皆著編目室依時編目公佈，並將之擇錄分期刊於《書林》等刊物②，以便讀者。

圖書日增，整理編書爲首要工作，命編目部每日收新書隨到隨編，皆按手續辦完送入書庫。每一種書製卡片五張，計分類一、著者二、書名二，取分類、著者、書名各一張放置閱覽室，一張交購部備添置圖書查對之用，尚餘一張（亦名排架片）留存備查，共製卡片二千七百七十張。

館中排架片若準確完備，於典藏閱覽二部，當可減少許多麻煩手續，惜前任者未甚注意此點，排架片未製仍不少，每次發覺有漏略，當即補製卡片，此項工作，予先生等耗費甚多。每書一冊，製裏外書標各一張，裏書標寫分類、著者及登記號，外書標只寫分類、著者號，共製一千六百零八張，並逐日裝訂圖書，亦須補製書標，方能排在架上，計此類補製書標約六百餘張。又改正重複號碼，每日由典藏部檢出其中一書有數部而號碼互異，或同一號碼而書名不同者，即隨時改正，以歸劃一。

鑒於開館至其受事時，已有數載，閱覽室卡片爲閱覽人到館閱書必須翻查之用，故已甚霉爛折斷，遂推展『更換閱覽室卡片工作計劃』，懇請編目室每日編書之餘，即計劃更換一副，此類工作，雖費時間最多，然至二十六年三月五日已全部告竣。又以閱覽室中分類卡

① 羅香林：《廣州市立中山圖書館檔》，第一期，第二項，三項，《廣州市立中山圖書館概況》。

② 參見《書林》，第一卷第三期，頁二九至三一；第四期，頁二二至二三。

多爲前任未曾整理妥當，乃令重整，填補著者、書名，並將新編之書卡，亦順序排入，合計閱覽室新卡約二萬張有多。

又以舊卡排列法，採混合字典式，稍爲不便，乃有所更新改進，師北圖所用法，今新卡，改用三種分立式——分類、著者、書名分格排列，如此，則一種書同時可容納三人檢查之便利，閱覽人稱便焉。此種排列法，實較混合式排列繁難數倍，然圖書館對象以方便閱覽人爲目的，乃親爲衆闡釋其價值，衆受其誠之感召，雖工作更繁瑣，亦樂於應命而換。

除編目外，中山館舊無編冊目錄，先生以爲今應當以編印冊本目錄爲急務，無論中外公私圖書館除卡目錄之外，必有冊本目錄，本館亦應有之。惟第查前任移交未編之中日文書，尚有二千七百餘種未編目錄，似宜將此類書編製活葉卡片目，然後進行編印冊本目，較爲完備，冊本目錄寧可成書稍遲，而決不可草率從事①。職是編印目錄工作遂延於後，以舊藏善本書籍堆放未嘗整理，乃請購訂部幹事朱倓女士於十月初著手登記編目，至十一月二十日完畢，凡五百三十餘種②。

並以館藏之增添，別有仄徑可試洽，乃函咨請省教育廳轉飭省立編印局將前省立圖書館未移交書籍，除留備補版應用外，其餘照案撥歸中山圖存儲，以期完備③；且擬增設『中山文化部』，具『計劃書』咨請市府將省黨部將前中山文化館收存捐撥充經費，以資闡揚中山遺教；惜皆未能如願④。爲弘昌文化事業，同時計劃擬向各界募捐籌建本市東山、河南、西關三處分館，及『廣東文獻陳列室』一座，備文請市府核示⑤，則獲允，使其鴻圖有期，大爲興奮，鴻猷爲之源源而發焉。

鑒於圖書編目現代化之時需，積極編目，分製著者、書名、分類三種卡片，陳列於普通閱覽室，以備到館閱覽與研究者之檢查外，又以館素未有編書目分類冊，難以應省內外之需求。爲使編目工作順利進行，乃增加編目部專業人員以專責成，故有工作壓力自辭者，必允所請⑥，並另聘學者爲名譽研究員，以資顧問，勷匡文化人業，若聘朱傑勤、杜定友先生等是。且以閱覽部與編目部之相互共助推進，與向閱覽者之推展服務，須學識淵博者管事，乃調羅雪伯爲編輯員，另委劉太白爲閱覽部幹事，羅健飛爲事務員⑦。此外復決定編印圖書目錄，特將開館以來館藏圖書，一律合併分類編爲目錄，以供讀者參考檢索之用，並身爲主編以預其勞，以領衆共襄美舉，甚至自領分纂專編以作馬首。

① 中山圖書館編目部：《本館中文編目室半年來工作情形》（《書林》，第一卷第一期，頁三〇至三二）。
② 廣州市立中山圖書館總務部編：《廣州市立中山圖書館大事記》頁九，十一月二十日條。
③ 廣州市立中山圖書館總務部編：《廣州市立中山圖書館大事記》《書林》，第一卷第一期，頁六，十月二十八日條。
④ 廣州市立中山圖書館總務部編：《廣州市立中山圖書館大事記》《書林》，第一卷第一期，頁三，九月十三日；頁十，十二月八日條。
⑤ 廣州市立中山圖書館總務部編：《廣州市立中山圖書館大事記》《書林》，第一卷第一期，頁九，十一月二十九日條。
⑥ 《廣州市立中山圖書館大事記》，頁九，十一月十八日：『編目部助理員王鳳仁辭職，照準。』
⑦ 《廣州市立中山圖書館大事記》，頁五至六，十月十六日條。

編印書目，計分六種：第一種爲《館藏善本書目》，由其與夫人朱倓合作，至二十六年（一九三七）四月一日，已編輯就緒，凡二冊，計經史子集四部合爲一冊，永樂本《大藏經》以分量特多，另爲一冊；第二種爲《館藏方志目》，以館藏方志，在南部中國，可稱首屈一指，自當編印書目，以供學人參考，並由其躬爲積極彙編，擬書成可得二厚冊，期於二十六年内出版；第三種爲《西文書目》，以館藏外國文圖書，雖爲數尚少，然彙編書目，由其與陳恩威合編，至廿六年四月已斐然成冊，茲擬併爲印出，以便查檢；第四種爲《廣東書目》，以館藏本省先賢著作，雖僅四百種度，然已蒙政府通過其請求籌建廣東文獻陳列室之議案，於館之西南隅，建築專室，以備廣蒐珍藏。職是先生一方與省、市、社會諸處籌集建築經費，一方蒐集先賢先烈遺著，及其他相關文獻，每月由各地收藏家寄贈之本省著述，亦頗不菲，故由其躬爲手筆編訂《廣東書目》，擬於廿六年内可先出一冊；第五種爲《館藏圖書總目》，以館圖書，除上述各類外，尚有普通書一類，分量較多，然亦由其主編，彙眾力編訂書目，擬成書可四冊，合上述《善本目》、《方誌目》、《外國文目》、《廣東書目》等稱《館藏圖書總目》；第六種爲《雜誌報紙目錄》，以館雖成立僅數年，然所藏雜誌報紙，亦已各滿一室，爲便利查檢參考研究起見，並令人編訂目錄，估計於二十六年内完成①。

先生爲保存文物發揚光澤起見，編目之外，推動館中專家，各擬積極編輯專書，以作《廣州市立中山圖書館叢書》系列，迄二十六年四月，已完成者有朱倓《東林碑傳集》十卷，羅香林《唐碑五百種文錄》四卷。此外尤與本省有關而由先生躬爲編輯者有《廣東藝文備徵目》一書，其方法將本省先賢先烈遺著無論存佚，各加敘錄，其既爲阮氏《廣東通誌藝文誌》及本省各府州縣誌所敘錄，或曾經各藏書家書目敘錄者，則逐類考訂；其原書尚存者，則調取校勘，諸家敘錄之誤者或不足者，則正之補之；其未經前人敘錄者，則據現存各書慎加敘錄，其見於各氏家譜或傳狀墓碑者，亦嚴加校考，按實敘錄。此書之成，一方可爲省內外人士蒐羅廣東著述之依據，一方可供文史學人研究、或目錄學者之參考，迄二十六年四月，該工作甚順，預計年底完成。此外，先生又編輯《廣東金石敘目》，其方法將本省會及各縣清以前所有各種金石碑刻題名磚瓦等，概加敘錄，其見於各書記錄者，分別考索，誤者正之，不足者補之，其新近出土，或舊存而未經前人敘錄者，則依拓本或實物入錄，一方可借以保存本省史料，一方可供省內外人士蒐羅廣東金石拓本者使用，或以供史跡考訂者之參考，至二十六年四月已積極收集材料，約於二十七年即可成書。此外並擬編印所以闡明中山遺教發揚民族精神，建立中國本位文化之專書，其日另定②，後聞王韶生先生告知此即《館藏中山先生資料與研究書目》等。又另邀學者撰嶺南文史哲專書以編入該《叢書》，若饒宗頤先生《潮州叢著初編》即爲《叢書》第三種③者是。

① 羅香林：《編輯室記——本館編輯室計劃》（《廣州學報》，第一卷第二期，卷末）。
② 羅香林：《編輯室記——本館編輯實計劃》。
③ 饒宗頤：《潮州叢著初編》（《廣州市立中山圖書館叢書》之三，民國二十七年）。

鑒於古之典籍，藏之中秘或個人私藏，常人難窺，益以滄桑多變，每經兵燹，散佚無徵，君爲志士所痛心，以館今藏亦頗有珍貴圖書，爲廣流通及傳佈，弘昌文運以裨於時，故有校印珍本計劃，擇要委各大書局影印流傳，定名爲《館藏珍本》，擬分十集，第一集爲錢大昕精校本《安南誌略》十九卷，及乾隆《元和縣誌》舊鈔本三十卷，乾隆《澎湖紀略》舊鈔本一二卷，《圍攻太平軍時李鴻章之要函》不分卷。《安南誌略》爲黄氏士禮居舊藏，乾隆《元和縣誌》爲沈德潛等所纂修，海内鮮見刊本，此本爲誌局藍格紙鈔本，意即當日繕正本或影鈔本也。乾隆《澎湖紀略》，各藏書家亦不易見，李鴻章要函爲關於淮軍圍攻太平軍之絕好資料，其中加僱英人戈登攻守滬蘇等地事，皆記敘甚詳，且李氏書法亦極可寶貴。至於第二集以下珍本，則擬待細加審定後刊印①。

先生爲實踐推宏文化，提倡專門學術，及傳佈珍籍起見，特另於編目組另闢編輯室分別編印，廣蒐資料，自爲總編纂，陳恩成、劉大白、賀次君、朱聖果、羅雪伯諸氏爲編輯，以資推展其猷。羅雪伯卻以勞繁而辭職，照準，遺缺委吴鳳軒補充②，遂得一心一德共爲弘揚文化之使命而戮力焉。

中山圖書館舊有刊物《廣州市立中山圖書館特刊》、《廣州市政建設叢書之一——廣州市立中山圖書館》，大抵爲創立特刊，及一般簡介，於學術弘揚、文化傳佈作用不大。羅先生爲介紹中外名著，弘昌學術文化，傳達圖書館功能，以謀圖書作用與人類智能之邁進相結合；倡窺群書之門，以作一般讀者之導，庶少免其等冥行擿埴之苦；復可與研究學人相聯絡，共推文化事業之進步，使讀書成爲風氣，以作中國振興之力量。乃於二十五年（一九三六）九月五日造報《廿五年度歲出經常、臨時兩費概算書》中即有擬辦預算費用增加請命，以市庫不允，遂以熱誠説服報人允其於十一月十四日，創辦《圖書週刊》，每週星期六刊行，後改星期五，由廣州《國民日報》副刊按期刊登③。其發刊旨趣有云④：

智能爲人類生存進化之泉源，圖書爲人類啓發智能之重器，人而不欲生存進化也，固無事乎研討群書以益其聰明才智，人而果欲增其學識道藝，以維繫其生有與邁進也，則圖書之蒐訪與研讀尚矣。顧讀書必知方法，與要領，而尤貴有同群之商討與互助。蓋不知方法與要領，則不特勞而無功，且亦無由下手，不有同群之商討與互助，則何處有何書，何書有何義，皆不能博訪而周咨，集思而廣益，其不能躋於大成之境，無待智者而知也。《論語》子貢之言曰：「不得其門而入，不見宗廟之美，百官之富」。本刊之設蓋亦冀略以窺窺群書之門，庶少免冥行擿埴之苦耳。世有君子，幸垂教焉。

① 廣州市立中山圖書館總務部編《廣州市立中山圖書館大事記》，羅香林：《編輯室記——本館編輯實計劃》第一卷第二期，卷末。

② 廣州市立中山圖書館總務部編《廣州市立中山圖書館大事記》，頁八，十一月十三日條。參見，羅香林編：《廣州學報·本刊編纂》。

③ 廣州市立中山圖書館總務部編《廣州市立中山圖書館大事記》，頁三，九月五日條；頁八，十一月十四日條。

④ 羅香林：《圖書週刊發刊詞》（廣州《國民日報》，民國二十五年十一月四日，副刊，中山圖書館編）。又收《乙堂文存續編》，卷一，頁一二二至一二四。

週刊爲首創，內容均無所繼承，所闕有：各類文獻及秘籍或史料之蒐集與敘錄，中外新舊要籍之介紹與批評，中外版本目錄之研究與敘錄，中外善本圖書之敘錄或題跋，圖書分類與編目諸問題之討論，圖書管理之理論與方法，圖書館或藏書家及出版界之調查或訪問，關於圖書及各地出版界之通訊或新聞，圖書館服務之紀錄或書林掌故，讀書隨筆與作家介紹。時刊名家之作品頗衆，若：顧頡剛《漢書律曆誌之取材與上古之紀年》、陳寅恪《三國史料與佛教故事》、陳恩威《介紹：個人與國家》、朱偰《羊城書跋序》，及先生之《福建故事集序》等，皆於讀者學識道藝以維繫其生存與邁進有所增益也。是刊，中途又移刊《中山日報》發表，迄二十六年三月止，共出十三期。

二十六年三月，以《週刊》播達之效應，有口碑於時，得市府持批準前請增費，且以篇幅太少，乃改《圖書週刊》歸圖書館自印爲單行本，易名《書林》，爲半月刊，始刊於三月十日。《發刊詞》有云其經緯及宗旨曰：①

> 昔老子爲周守藏室之史，自隱無名，因著書言道德之意。司馬子長爲太史令，紬金匱石室之書，訪求放佚，整齊世傳，因作《史記》。太史令與藏室之史，雖不爲時人所尚，而《史記》與《道德經》爲吾國學術所係，民到於今稱之。是知不爲時人所尚，但能盡其職役，未始無補於民族國家之文明也。本刊爲本館前所編《圖書週刊》改組，撰稿人不一其地，總之不離之不離乎各書藏史館學舍不爲時尚之人而已；所□錄不一其事，總之不離乎古今典籍及其有關事例而已。所愧能力未充，不足以紹承前緒，惟博雅君子，進而教之。

半月刊創刊號，內除繼承《週刊》介紹中外書籍並討論目錄版本與圖書管理諸學外，且增先民遺著及近人重要文錄詩錄、中山圖書館每月館務及每月新增書籍、與該館重要公文，每期約二三萬字，每月十日、二十五日出版，定價每期五分。迄抗戰軍興，廣州失陷，該刊被迫結束，今香港大學藏有先生手輯爲一冊之第一卷第一至第八期，每期均刊有學術論文、序跋、或邀專家來館講座以增館員專業修養與見聞之講稿、論文，若：李景新《圖書分類概述》、溫丹銘《竹林草堂詩鈔序》、錢玄同《關於黃公度先生墨蹟》、謝富禮《粵東採珠考》、朱偰《鈔本崖山誌跋》、易大厂《廣東全省輿圖題記》、梁振東《客家研究導論讀後》、先生《鴉片戰爭粵人説部與詩史》、陳恩威《陽明學説之疑難》、李惠君《圖書館學的內容》、朱傑勤《中國史學研究》等，著者尚有冼玉清、賀次君、劉煥瑩、朱湘、岑仲勉、李洸、朱希祖、鄒魯、范鑄、孫德謙、饒宗頤、饒聘伊、鄭子霞、鍾一帆、何格恩、岑家梧、黃際遇、鍾國樓、陳學瀛、陳粵侃、陳鐘凡、楊壽昌先生等，皆文人學者，其文，莫不富有參考價值，宏揚學術者也。

中山館同時創辦一專門學術性刊物，以闡揚中山遺教，建立中國本位文化，研究中華學術，宣揚民族固有精神，提倡研討樸學風氣，

① 羅香林：《書林發刊詞》（《書林》，第一卷第一期，頁二。民國二十六年三月十日）。又收《乙堂文存續編》，卷一，頁一二四至一二五。

傳播中外學術思想爲宗旨於時危世亂之際，定名《廣州學報》。原擬作『月報』於九月請增月費以辦①，終以經費批文，延至二十六年一月一日，第一卷第一期始能如願問世，四月一日出版第二期，第三期預於七月中問世，每期約二三十萬字。該學報籌備集稿，從事編輯，則始於十月九日，期於二十五年十一月半出版②，並有全體職員攝影照片③，編入創刊號以饗勞衆人，終以印刷問題及經濟批行問題，拖延至翌年元月始得問世。

《學報》現存兩期，計二册，論著部分，無不爲有所創見，足以補經史之遺闕，或糾其謬者之佳篇，如：温廷敬《經史金文證補》、《元和姓纂校補》，朱希祖《梁代貨幣考》，羅香林《羅芳伯所建婆羅洲蘭芳大總制考》、《唐相南行軍總管陳元光考》、《太平天國洪天王家世考》、《狼兵狼田考》、《嶺南詩人林睡廬考》，陳恩威《中山學説之法理體系》、朱倓《東林著述考》、《明季杭州登樓社考》，姚薇元《歐陽修集古録目考》，朱傑勤《龔定盦研究》、岑家梧《史前學研究概述》，賀次君《社考》，跋羅香林先生唐嶺南道兵府軍鎮考》，楊榮春《孟子教育理論研究》等於學術之推動，皆有其作用在；餘尚有『古蹟』調查、『專載』等亦爲重要參考學術研究資料。第三期所收稿件，亦已排版，重要文章有温丹銘《金文證郭》、鄭德坤《中國神話學史》等十餘篇，惜以日寇侵華，爲機所毁，學報乃告停刊。

《圖書週刊》、《書林》相繼刊行，意在傳播圖書館作用，介紹新書、古籍等，對到館閲覽者，不無策助；復略有促進社會讀書之風氣，並爲配合此，特於中山圖發起『讀書會』，創訂『民衆讀書章程』，於廿五年十月廿一日刊報徵求會員。廿三日，會衆推羅館長爲會長，謝富禮爲主任，又聘館内外學者爲各科導師④；定於十一月九日爲七十名會員舉行開學典禮，翌日爲會員來會開始讀書日⑤。讀書風氣，自是日盛，並於廿二日召開會員大會，報告會務工作概況，並選各門組長，廿五日，各組開會，討論讀書事宜⑥。

羅館長爲增進讀書會會員之興趣與修養、見聞，於十二月六日，舉行學術演講會，敦請中國人壽保險公司副經理羅北辰教授演講『人壽保險與社會之價值』；本市民衆教育館館長王少蕃先生演講『現代戰爭之利器』。同時舉行會員演講比賽大會，題爲『爲什麼要提倡新生活運動』，評判結果，第一名廖浪萍，第二名温美熊，第三名郭英殊⑦。三人並於廿一日參加廣州市民衆教育館演講比賽⑧。自是讀書之風，頗形濃厚。而館又時舉行學者、專家公開演講，以輔閲讀之不逮，頗受聽者歡迎，及引起學術界人士之興趣。

① 廣州市立中山圖書館總務部編：《廣州市立中山圖書館大事記》，頁三，九月五日條。
② 廣州市立中山圖書館總務部編：《廣州市立中山圖書館大事記》，頁五，十月九日條。
③ 廣州市立中山圖書館總務部編：《廣州市立中山圖書館大事記》，頁一一，十二月廿一日條。
④ 廣州市立中山圖書館總務部編：《廣州市立中山圖書館大事記》，頁六，十月廿一日，廿三日條。
⑤ 廣州市立中山圖書館總務部編：《廣州市立中山圖書館大事記》，頁八，十一月九日、十日條。
⑥ 廣州市立中山圖書館總務部編：《廣州市立中山圖書館大事記》，頁九，十一月廿二日、廿五日。
⑦ 廣州市立中山圖書館總務部編：《廣州市立中山圖書館大事記》，頁十，十二月六日條。
⑧ 廣州市立中山圖書館總務部編：《廣州市立中山圖書館大事記》，頁一一，十二月廿一日條。

羅館長有感於展覽及陳列文獻易引起社會興趣，有移風易俗之效，及發揚先賢先烈之精神，故時於禮堂舉辦專題展覽會，使各種文物、書籍、圖片、畫冊、刊物、拓片、鄉邦文獻等館藏，或借自私藏家或其他公藏之卷軸、書畫、古器物得以陳列展出，供衆欣賞。於是有中山先生與革命、華僑與革命，廣東文獻、族譜、方誌、白沙紀念、九江紀念、嶺南畫展等之會，大裨激發嶺南人士繼往開來之精神。爲推廣鄉邦學風，更創行將館禮堂免費提供與有關發揚文化遠志者申請爲展覽書畫，及古物之用①。

四、振文風於烽烟中與抗戰時危之搶運圖書以保國粹

羅館長爲推展文化事業，與抱發揚中山遺教、中外學術思想、鄉邦學風之遠志，毅然出長中山圖書館於危難之際，呼籲各界捐贈或廉讓先烈遺著遺物、內外典籍、方誌、譜牒、時人著作等文獻，以豐庫庋，以益讀者，回應頗爲熱烈②。九月十七日，赴南京與中央圖書館籌備處及教育部國際交換處商議訂國際交換運作辦法③。並對外國亦推展交流、購買、論圖書學相關問題，若英國Royal Asiatic Society是④。並先後創辦《圖書週刊》、《廣州學報》、《書林》半月刊，欲以中山圖書館爲基地，推廣中國學術文化及其主張之宗旨⑤，與讀書方法及要領，介紹中外書籍，討論目錄版本、圖書館管理諸學。並發動組職『民衆讀書會』之徵求會員及推動讀書，演講、演講比賽諸活動以輔策之，以有補益於『民族國家之文明也』⑥，其效應引致讀書人之共鳴。並納讀者廣覽館刊而追求其館中要籍，『以引起閱者觀書

① 羅香林輯：《廣州市中山圖書館檔》，第一冊，第四項，《廣州市立中山圖書館禮堂借用暫行辦法》。

② 中山圖書館：《書林》，第一卷第一期，頁二九至三〇，《廣州市立圖書館徵求本省先賢先烈遺著遺物啓》；頁三一至三二，《本館半年來書籍增加狀況》。第一卷第二期，頁一九至二〇，《廣州市立圖書館徵求圖書啓》。

③ 廣州市立中山圖書館總務部編：《廣州市立中山圖書館大事記》（中山圖書館總務部油印線裝本，民國二十五年十一月。馮平山圖書館藏），頁三至四，二十五年九月十七日至十月一日條。

④ Lo Hsiang-lin：To Royal Asiatic Society，23rd，Oct，1936. Lo Hsiang-lin：To Gentlemen，June，11，1937.（《乙堂函牘》，第一〇四冊，第一項，第一、二通）。

⑤ 羅香林：《廣州學報》，第一卷第一期，頁五至六，《發刊詞》；第一卷第二期，卷末，《編輯室記》。《廣州市立中山圖書館大事記》，頁二，二十五年九月五日條；頁四，十月九日條。

⑥ 羅香林：《圖書週刊發刊詞》（《乙堂文存續編》，卷一，頁一二二至一二四）。羅香林：《書林發刊詞》（《乙堂文存續編》，卷二，頁一二四至一二五）。

之興味』①，以臻理想。而於館中設施，曩已置者，如革命市政兒童普通諸文庫，則攟而充之；曩未擬議，或擬而未行，如參考研究善本諸室，鄉邦文獻、藝術品物，華僑文籍之蒐集陳設，則皆次第舉辦：其圖書之不足者，皆徵求訪購、籲贈而趨完備②。並重流通服務，縱使學者遠道函詢資料，請爲抄校，寄借諸服務，若葉恭綽③、饒宗頤④諸先生即嘗用此渠道。種種推廣新猷，使閱覽研究諸人士，鼓舞興奮，與日俱增，又有以禮堂借學者文士作公開文藝活動、展覽，大裨文化交流之推廣，若過沅熙之展覽個人建築圖則照片，水彩畫及模型等是⑤。種種莫不促使『圖書館之繫於民族國家之盛衰，人群社會之文野』⑥之作用得以展開。每月讀者爲之遠勝於前，更倡擬向各界募捐以籌建分館、廣東文獻陳列室等⑦。先生之掌籍中山圖書館，顧頡剛先生聞之，稱『邇來必有新猷，足慰故人想望！』⑧是先生之輔導圖書館建設，文化學術之推展，精神感召，風氣頓開，皆無負乃師之望也。惜好景不常，先生之盛業，終以日寇而受打擊，未能臻其理想也。

日本之侵華，先自東北，而上海，殆二十二年五日，日機已到北平偵察，燕大學者已推知『彈炮將不日臨頭，亡國奴滋味亦不可嘗矣。』⑨先生就職中山圖時亦即於此種日軍將炮轟廣州前夕，壼其在我，掌籍撐持文化於危殆之際，發揚民族精神於海宇繹騷之間，二十五年二月二十三日，尤率員工捐獻一日薪資，慰勞綏遠前線將士⑩，而爲天下倡，推動全民努力抗侮爲民族生存取向鵠的。翌年，七月七日，盧溝橋事變，八月八日，日軍入北平城⑪，抗日軍興，廣州於八月十八日起，『即警報頻傳，浸假而敵艦集，敵機日至，至九月杪，而市民遠徙，百業遽衰。迄十二月首都陷落』，形勢益緊。二十七年二月，狂寇夾攻南會，日機頻頻轟炸穗城，五月十二月，先生府邸亦波及，客廳被毀，幾及難。迄二十八日，寇又狂炸市區，『民居多被所毀，或死或傷，動四五百人。自是，敵機無日不狂炸市區，日投彈

---

① 楊壽昌：二十五年十二月二十九日《致羅香林先生書》（《羅香林教授所藏函牘》，第六十八項，第二通）；吳雨僧：（二十六年）二月初七日《致羅香林先生書》（《羅香林教授所藏函牘》，第七十項第二通）。

② 《廣州市立中山圖書館大事記》，頁二，二十五年九月五日，九月十二日；頁四，十月九日；頁五，十月二十五日；頁六，十月二十八日；頁九，十一月二十八日；頁一〇，十二月八日條。

③ 葉恭綽：七七紀念日《致羅香林先生書》（《乙堂函牘》）第七十九冊，第一項第十一通）。

④ 饒宗頤：《致羅香林先生書》（《乙堂函牘》，第三十三冊，第十三項第七通、第十一通）。

⑤ 過沅熙：民國二十六年二月六日《致羅香林館長書》（《乙堂函牘》，第三十四冊，第十六項第一通）。

⑥ 羅香林：《廣州學報・發刊詞》。

⑦ 《廣州市立中山圖書館大事記》，頁九，二十五年十一月二十八日條。

⑧ 顧頡剛：民國二十六年一月十一日《致羅香林先生書》（收《乙堂函牘》，第三十六冊，第十六項第六通）。

⑨ 容媛：二十二年五月十三月《致羅香林先生書》（《乙堂函牘》，第二十六冊，第十項第四通）。

⑩ 《廣州市立中山圖書館大事記》，頁一六。

⑪ 蔣天樞：《陳寅恪先生編年事輯》（上海：上海古籍出版社，一九八〇年），頁一〇二。

數十有枚，狂炸之不足，又繼之以夜襲』。『不旬日間，而廣州已成陰新世界。』①時，戰事既興，經費爲之削減，不給『臨時費』以供購訂書籍，印刷等作開拓之用；『經常費』亦大減，若二十七年二月份預算三千，僅批七五〇圓，致館員爲憂家返鄉自辭者，先生無力留之。故迄是年二月，幹事僅存羅慧祺、朱倓，助理、事務、特警、工役等十三人，全館凡十六人而已。而敵機炸彈時襲，然先生竟堅持不離，仍督飭上任以來，全體職員一律不吸食烟毒，及繼推動所組織新新生活勞動服務團運作②，以發揮館員服務至尚精神，同心維護典籍，身先員工，持續開放圖書館，處艱難而應付裕如，因環境而善爲改進，而讀書會亦繼爲推動，雖館務隨之而減縮，然卻推出各種革命、開國、民族英雄事蹟、圖片等展覽，倡言抗戰救亡以籲於時也。故參觀及閱讀者、研究者之往來中山圖，因得如常閱讀，專門研究，於焉不衰。用使來學之士，來參觀之眾，熱血彌增，學術事功，共圖發展，民族盛衰之關係，亦於館中散發以肇以導來者，潛移默化爲粵中抗戰言行播予相與僇力推宏之一助矣。時儒饒宗頤先生於先生之『高風偉度，佩仰奚似』，而有聞警移居村夜『坐月寄羅香林先生羊石』詩之賦③云：

霜風顛蕩魂，羸月峭戛骨。懾晞三月火，怯對一庭雪。
哀雁愁邊鄙，鳴雞警市卒。南裔傳飛旐，吾子何滯粵？
勢蹙當遠邁，塗危莫簡忽。悠悠眷蛇車，蕩蕩思黌筏。
翔翮仰心憚，般雷俛身蹶。梅嶺非夷隰，扶桑亦驟突。
淨土孰可求？厚地將安窟？誰謂四海寬？坐傷孤客瘁。
良晤儻有諧，我當訊皓月。

張肇崧先生亦有函致意，稱『不意今當禍亂，文風頹敝，烽烟彌漫寰海』，尚有先生賡和振臂於五羊④，受感動而助其蒐訪遺書，認同其所籲與推展，以文化事業長培國族元氣之表現。而向慕者匪少，亦有感其誠研與論廣東藏書、買賣、或論手稿、存書代售或言所需

① 羅香林：《大地勝遊記》，頁六二至六九，《潯江遊記・行前心緒》。

② 廣州市立中山圖書館總務部編：《廣州市立中山圖書館大事記》，頁四，十月十一日；頁六，十月廿八日條。並訪得王韶生、朱傑勤、凌子揚教授所告知。羅香林輯：《廣州市立中山圖書館檔》，第三冊，第三項，《廣州市立中山圖書館民國二十七年二月份經常費支出計算書》，參見其《收支對照表一》、《薪俸表二》、《餉項工資表三》、《文具表四》、《郵電表五》、《消耗表六》、《什支表七》；第四項，《廣州市立中山圖書館民國二十七年弍月份支出計算書》。案：七五〇圓，據上各表計算，支出七四九・九，結存壹毫，其經濟之拮据於此可知。各計算書、表爲朱倓先生編訂，先生簽署於廿七年四月二十日。館中人數，據《薪俸》、《餉項工資》二表列名推知。

③ 饒宗頤：二十七年《致羅香林先生書》、暨《坐月奉寄羅香林先生羊石》詩墨蹟（《乙堂函牘》，第三十三冊，第十三項第十一通）。

④ 張肇崧：民國二十六年三月二十八日《致羅香林先生書》（《乙堂函牘》，第九十三冊，第四項第一通）。

著者、論著之有無諸事者不少，若容媛①、倫哲如②、吳雨僧③、古直④是，於其事業之發揚，精神之奮勵，尤有裨焉。

二十六年（一九三七），倭國軍人以粤省扼中西交通要衝，資力豐盈，不惜以海艦與空軍包圍威脅不足，又復以飛機狂炸廣州，誓奪粤省不可。羅館長於警報頻仍之際，日與全館同仁維持圖書館閱讀如常外，並妥籌維持圖籍之策，嘗造預算呈請預爲移徙搬運大後方或廣西安厝，當局遲不復。迨敵軍突謀轟炸前夕，八月十日復上書市局核呈市府力陳遷運與保存圖書爲當前之急務，十三日獲市局會字第五二二二號密令，允『將珍貴圖書、重要文卷，匱分重要、次要，準備範匣，於必要時，一律遷運附近安全地帶，以資保全』。⑤

羅先生得令，即與全館同仁籌劃，一面於短促時間中，將圖書分類選出準備入匣，一面請朱倓女士編製搬運預算表，及接洽造匣，交通事，自聯絡『覓妥番禺縣屬仁豐社龍歸市周姓常懷書室爲存放地點。』然所申請預算又較前所請爲十分一之六百八十餘圓，竟又『被市府駁指列太巨』，『乃縮編爲二百七十六元三毫，始克呈准。』⑥既撥不足，羅先生迅速因應重組所籌，請閱覽部會同總務部，請朱倓、羅慧琪諸幹事督導館員日夜檢點裝箱，以限於經費僅裝成中文善本卅五箱。而市府時特許調用卡車一輛，限用兩小時歸還。由是於廿六年八月十八日急忙開至龍歸市，先搬運善本書籍，孰意該車容量僅裝得三十一箱，急馳奔長堤碼頭卸貨，擬再開赴龍歸市運一次，終爲市府催還，而所雇之船只亦不能久待，致不及再往清運矣。因是將之安頓妥當，派員長川看管該項未及搬出，仍留龍歸市之五箱書籍，羅館長即託該處前鄉長周佩堯氏暫代保管⑦，此爲第一期遷運也。

市府未能盡其責，協助馬虎，羅先生以勢危，恐典守館籍蕩然，而當機立斷，於廿七年八月十日爲保存國粹計，不依系統程序，自行言於省主席吳鐵城，請頒予特令，命交通各部門全力協助，至九月底，終獲允，所請，得省市直撥款貳仟圓爲遷運圖籍專費，遂以之『運出善本五萬餘冊，遷至廣西』寄存⑧。職是，羅先生簡選館藏善本、重要圖籍⑨，爲『護持文物，遂不能不扶病而作廣西之行』，於十

① 容媛：一九三六年三日三十日《致羅香林先生書》（《乙堂函牘》，第三一三冊，第十項第一通）。
② 倫哲如：二十六年三月十八日《致羅香林先生書》（《羅香林教授藏牘》，第七十項第一通）。
③ 吳雨僧：（二十六年）二月初七日《致羅香林先生書》（《羅香林教授藏牘》，第七十一項第二通）。
④ 古直：二十五年《致羅香林先生書》，又二十六年十一月廿四日，二十六年書（《乙堂函牘》，第三十六冊，第十三項，第二通、四通、五通）。
⑤ 羅香林輯：《廣州市立中山圖書館檔》，第一冊，第十二項，朱倓《市立中山圖書館戰時搬出圖書出借與交涉經過》（朱倓女士手稿）。案：遷搶圖書經過，嘗聆於羅朱伉儷。
⑥ 羅香林輯：《廣州市立中山圖書館檔》第一冊，第十二項。
⑦ 羅香林輯：《廣州市立中山圖書館檔》第一冊，第十三項，《市立中山圖書館戰時搬出圖書出借與交涉經過》。
⑧ 羅香林輯：《廣州市立中山圖書館檔》，第一冊，第二項，第三項，《廣州市立中山圖書館概況》（一爲館油印本、一爲朱女士手稿）；又第十三項。
⑨ 羅香林：《三十五歲自述》（《乙堂文存續編》，卷二，頁七一至八一）。

月十八日①，將館内新裝一百五十箱之圖書，於敵機臨頭時，用人伕抬至長堤碼頭，與該前三十一箱同時落船，十九夜開行②。船運甫抵蒼梧，五羊亦告淪陷於十月二十一日③，則南中國文物之萃得以保存，端賴其力，是其貢獻可謂不朽矣。然所遺交羅慧祺典守之其他館藏，則爲兵禍所波及，靡有孑遺，蕩然無存，先生伉儷晚年言之，猶痛心不已，及責己無能遊説在位者提早批准全館予以移置安全之過。聞者莫不深爲慨然。

十月二十五日，羅先生伉儷押運文物抵桂平，桂省府參議黄寅五率桂平民眾教育館兼桂平文化服務社主任高唯仁等來迎，特著高氏『招待及設法暫存文物』④，遂得初存放於城内姑婆塘崔姓屋内庋藏。繼因該地遷來中央軍校，及西南運輸處搬來多量汽油，致敵機亦時來肆虐，爲安全計，乃將該一百八十一箱書籍等移於石咀墟棠梨村，特派館員二人保管，而姑婆塘舊日存書處，亦於是年十一月爲敵機炸爲平地，險哉！⑤此批文物遂賴先生見之明而逃大。

十二月十一日，以桂平日見不穩，即籌將粤文物圖籍運往象縣石龍鎮安庋於十六日上午⑥，獲省主席吴鐵城批准『遷至廣西象縣石龍寄存，擬再覓安全地點存放。』⑦於是在二十八年（一九三九）春間，發自桂平，雇拖船裝運至象縣石龍鎮迷賴村，租屋存放。在此之先後，先生曾先後上呈軍事委員會、教育部、交通部、行政院等機關，均乞協運⑧、撥款、借車、船運往大後方雲南澂江安放，以策安全。

羅館長能於廣州淪陷前一日緊張狀態中搶運出如此大量圖書珍籍，並一再呈請中央有關當局，且親赴渝進行懇請，各部均受感動而允設法協運以維護圖書。於是教育部⑨於民國二十八年三月十五日復有公文，圖陸字第四四六六號，内開：

二十八年二月二日，呈一件，爲運藏圖書，請轉軍事委員會及交通部撥放船只、車輛，並飭貴州省教育部廳協助覓地妥藏由，呈悉，准如所請。分别電請轉飭辦，仍仰該館長督率各館員迅速妥籌，進行爲要。

① 羅香林：《大地勝遊記》（香港：新亞洲出版社版），頁六二至六九，《潯江遊記》。
② 羅香林輯：《廣州市立中山圖書館檔》，《市立中山圖書館戰時搬出圖書出借與交涉經過》。
③ 羅香林：《三十五歲自述》。
④ 高唯仁：一九五六年八月十八日《致羅香林先生書》（《乙堂函牘》，第三十六册，第七項第一通）。
⑤ 羅香林輯：《廣州市立中山圖書館檔》。
⑥ 羅香林：《大地勝遊記》，頁六二至六九，《潯江遊記》；頁七〇至八二，《潯陽聞見録》；頁八三一九八，《柳州紀行》。案：先生《潯江遊記》諸記到廣西日期，全文不少爲多年後追憶，或爲手民所誤致月份所係，偶有相差，『十』月作『八』有之，今據朱倓先生《市立中山圖書館戰時搬出圖書出借與交涉經過》等文所記及憑之推算爲確，以其有所據公文往來者也。
⑦ 羅香林輯：《廣州市立中山圖書館檔》，《廣州市立中山圖書館概況》。
⑧ 羅香林輯：《廣州市立中山圖書館檔》，《市立中山圖書館戰時搬出圖書出借與交涉經過》。
⑨ 羅香林輯：《廣州市立中山圖書館檔》，第一册，第十一項、第十四項，朱倓《市立中山圖書館應收回戰時借與文理學院各圖書之理由》（前爲館油印本，後爲手初稿）。

同年五月廿九日教育部①又復函，館二六字〇一一九四九號指令，内開：

廿八年四月廿八日，呈一件，爲擬遷移澂江繼續工作，仰請撥助經常費，以資維持由，呈悉。該館遷地工作，並能注意邊區文化之增進，殊堪嘉慰。所請補助經費一節，因本部現無餘款可撥，已據情轉令廣東省教育廳盡先設法維持。仰即知照，並逕呈辦理爲要。

三月，既得批文，即爲交涉，覓新館址安放所暫存於石龍之圖書，又以中山大學再促其返雲南澂江臨時校址授課，不便久曠課務，遂於十八日發自重慶，獨自赴滇。途雖『懼時勢劇變，虞家庭不保』，憂心女兒羅玲肺炎未愈，又獲四兄秀林神經病益劇，亟盼其返故里料理之一而再之來催電信，然先生『顧以今後所負責任之重，不能不先赴中大』，及爲館事覓址遷書保存之責爲重，而忍痛先爲赴滇，並無畏頂上敵機所襲而往，欲『待諸事就緒，覓得瓜代，始作東返』②。其以國難家憂而奮勉於先公後己之於閑聖體賢之得，於此可見矣。

五、朱倓女士與戰後中山圖書館復員重建

朱倓（一九〇五—一九八〇），字仲嫻，浙江海鹽人，爲史學大師朱希祖先生次女，羅香林先生之夫人。九歲隨父遷故都，長於斯，讀於斯，畢業於國立女子師範大學，專攻歷史及圖書館學，繼考入北京大學研究院國學門，治學雖以本科爲的，然對南明史、婦女史之造詣尤深，其後著有《明季社黨研究》（商務印書館版）、《幾社考》（獨立出版社）、《屺昭》（勝利出版社版）等書，學術論文則爲《國立中山大學圖書館善本書跋》、《東林點將錄考異》、《集賢注記輯校》、《明季杭州登樓社考》等數十篇，皆備受學術界稱道，自稱受家學餘緒，及伴侶羅香林先生影響最深③。

朱氏畢業後，初應中山大學圖書館之聘，任善本室編目，二十三年（一九三四）五月解去館聘④侍父赴南京。翌年，于歸廣東興寧羅

① 羅香林輯：《廣州市立中山圖書館檔》第一册，第十一項，第十四項。

② 參見羅香林：《大地勝遊記》，《自序》；頁八三至九八；《柳州紀行》；頁一〇二至一一二《川滇道上瑣記》各篇。

③ 嘗獲告示。生平與羅先生、朱逖先生關係，可參見：朱偰、朱倓：《朱逖先先生年譜》，總頁四二〇三至四二〇四，民國紀元前七年條，即光緒三十一年，九月二十五生。餘見馬楚堅：《羅香林先生學述》。相關各條。

④ 朱倓：《羊城書跋・序》（手稿影印本。馮平山圖書館藏）。

香林先生①。二十五年八月任市立中山圖書館購訂部幹事。翌年，轉善本編目幹事，俸給如前爲一〇八圓整。時館長二八八圓，總幹事一四四圓整②，幹事一律相同，其他則不一。朱氏以所治圖書館學勷匡羅館長，獻替良多，舉凡館中設施現代化，圖書應備，檢索系統等急不容緩之圖，莫不悉力贊助成之。於堆積未登記、編目之善本，尤自先奮勇以購訂部事務之餘，與羅先生自創空間，悉心整理編目插架，以公諸於士林，用使唐宋以來珍籍，不至銷光匿採，大裨學術之弘明，其績偉矣。

女士又輔羅館長樸學之倡，鼓勉館員學有所用，心有所得則著書，編述以裨學林，踵步館長之後，同時著作於政務繁劇之餘未輟，於是有《東林黨人碑傳》十卷（稿本）、《旭樓叢刊》十六萬字（稿本）、《羊城書跋》二卷等之作③，以應之而爲同仁楷模。迄全面抗戰起，敵機終日在粵空肆虐，館中以經費之削及人多自辭而返里保護家園，惟女士與總務部羅慧祺二人以幹事領助理員勞兆驥、李俊麟、鄧錫明，事務員王興仁，暨警役八人翼館長仍樹此興滅繼絶之文化中心於省府④。二十七年二月，羅慧祺以朱氏懷孕將至産期，勸館長送鄉待産爲佳，乃護回東江興寧，館長即返穗繼續承擔其使命。四月十二日，女士誕長子羅文。而廣州所居新政街十號終爲日機襲以五百磅巨形炸彈所波及，是其遷避，可謂幸矣。事後館長於五月二十二日，遷居惠新東街五號二樓，夏七月，接回女士復職⑤。八月時勢劇變，十九日女士協濟館長爲保存國文物計，搶運珍貴圖書五萬餘冊，遷運至廣西象縣石龍寄存。羅慧祺則留鎮館中，迨十一月廿一日廣州陷，館亦爲倭寇『佔用作海陸軍俱樂部，圖書全部散失。』⑥羅慧祺，爲館長得力臂助，並受命於館長及指導下撰《廣州市立中山圖書館大事記》，該書記事，『始自民國廿五年八月十日』，蓋『因羅館長香林接事之後，始有記也』。⑦下迄廿七年，搶運國粹止，惜今殘存第一冊，餘散逸矣。

女士協羅先生搶運國粹於石龍後，隨之入川省親，隨後又赴澂江與先生共患難，同研教於中大臨時校園中。尋，隨之赴渝參加救亡運動。嘗任廣西教育研究所講師，受聘爲英庚□董事會人文科學研究員。抗戰勝利，羅先生既受命與羅卓英將軍乘專機來穗接收粵省，出任廣東政府委員；女士亦經川黔桂粵路，十一月十八日抵廣州，入住豪賢路一六八號，受聘爲省立文理學院副教授，兼教於私立文化

---

① 朱俁、朱倓：《朱倓先生年譜》，總頁四二七四，民國二十四年三月條：『三十一日，次女倓與興寧羅香林君結婚於中央飯店。』

② 羅香林輯：《廣州市立中山圖書館檔》第三冊，第三項，《廣州市立圖書館民國二十七年二月份經常費用支出計算書・附屬俸薪表一》。

③ 羅香林輯：《朱倓競選國大代表卷》（馮平山圖書館藏），第一項，《國民大會南區教育婦女代表候選人》單張；第二項，《競選南京教育會婦女國大代表》油印單張。

④ 羅香林輯：《廣東市立中山圖書館檔》，第三冊，第三項。

⑤ 朱倓：《小小的見證》（余偉雄等：《羅香林教授紀念集》，頁一九五至一九七。香港：羅香林教授紀念集編輯委員會，民國六十八年）。

⑥ 羅香林輯：《廣州市立中山圖書館檔》朱俁、朱倓：《朱倓先生年譜》，總頁四三二〇，二十七年九月條。

⑦ 羅慧祺：《廣州市立中山大學圖書館大事紀》，頁一，羅慧祺誌語。

大學①，旋受市長陳策、市教育局長孫甄陶聘爲『社會教育事業輔導委員會』委員。十日，教育局召集會議，與羅先生、杜定友、黃希聲、雷礪瓊氏被選爲『民眾教育館』、『圖書館』、『博物館』中『圖書館』組委員，掌管市圖書館籌備復員事宜，推杜氏爲組主任委員②。

抗戰間，中山圖書館隨穗之陷敵被佔作俱樂部，未搬運之近十三萬冊圖書或爲敵僞搬往博物館等，或爲他者所奪取，致全部散佚。羅先生伉儷倡議於舊址復館，重建此一市中建築最具規模之文化中心，議將僞市立圖書博物館中藏書移回以充庋藏，眾是之。時羅先生翼羅將軍重建粵省，秉掌省文理學院，總廣東省建設研究會事、代省府秘書長，總籌備成立『廣東省文獻館』事，預省立圖書館復館舊址爲委員等公職繁多，無暇兼顧舊業，眾乃推杜氏爲籌備處主任，朱女士副貳。十二日，籌備處成立，派何恩澤爲秘書，邵少三爲總幹事，馮景榮、劉汝麟爲編目閱覽幹事，馮志威、司徒素心爲助理幹事，屈紫雲、岑紹貞、梁瑛爲事務員，鍾超穗等三人爲工役，著手編館組織大綱及工作計劃，與巡迴、文庫諸法，開始向番禺學宮接收僞圖書博物館書籍，凡十二萬冊③。

三十五年（一九四六），輔導委員會以杜定友先生專心於省圖館事，尋亦爲羅先生推爲館長，而市館實以朱女士於籌備重建中爲幹濟車頭，乃推爲市立中山圖書館第三任館長④，職是市長陳策乃以『人甲第〇一三二一號』文書聘任，令於二月二十六日上午十時接事，並由教育局派人監盤⑤。

女士之領導重建，首移動僞市立圖書博物館藏書於館中，督館員校核此批雜亂存放，堆積如山之圖書，著其闕帙，重新分類登記整理，詳編書目。又以館舍及設備經敵僞破壞者，竭力大事修繕，添購鋼鐵大形書架，自番禺學宮全部運回裝配，遂於二月十一日正式開館⑥。

羅朱伉儷以五羊在戰前爲文物發達之邦，百粵文化學術垂成之重鎮，既歷劫『淪陷七載』，學術文化損害誠巨。幸抗戰勝利，圖土重光，則關於全市人士閱讀所必需之圖書館，有必要適度擴充，如同歐美各邦之重視公立圖書館，而遍建於重要教市數間，分館數十而百餘間，以教育普及文化。分館在今社會經濟低迷下，姑且勿論，然廣州在今日爲大埠，省會所在，中外交通之門戶，觀瞻所繫，況又百廢待舉，民智推廣，文化承傳與現代化宜其教普有自，參考有處，則建築稍具規模而冠全市之中山圖書館，應予以擴充，而其館藏多爲十年前舊物，政府雖愛護周至，而庫款未充，終未能多撥購置，而館中職員薪俸及辦公費五萬元由市庫支給外，每月事業費二十萬以作

① 朱偰：《小小的見證》。羅香林輯：《朱偰競選國大代表卷》，第一、二項。
② 羅香林輯：《廣州市立中山圖書館檔》，第一冊，第八項，民國三十五年二月二十六日《圖書館人事記》。
③ 羅香林輯：《廣州市立中山圖書館檔》第一册，第八項，民國三十五年二月二十三日《圖書館大事記》。
④ 羅香林輯：《廣州市立中山圖書館檔》第一册，第八項，民國三十五年二月二十三日《圖書館大事記》。
⑤ 羅香林輯：《廣州市立中山圖書館檔》，第二冊，第三十五項，朱偰《致廣州市社會教育事業輔導委員會圖書館組杜主任委員》函。
⑥ 羅香林輯：《廣州市立中山圖書館檔》，第一冊，第二、三項，《廣州市立中山圖書館概況》。

購書籍報紙、雜誌、卡片、登記簿者卻以『市府收支不相符，該項事業費，輒有拖欠之虞。』故有爲遠志向各界籲捐助修葺、購置及搜集民眾讀物，捐贈藏書、著作、方誌、家乘、族譜、書畫等文物爲嶺南各界倡，遂得市黨政軍界及各界積極響應與支持此一社會教育責任重大之使命，共同支援此急不容緩之圖①。

爰得省主席羅卓英，市長歐陽惜白，黨主任張發奎，及余俊賢、陸幼剛、陳逸飛、黃珍吾、姚寶猷、黃文山、雷鳴、祝秀俠、黃謙益、高劍父、吳長康、簡又文、杜定友、伍千里、賴敬程、黃獨峰先生，與其伉儷署名發起『廣州市藝術界書展覽會，推廣義賣，所入款項，除付裝裱費外，全數捐助該館爲購集新出圖書之用，並以發揚藝術，使市民有所觀摩，一舉兩得，爲善甚巨』之運動。乃於十月二十七日邀請全市書畫界四十餘人，於二時假中山圖書館座談，即席成立『廣州市藝術界籌募中山圖圖書費、聯合書畫展覽籌備會』，並推出黃般若、關山月、黃獨峰、賴敬程、勞潔靈、陳可璋、趙崇正、朱倓、魏明新九人爲籌備委員，朱館長爲主席，下分總務、宣傳、推銷、展覽四組，並議決以『中山先生紀念週』十二月十二日作展覽開幕禮，凡七天，至十六日止，展場設中山圖書館禮堂，且設義賣品券，分（一）書畫券：有五萬、八萬、十萬、十五萬整之別，專向有産階級、達官要人、銀行界、大商界等推銷，展後憑券換取同等價值之書畫；（二）抽獎券，每張一千圓整，發行一萬張，十八日在館抽獎。經朱館長之籌措及眾籌委數次積極推進會務，女士並自率領全館同爲此屢次會議，因才分工，並招待記者，發佈消息，及商得關藝術專刊於數家報紙②，於是形成新藝潮，致參展之藝術家百餘人，展品四百件以上，均爲名家精心創作，尤以前輩桂南屏、高劍父、趙浩公等先生之惠賜傑作，最爲義展放一異彩，職是斯次盛舉所得，無負眾之所期，而爲復館籌足豐裕購書經費。

其後相繼有不少捐募活動，惟其盛則遜於此次。同時將禮堂借予個人或團體作文藝活動依例免費，但公然聲明由借用者不拘多少捐助水電支銷款項，以資水電支銷外，盈餘則作修繕破舊，購添圖書館書架諸設備之建設大業。於是捐助者眾，如綜合社捐國幣貳佰萬整③，廣東省民教館捐國幣壹百萬整④，孫星閣⑤、李嘯山⑥、蔡鶴洲捐貳佰伍拾萬整⑦，市藝專學校捐國幣叁佰萬整⑧，南中美術院捐國

① 羅香林輯：《廣州市立中山圖書館檔》，第一冊，第十五項，羅香林《廣東市藝術界籌募中山圖圖書聯合書畫展覽籌備會經過》（羅先生墨書稿）；第二項，《市立中山圖書館概述》。嘗聆羅先生伉儷與黃文山、王韶生、何丘山先生於香港中山圖書館主禮書畫展後言及民國三十五年市中山圖促成類同盛會事。

② 羅香林輯：《廣州市立中山圖書館檔》，第十五項；第九項，朱倓《廣州市立中山圖書館第四次全體會議》（三十五年十一月一日）。

③ 羅香林輯：《廣州市立中山圖書館檔》，第五次，禮字第壹號，三十七年四月廿七日收據存根。

④ 羅香林輯：《廣州市立中山圖書館檔》，第六項，禮字第貳號，三十七年四月廿八日收據存根。

⑤ 羅香林輯：《廣州市立中山圖書館檔》，第七項，禮字第叁號，三十七年五月三日收據存根。

⑥ 羅香林輯：《廣州市立中山圖書館檔》，第八項，禮字第肆號，三十七年五月四日收據存根。

⑦ 羅香林輯：《廣州市立中山圖書館檔》，第九項，禮字第伍號，三十七年六月八日收據存根。

⑧ 羅香林輯：《廣州市立中山圖書館檔》，第十項，禮字第陸號，三十七年六月口日收據存根。

幣貳佰萬整①，張書旂捐參佰伍拾萬整②，余武章捐國幣貳佰萬整③，法國新聞處捐捌佰萬元整④等不一⑤。於公家庫藏不足撥用之中山圖發展維修、重建、設施添置之開拓大有裨益。

復館建設，維修開拓於是得以逐步因經費施工。圖書徵集接收，則始自籌備處推行復員事宜以降，卷宗皆明確登記爲清冊，若《敵僞雜誌目録》、《廣州市立圖書博物館接收兒童圖書清冊》、《本館杜定友主任委員接收僞館清冊》⑥，無不清檢編目上架，並不斷向各界徵集、募捐蒐求舊書，文物，大力積聚。並將戰時文物損失，予統計作《詳細表》，以呈報市政備案，及作日後蒐集之據。其失慘重者不少，若日本印《大藏經》、《續大藏經》全部，《清史稿》全套、《張文襄公全集》一百冊、黄韜（馬案：王韜？）、丁日昌、曾國藩、徐銘傳等名人手蹟四冊、珂羅版印中國美術圖冊十二冊、明版《北藏佛經》等不一⑦，據之籲於時以冀搜回，更依法全方位『收回敵僞時散出之圖書，如香港及北郊龍歸市等處共有一千餘冊。』⑧（案：龍歸市書，即前羅館長搶運出廣州，因車船未能配合所遺，請周佩堯氏保管之五箱），『迄復員歸來，見及周氏，據云當淪陷時，敵人曾入龍歸市騷擾，致書籍稍有損失，現僅存保兩籍。』朱館長『當即於卅五年五月派員前往收回』，清點與呈報備案⑨。至若《抗戰時本館遷出圖書移交廣東省立文理學院清冊》三冊⑩，所列五十萬餘冊善本，則依法請完璧歸趙。羅先生長文理時，亦依法依情交董事會及呈省主席羅卓英議決，並經羅主席『令飭文理學院全部交回該館藏書。』⑪於文理未移交外，中山館於卅八年（一九四九）前，經朱館長悉心推展，精神感召，圖書總數增至一三三九〇冊，另掛圖四三三張、贈書一七〇〇冊、九九箱（馬案：約二萬冊）、數千冊，未計算在內⑫。中以中文線裝書爲最多，約七萬餘冊，中文平裝書（包括兒童用書）四萬八千餘冊，西文、日文書約一千餘冊，雜誌約一萬餘冊⑬。

---

① 羅香林輯：《廣州市立中山圖書館檔》，第十一項，禮字第柒號，三十七年七月一日收據存根。
② 羅香林輯：《廣州市立中山圖書館檔》，第十二項，禮字第捌號，三十七年七月七日收據存根。
③ 羅香林輯：《廣州市立中山圖書館檔》，第十三項，禮字第玖號，三十七年七月十五日收據存根。
④ 羅香林輯：《廣州市立中山圖書館檔》，第十四項，禮字第拾號，三十七年七月廿四日收據存根。
⑤ 羅香林輯：《廣州市立中山圖書館檔》，第十五項至四十四項，禮字拾壹號至叁號，至三十八年六月三日收據存根。
⑥ 羅香林：《廣州市立中山圖書館檔》，第二冊，第六十項，朱倓《廣州市立中山圖書館移交館藏圖書書目清冊》（民國卅八年六月十五日）。
⑦ 羅香林輯：《廣州市立中山圖書館檔》，第三十六項，《市立中山圖書館戰時文物損失詳細表》。
⑧ 羅香林輯：《廣州市立中山圖書館檔》，第一冊，第二、三項，《廣州市立中山圖書館概況》。
⑨ 羅香林輯：《廣州市立中山圖書館檔》，第一冊，第十項，《市立中山圖書館戰時搬出借與交涉經過》。
⑩ 羅香林輯：《廣州市立中山圖書館檔》，第二冊，第六十項，《廣州市立中山圖書館移交館藏圖書書目清冊》。
⑪ 羅香林輯：《廣州市立中山圖書館檔》。
⑫ 羅香林輯：《廣州市立中山圖書館檔》，第二冊，第六十九項，《廣州市立中山圖書館圖書清冊》（四十八年八月）。
⑬ 羅香林輯：《廣州市立中山圖書館檔》。

六、朱倓館長復興館務之推展與對嶺南文化之貢獻

圖書增添，整理編目，爲朱館長復員全方位中之一項目，故其長籍之初，即先組織內部管理架構，鑒於市政經費不充，改戰前羅氏之舊爲四組，因應網羅人材爲幹事及助理幹事凡十人，上隸於總幹事，而轄於館長。所新設架構爲：（一）總務組，內分文書、會計、庶務三股；（二）編目組，內分中文、外文二股；（三）閲覽組，內分普通閲覽室、報紙雜誌閲覽室、兒童室、參考室、徵購五股；（四）典藏組，內分書庫、裝訂一股①。皆由此批精簡人員分擔及兼任，比之戰前三十餘人之編制，則其工作量之增，全賴朱館長用世心切之精神感召，促使眾人體世時艱之文化使命發自心田，始無不化壓爲衝力而解決各項館務之文化事業推展與完成。若：用學識尚豐，擅長交際，頗有應付才能之魏明新爲總幹事，襄理全館事務兼會計②；用中山大學碩士，學識豐富，擅長英文，幹練穩重有組織能力，合作精神之蘇憲章管中文編日及分類事宜；用出身圖書訓練，兼擅美術，富業務改進理想，勤慎能力高且有團隊精神之劉汝麟主理各閲覽室之設計、統計及出納，兼理西文打字製卡等事務；用經歷較多，辦事堪能應付之梁耀奎主管兒童閲覽室，兼負責各市立學校借書事宜；用擅長英文，精於中國文學，富有研究精神，少年老成，勤慎從事之曾詩麟主管西文編目及分類排卡等事，兼理英文信札；用擅長古文，對於學術頗有興趣，少年持重，謹守規律，忠於厥責之羅立賢擬辦文稿、表冊及庶務、出納，負責保管圖書；用圖書館界熟練能手，勤慎盡職之馮誌威爲助理中文編目，登記製卡；用學識尚豐，虛心研究，勤慎謙和，任事不辭勞苦，努力向上之司徒素心負責普通閲覽室書籍、登記、出納事宜；用圖書館學識豐富，能盡職守規之戰前舊員鄭子霞負責報紙雜誌閲覽室事宜及整理報紙；用嘗服務於圖書界，勤於工作之屈紫雲助理中文編目，登記製卡；用努力從事，不憚煩難，謙虛勝任愉快，工作敏捷之岑紹貞負責普通閲覽室書籍出納事宜，兼繕寫公文表報者是。並推行考績制，以據問責、升級，以資勉獎③、督飭，致職位有所改變，人事有所變動④，形成中山

① 羅香林輯：《廣州市立中山圖書館檔》，第二、三項，《廣州市立中山圖書館概況》。

② 羅香林輯：《廣州市立中山圖書館檔》，第二冊，第四十七項、五十一項，卅五年十一月，卅六年一月六月十二月《市立中山圖書館公務員平時成績考核紀錄表》。案：外務較多之魏氏於卅六年十月十五日離職，總幹事由蘇憲章升任。

③ 羅香林輯：《廣州市立中山圖書館檔》，第二冊，第四十七項、五十一項。

④ 羅香林輯：《廣州市立中山圖書館檔》，第二冊，第五十三項，卅七年六月《市立中山圖書館職員平時成績考核紀錄表》參見羅香林輯：《廣州市立中山圖書館檔》，案：梁耀奎以身體弱而多病，於卅六年終自辭，合以魏氏缺出，乃新聘經驗豐富，尤擅長國語，任事不辭辛勞之許貞管理兒童閲覽室登記、閲覽事務；新延常識豐富，熟練公文、會計、工作敏捷，不憚煩難之談延武負責會計及撰稿事務。其他舊人均因應調動。

圖書館服務及復館文化發展事業源源不絶之推動，使朱館長之復興鴻圖得以開展，昔賢之芳菲得以弘揚，穗城承學之士，不患欲讀無書，學生不患學校無典藏可參考，市民欲進修不患無處可往矣。

所謂鴻圖，乃日寇之亂，中山圖書館設備多毀，羅館長推行而刷新之分類編目，大部分亦與於難，散失難覓，惟遵其舊，全力拾殘補闕，並日夜輪值加緊整理接收所得書籍，以便陳列，供閱覽者之檢查。同時訂出三十五年度（一九四六）計劃，推上日程，以作全館開展之網狀取向之追求。其大綱①，云：

（甲）整理方面

一、整理

（一）完成圖書分類登記及總登記。

（二）完成著者書名，及類名目録卡編製工作。

（三）擴充並整頓閱覽室及書庫。

（四）裝釘破爛圖書。

二、充實

（一）添購各類應用科學書。

（二）搜羅華僑書籍（以備卅六年度成立華僑文庫）。

（三）增加革命黨舉義、抗戰、建國等書籍（以備明年度成立中山文庫）。

（四）增訂有價值之報紙雜誌。

（乙）公開借閱方面

（一）複本兒童圖書擬大批借予各市立小學校閱覽。

（二）擬組織巡迴書車深入各市區，以利民衆閱覽。

（三）館藏全部圖書公開借閱（除特藏書外）。

（丙）研究方面

（一）編印月刊登載論文、圖界消息，介紹新書，本館消息等項。

（二）編印圖書目録。

---

① 羅香林輯：《廣州市立中山圖書館檔》，第一册，第二項，《廣州市立中山圖書館概況》。

（丁）輔導民眾教育方面

（一）敦請美國新聞處放映民眾教育，及衛生時事等影片。

（二）組織學術講演會，及美術展覽會。

（三）組織民眾讀書會，及兒童讀書會等。

整理編目法，中籍採杜定友分類法，外籍依杜威法，首使圖書目錄用卡片式之排檢運用，逐日逐月按步就班上架，數月而始蕆事；後則隨新得即編，於是人名、書名、類名、叢書、分析、書架目錄大體復其全璧。復員中，朱氏又活動於社區及圖書館界中，促進贊助成立『廣東省圖書館協進會』，欲以宣揚圖書館事業與功能，張聯絡聲氣，推進同業改善以裨讀者之祉，被舉爲『常務理事』①，又以關懷婦女文化教育新道路與社會平等地位之爭取，莫不悉心贊助、推動，而預『中華婦女文化教育協進會』之重組、『廣州婦女文化協進會』、『廣東省婦女工業協進會』之成立，被推爲『常務理事』、『監事』②，於社會普及教育不無小補，尤從中洞悉各區於大亂之後缺乏公私圖書借閱之時需，及各學校欠設圖書以供中小學生作課外讀物之實，因是創立『巡迴書車』，定期深入市區各處以供市民借閱於三十六年（一九四七）；並增修章程，公佈《廣州市立中山圖書館複本兒童圖書分借與市內各小學辦法》於三十五年九月二十六日③，將複本圖書二三七七三冊，平均借與各市立小學，每家每期得借三百五十冊，私立小學亦可分借若干；又有《廣州市市中心圖書團體借書規則》，經市局核准，首創學校團體、機關團體可持公函接洽領取團體借書證以借數量較大書籍④，等策劃，於推動研究、文化之廣被，兒童益智之需，及嶺南文化之植基承傳，中華文化蘊蓄播達之功，不言可喻矣。

圖書館功用之最在流通，故朱館長遵循前任羅先生所改進服務效率，繼踵宣傳之法，吸引民眾多來借閱，雖因限於人力及趕編整理書目，上架創造空間，不能全依其昔者所創全年日夜開放方法，然亦盡能力所在，定出閱覽時間爲每週六日常開放，星期一閱覽休息⑤，以便進行清檢編目也。此一新法，社會各界反應頗佳，對巡迴、分借學校、團體新之創興，使流通效率大爲增加，尤獲譽於時。

館內建設，擴充閱覽，迄翌年大體完成。自三十五年復館開放日始，經常開放者，有：（一）普通閱覽室，初即有平裝書一萬三千餘冊，供讀者閱覽，後續以蒐羅宏富，及新編而儲架亦日增，此室可容二百人；（二）報紙雜誌閱覽室，有新舊雜誌一萬餘冊，各地報紙約幾十種，此室可容二百人；（三）兒童閱覽室，有兒童書七千餘冊，餘二萬餘均爲複本，以分批借與市內各小學，此室可容小讀者

①　羅香林輯：《朱佽競選國大代表卷》，第一項。

②　羅香林輯：《朱佽競選國大代表卷》，第一項。

③　羅香林輯：《廣州市中立山圖書館檔》，第一冊，第七項，《廣州市立中山圖書館復本兒童圖書分借與市立各小學辦法》。

④　羅香林輯：《廣州市立中山圖書館檔》，第一冊，第五項。《廣州市立中山圖書館團借書暫行規則》。

⑤　羅香林輯：《廣州市立中山圖書館檔》，第一冊，第二項，《廣州市立中山圖書館概況》（油印本）。嘗聆王韶生、何丘山、黃福鑾先生談及。

約五十人；此三室皆採全日開放制①，平均日有讀者八百人②，而學校大量分借者不在統計內。後社會，能使如許學子、有志民眾如常閲讀，以極圖館效用，以作繁榮明天，策進社會現代化之發端，則朱先生與全館人員之賢勞成效，無待論也。

至若業經整理完竣，未作全面開放之閉架者，有：（一）廣州史料室。藏有關廣州府屬治各縣之典籍史乘、鄉賢著述及地方刊物，數千種；（二）中山文庫。藏中山先生遺著，黨員著述及革命史乘，五百餘種；（三）華僑文庫。該館係華僑捐資興建，羅館長主張應有專室蒐藏有關華僑書籍，藉以紀念，及重視華僑移殖於海外開荒發展及回饋祖國之作用，故有於前任時已進行，今後復員，朱館長若曹參之師蕭何，力復昔規，自始即籲於世，積極徵集整理，力爲蒐羅，惜以經費有限，不克大量購集，故迄三十六年中該室猶未盈架，所有書籍報刊，多賴文化界等熱心人士所贈爲主；（四）善本室，以戰後餘，最佳善本五萬餘冊又移借文理學院於廿九年（一九四〇），所餘無幾，但其中亦有明代精刊本、舊鈔稿本及《北藏真經》七百餘冊③，乃女士奮力整理及募來者，在在於嶺南文化之貢獻頗巨。

朱館長爲輔導復員後讀書風氣之開揚，循前任羅館長之跡而組織『民眾讀書會』及增闢『兒童讀書會』，並與各小學聯繫，風氣頓開，又播放外國民眾教育與衛生時事影片，並組織學術演會、座談會、美術展覽、圖書及文獻展覽，擬集各方之助力而自辦，或借禮堂與社團、個人舉行展覽，於啓迪民智，社會移風易俗，激發嶺南風采，中華民族繼往開來之精神，大有裨益。又定期編印中山圖書館月刊，登載論文、圖書目錄、書報提要、介紹新書、中山圖消息、團體通訊等，以資宣傳與闡揚廣東文獻、中山遺教、中華文化爲宗旨。時廣東省建設委員會亦附寓館中辦公，並經省市同意，該會刊物與館月刊合而爲一，經費賬歸中山圖書館，此從館方賬中有『印《廣東建設研究》二卷一期、二期』、《建設座談》等印刷書刊支出，稿費支出、建設廣告之收入等可知④，此亦月刊不能定期出品，所見皆建設會之月刊及專題建設座談紀録者。而座談會及學術講演，從其支出數目登記，可知每月各有數次，少亦各一次⑤。廣東建設，爲研究粵省復員重建藍圖，導廣東省取向現代化，輻射四方，欲爲中國作復員重建奔向治道現代化國家之楷模；而圖書館功在蓄蘊播達文化，今二者結合彙聚爲一，則中山圖書館已非一般之圖書館矣。

卅七年八月，朱館長既辭卸館長職，乃與羅先生舉家南遷香海定居，繼振鐸化於海宇。

① 羅香林輯：《廣州市立中山圖書館檔》，第一冊，第三項，《廣州市立中山圖書館概況》（油印本）。
② 羅香林輯：《廣州市立中山圖書館檔》，第一冊，第二項，《廣州市立中山圖書館》（油印本）。
③ 羅香林輯：《廣州市立中山圖書館檔》，第一冊，第三項。
④ 羅香林輯：《廣州市立中山圖書館檔》，第三冊，第四十六項，（一）《卅六年一月至十月收支總數目》，第五十二項，（八）《印刷書刊支出數目詳表》。
⑤ 羅香林輯：《廣州市立中山圖書館檔》，第五十四項，（十一）《茶點費支出明細表》（卅六年一月至十一月）。

七、文理學院借用及拒還圖書經緯

二十九年（一九四〇）二月，當羅先生於澂江中山大學講學，及爲覓地爲館址煩憂不已之際，避地連縣東陂之文理學院，以書籍缺乏，上書省府主席李漢魂①，請借中山圖書館存放石龍圖書以支撐教化存閱之用。於是二月二十二日，廣東省政府令二普字第零六六八號訓令下②，內開：

令廣州市立中山圖書館，案據省立文理學院呈請，飭令廣州市立中山圖書館，將其寄存桂省石龍之圖書，全數移交本院，由本院派員前往運回研究等情。據此，應准照辦，除指復外，合行令仰遵照，即將所有圖書全數點交文理學院事務主任楊壽宜接收，起運回粵。仍將移充情形，報查爲要。

李主席既有令，羅館長以遠在澂江，不便親自前往辦理，不得已電訊囑管理員鄧似堯等遵令移交，一面於廿九年三月九日，『遞呈省府，呈報遵令移交還存圖書情形，並說明此項圖書，應爲暫借性質，請令飭文理學院於抗戰勝利後，仍交回本館存閱』。③省府接羅館長文，於二十九年四月十二日，復以第〇〇九〇號指令④，內開：

令市中山圖書館：廿九年三月九日，呈乙件……所請應予照准，除令行文理學院遵照外，仰即知照各等因。

搶運外藏圖籍既奉省主席令將之暫借文理存閱，俟抗戰勝利後，仍須交回中山圖書館保存典藏以廣一百四十萬市民閱覽、研讀之需，並經省府令飭該學院知照，皆有案在⑤。於是先生始將搬遷圖書，覓地建新館於澄江事暫告一段落。廣州舊館又淪爲『敵僞佔用作海陸軍俱樂部』⑥，圖書館文化事業既不可爲，教部又召其爲大後方上庠毓秀效勞，乃專任教授於澄江中山大學，旋奉調赴渝，參預救亡運動。

① 案：二十八年一月國府調省主席吳鐵城返中央，以曾參加臺兒莊、南潯線作戰之粵籍大將李漢魂接替，兼國民黨部主任。二月省府暫駐韶關辦公。
② 羅香林輯：《廣州市立中山圖書館檔》，第一冊，第十二項，朱倓《市立中山圖書館戰時搬出圖書出借與交涉經過》。
③ 羅香林輯：《廣州市立中山圖書館檔》，第一冊，第十二項，朱倓《市立中山圖書館戰時搬出圖書出借與交涉經過》。
④ 羅香林輯：《廣州市立中山圖書館檔》，第一冊，第十二項，朱倓《市立中山圖書館戰時搬出圖書出借與交涉經過》。
⑤ 羅香林輯：《廣州市立中山圖書館檔》，第一冊，第二項、三項，《廣州市立中山圖書館概況》；第十一項，《市立中山圖書館應收回戰時借與文理學院各圖書之理由》。
⑥ 羅香林輯：《廣州市立中山圖書館檔》，第一冊，第三項，《廣州市立中山圖書館概況》（油印本）。

該批借予善本共五十萬餘册，依例列成清册，曰《抗戰時本館遷出圖書移交廣東省立文理學院清册》三册①。迨抗日勝利，羅先生隨羅卓英將軍接收省垣，飭長文理時，以朱館長依法函請文理學院歸還所借書籍。羅先生亦依法情交董事會及呈省主席羅卓英議決，並經羅主席『令飭文理學院全部交回該館藏書』。②然文理學院董事會初則以圖書館未能與學院同時遷回廣州光孝寺之實而延後不還；迨羅香林先生於卅六年（一九四七）七月辭卸廣東省政府委員及省立文理學院校長職後，新組織領導等不舍割愛，院方諸多借詞反口，擬佔有此項圖書，不承認暫借性質，强詞稱此項圖書原存石龍，如非該院代爲搬運，恐已全失於抗戰間；又云此項圖書有不少曾蓋廣雅書院及廣東圖書館印章，此非市立中山圖書館物産，應留歸該院使用；又强謂自代運至連縣至三十六年十一月之遷運及保管費共值國幣叁億九千四百萬圓整，意圖以此恐嚇經費有限之業主中山圖書館；又稱其院於連縣緊急疏散時，有三十箱五一一五册交與廣東省教育廳代運，迄今未交回等託詞推諉不肯撥回；竟懼朱館長鍥而不舍，挺身呼於時，正義所向，恐終爲其感召政府下令退還，乃乘羅卓英主席進京開會，多方遊説蒙蔽，自定三項分配原則，致省府未及查案竟爾核准。然朱館長不即不離，心中自有主流，執著該批珍本乃屬中山館之物，省府有案之理，尊重政府功令與維護一百四十萬市民及南中國學人、中外學術專家，人人可飽覽珍秘，發揚學術文化之公益，迭次交涉收回，而依法呈市政府、省教育廳、省市參議會、省府，及對質特别爲此召開之處理會議，或在議會、政府行政會中報告，並撰有《市立中山圖書館戰時搬出圖書出借與交涉經過》③，向世揭露羅香林館長搶運搬遷、借與省立文理學院經緯實情，及其迭交涉收回經過情况；提出《市立中山圖書館應收回戰時借與文理學院各圖書之理由》七項④；並有《教育廳提出本館存於文理學院一部分珍貴圖書之經過》⑤，且有卅七年元月十日代電《廣東省參議會》報呈杜議長，嘗於卅六年十二月將文理借書實況及拒絶交還一案呈鑒；及受邀出席第二次會議，向衆報告實情，將議員劉爾題提議『爲廣東省立文理學院前奉廣東省政府令准接管廣州市立中山圖書館一部分圖書，連同廣雅書院及廣東省立圖館書籍約共五萬册一案，擬由本大會咨請廣東省政府仍照原決定該批圖書處理原三項辦理，以昭平允，而息紛爭案』者推翻，獲得公議交省府會同市府查府辦理，指出劉氏提案與紀録定議不符，請更正事⑥。朱館長並將『卅六年八月廣東省政府未梗教二八四六八號代電』公諸於世⑦，云：

① 羅香林輯：《廣州市立中山圖書館檔》，第二册，第六十項，《廣州市立中山圖書館移交館藏圖書書口清册》。
② 羅香林輯：《廣州市立中山圖書館檔》，《廣州市立中山圖書館概况》（手稿）。
③ 羅香林輯：《廣州市立中山圖書館檔》，第一册，第十一項、第十三項。兩文内容同，惟一爲草稿、一爲手稿。
④ 羅香林輯：《廣州市立中山圖書館檔》，第十項，（油印本）第十二項，（手草稿）。
⑤ 羅香林輯：《廣州市立中山圖書館檔》，第一册，第十四項。
⑥ 羅香林輯：《廣州市立中山圖書館檔》，第三册，第五十四項。
⑦ 羅香林輯：《廣州市立中山圖書館檔》，《市立中山圖書館應收回戰時借與文理學各圖書之理由》。

廣州市政府公鑒：查關於廣州市立中山圖書館存放省立文理學院圖書案，玆據市立中山圖書館聲請全部撥還，以慰市民渴望等情，經核准予發還在案，除分飭省立文理學院遵辦外，相應電請查照，轉飭辦理，仍希復爲荷，各等因據此代電。

除此外，亦將戰時搶運及省府明文借用指令公開，引起各界關注，益以三十六年（一九四七）十一月，朱館長膺選爲廣東省南區教育團體國民大會代表①，翌年三月出席南京第一屆國民大會，五月返，因其社會地位之提升，於其呼籲力請取回珍籍之持續，尤有裨焉。於是省市兩方會同磋商，謀求取得合理解決之六人小組會議，遂因應跟進一再召開於卅七年、卅八年，雖至朱館長自辭於卅八年六月，八月初點交代圖書清冊時②，雖未能將應還所借珍籍落實搬回並上架列入《清冊》，卻於暑假前躬於會議中作答勝訴，會議定案依朱館長之議，遵余漢謀、羅卓英指令作據，判文理學院所借五萬餘冊珍籍於接令時，即遵照將之全歸璧中山圖書館。自是中山圖之善本室，庶幾得以復跡，而顯其作用，以裨於公眾及聚集古文獻於一庫之期不遠，則朱館長之賢勞遠志可待矣。惜以國事日非，世變政易之間，文理乘之拖延而不了了之③，致朱館長完璧之志，遺留於來者。

八、結語

圖書館之發展，關乎人類之所以主宰萬物，繫乎民族學術文化之隆替、國家之盛衰與社會文野所在，故中外高瞻遠矚之士，對建置專室、書樓圖書館典藏圖書之策，莫不悉心贊助，而圖書之整理編目，廣徵新舊書籍以盈架，推廣閱覽、編印書刊、舉辦展覽、輔導讀書風氣之隆污，則與掌館者學養、主政才能相爲表裏，如影隨形而現其效應之高低。

興寧羅香林先生，承家學明師之傳，懼於國家艱危，不惜犧牲其研究學術時間，允曾養甫市長之聘，接掌廣州市立中山圖書館而爲第二任館長，欲以播植睿智，昌明學術，闡揚中山先生遺教，以奠剛統一之國基。民國二十五年（一九三六）八月十九日接事，兼中山大學講席外，全力整理全館藏籍，改革及開擴內部組織、設備、專題陳列室，廣徵旁蒐珍籍，發展嶺南文獻、族譜、方誌、金石碑帖、劇本、俗文學、方言之徵購庋藏，推展措置適宜，《館藏善本書目》、《廣東著述目錄》、《館藏方誌目錄》、《館藏族譜目錄》，總目等之相

① 羅香林輯：《廣州市立中山圖書館檔》，《朱倓競選國大代表卷》，第二十三項，《國民大會代表廣東省全國性職業及婦女選舉結果》。

② 羅香林輯：《廣州市中山圖書館檔》，第二冊，第六十九項，《廣州市立中山圖書館圖書清冊》，保管員簽署者爲羅立賢。

③ 承文理學院圖書館館長黃福鑾先生及文理教授王韶生先生告知，文理學院雖奉省府令，仍以省府無暇顧及，而推諉，至國民政府退出廣州（一九四九年十月十三日）之日，依然不肯撥回。殆新政府成立，該批書遂成其校物產。參見：羅屏：《解放前廣東圖書館事業發展概述》。

繼編輯，《圖書週刊》、《書林》半月刊、《廣州學報》諸輔導刊物之推行，冀以倡導實學，發揚文德，閱覽方法之改進推廣，其擘畫，獨具匠心，固使閱覽研究諸人士，鼓舞興奮與日增；而其建設、管理、閱覽時間之開放、展覽會、演講、座談會之時舉，更免費借禮堂與文藝界展覽、開會，以共推文化之邁行，其用世心切之爲，遂使市中山圖蔚然爲全省圖書館之模楷，羅館長二十五年之成績卓著，市長曾養甫及社會教育局長劉石心皆以實至名歸而嘉許於爲廿六年一月一日發行之《廣州學報》發刊詞中，可爲互證以窺其偉績貢獻之一二。

抗戰軍興，廣州於敵機轟炸威脅之下，經費及人員萎縮，然羅先生仍身先士卒，如常開館，早到遲走以主持館務，並力闢專題，徵集各方助力，籌備，屢次舉行嶺南文獻、華僑與革命、中山先生革命、白沙紀念會、九江紀念會、中山紀念會等以闡發中華立國精神，中國文化與地方之隆污，社會及治道現代化等宗旨，以激發南中國人士繼往開來，保護國族，同心禦侮，意義深遠。而讀書會仍持續如常，道師不足，則躬爲導之。就閱覽借書言之，時局將變，而人數平均日有一千之眾，最高達一千二百餘人；借出圖書，月近四千餘冊。是知先生之堅持，及以精神所聚，全以發展圖書館文化事業及其有裨公益及學術風尚爲重心，雖敵機頻脅，仍無畏而不懈。如常開館之餘，先於二十六年八月十八日籌備遷運善本書三一六箱至安全地區——龍歸市安放。殆廣州淪陷前夕，則雖抱病猶搶運館中珍籍一百五十箱出穗於二十七年十月，十九日連同前寄龍歸市者一同落船，奔走廣西覓地安置，終存於桂平縣石龍鎮；尋奉省府諭將之借與文理學院暫用於大後方，使莘莘學士於戰亂無書中而獲此南中國薈粹珍籍而飽覽，極其效用，用使學者，及前於廣州市嗜中山圖書館文化之樂者，無不熱血彌增，學術事功，共圖發展，於抗戰之勝利，與復員之建設當不無裨耳。

民國三十四年（一九四五）八月十日，倭國軍人失勢，日皇無條件投降，中國結束八年抗戰，廣州光復，省市政府以羅香林、朱倓、杜定友等組成委員會籌備處，推杜氏爲主任委員，朱爲副貳，籌備於舊址成立復館，接收僞市市立圖書博物館圖書十二萬餘。翌年二月，市政府委羅夫人朱女士爲第三任館長。

海鹽朱女士，少負美質，專習圖書館學，兼治文史與教育於國立女子師範大學及北大研究所國學門，並承家學，治學有成，且爲婦女活動家，既掌館政，於館爲敵僞破壞者，竭力重建，一切設備，循舊規而刷新制宜，一展所學，全盤定策，將館中全部散失圖書清點，以僞圖博館藏書陳架充庫，重編釐定所有書目，拾殘補闕，廣蒐遺失，籲徵群籍，重定規章，復員發展圖書館文化事宜基礎，益以完固。隨之依所訂復員藍圖推展，創行『巡迴書車』於各市區以利民眾借書；首創大批書籍借各小學及團體等以開拓流通；又推動電影欣賞、學術演講、座談會、美術展覽，讀書會、刊物，於當時廣州市在學學子課餘有進修、啓迪之所，市民有業餘讀書之處，學者有飽覽參考之淵，各行各業人士有深造之地，於國族繁榮富强，實施現代化之演進、播達，圖書館之普及文化，提高民眾水平，實爲發縱機樞之所。而朱女士於戰後能以有限物力、人力，敢於言，勇於行，及重建設計之周詳，管理之完善，倡導學術，推廣文化，精神所向，風氣頓開，同仁相與僇力，遂使市中山圖書館不一年而欣榮，固復舊跡，亦有裨於復員廣東之建設大業，激發光復後現代化追求之精神。時儒於其能處艱難而應付裕如，因環境而善爲改進，資源虛而不足，竟能重建舊業以應時需，使圖書館文化事業重展作用，文化學術發展於焉不衰，及迭次依法理向省立文理學院圖書館交涉取回戰時借於桂平五萬餘冊珍籍之巾幗作爲，無不向慕焉。惜珍籍世罕而爲嗜欲者所不舍，而諸多借詞留用，迄朱女士辭職於卅八年八月猶諉然不還。

時移政易，文理學院奉命撤銷，由中山大學接收，其書遂歸中山大學圖書館。館雖與市立者異，然其紀念之旨則一，而朱女士嘗任職於斯，羅先生卻爲中山大學教授、文理學院校長；一九五五年間中山圖又與復員後重建之省中山圖書館合併爲今之廣東省中山圖書館，時館長杜定友，杜氏亦嘗爲復員後市圖籌備處主任，與朱倓女士同爲復館領導，然則其分與合，若緗縹聚散，不無因緣也。一九五〇年，文理學院與圖書併入新組之華南師範大學①。

運會無常，圖書推展有形，羅朱伉儷爲市立中山圖書館所奠基礎、規格，徵集文獻，樹圖書館功用之風聲，行以導文化學術而揚昔賢之芳菲，推動現代化之蓄藴播達於時與肇後來之馨者，其目光之遠大，身耽聖賢志業之宏遠，護持文籍之貢獻，雖爲其於學術界盛名所掩，然其光馨卻隱溢於文獻及時人口碑之中，今適中山圖書館九十五週年之誕，楚堅乃爲之贅言，以備館史之採焉，並籲館方應設法將原屬中山圖之珍籍經羅先生搶救避日寇，今歸華南師大者製回光碟副本，聊作完璧另類，復供廣大市民分享也。

① 訪問暨南大學歷史系朱傑勤教授、華南師範大學中文系李育中教授採得，並證於中山大學歷史系黄啓臣教授得之中山大學圖書館耆老，當年以中大總務長爲接受文理學院大員，據清冊點收，旋轉交華南師大圖書館者。